Erzählungen aus Georgien

Erzählungen aus Georgien

von
Ilia Tschawtschawadse

übersetzt von Kristiane Lichtenfeld

herausgegeben von Manana Tandaschwili

Reichert Verlag 2018

The book is published with the support of the Georgian National Book Center.

Dieses Buch wird mit der Unterstützung des Georgian National Book Center veröffentlicht.

GEORGIAN
NATIONAL
BOOK
CENTER

Die Arbeit der Übersetzerin am vorliegenden Text wurde
vom Deutschen Übersetzerfonds gefördert.

Bibliografische Information der Deutschen Nationalbibliothek
Die Deutsche Bibliothek verzeichnet diese Publikation in der Deutschen Nationalbibliografie;
detaillierte bibliografische Daten sind im Internet über http://dnb.dnb.de abrufbar.

Gedruckt auf säurefreiem Papier
(alterungsbeständig – pH 7, neutral)

www.reichert-verlag.de
ISBN: 978-3-95490-323-8

Printed in Germany

Inhalt

Ilia Tschawtschawadse – der „Vater der Nation“

Vorwort von Manana Tandaschwili

Ilia Tschawtschawadse (1837–1907) ist eine der Persönlichkeiten, die die Entwicklung Georgiens am stärksten mitgeprägt haben – als Literat, als Mäzen, als Aufklärer. Er gehörte zu der ersten Welle junger georgischer Männer des 19. Jahrhunderts, die eine Ausbildung an den Universitäten Russlands, in Moskau und Sankt Petersburg, erhielten und ihr dort erworbenes Wissen nach der Rückkehr in die Heimat mit Erfolg für ihr Land einsetzten.

Die Jahre 1857 bis 1861, die Ilia Tschawtschawadse in Sankt Petersburg verbrachte, waren durch turbulente Entwicklungen gekennzeichnet: Die Zeit der Aufstände und nationalen Bewegungen in den Provinzen Russlands war ein Abbild der politischen Ereignisse in Europa. Auch der junge Ilia setzte sich mit dieser Thematik auseinander und beobachtete die sich in Europa und Russland abspielenden politischen Veränderungen mit großem Interesse. Zusammen mit mehr als dreißig weiteren in Sankt Petersburg lebenden Georgiern, die an der Universität Fächer wie Philosophie, Geschichte, Jura, Literatur oder Naturwissenschaften studierten, gründete er die erste Gruppe von Zeitgenossen, die die Entwicklung Georgiens stark beeinflussen und verändern sollten; sie wurden als „Tergdaleulebi“* – Mitglieder einer liberalen und sozialreformerischen Schriftstellervereinigung – bekannt. Ilia Tschawtschawadse studierte Rechtswissenschaft an der Universität Sankt Petersburg, wurde aber 1861 wegen seiner Teilnahme an demokratischen Studentenprotesten relegiert.

Nach seiner Rückkehr in die Heimat begann er, sich in verschiedenen Bereichen des gesellschaftlichen Lebens zu engagieren. Sein vielseitiges Interesse, sein Wissen und sein Einsatz sind einfach erstaunlich: 1863 gründete er die politische Zeitschrift „Sakartvelos moambe“** als deren erster Chefredakteur, arbeitete jahrelang als Richter in Kutaissi und setzte sich in erster Linie für die „einfachen Menschen“, die aus

* *Tergdaleulebi* – wörtlich: „die aus dem (Fluss) Terek Wasser gekostet haben“ – war eine literarische Bezeichnung für die junge Generation von Intellektuellen in den 60er Jahren des 19. Jhs., die über den Fluss Terek nach Norden (d. h. nach Russland) reisten und fortschrittliches Wissen aus Russland (und damit auch aus Europa) nach Georgien brachten. In den 70er Jahren zerfiel die junge Generation in zwei Teile: während Akaki Zereteli, Iakob Gogebaschwili, Vasha Pschawela u. a. sich mehr der Verbreitung demokratischer Ideen und der Aufklärung der Nation widmeten, beschäftigten sich die anderen wie z. B. Niko Nikoladse, Giorgi Zereteli, Sergi Meschi vor allem mit sozialen und ökonomischen Themen.

** Im Deutschen wörtlich: „Herold Georgiens“.

armen Verhältnissen stammten, ein. 1877 gründete und redigierte er eine neue Zeitschrift – die „Iweria"*.

Ilia Tschawtschawadse war an der Gründung zahlreicher Kultur- und Bildungseinrichtungen in Georgien beteiligt. Dazu gehören u. a. die Gesellschaft für Alphabetisierung, die Adelsbank, die Theater-Gesellschaft sowie die Historisch-Ethnographische Gesellschaft Georgiens. Daneben schrieb er Romane, Erzählungen, Poeme und Gedichte, er publizierte literaturwissenschaftliche Aufsätze und übersetzte auch englischsprachige Literatur ins Georgische. Ilia Tschawtschawadses publizistischer Nachlass ist thematisch überaus vielfältig und beschäftigt sich mit Fragen aus unterschiedlichsten Gebieten wie z. B. Ökonomie, Wirtschaft, Landwirtschaft, Finanzen und Außenpolitik.

Das breite Spektrum seines Interesses und sein enzyklopädisches Wissen spiegeln sich auch in seinen literarischen Werken wider. Die im vorliegenden Band vorgestellten Erzählungen sind hierfür der beste Beweis.

An der Erzählung *Notizen eines Reisenden* arbeitete der Autor etwa zehn Jahre. Grund dafür war die Bedeutung des Werkes – es gilt als programmatisches Manifest für die Tergdaleulebi, also für die neue Generation der Georgier, die es sich zum Ziel gesetzt hatten, ihrer Heimat zu dienen. Das Werk ist in hochliterarischer Form abgefasst. In *Notizen eines Reisenden* beschreibt Ilia sich selbst und seine Reise – die Reise eines jungen Mannes, der nach seinem Studium in Sankt Petersburg mit wachem, kritischem Blick, aber auch mit vielen Empfindungen und sensibler Nachdenklichkeit in sein okkupiertes Heimatland zurückkehrt und spürt, dass es hier viel zu tun gibt. Das Bild des Flusses Terek, der ungebändigt über die Felsen hinweg schäumt, steht für die Lebendigkeit als notwendige Bedingung für den Aufbruch in ein neues Leben – das beste Symbol für den Fortschritt.

Obwohl Ilia Tschawtschawadse sein Heimatdorf Kwareli (heute Kreisstadt) bereits mit 14 Jahren, im Jahr 1851, verlassen hatte, um in Tbilissi das Gymnasium zu besuchen, blieb er mit dem Leben der Bauern doch sehr vertraut. Schon in Sankt Petersburg, fern seiner Heimat, beschäftigte sich der junge Schriftsteller mit sozialen Themen – dem Hass und der Unvereinbarkeit zweier sozialer Schichten, der Bauern und der Fürsten.

In seiner *Erzählung eines Bettlers* thematisiert der Schriftsteller das Leben von Gabriel, einem jungen Hörigen, der ein Bauernmädchen liebt und es heiraten möchte. Dieser allzu selbstverständliche Wunsch und der Traum, ein glückliches Leben mit der Geliebten zu führen, werden jedoch jäh zerstört. Der lokale Fürst, Davit, mit dem Gabriel aufgewachsen ist, besteht auf seinem Recht auf die erste Nacht mit der Jungfrau. Eine mittelalterliche Tradition, die als Machtdemonstration nur zur Katastrophe führen kann. Aus ihr erwachsen Ungerechtigkeit, Verhaftungen, Vergewaltigung, Hoffnungslosigkeit, Gewalt und Tod. Der Schriftsteller arbeitete an dieser Erzählung fast 15 Jahre. Neben der Lebensgeschichte von zwei jungen Menschen,

* *Iweria* ist eine auf der griechischen Aussprache beruhende russische Variante des Namens *Iberia*, der in der antiken Tradition den östlichen Teil Georgiens (im Gegensatz zur westlichen Kolchis) bezeichnete.

die aus unterschiedlichen Schichten kommen, wird hier noch eine zweite Frage thematisiert: die Rolle der Bildung und der Verbreitung von Wissen in Georgien. Der Schriftsteller greift dabei moralische Aspekte der damaligen Gesellschaft auf und zeigt, dass Begriffe wie Würde und Selbstachtung nicht nur Adeligen, sondern auch „einfachen Menschen" nicht fremd sind.

Ilia Tschawtschawadses Prosa ist voll von Empathie mit den „einfachen Menschen". In seiner Erzählung *Am Galgen* beschreibt der Schriftsteller das Leben zweier Brüder, die vom Leben im Stich gelassen wurden. Verlassen von der eigenen Familie sind sie auf sich gestellt und gezwungen, andere Menschen zu berauben, um zu überleben. Aus unschuldigen Jungen werden professionelle Räuber, die die Gesellschaft für ihre Wut büßen lassen. Nachdem der eine von ihnen gefasst wird und sein Leben am Galgen beendet, begegnet der jüngere Bruder dem einige Jahre zuvor von ihm ausgeraubten Petre, damals der Wohltäter von beiden. Der junge Mann schreibt Petre einen Brief, der gleichsam ein anklagender Monolog ist, ein ausdrucksstarker Vorwurf an die kaltblütige Gesellschaft, die sich nur um das eigene Wohl kümmert und sich kaum für die armen Mitglieder der Gesellschaft interessiert. Ilia Tschawtschawadse hat keine Antwort auf diese Anschuldigung. Am Ende der Geschichte fragt er sich selbst: Was hat Petre verbrochen? Ist er tatsächlich schuld an dem Unglück dieses jungen Mannes?

Ein sehr unterschiedliches Bild georgischer Fürsten zeichnet Ilia Tschawtschawadse in den beiden Erzählungen: *Ist das ein Mensch?* und *Die Witwe Otaraant*. In der ersten karikiert der Autor ein Fürstenpaar, dessen Existenz sich in Banalitäten erschöpft – Luarsab Tatkaridse und seine Frau Daredschan haben kein Interesse an essenziellen Dingen, sie interessieren sich nur für Alltäglichkeiten und ihr eigenes Dasein. Ihre Unterhaltung kreist um das Primitivste: Was gibt es heute zu essen? Sie streiten sich über die unbedeutendsten Nebensächlichkeiten, z. B. wieviele Fliegen an der Decke sitzen, was es im Dorf oder in der Nachbarschaft Neues gibt, oder welches Gericht das Beste ist – Tschichirtma oder Bosbaschi, oder, wie es in der Übersetzung heißt: Hühnerbrühe oder Hammelsuppe. Der einzige Kummer, den sie haben, ist ihre Kinderlosigkeit. Das Ehepaar scheidet am Ende ohne Nachkommen aus dem Leben, und das ist kein Zufall: Ilia Tschawtschawadse glaubt, dass Menschen, wie er sie hier beschreibt, sich nicht fortpflanzen können. Dieser Zweig der Familie erlischt. Trotz Ilias scharfer Kritik aber sind die Protagonisten nicht unsympathisch. Die Art und Weise, wie der Schriftsteller das Leben der Tatkaridses beschreibt, erweckt eher Mitleid als Abneigung, vor allem aber Vergnügen: Bei allem hintergründigen Ernst offeriert der Autor dem Leser eine gelungene Satire, ein Werk, das bis heute im Bewusstsein der Georgier lebendig ist.

Trotz seiner gnadenlosen Kritik am Feudalismus sieht Ilia Tschawtschawadse doch auch Ansätze zu Veränderungen in den beiden sozialen Schichten des Adels und der Bauernschaft. In seiner Erzählung *Die Witwe Otaraant* beschreibt er das Leben in einem Dorf aus beiden Perspektiven. Die Geschwister Kesso und Artschil, die eine gute Ausbildung erhalten haben, suchen nach Formen der Koexistenz mit anderen Dorfbewohnern. Ein besonderer Anlass dafür ist Giorgi – der einzige Sohn der Witwe Otaraant. Im Dorf geboren und aufgewachsen, repräsentiert er die Gerechtigkeit, die Würde und Weisheit, die er aus seiner Erziehung und aus eigenen Erfahrungen geschöpft hat. Auch äußerlich verkörpert er einen attraktiven Mann, der für die Mädchen im Dorf ein begehrter Bräutigam ist. Artschil, der hochgebildete Fürst, bewundert Giorgi und ist begeistert von seinem Können. Nur die hübsche Kesso ist noch in ihrem privilegierten Status gefangen und skeptisch, was Giorgis mentale Eigenschaften angeht. Sie merkt dabei gar nicht, dass Giorgi in sie verliebt ist. Für sie ist eine Verbindung zwischen der Adels- und der Bauernschicht überhaupt nicht vorstellbar. Nach einem tragischen Unfall, bei dem Giorgi ums Leben kommt, erkennt sie Giorgis Liebe. In dieser Erzählung thematisiert der Schriftsteller ein wichtiges soziales Problem: Wie sollen die beiden Schichten zueinander finden? Ist die Brücke zwischen beiden endgültig zerstört? Ist es überhaupt möglich, dass die Gesellschaft zusammenfindet, oder geht der Klassenkampf weiter und die Gesellschaft bleibt weiterhin antagonistisch?

Neben dem eigentlichen Konflikt weist bereits der Titel der Erzählung auf einen starken Frauencharakter hin: die Witwe Otaraant verkörpert eine selbstbewusste, willensstarke Frau, der die Dorfbewohner besonderen Respekt erweisen. Sie hat schwere Jahre durchgemacht, ist jedoch ungebrochen. Unermüdlich arbeitend, zieht sie ihren Sohn Giorgi ohne Vater groß und ist glücklich und zufrieden mit ihrem Leben. Bei den Dorfbewohnern ist sie zwar nicht besonders beliebt, aber ihre Rechtschaffenheit steht nicht in Frage – in allem, was sie sagt und tut, hat sie Recht. Erst der Tod ihres Sohnes besiegt sie, doch wie in ihren besseren Zeiten bleibt sie auch in ihrer Trauer stark. Sie trauert um ihren Sohn ganz in sich zurückgezogen und mit Würde. Ilias Protagonistin stellt einen der ersten feministischen Charaktere in der georgischen Literatur dar – selbstbewusst, sich durchsetzend, kämpfend und nach Gerechtigkeit suchend.

Das Engagement der „Tergdaleulebi“ in den verschiedenen Lebensbereichen im Georgien der zweiten Hälfte des 19. Jahrhunderts war vor allem in intellektueller Hinsicht überaus bedeutend; dies gilt insbesondere für das von Ilia Tschawtschawadse. Seine Ideen konnten sich weitestgehend durchsetzen und hatten enorme Auswirkungen auf die intellektuelle, kulturelle und wirtschaftliche Entwicklung Georgiens. Der Slogan „Sprache, Heimat, Religion“, den Ilia Tschawtschawadse prägte, bildet noch immer ein wichtiges Orientierungsmerkmal der georgischen Nation – bis heute.

Prof. Dr. Manana Tandaschwili
Frankfurt am Main, im Juli 2018

Der Dichter

Lied, mein Lied, nein, ich sing es nicht
dem Vogel gleich, dort im Blauen.
Mag er zwitschern – wozu soll ich
mit Wohllaut die Welt erbauen?

Gewiss, weiht auch der Himmel mich –
das Volk muss mich lehren, lenken.
Gott befrag ich, die Zukunft schon
meinem Volke vorzudenken.

Opferflammen wie vom Altar
mir heiß aus dem Herzen schlagen –
dass meinem Volk ich Bruder sei
in Fest- und in Trauertagen;

Auf dass sein Schmerz die Seele mir
als mein eigner Schmerz bedränge,
sein Glück als wie sein Unglück auch
das starke Herz mir versenge.

Wenn Funken mich vom Himmel erst
mit heiliger Glut erfüllen,
werd ich singen, und dieses Lied
wird des Volkes Tränen stillen.

Pawlowsk, 23. Juli 1860

Deutsche Nachdichtung nach einer Interlinearübersetzung aus dem Georgischen von Leonhard Kossuth, Tbilissi 1987

DIE ERZÄHLUNGEN

Übersetzungen von Kristiane Lichtenfeld

Notizen eines Reisenden

Von Wladikawkas nach Tiflis

I

Soeben war es sechs Uhr in der Frühe, als vor dem Gasthaus, in welchem ich zur Nacht abgestiegen war, die Postkutsche hielt. Auf dem Bock saß, ungewaschen, ungekämmt, ein russischer „Jamschtschik“[*]. Dies geschah in Wladikawkas[**]. Erstaunlich doch! Wie köstlich lebensvoll nahmen sich auf den Gemälden russischer Maler die dümmliche Visage eines solchen stiernackigen „Jamschtschiks“ aus, seine ungeschlachte Gestalt, die schlaffe, träge Art, sich zu bewegen, das wenig menschenhafte, eher dem Vieh eigene Gebaren. Was auf Gemälden so gelungen scheint, wie widerwärtig begegnet es einem in der Wirklichkeit. Aber es heißt ja: Selbst der Rauch des Heimatlandes dünkt uns lieblich und tut wohl. Von lieblich mag ich, man verzeihe mir, nicht reden, dafür aber, dass er wohltut – ja, höchst angenehm ist dieser Rauch, zum einen, weil er dir ins Auge dringt und dir die klare Sicht benimmt, und zum zweiten, weil der Rauch uns häufig Tränen weinen lässt. O Rauch du des Heimatlandes, bist fürwahr lieblich und tust wohl: verbindest uns die Augen bisweilen so fest, dass wir unser eigen Unglück nicht mehr sehen.

Nachdem ich zur Abreise bereit war, vielmehr, nachdem ich meinen einzigen ledernen Quersack, der nicht mehr enthielt, als es ein schlichtes Bündel getan hätte, in die Postkutsche geworfen hatte, wandte ich mich meinem hier neugewonnenen Bekannten zu, einem Franzosen, um mich von ihm zu verabschieden.

„Wer hat solch ein Gefährt erfunden?“, fragte der Franzose, indem er auf die Postkutsche hinwies, auf deren Bock der unausgeschlafene „Jamschtschik“ vor sich hin döste.

„Die Russen“, antwortete ich.

„Ich vermute, kein anderes Volk würde ihnen darin Konkurrenz machen. Nur Sie tun mir leid, denn Sie werden kaum umhin kommen, sich eine Gehirnerschütterung samt Magenkrämpfen zu holen.“

„So schlimm wird es nicht werden. Ganz Russland fährt damit, und womit sollte ich den Herrgott erzürnt haben, dass er mir solches antut?“

---

* Im Orig. russ., hier der Postfuhrmann.

** Wörtlich: „Beherrsche den Kaukasus“ (russ.), Stadt im Nordkaukasus am Fluss Terek, nahe der Grenze zu Georgien. 1784 als Festung zur Absicherung der Südexpansion des Russischen Reiches erbaut.

„Ganz Russland fährt damit?! Soso, immerhin ist es damit weit gekommen! Nun denn, der Herrgott beschere Ihnen eine glückliche Reise. Um ehrlich zu sein, ich brächte es nicht über mich, da einzusteigen. Leben Sie wohl! Und bitte, sollten wir uns irgendwo wiederbegegnen, erinnern Sie sich an mich."

Mit diesen Worten reichte er mir zum Abschied die Hand und drückte die meine so fest, wie es nur die Europäer zu tun pflegen.

Ich bestieg die Postkutsche. Dabei begann der Wagen zu ruckeln und zu schwanken. Der Kutscher schlug die Augen auf und maß mich mit einem grimmigen Blick. Dann nahm er die Zügel, rief „Hü, hü!", schnalzte mit den Lippen und schwang die Peitsche, um die halbverhungerten Gäule mit den herabhängenden Ohren in Bewegung zu bringen. Die Gäule traten auf der Stelle, kamen indes nicht vom Fleck. „He, zum Teufel, wollt ihr wohl!", schrie der Kutscher, schlug mit den Zügeln zu und trampelte gar mit den Füßen. So wahr ich lebe, die Gäule scherten sich nicht darum. Mein Bekannter, der Franzose, verfolgte das Geschehen vom Fenster aus und barst schier vor Lachen. Was, bitte, freute den Dummkopf so?

„Ganz Russland fährt damit, hihi!", kicherte er. „Und keiner holt es ein!"

Obwohl ich zur Belustigung keinen Anlass hatte, musste ich ebenfalls lachen. Der Kutscher wandte mir seine zornigen Kuhaugen zu, und sein Blick war derart grimmig, als drohte er mir: Gleich bist du dran! Dann drehte er sich wieder zu seinen Gäulen um und verpasste jedem Tier einzeln einen Peitschenhieb. Als Antwort darauf schlugen die Gäule mit beiden Hinterhufen aus, brachten aber die Kutsche endlich vom Fleck und fielen in leichten Trab. Das geschüttelte Glöckchen läutete lustlos, die Kutsche holperte über Stock und Stein, und mich darin schüttelte es hin und her.

II

Solcherweise ließ ich Wladikawkas hinter mir und wandte den Blick meiner Heimat Georgien zu. Die Brücke über den Terek* passierte ich, ohne auf das Wasser des Flusses zu schauen, geschweige denn davon zu trinken, fürchtete ich doch, in meiner Heimat beschuldigt zu werden, von den Wassern des Terek getrunken zu haben. Aus unerfindlichem Grund missfallen unseren Georgiern Menschen, die aus dem Terek getrunken haben, sie mögen sie nicht. Und sie haben dafür triftige Gründe: Erstens missfallen sie ihnen, weil die Terekwassertrinker in der Tat Terekwassertrinker sind, zweitens, weil … eben weil sie Terekwassertrinker sind, und drittens, weil … weil … nun, weil sie Terekwassertrinker sind. Versuche einer, derart kluge Gründe unserer Landsleute mit Gegengründen abzuwehren und nachzuweisen, dass wir keine entarteten Georgier sind.

* Der Terek entspringt südlich des Kaukasusgipfels Kasbek in Georgien und fließt u. a. durch die Darialschlucht nach Norden in Richtung Russland.

Oh, unheilvoller Terek! Wie zwiegesichtig, heuchlerisch ist er! Sieh hin, still liegt er da, wie tot. Sobald er Georgien den Rücken gekehrt und das Gesicht Russland zugewandt hat, sobald er ringsum flaches Land geschaffen, lässt er seine mächtige Stimme, die eines Riesen, jäh verstummen. Bei Wladikawkas ist unser wildbrausender Terek nicht mehr der Fluss, über welchen unser Dichter gesungen:

„Der Terek braust und dröhnt und wallt,
begleitet von der Felsen Bass …"*

Hier ist er bereits so sehr gebändigt, so verhalten, als hätte man ihn mit Rutenschlägen gezüchtigt oder aber mit einem hohen Rang versehen. Vielleicht auch erklärt sich die Stille des Flusses damit, dass hier jene Felsen mit ihrem begleitenden Bass nicht mehr da sind, jene Felsen, deren

„… Wolken aus felsigen Herzen
düster und schwarz sich drauf legen
und voll Zorn aller Welt drohen
und Sintflut prophezeien."

Und doch, weh mir, mein Terek! Du, mein Bruder, tust es manch einem nach, der, gleich, wo er hinkommt, den passenden Hut aufsetzt. Ist es dir nicht leid um dein Brausen und Tosen, um dein tönendes Donnern, um deine Wildheit und Unrast, darum, dass dein schmales Bett dir stets zu eng gewesen? Welch wackerer Kampf mit Steinen, Felsen und Schluchten, als stecke es in dir selbst, dein wuchtiges Begehren, du unser unbezwingbarer Terek, in deinem machtvollen, furchtlosen Fließen. Hier indessen liegst du erdrosselt wie ein besiegter, elend geschlagener Löwe. Oh, wie kläglich, dein Anblick zeitigt Mitleid und Erbarmen.

„Trügerische Welt! Du wirbelst uns umher auf schnöde Art."**

Es war um die Mittagszeit, als ich die Station von Lars erreichte. Auf der Fahrt hierher hatte meine Seele keine besondere Freude empfangen außer der einen, dass, je näher ich meinem Heimatland kam, die Natur ringsum immer mehr die Farben Georgiens annahm und des Tereks Wildheit und Unrast sich mehrten.

Ich betrat den leeren Raum der Poststation, um Tee zu trinken, und bat deshalb einen Soldaten, der das Bein gebrochen hatte, den Samowar aufzustellen. Der Invalide war, wie sich herausstellte, der Wächter der Station. Bis der Samowar gebracht

* Aus „Abend des Abschieds" von Grigol Orbeliani (1804–1883), georg. romantischer Dichter und General in russischen Diensten.

** Zitat aus dem georgischen Nationalepos „Der Recke im Tigerfell" von Schota Rusthaweli (Ende des 12./Anfang des 13. Jh.), hier in deutscher Nachdichtung von Hugo Huppert (wie auch die folgenden Zitate aus dem Werk).

wurde, legte ich mich auf die aus Brettern zusammengefügte Liege und gab mich meinen Gedanken hin.

Vier Jahre waren es, die ich in Russland verbracht hatte, so lange hatte ich Georgien nicht gesehen. Vier Jahre! Und was waren das für vier Jahre, mein Leser! Zum Ersten bedeutet dies für jemanden, der fern seinem Heimatland lebt, eine ganze Ewigkeit. Zum Zweiten bilden solche Jahre ein Fundament fürs Leben, sind das Quellwasser des Lebens, jene haardünne Brücke, die das Schicksal einem aus dem Dunkel ins Licht gespannt hat. Jedoch nicht einem jeden, sondern nur einem, der sich nach Russland aufgemacht hat, um seinen Verstand zu üben, um Hirn und Herz in Bewegung zu setzen und gehen zu lehren. Es sind dies vier Jahre, da sich in des Jünglings Hirn und Herzen die Knospe seines Lebens formt. Diese Knospe ist vorerst noch so beschaffen, dass aus ihr eine prächtige, leuchtende Traube erwachsen kann oder aber nur schwarzer Nachtschatten. Oh, kostbare vier Jahre! Glücklich, wer die von euch gespannte haarfeine Brücke überschreitet, ohne dass dieselbe unter ihm einbricht, glücklich, wem ihr gründlich von Nutzen gewesen.

III

Kaum war ich von Wladikawkas aufgebrochen und die heimatliche Brise war mir entgegengeweht, hatte mein Herz ganz anders zu pochen begonnen. Das Rumpeln der Postkutsche auf den Steinen des Weges jedoch hatte schönere Gedanken verhindert. Erst jetzt, da ich in der Poststation nach Vorväterart auf der Liege ausgestreckt lag, konnte ich mich gottlob mit aller Hingabe meinen Gedanken widmen. In meinem Kopf ballte sich all das zu Knäulen, was ich in meiner wunderschönen, einer geschmückten Braut gleichenden Heimat zurückgelassen und was ich in der Fremde gesehen, erlebt und erfahren hatte. Vor meinem inneren Auge erstanden, zugleich und ineinander verschlungen, die mannigfachsten Erinnerungen, jedoch wechselten die Gedanken wie rasch aufeinander folgende Blitze und vermochten so keine Minute lang beim selben Gegenstande zu verweilen – kurz, in meinem Hirn ereignete sich eine wahre Revolution: die zuunterst gelagerten Gedanken strebten nach oben, das zuoberst Gelagerte drängte nach unten, und so vermengte sich alles miteinander. Das Wort „Revolution“ mag dich nicht erschrecken, mein Leser! Eine Revolution ist dazu da, dass sie Frieden und Beruhigung mit sich bringt. Der Wein muss zuerst gären und brodeln, danach klärt er sich. Genauso ist es mit allem auf dieser Welt.

Ich lag da, dachte nach, und allmählich ordneten sich meine Gedanken und fanden jeder seinen Platz in meinem Hirn. Da leuchtete einer davon besonders hervor, ihm folgten ein zweiter, ein dritter, und schließlich bildeten sie eine nicht enden wollende Schnur. Ich überlegte: wie würde ich meiner Heimat entgegentreten, und wie würde sie mich empfangen? Welche Neuigkeiten hätte ich ihr zu berichten, und welche sie mir? Wer wollte wissen, ob sich mein Heimatland nicht abwandte von mir, der ich auf fremden Boden verpflanzt und dort herangezogen worden war?

Vielleicht aber würde es sich nicht abwenden, sondern mich annehmen, wo doch in mir immerhin meines Heimatlandes Lab ist. Was aber sollte ich tun, wenn sich mein Land mir gegenüber aufschlösse und mir seinen Herzenskummer anvertraute, den verborgenen Grund für seine Trauer, seine Hoffnung und seine Verzweiflung benannte, und ich, der seiner Sprache Entwöhnte, verstünde nicht, was es mir sagen will? Womöglich nähme es mich an wie einen Sohn, drückte mich an seine Brust und schenkte mir begierig sein Ohr - würde ich imstande sein, ihm herzliche Worte zu sagen, Worte, die seinen Seelenschmerz linderten, die das erschöpfte Land wieder aufrichteten, dem verzweifelten Hoffnung einflößten, dem weinenden die Tränen abwischten, dem schwerarbeitenden die Last erleichterten; würde ich ihm mit meinen Worte klarmachen können, dass es viele Länder gibt, um die es von Natur aus unglücklicher bestellt ist als bei uns, und die dennoch glücklicher leben? Würde es mir gelingen, den einen letzten Funken, der wohl in jedem Menschen noch glimmt, zu einem großen Feuer zu vereinen, um das erkaltete Herz meines Landes zu wärmen? Würde ich das schaffen? Vernehmliche herzliche Worte zu sprechen? Ich kam zu dem Schluss, mein Land würde mich aufnehmen, in sich aufnehmen, war ich doch Fleisch von seinem Fleische und Blut von seinem Blute, ich würde seine Rede und seine Sprache verstehen, weil ja des Vaterlands Sohn des Vaterlands Sprache nicht nur mit dem Ohr versteht, sondern auch mit dem Herzen, dem selbst das Schweigen verständlich; und auch ich werde mich ihm verständlich machen können, schließlich versteht ein Vater stets die Worte des Sohnes. Jedoch spreche ich hier allein von Worten, wo es doch auch darum geht, etwas zu tun. Was ist, wenn dein Land Taten von dir verlangt?, fragte ich mich und hielt inne. Ich spürte, wie diese Frage jene bunte Schnur meiner oben aufgeführten Gedanken jäh abreißen ließ.

„Ja, was soll ich dann tun?“, stellte ich mir laut die Frage.

„Wenn Sie bitte den Tee trinken wollen“, antwortete mir der Stationswächter, der eben den Samowar hereinbrachte und vor mir auf den Tisch stellte.

„Den Tee?“

„Deswegen haben Sie doch den Samowar bestellt?“, wunderte sich der dümmliche Wächter und ging nach draußen. Kaum einige Minuten war er verschwunden, da öffnete sich erneut die Tür, und ein russischer Offizier steckte den Kopf herein. Sein Gesicht verriet die nähere Vertrautheit mit Wein und Wodka. Auf den ersten Blick schien er etwas über dreißig Jahre alt zu sein, und er sah nicht aus wie ein Reisender.

„Erlauben Sie, dass ich mich vorstelle“, sprach er mich auf Russisch an. „Ich bin Unterleutnant N., hier in Lars stationiert, Kommandeur einer Rotte.“

„Sehr erfreut“, erwiderte ich, erhob mich und drückte die mir entgegengestreckte Hand.

„Woher kommen Sie?“

„Aus Petersburg.“

„Überaus angenehm. In dieser verflixten Einöde ist es das einzige Vergnügen, mal auf einen Reisenden aus einem aufgeklärten Land zu treffen. Ein Mensch, der mit dem Verstand lebt, ist vor Gott und Vaterland dazu verpflichtet, einem gebildeten

Menschen zu begegnen, um im Gespräch mit ihm den Verstand zu üben und wachzumachen. Hocherfreut. Ein Gespräch ist Nahrung für den Geist."

Während er dies sagte, streckte er mir noch einmal die Hand hin, und ich drückte dieselbe abermals.

„Mit wem habe ich die Ehre?", erkundigte er sich.

„Ich bin Kommis bei einem armenischen Kaufmann."

„Kommis!", wiederholte er und verzog den Mund.

„So ist es, mein Herr!"

Mein neuer Bekannter, als er die Bestätigung hörte, warf sich augenblicklich in Positur: Er reckte die Schultern und wechselte den anfangs zurückhaltenden Gesprächston.

„Ja, woher kommen Sie gleich?!", fragte er verwundert und sogar ein wenig spöttisch.

„Aus Petersburg."

„Hm", meinte der Offizier schmunzelnd. „Aus Petersburg. Schön, schön. Da war es Ihnen also vergönnt, Petersburg zu sehen. Oh, was für eine wundervolle Stadt", sprach er und ließ sich in aller Ruhe auf einem Stuhl nieder. „Oh, Petersburg! Oh, eine große Stadt. Petersburg! Oh, was für Dimensionen! Das ist was anderes als euer Kaff. Was ist das hier für eine Stadt? Da spuckt man an einem Ende aus, und die Spucke landet am anderen Ende. Petersburg dagegen … Nicht wahr, Sie haben es selbst gesehen? Es ist das Herz Russlands. Zwar hat bisher ganz Russland Moskau für das Herz des Landes gehalten, ich aber habe ganz Russland solche fälschliche und törichte Ansicht ausgetrieben: Ich bin nämlich Schriftsteller, dies bitte zu Ihrer Kenntnis. Schauen Sie nicht so. Ich habe den Nachweis erbracht, dass das Herz von ganz Russland Petersburg ist. Den Isler-Park* kennen Sie bestimmt?"

Während ich dem Offizier zuhörte, überlegte ich im Stillen, ob ich es gar mit einem Verrückten zu tun hatte, jedoch außer seiner Art zu reden war ihm nichts dergleichen anzumerken.

„Ja, also, sind Sie nun im Isler-Park gewesen?", fragte er noch einmal.

„Wie haben Sie denn nachgewiesen, dass Petersburg das Herz Russlands ist?", fragte ich ihn, ohne auf seine letzte Frage zu antworten.

„Nein, zuerst sagen Sie mir, ob Sie den Isler-Park kennen. Ihr Leute hier, ob Georgier oder Armenier, seid nicht darin geschult, ein gelehrtes Gespräch zu führen, darum springt ihr von einem Gegenstand zum anderen. Ihr seid nicht in der Lage, etwas folgerichtig zu erörtern. Das kommt freilich von der Ungebildetheit. Ich vermute, ihr habt auch keine Ahnung davon, was Zivilisation ist oder Assoziation, Argumentation, Intelligenz, Kassation und Philologie. Aber das ist weniger schlimm. Das ist vorübergehend. Auch ihr werdet euch darin üben. Gottlob kommen viele Offiziere und Beamte aus Russland her, um euch Bildung beizubringen. Jetzt aber sagen

* Johann Luzius Isler (1810 in Davos – 1877 in St. Petersburg); der Bündner Konditor baute Mitte des 19. Jh. ein großes Gastronomieimperium in St. Petersburg auf.

Sie mir erst einmal, ob Sie im Isler-Park gewesen sind? Wenn Sie den nicht kennen, haben Sie Petersburg nicht gesehen."

„Ich bin dort gewesen."

„Ja? Nun, dann haben Sie sich unter die Seligen und Wissenden begeben. Wie bin ich froh, unendlich froh! Oh, der Isler-Park! Was für ein Ort, nicht wahr? Elysische Gefilde sind das! Elysisch, verstehen Sie, was das ist? Ein gelehrter Begriff, Sie mögen ihn nicht kennen. Um es einfacher zu sagen, heißt dies, der Park ist voller Damen mit fröhlich funkelnden Augen. Wenn dir so ist, hake die eine unter oder auch die andere. Wie können die einem gebildeten Menschen widerstehen? Eure Frauen hingegen, kaum dass sie eines Mannes ansichtig werden, verstecken sie sich. Aber Petersburg ... das ist eine große Stadt, gebildet und aufgeklärt, und der Isler-Park ist der Gipfel der Bildung, ein Park, einfach mm!"

Bei den letzten Worten küsste der gelehrte Offizier seine Fingerspitzen.

„Der Samowar auf diesem Tisch, hoffe ich, steht für Sie bereit?"

„Sie hoffen zu Recht."

„Und ich hoffe, dass Sie, der Sie aus einem aufgeklärten Land anreisen, auch mir einen Tee anbieten."

„Auch diese Ihre Hoffnung soll nicht enttäuscht werden."

„Bestimmt haben wir Rum?"

„Ich bitte um Vergebung, nein."

„Da kann man nichts machen. Sind Sie Armenier oder Georgier?"

„Georgier."

„Es ist mir sehr angenehm, dass Sie Georgier sind. Obwohl unser Lermontow schreibt: ‚... die furchtsamen Georgier sind davongelaufen', dennoch sind sie mir lieber als diese ... Armenier. Aber Zigaretten werden Sie haben?"

„Die habe ich."

„Ich hoffe, Sie bieten mir welche an."

„Mit Vergnügen. Bitte sehr."

„Nun, dann schenken Sie uns Tee ein, und wir beginnen eine gelehrte Unterhaltung. Obwohl, Ihnen wird es Mühe machen, das Gesagte zu verstehen, darum werde ich Ihnen hier und da gelehrte Begriffe in eine einfache Sprache übersetzen und Ihnen so das Verstehen erleichtern."

Ich schenkte Tee ein und stellte ihm ein Glas hin. Er nahm einen Schluck, zündete sich eine Zigarette an und nahm das Gespräch auf.

„Ihr Land, um es wissenschaftlich zu sagen, ist unaufgeklärt, das heißt, einfach ausgedrückt, es ist nicht aufgeklärt. Sie verstehen?"

„Sehr wohl."

„Nun, ich sagte ja, ich werde Ihnen das Verstehen erleichtern. Beginnen wir also damit, dass Ihr Land nicht aufgeklärt ist, will sagen, unaufgeklärt. Der Tee ist bestimmt aus Moskau?"

„Nein, ich habe ihn in Stawropol gekauft."

„Einerlei. Beginnen wir jetzt, wie ich soeben sagte, damit, dass Ihr Land nicht aufgeklärt ist. Dies bedeutet, Ihr Land ist finster und unwissend. Verständlich?"

„O ja, durchaus."

Nun, da wir davon ausgegangen sind, dass Ihr Land nicht aufgeklärt ist, sollten wir klarmachen, was Aufklärung ist. Ich werde es Ihnen anhand eines Beispiels erläutern: Stellen Sie sich einen dunklen Raum vor. Sind Sie so weit?"

„Ich bin so weit."

„Vielleicht ist noch irgendwo ein Fenster offen? Schließen Sie es."

„Ich habe es geschlossen", antwortete ich und musste lachen.

„Sehr gut. Ziehen Sie nun noch die Gardine vor."

„Schon getan."

„Nun also ist es finster im Raum und nichts mehr zu sehen. Plötzlich aber trägt jemand eine Kerze herein, und es wird hell im Raum. Eben das bedeutet Aufklärung. Zugegeben, auch die Zigaretten sind nicht übel. Vermutlich aus Petersburg mitgebracht?„

„Nein, ich habe sie in Wladikawkas gekauft."

„Egal. Verstehen Sie jetzt, was Aufklärung heißt?"

„Ganz und gar."

„Nun, und nachdem dies geklärt ist, muss ich Ihnen die Frage stellen: Wie steht es in Ihrem Land um die Zivilisation?"

„Darauf vermag ich nicht zu antworten, da ich sehr lange nicht zu Hause gewesen bin."

„Das macht nichts. Ich werde Ihnen sagen, wie es darum steht: Wie viele Generäle gibt es bei euch Georgiern?"

„An die zwanzig werden es sein, denke ich."

„Oho, an die zwanzig! Außerordentlich! So viele!", rief mein gelehrter Offizier emphatisch aus. „An die zwanzig! Eine Handvoll Volk, und zwanzig Generäle! Das nenne ich eine hohe Zivilisation, mein Herr. Kaum zu glauben, zwanzig Generäle. Womöglich haben Sie, wissenschaftlich ausgedrückt, die wirklichen Staatsräte zu den wirklichen Generälen dazugezählt, nun, einfach ausgedrückt, Sie haben die Zivilen den Generälen, nun, einfach und volkstümlich gesagt, die Generäle ohne Epauletten, noch volkstümlicher, die Generäle ohne Schnauzbart den echten Generälen zugezählt? So wird es sein, zweifellos."

„Durchaus nicht, bei Gott", beteuerte ich. „Ich spreche nur von den echten Generälen."

„An die zwanzig echte Generäle! Bravo, rechtgläubiges Russland, Ruhm sei dir und Ehre! Wohin es seinen Fuß setzt, schafft es Zivilisation. Wie lange ist es her, dass Russland hier eingezogen ist?"

„Etwa siebzig Jahre."

„Alle sieben Jahre zwei Generäle? Donnerwetter, was für eine hohe Zivilisation. Wirkliche Generäle! Wenn die Zivilisation mit Gottes Hilfe derart fortschreitet, werden nach weiteren siebzig Jahren noch zwanzig Generäle dazugekommen sein, also insgesamt vierzig. Außerordentlich. Das habe ich nicht gewusst. Woher sollte ich auch? Ich bin ja noch keine drei Jahre hier in eurem Land. Um ehrlich zu sein, hatte ich bisher noch nicht die Muße, Ihr Land aus dem Blickwinkel des Gelehrten zu betrachten. Ich habe einen wichtigen Gegenstand verfolgt, ich habe viel geforscht, Geschichten gelesen und all meine Zeit diesem gelehrten Gegenstand gewidmet. Meine Mühe war übrigens nicht ohne Erfolg, die Nachkommenden werden meinen Namen nicht vergessen."

„Was für eine Arbeit ist das?"

„Das ist leicht gesagt. In Russland, mein Herr, hat man den Gutsbesitzern die leibeigenen Bauern weggenommen. Keiner hat mehr auch nur einen Burschen. Höchstens ein einziger Knecht ist ihm noch geblieben. Das Land ist in Not geraten, die Leibeigenen stehlen und schleppen alles in ihre Behausungen. Ich als mitfühlender Sohn meines Vaterlandes habe mir viele Gedanken wegen seiner Nöte gemacht und mir gesagt: Mein Land braucht meine Hilfe. Und, Gott sei's gelobt, ich konnte abhelfen. Ich habe eine Methode erfunden, wonach kein Bediensteter im Hause seines Herrn mehr etwas stehlen kann. Ein schlichter Zufall hat mich darauf gebracht. Mein Diener ist ein ausgemachter Dieb, der hat kein bisschen Zucker mehr in der Dose gelassen. Lange habe ich mir den Kopf zerbrochen, wie ich ihm das Handwerk legen kann. Ich fing an, die Dose abzuschließen, aber mal vergaß ich das, mal ließ ich den Schlüssel versehentlich auf dem Tisch liegen, und kaum hatte ich das Haus verlassen, stahl mir der Diener den Zucker. Schließlich kam ich auf den Gedanken – ich fing zwei Fliegen, sperrte diese in der Zuckerdose ein, machte den Deckel zu, ließ aber die Dose unverschlossen. Sie werden fragen, warum ich das tat? Nun, wenn mein Diener wieder mal Zucker zu stehlen gedachte, musste er ja den Deckel abnehmen, und sofort würden die Fliegen entwischen. Und wenn ich dann nach Hause käme und den Deckel abnähme, würde ich sehen – die Fliegen sind weg, ein eindeutiger Beweis, dass jemand die Dose geöffnet hatte. Wer außer meinem Diener konnte das gewesen sein? Seit dieser meiner Erfindung stiehlt mein Diener keinen Zucker mehr. Jetzt fange ich jeden Morgen, sobald ich Tee getrunken habe, Fliegen. Die sperre ich in der Zuckerdose ein und kann den lieben langen Tag unbesorgt sein, weiß ich doch, dass mich niemand bestiehlt. Wie gefällt Ihnen meinen Trick? Ein ganz billiges und einzigartiges Mittel gegen den Diebstahl. Es lässt sich im Haushalt überall dort anwenden, wo wir etwas in Dosen und Dosen aufbewahren. Bisher habe ich den Trick noch keinem verraten, aber weil mir Ihr Heimatland so am Herzen liegt – und bitte, geben Sie's an Ihre unaufgeklärten Gutsbesitzer weiter. Eins bloß ist ärgerlich, dass ich noch kein Mittel gegen den Diebstahl von Wodka gefunden habe. Auch hier habe ich versucht, Fliegen in eine Wodkaflasche zu sperren, nur, die Biester ertrinken darin – sind dir auch keine Kostverächter! Aber denen komme ich schon noch bei. Na, wie finden Sie meine Meistertricks? Die Franzosen sind ja für gewöhnlich schlaue Füchse und denken sich allerlei Teufelszeug aus, aber das ist teuer und aufwändig. Meine Tricks dagegen kosten keinen Groschen. Was kostet es schon, zwei Fliegen zu fangen und in eine Dose zu sperren? Schlechtweg nichts. Und jetzt betrachten Sie mal, welche Folgen meine Tricks zeitigen: Wenn mein Beispiel Schule macht, wird es im Land zu einem Handel mit Fliegen kommen. Zu einem neuartigen Warenaustausch. Da spazieren Sie eines Morgens durch Ihre Stadt und stehen plötzlich vor einem Laden, der Fliegen verkauft. Nicht übel, wie?

Wie viele hungernde Menschen finden dank der Fliegen einen Broterwerb? Was ist heutzutage so eine Fliege? Ein Nichts. Wozu sind Fliegen brauchbar? Zu nichts. Da sieht man, wie bedeutsam die Werke eines klugen und gelehrten Menschen für sein Land sind. Eigentlich wäre ich nicht hierhergekommen, und wenn man mich noch so sehr gebeten hätte. Ich sagte mir: Wenn mich der Herrgott mit irgendwelchen Gaben ausgestattet hat, sollte ich diese für mein Land verwenden. Jedoch - diese neugewonnenen Lande benötigen viel eher Bildung und Aufklärung, und dafür braucht es gebildete und aufgeklärte Leute. Warten Sie nur ein Weilchen ab, was da geschieht. Ich für mein Teil habe das Obige beigetragen, und bald wird ein anderer Weiteres erfinden, und vielleicht kommt jemand, der in Ihrer Stadt einen Isler-Park einrichtet, einem gebildeten Menschen ist alles möglich. Auf diese Weise gelangt alle Petersburger Aufklärung auch hierher. Sie werden sehen – eines schönen Tages wird man im Isler-Park spazierengehen, Ihre hiesigen Damen werden sich darin frei und ungezwungen bewegen. Sagst du der einen „o meine Schönste", oder der anderen, sie werden es hinnehmen. So wird das Volk sein - wie es gelehrt heißt - Paradies schauen, das heißt, wie sagt man volkstümlich Paradies ... Nun, auch volkstümlich einfach ist das Paradies das Paradies. Sie verstehen?"

„Durchaus."

IV

Gegen Abend erreichte ich Stepanzminda*. Es war ein wundervoller Abend, so dass ich hier zur Nacht blieb, um das Auge an den prächtigen Anblicken zu ergötzen. O du Georgien!

„Wo, an welchem Weltenende
kannst ein solches Land du finden?"

Ich ging nach draußen und richtete den Blick auf den unmittelbar dem Ort Stepanzminda gegenüber aufragenden Eisgipfel, der üblicherweise auch Kasbek genannt wird**. Oh, wie großartig nimmt er sich aus, dieser Eisgipfel! Von ihm lässt sich zu Recht sagen, es diene ihm der Himmel zum Hut und die Erde zur Sandale. Vor dem Lasurblau des Himmels strahlte er in ungetrübtem Weiß. Kein winzigstes Wölkchen bedeckte seine hohe Stirn, sein eisig-silbernes Haupt. Ein einziger Stern nur von besonderem Glanze leuchtete darüber, an einem Fleck verharrend, voller Erstaunen gleichsam vor des Berges prächtigem Antlitz. O Eisgipfel, großartig bist du, so still und friedvoll, indessen weiß und kalt. Dein Anblick vermag mich zu erstaunen, nicht aber zu erregen, er ist frostig und macht nicht warm, kurz gesagt, ein Eisgipfel eben.

* Kleinstadt an der Georgischen Heerstraße, liegt am Fluss Terek und am östlichen Fuß des Berges Kasbek (5047 m) im Großen Kaukasus.

** Der georgische Name „Mqinvari" für den Kasbek bedeutet zugleich Gletscher, etwas Eisiges.

Deine Herrlichkeit löst Bewunderung aus, nicht aber Liebe. Was also soll mir seine Größe? Aller Lärm der Welt, alles Stürmen und Brausen, alles Gute und Böse, das auf dieser Welt geschieht, lässt auf seiner hohen Stirn keine Ader erbeben. Mag sein Fuß auch auf der Erde stehen, sein Haupt jedoch ist an den Himmel gelehnt, abseits hält er sich, unnahbar. Nein, solch erhabenes Abseitsstehen liebe ich nicht, solche Unnahbarkeit. Da lobe ich mir wieder einmal den respektlosen, mutwilligen, ausgelassenen, trotzigen und unbezwingbaren trüben Terek. Dem Herzen der schwarzen Felsen entspringend, brüllt er rings um sich und fordert allseits ein donnerndes Echo heraus. Ich liebe sein volltönendes Tosen, sein hitziges Kämpfen, sein Murren und Wehklagen. Der Terek ist das Antlitz des erwachten menschlichen Lebens, erregend und des Bemerkens wert: Bergen doch seine trüben Wasser den Schutt und die Asche sämtlichen Unglücks dieser Welt. Der Eisgipfel hingegen ist das erhabene Sinnbild von Unsterblichkeit und Zufriedenheit, ist wie die Unsterblichkeit kalt und wie die Zufriedenheit schweigend. Nein, der Eisgipfel ist nicht nach meinem Sinn, schon gar wegen seiner unnahbaren Höhe. Der Grundstein für alles Glück der Welt ist stets in die Erde eingebracht, jegliches Bauwerk wird von unten her aufgezogen und niemals von oben begonnen. Darum ist mir, einem Kind dieser Welt, des Tereks Antlitz näher und lieber. Nein, den Eisgipfel mag ich nicht: seine Kälte lässt einen erstarren, und sein Weiß macht alt! Aber er ist doch so unglaublich hoch! Ja, was soll mir seine Höhe, wo ich nicht zu ihm hinaufreiche und er nicht zu mir herunterlangt! Nein, den Eisgipfel mag ich nicht. Er erinnert mich an den großen Goethe, der Terek hingegen an den zornigen, trotzigen Byron. O glücklicher Terek! Das Gute an dir ist deine Rastlosigkeit. Schon die kürzeste Rast verwandelte dich in eine stinkende Pfütze und dein furchtbares Tosen in Froschquaken. Bewegung und abermals Bewegung, du mein Terek, verhelfen der Welt zu Kraft und Leben …

V

Die Nacht senkte sich herab. In die Betrachtung von Terek und Kasbek versunken und mit mancherlei Gedanken befasst, war mir die Zeit entglitten, und so hatte ich kaum bemerkt, wie sich die Sonne von der von ihr erwärmten Welt verabschiedet und hinter den Bergen verborgen hatte. Es war Nacht geworden, das Auge sah nichts mehr, der Lärm des Tages war verstummt, die Welt lag im Schweigen.

Es war Nacht geworden, und wer weiß, was ich getan hätte ohne die Hoffnung auf einen neuen Morgen. Ja, wäre das Leben dann noch lebenswert? O Natur, ich liebe es, wie du eingerichtet bist, weshalb auf jede Nacht wieder ein Tag folgt.

Es war Nacht geworden, ich aber stand noch immer draußen vor der Poststation und lauschte hingegeben dem verwegenen Tosen des Terek. Jetzt, da alles schweigt, erhebst allein du deine Stimme, mein Terek! Glaubt mir, ich höre in dieser verstummten Welt des Tereks nicht verstummendes Klagen. Im Leben des Menschen gibt es Momente der Einsamkeit, da du dich gleichsam der Natur verständlich machen kannst und sie sich umgekehrt dir öffnet. So dass du selbst in der Einsamkeit niemals einsam bist, o du zweibeiniges Geschöpf, welches man Mensch nennt. In dieser Nacht spürte ich, dass zwischen meinen Gedanken und den Klagen des Tereks eine geheime Verbindung bestand, ein Einvernehmen. Mein Herz pochte, und es zitterte meine Hand. Was mochte der Grund dafür sein? Um eine Antwort darauf zu geben, brauchte es Zeit.

Es war Nacht geworden. Die Schritte der Menschen waren verstummt, verstummt auch der Menschen machtvolles Gewese, das Surren ihrer erschöpften Sorgen und Begehrlichkeiten, es schlief der Schmerz der Welt, um mich herum war niemand mehr da! Wie leer ist diese vollgefüllte Welt ohne den Menschen! Oh, nehmt sie fort, diese dunkle und lautlose Nacht mit ihrem Schlaf und den Träumen, und gebt mir den hellen und ruhlosen Tag mit seiner Qual und Pein, mit seinen Kämpfen, mit Kummer und Mühsal! Dunkle Nacht, du bist mir zuwider! Gäbe es dich nicht auf dieser Welt, so meine ich, müsste der Mensch nur halb so viel Unglück ertragen. Dein Erscheinen hat den Urschrecken im Menschen ausgelöst und ihn verängstigt. Nun vermag der Verschreckte seinen Weg nicht zu finden, er kämpft und ringt und ist bis heute kaum je imstande, von seinen verscheuchten Sinnen die Angst abzuschütteln. Hier liegt der Grund für alles Unglück der Welt. O dunkle Nacht, du bist mir zuwider! Wie viele Erzfeinde des Menschen mögen sich jetzt unter deinen Schößen verbergen? Wer weiß, wie viele Schmiede und Despoten hinter dem dunklen Vorhang, den du vor meinen Augen herabgesenkt, an Fesseln schmieden, um des Menschen Glück zu beengen? Du bist Helfershelferin bei jenem Handwerk, das man Falschspiel nennt und das den verängstigten Sinnen des Menschen vorgaukelt, Unglück sei Glück. Du bist die Zeit des Teufelsmahls, wo man Trinksprüche ausbringt auf Dunkel und Unwissenheit. Hinweg, üble Nacht, und du komme herbei, heller Tag!

VI

Auf der Poststation erfuhr ich, dass es im Gebirge bei Fahrten mit der Postkutsche häufig zu Verzögerungen komme, da es den Stationen immer wieder an Pferden mangele. Man riet mir deshalb, ein Reitpferd zu mieten und den Weg bis Passanauri im Sattel zurückzulegen. Der Rat leuchtete mir ein, und mit der Vorstellung, wie es am nächsten Tag weitergehen würde, gab ich mich dem Schlaf anheim.

Es wurde hell. Morgenröte, wie bist du wunderbar! Und wie wunderbar du vom Frühtau reingewaschene Welt! Mir kam vor, an einem solchen Morgen müsse aller Schmerz der Welt gestillt sein, der Terek indessen brüllte und kämpfte. Wie es schien, war der Schmerz der Welt unstillbar.

Es wurde hell, und die Welt begann mit menschlichen Stimmen zu lärmen. Der Tag begann sein unruhiges Treiben. Wie gut ist der erwachte Mensch! Noch besser aber ist jener, dem das Unglück der Welt gar überhaupt den Schlaf raubt. Du mein schönes Land, gibt es in dir solche Menschen? Ich will nach ihnen ausschauen, und wenn ich sie finde, mich vor ihnen verneigen.

Ich verließ die Poststation und traf draußen auf einen Bergbewohner. Ich lieh von ihm ein Pferd und machte zugleich aus, dass er mich zu Pferde begleiten sollte. Dies habe ich später nicht bereut, ich war sogar hochzufrieden, weil sich alles so gefügt hatte. Mein Bergbewohner erwies sich als ein ganzer Kerl. Er war schon ein wenig ergraut und in den Jahren. Unterwegs zeigte sich, dass er die kleine Welt, in der sich sein ihm bestimmtes farblos-eintöniges Leben abspielte, sehr genau beobachtete.

Wir schwangen uns in den Sattel und verließen Stepanzminda. Ich warf einen letzten Blick auf den Eisgipfel. Irgendwie schaute er aus seiner Höhe besonders erhaben und grimmig herab und wühlte meine an diesem schönen Morgen besänftigten Sinne wieder auf. Wieder pochte mein Herz, und meine Hand begann zu zittern. Voller Hass wandte ich das Auge von der Großartigkeit des Eisgipfels ab und nahm mit großer Ehrerbietung Abschied von dem an seinem Fuße wild dahin brausenden Terek.

Mein Bergbewohner verdiente es, näher betrachtet zu werden. Von stattlicher Statur, saß er auf einem kleinen Gebirgspferd, das beinahe den ganzen Weg über drollig im Wolfstrab dahin trottete. Die zottige Fellmütze rutschte meinem Begleiter immer wieder über die Augen, doch saß er so unerschütterlich mit weit gespreizten Beinen in dem breiten Sattel und überließ seinen imposanten Körper so seelenruhig und unbekümmert dem Gang des Pferdes, rauchte er so gelassen und genüsslich seine Pfeife, dass man meinen konnte, es gäbe auf der ganzen Erde keinen wohlgelaunteren Menschen.

„Wie heißt du, Bruder?", fragte ich ihn.

„Lelt Ghunia heiße ich", erwiderte er.

„Bist du von hier?"

„Aus Gaibotani. Nicht weit von hier, in den Bergen, am Oberlauf des Terek."

„Bist du Georgier oder Ossete?"

„Wieso Ossete? Ich bin Georgier. Mochewe.*"

„Ist eine schöne Gegend hier bei euch."

„Ja, nicht schlecht. Passt zu unserer Ärmlichkeit."

„Solch reines Wasser, solche Luft müssen ein Glück sein."

„Nun ja." Mein Begleiter lachte.

„Warum lachst du?"

„Weil es komisch ist. Einen leeren Magen macht das nicht satt."

„Hier muss doch die Ernte gut sein?"

„Es wächst schon was, ja. Der Boden ist nicht schlecht, aber zu wenig. Kaum zwei Morgen pro Mann. Wir sind beschränkt."

„Diese Straße** ist sicherlich von Nutzen."

---

* Mochewe (georg.) = wörtlich Tal- oder auch Schluchtenbewohner; so nennen sich die Bewohner der nordgeorgischen Gebirgstäler, in der Gegend um den Oberlauf des Terek.

** Es handelt sich um die Georgische Heerstraße, die wichtigste Verbindung quer über den Kaukasus von Russland nach Georgien.

„Die Straße, ach - die nützt einem nur, wenn man was drauf zu transportieren und zu verkaufen hat."

„Und geht ihr nicht zur Lohnarbeit weg?"

„Aber ja, machen wir."

„Dann verdient ihr damit Geld."

„Doch, schon. Aber es bleibt nichts in der Tasche. Die Mochewes tragen es zum Armenier in den Laden. Dort wird gespeist und getrunken anstatt zu Hause."

„Dann ist es unten im Flachland wohl besser, dort werden die Leute satt."

„Wer weiß? Auch da steht's nicht zum Besten. Das Klima ist schädlich. Die Leute werden krank. Wir hier sind gesund. Der Schöpfer des Himmels hat's nun mal so bestimmt: dort ist man satt und hier gesund."

„Und wo ist es besser – wo man satt ist oder wo gesund?"

„Beides zusammen wär gut. Eins ohne das andere ist schlecht."

„Und wenn man sich für eins von beiden entscheiden müsste?"

„Für eins von beiden? Dann schon für die rauen Felsen, die sind gesünder. In der Not nährt sich der Mensch auch von Gras und Kraut. Was hat er davon, krank zu sein?"

In diesem Augenblick riss meinem Begleiter der Strick des Steigbügels, er verlor den Halt und rutschte auf die Flanke seines Pferdes. Doch er fing sich, sprang ab und ging daran, den Steigbügel wieder in Ordnung zu bringen.

„So ein gesatteltes Pferd macht nur Ärger!", rief mein Bergbewohner lachend aus. „Ohne Sattel ist es viel besser, du klemmst das Pferd zwischen die Beine, und los geht's."

Ich wartete nicht, bis er fertig war, und ritt voraus.

VII

„Sag mir doch bitte, sei so gut", bat ich meinen Begleiter, nachdem er mich eingeholt hatte, „was ist das für ein Kloster oben über Stepanzminda?"

„Jenseits des Terek?"

„Ja, dort drüben."

„Das ist die Kirche der Heiligen Dreifaltigkeit, zum Segen der Lebenden und zum Angedenken an die Verstorbenen. Früher hat man dort Schätze verwahrt und Volksrat abgehalten.

„Schätze verwahrt, Volksrat abgehalten – wie das?"

„Hier wurden die Schätze der georgischen Könige vor den Feinden versteckt, aus Mzcheta* hat man vieles davon hierher gebracht."

„Und was ist das für ein Rat?"

---

* Die am Zusammenfluss von Aragwi und Mtkwari gelegene uralte Stadt Mzcheta war bis ins 5. Jh. u. Z. Hauptstadt Iberiens, d. h. Ostgeorgiens bzw. Kartlis. In Mzcheta befindet sich die berühmte, aus dem 11. Jh. stammende Kathedrale Swetizchoweli.

„Der Rat? Nun, da gibt es so eine Klause, darin haben kluge Männer beraten. Wenn es hier in den Bergen schwierige Dinge zu lösen gab, haben sie dort darüber beraten."

„Sag, worüber wurde beraten, was für Dinge kamen da vor?"

„Bitte sehr, was ich weiß, davon kann ich sagen. Wenn das Volk vor größeren Aufgaben stand, wenn es Streit gab oder man sonst etwas entscheiden musste, dann kam dort ein Rat zusammen. Man wählte dafür weise alte Männer aus, besonders gescheite Leute, die setzten sich in die Klause, hielten Rat, und was dort im Namen der Dreifaltigkeit, mit dem vom Herrgott erbetenen Segen entschieden wurde, dagegen hat keiner verstoßen und es missachtet."

„Bist du selbst bei einem solchen Rat dabei gewesen?"

„Wie sollte ich? Ich spreche von früher."

„Und warum gibt es das heute nicht mehr?"

„Heute?"

Mein Begleiter wurde nachdenklich und blieb mir die Antwort schuldig. Wenig später stellte er seinerseits eine Frage:

„Von wo sind Sie her?"

„Ich bin Georgier, sieht man das nicht?"

„Woran sollte ich das sehen? Du bist nicht georgisch gekleidet. Du bist russisch ausstaffiert."

„Erkennt man einen Georgier denn nur an der Kleidung?"

„Sie ist dem Auge sichtbarer."

„Und die Sprache?"

„Viele Leute sprechen georgisch – Armenier, Osseten, Tataren, alle möglichen."

„Und georgische Kleidung, wird die nicht von vielen getragen?"

„An einem Georgier sieht sie ganz anders aus. In russischer Kleidung wirkt ein Georgier fremd."

„Aber was sagt die Kleidung schon aus, man sollte doch in seinem Herzen Georgier sein, wie?"

„Das stimmt zwar, aber einem ins Herz zu blicken, ist nicht so leicht. Es steckt unsichtbar innen drin, die Kleidung dafür ist draußen und fällt auf."

„Ich bin zwar russisch gekleidet, aber glaub mir, im Herzen bin ich Georgier."

„Kann sein."

Schwer zu sagen, ob mein Begleiter mir glaubte oder nicht. Danach jedenfalls führten wir das folgende Gespräch:

„Du hast mir vorhin meine Frage nicht beantwortet", begann ich. „Warum es heute in der Klause der Dreifaltigkeitskirche keine Ratsversammlungen mehr gibt."

„Ja, wo ist das Volk heutzutage? Wir sind jetzt in Russland. Alles ist schlechter geworden, nichts mehr wie früher. Unterhalb der Dreifaltigkeitskirche liegt das Dorf Gergeti. Unsere Könige befahlen den Einwohnern, das Gotteshaus mit seinen Schätzen zu bewachen und zu schützen. Dafür erhielt das ganze Dorf von den Königen die Freiheit von der Hörigkeit, sogar eine Urkunde für alle Zeiten. Heute noch schickt Gergeti Nacht für Nacht drei Männer als Wächter nach oben, das Dorf fühlt sich nach wie vor zur Bewachung verpflichtet, nur schert man sich unter der russischen Herrschaft einen Dreck um die Urkunde unserer Könige. Gergeti muss heute wie alle andern Abgaben leisten, die frühere Ordnung ist abgeschafft, und auch die mit dem Segen des Herrgotts in der Dreifaltigkeitskirche abgehaltenen Ratsversammlungen sind aus dem Gebrauch gekommen."

„Dann waren die frühere Ordnung und die alten Zeiten besser?"

„Etwa nicht?"

„Und weshalb war alles besser?"

„Früher, ob gut oder schlecht, wir gehörten uns selber, das war besser. Früher war das Volk das Volk, das Herz das Herz, der Mann war Mann, die Frau Frau. Ja, früher! Da hat sich einer auf den andern gestützt, man hat einander beigestanden. Ja, früher! Witwen und Waisen hat man geholfen, drin im Haus wurden die bösen Geister vertrieben und draußen die Feinde gebändigt, wir brauchten keinem von Gott oder der Herrschaft geschickten Polizisten seinen Anteil zukommen zu lassen, wir haben einander vor verwegenen Feinden beschützt, wir haben einem Gestrauchelten wieder aufgeholfen, haben einen Weinenden getröstet und mit ihm gefühlt, alles miteinander. Heute ist die Gemeinschaft zerfallen, Unzucht greift um sich, es herrschen Gier und Berechnung, mit der Einmütigkeit ist es vorbei, immer öfter gibt es Feindseligkeit und Missgunst. Wer sorgt sich heute um Witwen und Waisen, wer hilft dem Gestrauchelten wieder auf die Beine? Heute gibt es keine Männer mehr, und wenn doch, sind sie von Angesicht und auch im Herzen böse. Das Volk ist verkommen, es ist siech und verängstigt. Der Ruf des Georgiers ist dahin, so wie unsere Sitten und Gesetze. Früher haben wir für uns gelebt. Alles weg, unser Land ist vernichtet, was ist von uns noch übrig? Essen und Trinken werden gekauft, käuflich sind die Wege und der Wald, das Gebet und der Segen, sogar das Gericht. Was ist noch übrig vom armseligen Mochewe?"

„Aber es herrscht jetzt doch Frieden?"

„Was soll uns der viele Frieden bei leerem Magen? Wozu überhaupt Frieden? Ein Dolch, der nicht benutzt wird, rostet. Im stehenden Wasser vermehren sich nur Frösche, Würmer, Kriechtiere. Im rastlos brodelnden Terek dagegen tummelt sich die Forelle! Was also soll lebendigen Menschen der Frieden? Und was kann einem der Feind, wo es das Volk gibt? Ruhe und Frieden gibt es genug unter der Erde."

„Und wenn euch früher der Feind überfallen hat, euch ausgeplündert, Frauen und Kinder verheert hat?"

„Heute nehmen uns die armenischen Händler noch schlimmer aus, sie plündern unsere Häuser. Früher, da haben wir die Feinde wenigstens mit Schwert und Schild empfangen und sie zurückgeschlagen, aber was machst du mit diesen Halsabschneidern, da kannst du mit Waffen nicht gegen an. Früher, da haben wir mit dem Feind gekämpft, in gleichem Kampf uns Ruhm erworben, aber was erreicht man bei diesen Wucherern. Früher, ja, da hatten wir Feinde, aber für treue Dienste wurden wir reich beschenkt – wir bekamen Ackerboden, den Freibrief. Oben am Terek steht eine nicht von Menschenhand errichtete Festung. Die ist bei uns als Burg von Arscha, dem Dorf dort oben, bekannt."

„Nicht von Menschenhand errichtet, was heißt das?"

„Eine Burg vom Herrgott, uneinnehmbar, unzerstörbar."

„Und was ist damit?"

„Früher mal stürmten Truppen von Kachetiern* dagegen an, wollten die Burg einnehmen. Alles Volk von hier eilte dem entsetzten Burgherrn zu Hilfe. Nur konnten die Unsern nichts ausrichten. Das Volk war bekümmert und in Aufruhr. Die Kachetier töteten viele Mochewes, drangen in die Festung ein, rissen sämtliche Flaggen zu Boden. Einer der Mochewes war ein weiser Mann, der hatte eine bildschöne Tochter. Dieser Mann kam auf den Gedanken, die kachetischen Krieger betrunken zu machen. Er ließ Wein herbeibringen und in die Festung schaffen. Seiner bildschönen Tochter trug er auf, den Wein auszuschenken. Die Kachetier, nach Wein dürstend und betört vom Anblick des schönen Mädchens, ließen sich verführen und betranken sich heillos. Das Mädchen zeigte sich am Burgtor und bedeutete den Mochewes, dass die kachetischen Krieger betrunken seien. Da kamen die Mochewes und drangen ungehindert und mit lautem Kriegsgeschrei in die Burg ein, töteten viele der Kachetier und nahmen die Festung wieder ein. Die Nachricht davon wurde dem Eristawi von Aragwi** überbracht, und der vermachte zum Dank dem Vater der bildschönen Tochter die Burg, mit einer Schenkungsurkunde."

„Aber was ist das für ein Heldentum?"

„Wieso nicht? Schlaue Helden handeln so: Wo die Kraft nicht ausreicht, muss man zu einer List greifen."

„Meinst du damit das Töten der Kachetier?„

„Nun, heutzutage sind wir alle Georgier, Brüder. Nicht aus Feindschaft habe ich von den Kachetiern erzählt. Ich will damit sagen, dass wir früher für unseren Dienst den Kopf hingehalten haben und dafür reichlich belohnt wurden. Mit Ruhm und Mannesmut haben wir unseren Lebensunterhalt erworben, da verkommt einfach keiner. Und heute? Da machen wir es mit Lüge, Verrat, Eidbruch, Käuflichkeit."

VIII

Ob er wohl Recht hat oder nicht, mein Begleiter, ich will es nicht erörtern. Ja, ist das meine Sache? Ich, ein Reisender, erwähne nur beiläufig, was ich unterwegs gehört habe. Dabei bin ich lediglich darum bemüht, den Sinn des Gesagten, seine Färbung zu wahren, die Art, wie gesprochen wurde. Wenn mir dies gelingt, hat sich meine Absicht ganz erfüllt.

Mein Bergbewohner hat mir noch manches andere erzählt, jedoch nicht alles, was er mir berichtete, ist dazu angetan, niedergeschrieben zu werden, aus allerlei

* Kachetien ist eine Region in Ostgeorgien, ein berühmtes Weinanbaugebiet.

** (Hist.) Herzog, Gauverwalter des Gaus Aragwi, der die Schlucht des Flusses Aragwi und das Quellgebiet des Flusses Terek umfasste.

Gründen … Nur so viel sage ich, dass er mir mit dem, was er aussprach, mitteilte, was ihn im Innern schmerzte.

Ich verstehe, du mein Bergbewohner, welcher Stachel in dir steckt. Früher, da haben wir uns selber gehört, sagtest du, und ich habe es wohl vernommen. Und kaum dass ich es vernommen hatte, lief mir ein plötzlicher Schmerz vom Hirn hinab bis ins Herz, und hier, im Herzen, grub er sich ein Grab und bettete sich darein. Wie lange wird dieser Schmerz in meinem Herzen verweilen, wie lange? Gib mir Antwort darauf, du mein geliebtes Heimatland!

1861
(Endredaktion 1871)

Erzählung eines Bettlers

Was kann der beste Nardi-Spieler tun,
wenn die Sechs auf dem Würfel nicht kommt.

I

Ich bin genau das, was man einen Jagdliebhaber nennt. Ich liebe es unendlich, im tiefen, dunklen Wald unterm Baum zu hocken und mit vergehendem Herzen dem flüchtigen Wild aufzulauern. Welch vergnügliche Kurzweil! Eigentlich, wenn man so will, ist die Jagd Sünde: Jegliches Wesen ist doch ein Geschöpf Gottes und hat das gleiche Recht, auf dieser weiten Welt zu leben, indessen – was hilft's! Nicht umsonst steht in der Heiligen Schrift geschrieben, dass das erste Blutvergießen auf der noch arglosen Welt durch den Menschen am Menschen geschah. Der Mensch ist blutdürstig, und ich bin von seinem Geschlecht. Viele Male sah ich einen vom Hunde aufgescheuchten Hirsch, viele Male versetzte mich seine freie Schönheit in Entzücken. Das verästelte Geweih hintüber in den Nacken gestreckt, jagt er dahin, prachtvoll und erhaben, und ihm nach kläfft der abgerichtete Hund. Der Ärmste, er läuft dem Hunde davon und dem Menschen in die Arme, der in diesem Falle noch weit erbarmungsloser und unerbittlicher ist als der Hund! Von ferne schon vernimmt der lauschende Jäger den Hufschlag des Hirschs, und sein blutrünstiges Herz schlägt rascher, erregt sich vor lauter Ungeduld. Da, er ist auf Schussweite heran, zwischen Laub und Buschwerk schimmert sein melancholisches Haupt. Der Hund kommt ihm näher, der Hirsch stemmt die Läufe ab und schnellt wie ein Pfeil geschwind über die Büsche. Schon fürchtet der Jäger, er könnte dem Hinterhalt entkommen und sich erneut in die Freiheit des geliebten, an Gefahren reichen Waldes flüchten, doch nein – der Jäger pfeift! Da, seht nur, wie verzagt der Hirsch stehenbleibt, wie wundervoll elegant und anmutig er den Hals emporreckt, wie er erschreckt und aller Hoffnung bar die traurigen Augen rollt, die Lauscher spitzt, wie die geweiteten Nüstern wittern! Der Anblick ist so schön, so zart, so stolz – man glaubt, das Tier bringe alle ihm von Natur gegebenen Gaben hier ins Spiel, um durch Güte und Schönheit das Mitleid des verborgenen Feindes zu erregen! Der Mensch aber ist nicht so zart von Gefühl, dass er sich davon überlisten ließe. Als der Hirsch den Menschen wittert, will er fliehen, doch nun kracht der Schuss, und der Hirsch, bis dahin lebendig, frei, sorglos, streckt sich ins Gras, in dessen Schoß er einst erstmalig die Augen aufschlug, um die Welt zu begrüßen, und wo er nun zum letzten Mal die Augen schließen und für alle Zeiten Abschied nehmen soll. Das Gras, einst seine Wiege, wandelt sich nunmehr in sein Grab. Man muss es sehen, das stolze, freie Wildtier, wie es still und klaglos stirbt, jedoch Mal für Mal lese ich in seinen tränenfeuchten Augen dieses: „O du mein Mörder! Gottes Welt ist so groß und so weit – was gönnst du mir Harmlosem und Friedfertigem auf dieser weiten Welt nicht einen Fußbreit Erde?" Der stille Vorwurf machte mir jedes Mal das Herze schwer, und bis die Erde das vergossene Blut aufgesogen hatte, rief ich mir in Erinnerung, dass ja wir selber – Könige aller Lebewesen und Krone der Schöpfung, wir nach Gottes Ebenbild Geschaffenen – einander diesen Fußbreit Erde streitig machen, und wie mir bewusst wurde, dass die Erde auf Schritt und Tritt auch von Menschenblut getränkt ist, fand ich, der so Gerechtfertigte, meine Ruhe wieder und antwortete dem Tier: „Du kannst noch froh darüber sein, mein lieber Hirsch, hier zu sterben, wo du geboren bist. Uns Menschen wird dieses Glück oftmals nicht zuteil."

II

An die fünfzehn Werst weit von unserem Dorfe entfernt lag ein wundervolles Jagdgebiet. Was denn! Überall in unserm gesegneten Lande, wo, dem Bauernspruche nach, „Gottvater und Sohn seine vollen Mantelschöße ausgeschüttet hat" – überall, sag ich, gab es die herrlichsten Plätze. Und es gab jegliches Wild, angefangen vom prachtvollen Hirsch bis hin zum gesetzten Wildschwein oder zum feinsinnigen Bären, von den Vogelarten gar nicht zu sprechen. Jenes unweit unseres Dorfes gelegene Gebiet aber war mir das liebste. Ich kannte mich in seinem Gelände aus, und ebenso wusste ich von seinem Wildbestand. Zwei oder gar drei Tage pflegte ich dort unterwegs zu sein, und wenn die Nacht einbrach, wandte ich mich in ein kleines Dorf, in dem ein guter und ehrwürdiger Bauer, der mein Gevatter war, wohnte. Bei ihm blieb ich zur Nacht, und wenn der nächste Morgen graute, brach ich erneut auf, um zu jagen. Eines Tages, nachdem ich schon zwei Monate nicht mehr dort gewesen war, zog es mich wieder einmal hinaus zur Jagd, und eines schönen Sommermorgens befahl ich mich Gott, nahm die Doppellaufflinte, rief meinen Spürhund und brach auf.

Am Eingang jenes Dörfchens, in dem mein Gevatter wohnte, stand gleich am Fahrweg eine alte Scheune, an einen Winterviehstall gelehnt, dessen Eingang wie ein Baldachin hervorstand. Nichts sprach hier von einer menschlichen Gegenwart, die einstigen Bewohner waren wohl fortgezogen oder auch nicht mehr am Leben, das baufällige Gemäuer ward ebenso vergessen wie die Besitzer selbst. Natürlich bin ich oft an der alten Scheune vorübergekommen, sie stand ja gleich am Weg, aber nie begegnete ich hier einer lebenden Seele, höchstens dann und wann einem klapprigen, geschundenen Bauerngaul, der vor Erschöpfung nicht mehr weit kam und um die Scheune herum das in der Sommerhitze verdorrte Gras malmte. Wie ich nun aber entlangkam, erblickte ich zu meinem Erstaunen einen an der Stalltür unter dem Baldachin liegenden Mann. Damit nicht genug - als ich am anderen Morgen wiederkehrte, lag er noch immer da, und am Abend, die Dämmerung war noch nicht eingefallen, sah ich ihn abermals an jener Stelle. Es verwunderte mich umso mehr, als ich außer ihm niemanden bemerkte, und so nahm ich mir vor, unbedingt meinen Gevatter nach dem Manne zu fragen.

Als ich dies tat, sagte mein Gevatter nur: „Tja, mein Lieber, niemand hier weiß, wer er ist. Irgendein dahergelaufener siecher Bettler wohl, der eine Zuflucht gesucht hat, schon anderthalb Monaten ist er da."

„Hat er denn keinen Menschen?", fragte ich.

„Wie's scheint, keinen, der sich seiner annimmt."

„Wer gibt ihm denn zu essen?"

„Die Leute. Dort gleich am Fahrweg kommt immer wer vorbei, da findet sich schon eine fromme Seele, die ihm ein paar Brocken Brot hinwirft. Er ist ganz anspruchslos, das Brot allein genügt ihm."

„Und er ist nicht von hier?"

„Aber! Wäre er einer von hier, wieso würde ihm der Herrgott so zürnen, dass ihn die Seinen nicht versorgen? Nein, nein, der ist kein Hiesiger."

„Hast du einmal mit ihm ein Wort gewechselt?"

„Doch, das ist schon vorgekommen."

„Und er hat nichts von sich erzählt?"

„Von sich? Nein, aber zu reden, das versteht der Unglückselige."

„Womöglich hast du ihn nicht gefragt?"

„Freilich, das habe ich. ‚Ich', so sagte er mir einmal, ‚ach, ich bin ein vergessener Mensch, wozu willst du wissen, wer ich bin? Sieh mich nur an, Bruder, dann weißt du alles.' Mehr gab er über sich nicht preis. Ich bin auch nicht in ihn gedrungen. Fast scheint mir, er verbirgt sich, als ob er ein Flüchtiger wäre."

Die Andeutung des Gevatters ließ mir das Herz erbeben, und als einem von Natur aus neugierigen Menschen drängte es mich, etwas über diesen Menschen zu erfahren. Weshalb sollte er sich wohl verbergen? Ich nahm mir vor, diesen Bettler, koste es, was es wolle, zum Sprechen zu bewegen.

An einem Tage, da ich ohne alles Jägerglück umhergestreift war, kehrte ich müde und mit leeren Händen zum Hause des Gevatters zurück. Die Sonne stand noch hoch, es war die Zeit, da man die Ochsen auf die Tenne ließ. Jenen unglücklichen Menschen fand ich nach wie vor an dem bewussten Platz liegen, und es hielt mich nun nicht länger – sei es, wie es sei, sagte ich mir, ich gehe hin, vielleicht kann ich mit ihm reden. Bis zum Hause des Gevatters war es noch ein gutes Stück zu gehen, und so schadete es nichts, den Beinen eine Rast zu gönnen. Ich näherte mich also dem Manne und wünschte ihm einen guten Tag.

„Der Herrgott möge Sie erhalten", erwiderte er mit kränklicher Stimme und versuchte sich ehrerbietig aufzurichten, denn er hielt mich wohl für einen Fürsten.

Ich bemerkte, dass ihm das Aufrichten schwerfiel, denn er verzog schmerzhaft das Gesicht und runzelte die Brauen. Das Leiden hatte ihn völlig entkräftet. Das gelbe, hier und da fleckige Gesicht war gedunsen wie bei der Wassersucht, das Kopfhaar und der mächtige Bart klebten vor Schmutz in dicken Flocken, als hätten sie zeitlebens weder Wasser noch Kamm kennengelernt. Der Ärmste war in das Gelump eines russischen Soldatenmantels gehüllt, und seine Unterlage bildete ein zerfetzter lesgischer* Filzumhang. Neben ihm stand ein Wasserkrug mit schartiger Tülle, und dabei lagen ein russisches Grobleinensäckchen sowie ein langer, dicker Knüppel – die treuen Gefährten eines jeden vom Unglück Verfolgten. Der Mann schien vom harten Dasein schwer misshandelt, jedoch steckte wohl etwas in ihm, was ihm Festigkeit verlieh, nämlich noch hatten die Stürme des Lebens nicht vermocht, ihm die Seele auszublasen. Seine klaren Augen, wenngleich tieftraurig auf mich blickend, spiegelten dieses: Ich sah es ihnen an, dass derjenige, dem sie gehörten, mancherlei Unbilden durchgemacht hatte, ohne davon ganz zerstört worden zu sein. Der Mann bot einen abstoßenden Anblick, besser gesagt, einen erbärmlichen, doch der Stolz dieser Augen verbietet mir, es so zu benennen. Die schweren, nackten Füße waren dick geschwollen, und aus den aufgeplatzten Schwären quoll Eiter. Gott, erbarm dich, als ich dies sah, wendete ich vor Ekel den Blick.

„Es ekelt Sie wohl, guter Mann“, bemerkte der Unglückliche mit leidender Stimme, ich aber hörte den Tadel heraus. Ich sah ihn an und begegnete seinem betrübten Lächeln – oder war es hasserfüllt? Beschämt senkte ich den Kopf. Ich fühlte mein Gesicht vor Schamröte erglühen und war außerstande, etwas zu erwidern. Was auch hätte ich sagen sollen?

„Sie haben recht“, fuhr der Unglückliche fort, als dauerte ich ihn und als wollte er mich beruhigen. „Oh, wie recht. Wenn einen noch Lebenden schon die Würmer befallen … Ich bin mir selbst zuwider, was soll es mich bei anderen wundern.“

Allein sein Versuch, mich zu rechtfertigen, misslang, mein törichtes Benehmen machte mich nur ärgerlicher, ich hasste mich in diesem Augenblick. Vor mir lag ein nur noch halb lebendiger, ein von allen verlassener Mensch. Der brauchte nichts nötiger als Mitgefühl und ein freundliches Wort, ich aber hatte mich grausam und voll Ekel abgewendet – wie sollte ich seine Rechtfertigung annehmen! Ich hätte aufstehen und ihn in aller Form um Verzeihung bitten müssen, aber für so viel Anstand gebrach es mir an innerer Kraft. Oh, schwach ist der Mensch!

„Es sind schon vier Monate, dass es mir so ergeht“, begann der Unglückliche erneut. „Die Krankheit hat mich niedergeworfen, und mutterseelenallein werde ich unter diesem verwünschten Dache meine Seele aushauchen. Niemand ist auf der Welt, der mich beweinen könnte. Der Tod hat mich ebenso vergessen wie die Menschen: Ich warte auf ihn, aber er bleibt aus. Er ist von gleicher Güte wie der Mensch – wenn du ihn brauchst, versteckt er sich. Sei's drum … Der Herrgott hat mir noch die Kraft gelassen, mein Schicksal bis ans Ende zu ertragen, bis ans Grab. Es ist nur, dass ich so in der Fremde sterbe!

‚Trügerische Welt! du wirbelst uns umher auf schnöde Art.
Wer Dir traut, dem bleibt kein Tropfen salziger Tränenfluß erspart.
Sprich, Entwurzlerin! Von wannen und wohin denn geht die Fahrt?
Gut, dass Gott all deinen Opfern rettend seine Huld bewahrt!‘“**

* Die Lesgier sind ein Volksstamm in Dagestan.

** Aus: Schota Rusthaweli, „Der Recke im Tigerfell“, Nd. Hugo Huppert.

Wie wahr gesprochen, wie wahr! Wenn sich die Welt von mir abkehrt und mir das Obdach versagt, sind des Herrgotts Schöße weit …"

Bei diesen Worten blickte er zum Himmel auf. Man denke nur, wie sehr es mich erstaunte, diesen zerlumpten Bettler den „Recken im Tigerfell" zitieren zu hören! Gerühmt sei die Sprachgewalt des Dichters, dessen Worte einen derart Verzweifelten an der Schwelle des Todes zu trösten vermögen.

Ich sagte mir, dass dieser Mensch kaum der sein konnte, als den ich ihn vor mir sah. Meine Neugier wuchs schier über die Maßen, aber er selbst fuhr fort zu reden und machte mir somit Hoffnung, mehr über ihn zu erfahren. Noch zögerte ich, meine Frage zu stellen, sah ich doch, wie die düstere Erinnerung seine Augen umschleierte, und so zog ich es vor, die Wolke vorüberziehen zu lassen, um ihn dann endlich zu fragen, wer er sei. Schließlich wendete er sich mir wieder zu und musterte mich lange mit seinen schwarzen Augen. Sein Gesichtsausdruck dünkte mich verändert, und ich glaubte die Zeit gekommen, um das Gespräch zu beginnen. Wie es aber einleiten? So verdammt geht es halt zu auf der Welt – eben dann, wenn man es braucht, verlässt einen das Geschick. Zu guter Letzt entschloss ich mich, auf Gedeih und Verderb.

„Guter Mann", sagte ich teilnahmsvoll, „Sie sind wohl nicht von hier, denn wie hätten Sie sonst keinerlei Angehörige?"

„Das stimmt", erwiderte er. „Ich bin kein Hiesiger. Meine Heimat liegt weit von hier, aber selbst wenn ich dort wäre, müsste ich einsam sterben, denn ich habe dort so wenig jemanden wie hier."

„Sind Sie schon lange in dieser Gegend?", fragte ich.

„Schon eine gute Weile, mein Herr. Fünf Jahre werden es diesen Herbst, falls ich so lange noch lebe. Ja, fünf Jahre sind es her, dass man mich für immer um meine Heimaterde gebracht hat. Und selbst wenn ich dies verzeihe, wird der Herrgott denjenigen richten, der mir dieses Unrecht angetan hat."

„Wie hat man Sie darum gebracht … Wurden Sie vertrieben?"

„Um das zu sagen, müsste ich meine Lebensgeschichte erzählen."

„Wäre es denn verwerflich, wenn Sie es täten?"

„Das sage ich ja nicht, aber es widerstrebt mir, darüber zu sprechen."

Dies war so gesagt, dass ich hoffen durfte, Näheres zu hören, so ich meinem Wunsche nur mehr Nachdruck verlieh.

„Warum nicht? Was hätten Sie zu fürchten?"

„I wo." Der Bettler lachte still vor sich hin. „Zu fürchten gibt es nichts."

„Ja, was hindert Sie dann? Sprechen Sie, um Gottes willen." Ich machte ein flehendes Gesicht. „Seit ich Sie gesehen habe – Gott ist mein Zeuge –, zieht es mich zu Ihnen hin, obgleich …"

„Obgleich was?"

„Ach, nichts. Ich wollte sagen, ich habe bemerkt, dass Sie ein von der Welt ins Elend Gestürzter sind", versuchte ich das Thema umzulenken. „Erzählen Sie, wer Sie sind, und lassen Sie mich nicht unzufrieden gehen."

„Wer ich bin?", entgegnete er und stockte, als müsse er noch immer seine Unlust bezwingen.

III.

„Um ehrlich zu sein", begann der Bettler von neuem, „stünde mir nicht mein Lebensende bevor, würde ich Ihnen nicht sagen, wer ich bin. So aber weiß ich – meine Tage sind gezählt. Allerdings, es fällt mir schwer zu sprechen, doch was soll ich tun? In mir sind die alten Geschichten wieder erwacht, warum diese jetzt noch verheimlichen? Außerdem, ich fürchte jetzt nichts mehr, nicht mal, dass Sie mich verraten könnten. Früher, als das Leben auch mir noch freundlich schien, als ich hoffen durfte, auch ich würde schließlich noch im Schweiße meines Angesichts mein Brot essen und so mein Erdendasein hinbringen – früher hielt ich es für besser, niemandem zu offenbaren, wer ich bin. Heute jedoch, da mir das Leben wie Galle bitter geworden ist und der Lauf der Dinge mich der allerletzten Hoffnung beraubt hat, heute denke ich anders darüber. Ich will Ihnen alle meine Abenteuer erzählen, und möge der Herrgott dies als Beichte nehmen, falls ich gesündigt habe und zur Buße die Gelegenheit fehlt, und mir vergeben. Nämlich – ich bin ein ehemaliger Räuber. Auf meinen Kopf wurde einstmals das Georgskreuz* als Belohnung ausgesetzt, aber wie Sie sehen, hat die gedungene Kugel mich bis heute nicht ereilt. Freilich, ich war einstmals ein schmucker Bursche, dem es an Kraft und Geschick nicht mangelte, aber vor Gott bekenne ich, dass ich nicht zum Räuber geboren war. Dazu muss einer so kaltblütig sein, dass er das Kind auf dem Schoß der Mutter tötet, ohne dass ihm die Hände zittern. So einer bin ich nicht gewesen: Von klein auf war ich von sanftem Gemüt, in der Jugend erquickte mich eine gütige Sonne, dann aber ließ mich das Schicksal im Stich, und auch die Menschen hatten kein Erbarmen, so dass mir kein Ausweg blieb und ich als Räuber in die Berge ging."

Der Bettler machte eine Pause und fuhr danach fort: „Ich stamme nicht aus Kachetien**. Meine Heimat, wie ich schon sagte, liegt weit von hier, ich werde sie nie mehr wiedersehen. Von meinem siebenten Jahr bis zu meinem zwanzigsten verbrachte ich den Morgen meines Lebens in einem fürstlichen Hause. Gott im Himmel weiß es wie ich auf Erden – wie eifernd und ergeben ich in meinem Joch ging, aber wer außer dem Herrgott in der Höhe sah mich dabei? Ich war der Gespiele und Gehilfe des mir gleichaltrigen fürstlichen Sohnes, Datiko. Wahrhaftig, er war ein guter Junge damals. Niemand in dem fürstlichen Hause tat mir ein Leid an, denn Datiko liebte mich, und alle nahmen sich vor ihm in Acht. Datiko nämlich, als das einzige Kind in der Familie, war verwöhnt und anmaßend, und er hätte Spektakel erhoben, wäre mir jemand zu nahe getreten. Datiko und ich, wir hingen sehr aneinander, wir liebten uns. Das kindliche Herz ist ja wie eine vorzeitige Blüte, die, kaum dass die Sonne ein wenig wärmt, sich öffnet, ohne dabei zu ahnen, dass noch vor dem wirklichen Frühling die Winterkälte sie ereilen und verderben kann. Wie sollte ich es wissen? Mein Herz wurde zu Anfang im fürstlichen Hause gewärmt, und dieselbe Wärme richtete mich schließlich zugrunde. Übrigens, es zog mich ja

* Der *Orden des Heiligen und Siegreichen Großmärtyrers Georg* war Russlands einziger Verdienstorden rein militärischen Charakters.

** Region in Ostgeorgien, ein berühmtes Weinanbaugebiet.

auch nicht nach Haus. Daheim waltete eine Stiefmutter, ein wahrer Würgeengel, allein bei dem Gedanken daran schüttelte es mich wie bei einem Malariaanfall, im Hause des Herrn dagegen wurde ich gehätschelt wie das Fürstensöhnchen. Und, wie ich schon sagte, hingen wir beide liebevoll aneinander. Wie sollte ich Dummkopf damals wissen, dass die Liebe zwischen Herrn und Hörigem nur ein Wunschtraum sein kann? Dass es unmöglich ist, zwischen beiden eine Brücke der Liebe zu schlagen? ‚Schuster, bleib bei deinem Leisten!' ist eine Weisheit dieser Welt … Ach, hätte ich es damals gewusst, ich schwör's bei Gott und bei der Ikone meiner Vorväter, ich hätte mir diese Liebe aus dem Herzen geätzt.

Als wir beide, der Herr und der Hörige, vierzehn Jahre alt wurden, wollte der alte Fürst seinen Sohn in die Stadt* auf die Schule schicken. Und natürlich sollte ich Datiko begleiten. Als mein Vater davon erfuhr, kam er zum Fürsten und bat ihn, mich wieder nach Haus nehmen zu dürfen. Bedenken Sie, was ein Vierzehnjähriger in der Wirtschaft für ein Schatz ist! Er kann, wenn er nur ein wenig geschickt ist, dem Bauern schon die halbe Mühe abnehmen. Außerdem war ich meines Vaters Einziger, das Kind seiner ersten Frau, und es fiel ihm wohl schwer, mich für eine so weite Reise herzugeben.

Der Fürst – der Herrgott hab ihn selig! – war ein sehr gütiger Mensch. Er trennte mich ungern von Datiko, aber er hatte auch Mitleid mit meinem Vater. So wandte er sich an mich und sagte: ‚Gabruschki! Wenn du nicht mit Datiko reisen willst, dann bleibe hier bei deinem Vater, ich zwinge dich zu nichts. Ich weiß, es wird Datiko wehtun, aber ein Sohn gehört nun mal dem Vater.' Ein solch guter Mensch war der Gesegnete! Der Sohn eines Leibeigenen gehörte ja nicht dem Vater, sondern dem Herrn, aber der alte Fürst war eben von anderer Art …

Mir schoss die Röte ins Gesicht. Fast hatte sich der Herr von meinem Vater erweichen lassen, doch verdammt, die beiden wussten ja nicht, dass ich lieber bei Datiko gestorben wäre, als bei meiner grausamen Stiefmutter zu leben. Ich war verstört und dem Weinen nahe. Der Herrgott zürnte mir wohl, wenn er mich wieder diesem Unhold auslieferte! Doch nein, dem Herrgott sei's gedankt, denn Datiko rettete mich aus der Not. Er war schon immer voller Eigensinn gewesen, und was er wollte, das setzte er durch. Da ich schwieg, sprach er zum Fürsten und erklärte forsch: ‚Wenn Gabruschki nicht mitkommt, fahre ich nicht in die Stadt.' Alle Versuche, Datiko umzustimmen, waren vergebens. Was sollte der alte Fürst tun? Er wollte meinen Vater nicht kränken, aber er kannte auch seinen Sohn. Schließlich entschied er sich doch für das erstere Übel und sagte in seiner gewohnten weichen Art: ‚Du siehst, mein Lieber, Datiko ist so sehr an deinen Sohn gewöhnt, dass es ihm schwerfällt, sich von ihm zu trennen. Sollen sie beide fahren! Es ist doch gut, wenn sich Herr und Höriger von klein auf aneinander gewöhnen, so wird einer des andern große Stütze. Hindere deinen Jungen nicht, ich bitte dich, sollen sie einander lieben.'

---

* *Kalaki* (georg.) bedeutet durchaus neutral „Stadt", darüber hinaus aber, wie auch hier, ist es das Synonym für die Stadt Tiflis.

Meinem Vater gefielen die Worte des Fürsten nicht, er nickte unfroh und ging so verdrossen und enttäuscht fort, dass er mich nicht noch einmal besuchen kam, bevor ich in die Stadt aufbrach. In meiner Gefühllosigkeit beachtete ich dies kaum, später aber sollte es mir bitter leidtun. Nämlich habe ich meinen Vater niemals wiedergesehen: Noch im selben Jahr verstarb er, und ich blieb ohne väterlichen Segen und als einsame Waise auf der weiten Welt zurück. Ich hatte nur noch Datiko, und auf ihn richtete sich alle Liebe meines Herzens.

Wir reisten also in die Stadt. Bei einer Gevatterin des Fürsten nahmen wir Unterkunft, bei einer armen, schon bejahrten Witwe. Auch der einzige Sohn, den sie gehabt hatte, war ihr vom missgünstigen Schicksal genommen worden. Das kleine Haus mit den zwei Zimmern stand am Ufer des Mtkwari*. Als ich mich darin umsah, dachte ich, dass wir hier wohl mit knurrendem Magen leben müssten. Ich teilte Datiko meine Sorge mit, der aber erwiderte lachend: ‚Wir zahlen im Jahr hundertzwanzig Rubel und liefern obendrein das Brot und den Wein, wieso sollte uns die Alte Hunger leiden lassen?' Und wirklich, die gute Frau versorgte uns wie eigene Kinder. Der Herrgott schenke ihrer Seele Frieden!

Datiko ging jeden Vormittag in die Schule, kam zum Mittagessen heim, lief danach abermals fort und kehrte wieder, wenn die Abendglocken läuteten. Der Ärmste wurde in russische Kleidung gesteckt, was ihm anfangs sehr zuwider war – einmal sogar weinte er mir deswegen etwas vor -, aber man weiß ja, der Mensch gewöhnt sich bald schon an alles, so auch Datiko. Ich selbst hatte nicht viel zu tun; wenn ich Datiko für die Schule fertig gemacht und verabschiedet hatte, musste ich noch ausfegen, und danach hockte ich den lieben langen Tag untätig herum. Hin und wieder ging ich auf Bitten der alten Wirtin zum Basar und kaufte Gemüse ein, alles Sonstige pflegte sie selbst zu besorgen. Wenn auch dies erledigt war, ging ich vors Haus, setzte mich am Straßenrand auf einen Stein und beobachtete die vorübergehenden Leute, eben wie jemand, der keine Beschäftigung hat. Von unserer Straße zweigte eine schmale, bergauf führende Straße ab, an der stand eine kleine Kirche, und davor, näher zu uns, an der Straßenecke, stand das große Haus eines reichen Armeniers, mit pompöser Eingangstür. Dort sah ich häufig einen kräftigen imeretischen** Jungen, meist kam er gegen Abend heraus, setzte sich auf den Türbalken und las ohne aufzusehen in einem Buch. Ich staunte mächtig – ein Dienstbote und ein Buch! Damals glaubte ich Dummkopf doch, dass Bücher nur etwas für Fürsten seien. Dabei, wie gut ist es auch für unsereinen. Großer Gott! Wo deine segensreiche Hand waltet, ist alles für alle da!

Einmal, an einem Sonntag, war Datiko fortgegangen und ließ sich bis zum Abend kein Mal zu Hause blicken. Schon seit einigen Monaten kam es oft vor: Er ging aus und kehrte nicht vor dem ersten Hahnenschrei heim. Ich glaube, damals war ihm die Lust zum Lernen vergangen. Es war also Sonntag. Ich hatte im Hause nichts zu tun und ging nach draußen. In unserm Kirchlein war der Gottesdienst

* Der Fluss, der durch Tbilissi fließt, russ. *Kura*.

** Imeretien ist eine Region in Westgeorgien am Mittellauf des Flusses Rioni, die Hauptstadt ist Kutaissi.

noch nicht zu Ende. Drüben vor dem Haus des Armeniers saß wieder der Junge aus Imeretien mit dem Buch in der Hand, und ich hockte mich diesseits der Straße auf meinen Stein und starrte hinüber. Der Junge las ohne aufzusehen, und dann und wann lachte er vor sich hin. Mich hielt es nicht länger, ich ging zu ihm hinüber und sagte ihm guten Tag. Er grüßte zurück und fragte mich nach meinem Namen.

‚Gabriel', antwortete ich. ‚Und wie heißt du?'

‚Glachuka.'

‚Woher kommst du?', wollte ich wissen.

‚Aus Ratscha*. Und woher bist du?'

Ich sagte ihm, woher ich stammte, und fragte weiter: ‚Aus Ratscha? Und du stehst hier in Diensten?'

‚Ja, bei einem Armenier. Und was machst du?'

‚Ich leiste dem Sohn eines Fürsten Gesellschaft.'

‚Dem jungen Herrn, den man hier immer sieht?'

‚Ja, dem.'

‚Bist du schon lange in der Stadt?'

‚Ein Jahr ungefähr. Und du?'

‚Ich? An die zwei Jahre.'

‚Warum habe ich dich nicht schon früher gesehen?'

‚Weil ich lange nicht hier gewesen bin. Mein Herr hat eine Weile in Kachetien gelebt, da bin ich mitgereist. Seit zwei Monaten sind wir zurück.'

‚Ach, darum also. Was ist denn das?' Ich zeigte auf das Buch.

‚Das sind Märchen. Ich habe nichts zu tun, und so lese ich zur Unterhaltung.'

‚O bitte, lies mir daraus vor, ja?', flehte ich ihn an.

Der gute Junge kam meiner Bitte nach, und er las so wunderbar aus dem Buch vor, dass mich – Herrgott, vergib mir! – der Neid packte. Aber damit nicht genug – während ich zuhörte, war mir, als kennte ich das, was er las, als hätte ich es früher schon gehört. Er schlug das Buch an anderer Stelle auf und las wieder vor, und wahrhaftig – genau dies hatte ich in meinem Dorf gehört! Ich weiß nicht, wieso, aber mir erbebte das Herz vor Freude. ‚Verdammt!', rief ich aus, ‚wie kommen unsere Bauernmärchen hierher?' Nämlich, das waren unsere schlichten Volksmärchen. Glachuka lachte bei meinem Ausruf.

‚Eben so ist es, mein lieber Gabriel!', sagte er. ‚Das Buch bringt die Geschichten aus deinem Dorf in die Stadt, und umgekehrt trägt es die Dinge der Stadt aufs Land. So kommen die Menschen hier und dort miteinander ins Gespräch.'

‚Das stimmt, wie ich sehe', erwiderte ich. ‚Aber nein … verdammt unsere Märchen, die stehen hier im Buch! Komm, lies mit noch eins vor.'

Der gute Junge las weiter vor. Was soll ich sagen, das Buch nahm mich ganz gefangen. Mein Lebtag hatte ich keinen so sehnlichen Wunsch gehabt wie jetzt den, lesen zu können. Um es einzugestehen, ich neidete es diesem Glachuka, dass er so hurtig Bücher las, während ich nur unnütz herumlungerte. Schließlich vermochte

* Ratscha ist eine historisch-geographische Provinz im nordöstlichen Westgeorgien, in der Schlucht des Flusses Rioni.

ich mich nicht länger zu bezähmen, und ich bestürmte Glachuka: ‚Wenn du an Gott glaubst, dann tu ein gutes Werk und bring mir das Lesen bei. Ich bin eine arme Waise, aber auch wenn ich's dir nicht vergelten kann, wird es der Himmel tun!'

Man stelle sich vor … Die viele Muße, die ich hatte … Wenn ich aber lesen und mir die Märchen vornehmen konnte, da sollte mir noch einer!

‚Willst du es wirklich lernen?', fragte Glachuka.

‚Wieso fragst du? Klar! Ich setze alles dran, wenn du's nur mit mir versuchst!', erwiderte ich ungestüm.

‚Es geht ganz leicht.'

‚Gott mach deinen Vater selig! Bist ein prima Kerl.'

‚Denk nicht, dass ich es dir beibringe. Nicht, weil ich zu faul wäre, nur, weißt du, ich habe wenig Freizeit. Aber ich wüsste einen guten Lehrer für dich.'

Mir war plötzlich die gute Laune verflogen. Es erging mir wie dem stolzen Pfau, der sich an seiner Federpracht ergötzt – bis er an sich hinunterschaut und seine schwarzen Füße sieht: Gleich lässt er bedrückt die Flügel hängen.

‚Ach, Mann', sagte ich gekränkt. ‚Wie habe ich mich in dir getäuscht. Ein Lehrer verlangt ein gutes Entgelt, ich aber habe nicht mal die eine Münze, die ich mir aufs Auge legen könnte. Da ist es eben Essig mit meiner Lust, lesen zu lernen.'

Glachuka entgegnete lachend: ‚Du bist vielleicht hitzig, explodierst gleich wie Schießpulver. Als ob ich nicht wüsste, dass Leute wie du und ich kein Geld für einen Lehrer haben. Ich weiß aber einen, der dich ohne Entgelt unterrichtet.'

‚Willst mich wohl trösten?', fragte ich misstrauisch.

‚Im Ernst. Ich weiß jemanden, der dir wie ein Bruder hilft.'

‚Das muss ja ein Gottesmensch sein.'

‚Du irrst dich nicht. Ein Gottesdiener, ja, das ist er. Der hat auch mir das Lesen beigebracht, möge der Himmel es ihm vergelten!'

‚Warte, was heißt Gottesdiener – ist das ein Priester?'

‚Ganz recht. Und er will nicht nur kein Geld – er sucht mit der Kerze nach solchen Eifrigen wie du, um sie zu unterrichten. Und wenn einer nicht will, redet er so lange auf ihn ein, bis er doch will. Auch mich hat er hier eines Tages auf der Straße gesehen. Gesegnet sei jener Tag … Der Gute sprach mich an, fragte, woher ich sei und was ich hier mache. Ich erzählte ihm alles. Tja, und dann hat er mit seinen guten Worten mein Herz erobert, hat mich gezähmt, um mir dann das Lesen beizubringen. Und nicht nur mir! Ein Dutzend Jungen hier aus dem Viertel hat er zusammengeholt, die lernen alle bei ihm und besitzen genau wie du keinen Groschen. Einmal, ich hatte gerade meinen Lohn bekommen und wollte dem Guten zwei Rubel geben, da wurde er fast böse.

‹Hast du einen Vater?›, fragte er mich.

‹Nein›, antwortete ich.

‹Und eine Mutter?›

‹Eine Mutter, ja.›

‹Und wer unterhält sie?›

‹Ich. Sie hat niemanden außer mir.›

‹Dann heb das Geld für deine Mutter auf›, bestimmte er in seiner gewohnten freundlichen Art. ‹Warum solltest du mir etwas geben?›

‹Meiner Mutter habe ich einen Anteil geschickt, dieses Geld aber soll dafür sein, dass Sie für mich beten.›

‹Gebete sind nicht für Geld zu kaufen.›

‹Dann nehmen Sie es zu Gottes Ruhm und zum Wohl der Kirche, bitte!›, rief ich aus.

‹Der Herrgott ist nur mit guten Taten zu rühmen, nicht aber mit Geld, mein Sohn›, erwiderte er.

‹Sie sind mir wohl böse.›

‹Nein, ich sage nur, was wahr ist.›

‹Was soll ich dann tun?›

‹Heb das Geld für dich auf. Falls es aber für dich zu viel ist, gib es solchen, die ärmer sind als du, das ist noch gottgefälliger. Hier am Ende der Straße wohnt eine bedürftige Familie, die schafft es nicht, das nötige Brot zu erwerben, wir beide werden immerhin täglich satt.›

Er sagte das so, dass ich sofort kehrtmachte, zu dem Haus hinging und die zwei Rubel abgab. Ach, was ist das für ein segensreicher Mensch! Wenn er nur selbst etwas hätte! Er bringt sich ja auch nur mehr schlecht als recht durch. Es ist doch wahr: Ein gottgesegneter Mensch, gleich, ob er reich ist oder arm, geht immer den Weg des Guten. Wenn ich dir von dem Mann erzählen würde, du könntest nicht glauben, dass es so etwas gibt. All das Gute, das in seinem Umkreis geschieht, geschieht durch sein Zutun. Gelobt sei Gottes Gerechtigkeit, dass verlassene Seelen wir du und ich einen solchen Beschützer haben. Wenn ich ein Mensch bin, so verdanke ich das ihm, möge Gott es ihm vergelten! Nicht umsonst sagt man: Die Schuld von unsereinem tilgt der Herrgott. Aber sieh, da kommt er selbst‘, fügte Glachuka hinzu und wies zur Kirche.

Der Gottesdienst war zu Ende, Frauen in weißen Kopfschleiern strömten auf die Straße, und die Männer versammelten sich wie üblich vor der Kirche, um sich lautstarken Debatten hinzugeben. Unter sie mischte sich ein hochgewachsener junger Priester.

‚Ist es der?‘, fragte ich Glachuka, den Blick auf den Priester gerichtet.

‚Ja. Komm, wir wollen uns den Segen holen.‘

IV

Ohne mir Zeit zur Erwiderung zu lassen, sprang Glachuka auf und schritt zur Kirche. Ich folgte ihm. Als wir hinkamen, stand der Geistliche wie inmitten eines Fliegenschwarms. Dort wurde geschwatzt, gescherzt und herzlich gelacht. Manch einer aber starrte auch angehaltenen Atems auf den Geistlichen, gleichsam überzeugt, sogleich müsse Gold aus seinem Munde kommen, und ängstlich besorgt, er könne den Augenblick verpassen. Ein solcher Mensch musste viel Gutes säen, wenn man ihn mit so viel Liebe umringte! Eben er war ein wahrer Mensch, einer, der zudem Respekt verdiente. Es musste wohl Honig an ihm kleben, wenn Groß und Klein ihn wie die Bienen umschwärmten! Menschen von seiner Art trägt die Erde nicht viele auf ihrem Rücken.

Wie ein Verdurstender zur Quelle stürzt, so drängte es mich zu verstehen, was dieser Mann sagte. Ich reckte den Hals, um ihn besser sehen und auch hören zu können. Vor dem Geistlichen stand, den Kopf gesenkt, ein kleiner Junge.

‚Schön und gut, mein Kind, aber warum kommst du nicht mehr zu mir?', fragte der Priester. ‚Bist du es etwa leid, du Gauner, Bücher zu lesen?'

‚Was weiß ich', erwiderte der Junge. ‚Mein Vater lässt mich nicht.'

Der Priester zuckte leicht zusammen.

‚Warum lässt er dich nicht?', erkundigte er sich.

‚Es reicht mit der Lernerei, hat er gesagt.'

‚Ist dein Vater hier?'

‚Ja, da hinten sitzt er.'

‚Ruf ihn mal her', verlangte der Priester.

Flink drehte sich der Junge herum und rannte, um den Vater zu rufen.

‚Seht euch diesen Petre an, nicht zu glauben!', murmelte der Priester nachdenklich vor sich hin.

‚So ist das eben', bemerkte jemand. ‚Der böse Hund frisst selber nicht und gönnt auch andern keinen Bissen.'

Die Menge lachte, auch der Priester schmunzelte.

‚Vater und Großvater haben nicht lesen gekonnt, warum soll der Sohn was lernen?', bemerkte ein anderer. ‚Gewohntes Leid geht über ungewohnte Freud.'

‚Der Kluge liebt seinen Lehrer, nur dem Törichten ist er eine Last!', rief ein Dritter.

Noch mancherlei wurde gesprochen, bis Petre herankam.

‚Sag, stimmt es, dass du deinen Sohn am Lernen hinderst?', empfing ihn der Geistliche.

‚Es stimmt. Was soll er damit. Die Wachtel fliegt nicht auf den Baum, das ist für sie ein schöner Traum', erklärte Petre entschieden.

‚Wie meinst du das, Petre?'

‚So, Herr Priester: Wir sind Bauern, wir schuften Tag und Nacht und essen unser Brot im Schweiße unsres Angesichts. So hat es der Herrgott befohlen: Im Schweiße deines Angesichts sollst du dein Brot essen. Dieses Gottesgebot ist allein uns auferlegt, und wir gehen in dem Joch. Was haben wir mit Büchern zu schaffen? Bücher machen unsern hungrigen Bauch nicht satt. Unser Buch, das ist die Erde, gesegnet sei sie! Wenn sich die Erde mit dem grünen Samteinband der frischen Saat überzieht, dann lesen wir dort, was unsres Schicksals ist. Unsre Feder ist der unermüdliche Pflug, unsre Tinte ist der Schweiß, den wir uns aus den Eingeweiden pressen. Damit nässen wir den Pflug, öffnen der Erde das segensreiche Herz, streuen darein den Samen, und wenn die Zeit heran ist, kommen wir und ernten, was uns die nimmermüde Erde doppelt und dreifach wiedergibt. Nicht umsonst heißt sie Mutter Erde: Sie nährt uns mit ihrer Brust, Tag und Nacht ist sie unsre Freude und unsre Qual, Herr Priester. Ein Buch ist etwas Gutes, wer wüsste das nicht? Es gibt auf dieser Welt noch viele andere schöne Dinge, die für uns unerreichbar sind … Ich bin so frei, es so zu sagen: Wir müssen erst einmal den Bauch sattkriegen, jawohl! Das ist unsre allererste Sorge.'

‚Das sagt er richtig, bei Gott!', lärmte die Menge, die soeben noch über Petre gespottet hatte.

‚Ist doch wahr!', rief Petre, durch die Zustimmung ermuntert. ‚Wir können uns niemals aufrichten, wie das Vieh leben wir zur Erde gebückt und starren zu Boden, als sei dort unten unser Glück verloren. Was sollen uns Bücher!'

‚Ich verstehe ja, mein kluger Petre, wie dir zumute ist', entgegnete betrübt der junge Priester. ‚Ich teile deine Kümmernisse! Du ziehst den Pflug dem Buche vor, weil der Pflug es ist, der dir das täglich Brot verspricht.'

‚Genau so ist es, Herr Priester', bestätigte Petre.

‚Aber jetzt sag mir eins: Wenn du nicht wüsstest, dass Eisen im Feuer schmilzt, woraus würdest du dann die Pflugschar herstellen, und die Axt und das Beil, mit denen du das Gestell des Pfluges fertigst? Wenn du dies alles nicht wüsstest, womit wolltest du die Erde pflügen? Was wäre, wenn du nicht wüsstest, welchen Boden du wie bearbeiten musst, ob er tief oder besser flach zu pflügen ist?'

‚Das nicht zu wissen, wünsche ich nur meinem Feind.'

‚Aber woher weißt du das alles?'

‚Na, vom Vater und vom Großvater, Herr Priester! Gott sei's gedankt, ich habe Augen und Ohren, meinen Verstand und mein Gedächtnis.'

‚Wie nennst du das alles zusammen – das, was du hörst, siehst, verstehst, im Gedächtnis behältst?'

Petre überlegte und sagte dann zögernd: ‚Ja, wie nenne ich das – wohl meine Erfahrung, meine leidvolle Erfahrung, mein Wissen.'

‚Und hilft dir dein Wissen etwa nicht, den Bauch satt zu machen?'

‚Aber klar, ohne das müsste ich mich ja ertränken.'

‚Jetzt sag mir noch eins: Wie viele Menschen gibt es auf der Welt, die mehr wissen als du?'

‚Ach, mein Guter, bestimmt mehr, als ich Haare auf dem Kopf habe. Für jeden Besten findet sich immer noch ein Besserer.'

‚Wäre es denn von Nachteil für dich, die Erfahrung dieser klugen Leute dazuzugewinnen? Könntest du nicht umso leichter deinen Bauch satt machen und mit weniger Schweiß mehr ernten?'

‚Schön wär's, das Unglück ist bloß, dass mein Auge und mein Ohr nicht so weit hinreichen. Wo finde ich diese Leute, ich kann doch nicht die weite Welt absuchen, um sie zu fragen?'

‚Und wenn ich dir etwas zeige, worin alle Meisterschaft der Welt, alles Wissen kluger Menschen enthalten ist und was du immer, wann du nur willst, zur Hand nehmen kannst, kurz, woraus jederzeit jeder kluge Mann, den du nur willst, aus der Ferne zu dir sprechen kann – was sagst du dazu?'

‚Das würde ich nennen wie wohl alle Welt: Zauberei.'

‚Siehst du – solch eine Zauberei ist das Buch.'

Um die Wahrheit zu sagen – als ich dies hörte, liefen mir Schauer über den Körper, ich weiß gar nicht, wieso. Auch mit den anderen geschah etwas: auf den Gesichtern der Leute lag gleichsam ein Leuchten wie von der Sonne. Petre aber stand starr, mit großen Augen, wie von Schwindel befallen, und erst des Geistlichen Worte riefen ihn wieder zu sich.

‚Was meinst du nun - kann das Buch dir helfen?', fragte der Priester.

‚Erlaube mir, dir die Füße zu küssen!', rief Petre erregt aus. ‚Wie oft habe ich schon anderer Füße geküsst, aber deine noch nie!'

Der Priester jedoch hinderte ihn daran, ihm zu Füßen zu fallen. Mit leuchtendem Gesicht sah Petre ihn an und rief überschwänglich: ‚Gesegnet sei deine Gabe zu reden! Der Herrgott aus der Höhe hat dich in seiner Obhut, du gottgesegneter Mensch, der du mich vor dem Verderben gerettet hast. Was ich vorhin sagte, tat ich als Blinder, fast hätte ich mich vor meinem Kind versündigt. Jetzt aber, durch deine gütige Zunge sehend geworden, sage ich dir: Der Vater, dem ein solcher Gottesmensch begegnet, um sein Kind zu schulen, und der sich ihm entgegenstellt, stürzt sein Kind ins Verderben. Und wenn eine Wachtel auch nicht auf den Baum fliegt - mein Sohn soll doch lesen lernen, Herr Priester! Gib mir deine Hand, damit ich sie küssen kann.'

Petre beugte sich nieder, aber der Priester kam dem Handkuss zuvor und erteilte Petre rasch den Segen.

‚Dann segne auch meinen Einzigen!', bat Petre und schob den Jungen vor. Der Geistliche segnete auch ihn und küsste ihn lächelnd auf die Stirn.

‚Merke dir diesen Tag, mein Sohn', sagte Petre zu seinem Jungen. ‚Es ist ein Sonnentag für dich und mich.'

Der Priester wurde verlegen und bekam feuchte Augen. Rasch wandte er sich um, und dabei fiel sein Blick auf einen bejahrten Mann, zu dem er sagte: ‚Ah, Sakaria, sag, schämst du dich nicht – wie ich hörte, kannst du dich mit deinem Bruder nicht vertragen? Mit deinem Bruder! Was soll man dazu sagen. Eine Schande! Da ist einer grau geworden und macht so etwas!'

‚Was tun, Herr Priester!', entgegnete der Alte geniert. ‚Ich schäme mich ja, aber er ist eben zu eigensinnig und gibt keine Ruhe. Gott ist mein Zeuge, dass ich unschuldig bin.'

‚Ach, schwindle nicht, so ein alter Mann – eine Sünde! Hat man euch nicht heute in der Kirche gesagt, dass ihr eure Feinde lieben sollt? Du aber, du hassest deinen leiblichen Bruder. Welche Schande! Ein alter, kinderloser Mann … Wenn du dich schon vor den Menschen nicht schämst – der Herrgott sieht alles, wie willst du vor ihn hintreten?'

‚Ach, ich bin in Wut geraten, ich schwör's bei dieser Kirche! Er hat mich gereizt und zur Weißglut gebracht. Ich bin nicht einfach sein Bruder, sondern sein älterer Bruder.'

‚Was soll's. Ihr seid beide im Unrecht vor Gott und vor den Menschen, weil ihr als Brüder in Zank und Streit lebt. Vor den Leuten sag ich es dir und deinem Bruder: Wenn ihr einander nicht respektiert, lasse ich euch nicht mehr ins Gotteshaus.'

Nach diesen Worten segnete der Geistliche die umstehende Menge und schickte sich an, nach Hause zu gehen. Dabei stieß er auf Glachuka.

‚Oh, Glachuka, sei gegrüßt! Wie geht es dir, was machst du?', fragte er erfreut.

‚Gut geht's mir dank Ihrer Gebete', erwiderte Glachuka, riss die Mütze vom Kopf und bat: ‚Segnen Sie mich.'

Der Priester segnete ihn, legte ihm darauf den Arm um die Schulter und ging so mit ihm fort. Ich hatte an dem Tag schon vieles Verwunderliche gesehen, aber das übertraf noch alles! Glachuka, dem Dienstjungen, legte der Priester den Arm um die Schulter! Diese schlichte Art eroberte mein Herz. Ich ging den beiden nach und verfolgte ihr Gespräch.

‚Wo steckst du, dass man dich nirgends sieht?', erkundigte sich der Priester.

‚Ich bin erst seit anderthalb Monaten zurück, ich war mit meinem Herrn in Kachetien', antwortete Glachuka.

‚Und du hast mich noch kein einziges Mal besucht, Junge!', schalt der Priester. ‚Wir sind doch einmal Freunde gewesen, haben zusammen das Brot gebrochen und, wie man so sagt, unter einem Dach gehustet.'

‚Vergeben Sie mir, ich hatte einfach keine Zeit. Das große Haus und die Einrichtung obliegen jetzt ganz allein mir, alle anderen Bediensteten wurden entlassen. Ich habe so viel zu tun, sonst wäre ich gern gekommen. Sie sind mir doch der Nächste.'

‚Deine Arbeit ist wichtiger, als mich zu besuchen, mein Lieber. Sei stets fleißig und zuverlässig, das gefällt dem Herrgott und den Menschen. Was wir auf uns nehmen, das müssen wir auch erfüllen. Nur das rechtschaffen erworbene Brot kann uns schmecken. Mich zu besuchen, ist nicht so nötig, denn ein Mensch kann einem nicht so wohltun wie das Gefühl einer erfüllten Pflicht.'

Unter solchen Gesprächen gingen sie die Straße entlang. Ich weiß nicht, ob der Priester meine Schritte hörte, jedenfalls drehte er sich um, und als er mich sah, fragte er: ‚Was ist, Junge, möchtest du mich sprechen?'

‚Nein, Herr Priester, ich folge nur Glachuka.'

‚Und ich dachte, du willst etwas von mir', sagte der Geistliche und setzte, den Arm wie zuvor um Glachukas Schultern gelegt, den Weg fort.

Ich blieb ein wenig zurück und konnte daher nicht mehr hören, was die beiden sprachen. Während Glachuka redete, blieb der Priester stehen und schaute ein paar Mal zu mir. Da begriff ich, dass es um mich ging, und, ehrlich gesagt, mir erbebte das Herz, hatte ich doch das Empfinden, als ob hier über mein Schicksal entschieden wurde. Das Gute winkte mir. Die Mütze vom Kopf reißend, trat ich vor ihn hin und stand stramm wie ein Soldat vor seinem Vorgesetzten. Er setzte mir die Mütze wieder auf, und da wagte ich, ihn anzusehen. Was für einen Menschen erblickte ich! Er glich einer Ikone, seine nachdenklichen Augen waren voller Güte. Ein Mensch mit solchen Augen muss ein gutes Herz haben. Ich weiß nicht, vielleicht war ich zu stark beeindruckt, und darum erschien er mir wie eine Ikone, aber tatsächlich blieb er mir so, wie ich ihn beim ersten Mal sah, für immer im Gedächtnis. Er war von ansehnlicher Gestalt und hatte ein hageres, ein wenig blasses Gesicht, welches den leise bekümmerten Ausdruck von Menschen trug, die Sorgen gewöhnt sind und mit ihrem Nächsten fühlen.

Der schwarze Kinnbart war erst von geringer Länge, und so erschien mir der Mann noch sehr jung. Seine ganze Erscheinung hatte etwas Sonnengleiches, auf den ersten Blick nahm er das Herz gefangen.

‚Du möchtest lesen lernen, Junge?', wandte er sich an mich. ‚Warum hast du das nicht gleich gesagt? Mir deinen Herzenswunsch nicht offenbart? Scheinst wohl ein Schüchterner zu sein. Dabei wusstest du doch von Glachuka, dass ich Kindern wie dir Unterricht erteile.'

Bei diesen Worten strich er mir lächelnd übers Haar und nickte mir zu. Ich senkte den Kopf, ich war zu keiner Antwort fähig.

‚Weshalb senkst du den Kopf? Nur ein Tier sieht zu Boden, ein Mensch soll zum Himmel aufschauen. Du brauchst dich vor mir nicht zu genieren ... Komm, sieh mich an, ich bin genauso ein Mensch wie du.'

Er fasste mich am Kinn, hob meinen Kopf an und fügte hinzu: ‚Aber im Ernst, wenn du lesen lernen möchtest, dann sollst du mein Schüler und ich will dein Lehrer sein. Na, was sagst du dazu?'

‚Was soll ich dazu sagen außer danke schön, Herr Priester?', brachte ich scheu hervor.

‚Danke schön kannst du später sagen. Wie heißt du?'

‚Gabriel.'

‚Also, Gabriel, folgendes: Wenn du mit deiner Arbeit im Hause fertig bist, sage Glachuka Bescheid, und er bringt dich zu mir. Stell es so an, dass es bei deiner Arbeit keine Versäumnisse gibt, dass du über dem Lernen deine Aufgaben nicht vernachlässigst.'

‚Kommt doch drauf an, weswegen ich meine Arbeit vernachlässige.'

‚Das ist schon wahr, Junge, aber besser wär's, wenn weder das Schaschlik verbrennt noch die Spieße verkohlen. Versuche, beidem gerecht zu werden. Wenn du über der einen Sache die andere verdirbst, das ist nicht gut. Du bist wohl ein Unfreier?'

‚Ja, ich bin Leibeigener.'

Der Priester nickte verdrossen.

‚Wie dem auch sei', sagte er nach einer Pause. ‚Wir beide, du und ich, sind Menschen, Gottes Kinder. Komm zu mir, ich wohne gleich hier. Und sei fleißig. Um Bücher und sonstiges brauchst du dich nicht zu sorgen. Du scheinst mir einer zu sein, der schon in zwei, drei Monaten mit Glachuka im Lesen wetteifert.'

Ich lachte verlegen.

‚Was lachst du? Glaubst du mir nicht? Wenn ein Mensch nur will, bricht er sich durch einen Felsen Bahn, sagt man.'

‚Ich weiß nicht, ob ich so aussehe, als ob ich Felsen zerbreche', sagte ich zweifelnd.

‚Wer weiß, vielleicht verfügst du über solche Gaben. Alles liegt in Gottes Hand, mein Junge.'

‚Wenn Gott nur will, ich will es auch!'

‚Dann zeige, was in dir steckt. Frisch gewagt ist halb gewonnen.'

‚Ich will es wagen, und wenn mich der Felsen dabei erschlägt.'

Der Priester sah mir in die Augen, meine Worte hatten ihn wohl ins Herz getroffen. Dann erstrahlte sein Gesicht, und er sagte: ‚Na, wenn du so furchtlos herangehst, wird dich kein Fels erschlagen, und du wirst allem und jedem widerstehen. Ich hab's ja gesagt, bist ein guter Junge. Ein Schüler wie du gereicht jedem Meister zur Freude, und ich denke, wir werden Freunde werden, mein lieber Gabriel.'

Als er das zu mir sagte, wahrhaftig, da stürzte ich nieder, um ihm die Füße zu küssen. Aber der Gottesmensch fasste mich am Arm und zog mich, der ich bereits auf einem Bein kniete, mit Gewalt hoch, richtete mich gerade wie einen krummen Nagel. Und fast ein wenig ärgerlich sagte er: ‚Tu das nicht noch einmal! Solche Ehrerbietung steht nur dem Herrgott zu.'

‚Sie sind für mich der Herrgott!', rief ich begeistert.

‚Schau dort hinauf', sagte er und zeigte zum Himmel. ‚Dort ist dein Herrgott. Ich bin nur sein sündiger Diener, du Hitzkopf.'

Woher sollte ich Törichter damals erkennen, wem was gebührt? Wenn mein Herr mir vom Mittagessen übriggebliebene Melonenschalen hinwarf, trieb er mich sogleich mit Nackenstübern dazu, ihm die Füße zu küssen, dieser Priester hingegen versprach mir einsamer Waise Freundschaft, er war sich nicht zu gut, mit einem Leibeigenen Freundschaft zu schließen, mit einem, den der Herr, wenn es ihm beliebte, gegen einen Hofhund eintauschen konnte. Wie sollte ich da nicht das Bedürfnis haben, ihm die Füße zu küssen? Ich erinnere mich an den alten Herrn, der war ein gütiger Mensch, dennoch hatte er es gern, wenn ich ihm die Füße küsste. Ich meinte, auch dem Priester damit wohl zu tun, dabei verärgerte ich ihn beinahe. Damals erstaunte mich sein Verhalten, heute verstehe ich ihn … Einem guten Menschen dankt das eigene Herz – woher sollte ich es damals wissen? Oh, was war das für ein Mann! Wenn ich heute bedenke, was er getan hat, scheint mir, er war vom Himmel herabgesandt, um den Menschen zu zeigen, was Menschsein heißt. Weh mir, das Schicksal hat mich zermalmt, einen durch ihn angespornten ehrgeizigen Jungen, und ich vermochte nicht wieder auf die Beine zu kommen, wer weiß, vielleicht wäre sonst auch ich einen guten Menschenweg gegangen …

Mein Herz glühte, mein Hirn brannte, ich fühlte mich voller Kraft und rief entzückt: ‚Seien Sie Gottes Diener, und ich will der Ihre sein! Damit will ich Ihnen danken, denn wie anders sollte ich es sonst.'

‚Ach, lass den Dank', erwiderte der Priester und wies erneut zum Himmel. ‚Er da droben sieht jetzt auf uns beide.'

‚Und er vermerkt Ihre Güte in seinem Herzen', fiel ich ihm ins Wort, so dass er erstaunt zu Glachuka hinsah, der wiederum uns beide offenen Mundes anstarrte.

‚Du hast ein feuriges Herz', bemerkte der Geistliche wenig später. ‚Hör zu: Heute brauchst du mich, und morgen oder übermorgen bist vielleicht du mir vonnöten. So ist der Lauf der Welt, und ist die Zeit heran, dann begleichen wir unsere Rechnung. Du weißt ja: Der Berg kommt nicht zum Berge, der Mensch zum Menschen aber wohl. Stimmt's, Glachuka?'

‚Jawohl, das stimmt', bestätigte Glachuka.

‚Ich verstehe, Sie wollen mich nur trösten. Wie kann ich Ihnen vonnöten sein, womit könnte ich Ihnen helfen?', sagte ich lachend.

‚Nun, der Kuppelbolzen ist nichts weiter als ein Stück Holz, aber wenn er fehlt, kann man die Büffel nicht vor den Karren spannen. So ist es mit allem, mein Junge, die Großen und die Kleinen brauchen einander, und wenn nicht heute, dann gewisslich morgen. Was heißt, du kannst nicht? Kannst du nicht ein guter Mensch sein? Was bist du denn für einer? Wozu hat dir der Herrgott die Seele eingehaucht? Glaube mir, man muss nur wollen, dann vermag man alles. Zum Beispiel, wenn du jetzt lesen lernst – ich bin sicher, dass du es bald können wirst -, solltest du einen ebensolchen Jungen finden, wie du es bist, ihm dein Wissen weitergeben und so deine Schuld abtragen. Während du den anderen lehrst, wirst du dabei auch meinen Namen lobend erwähnen, was will ich mehr? Oftmals, mein lieber Gabriel, wird dein Schüler dich segnen, und du wirst meiner gedenken: Gott, mache meinen Lehrer selig! Solche Segensworte geleiten mich ins Jenseits und erleuchten mir den Weg zum Herrgott. Ich bin dann zufrieden, und du hast dich deiner Schulden entledigt. Ach, täten wir's alle so! Was heißt, du kannst nicht? Der Himmel hat dir Hirn und Herz gegeben, übe und schule beides, solange du lebst. Das Hirn erleuchtet dir den Weg, das Herz erwärmt ihn dir, Gott ist allmächtig ... Wir alle, ob du, ob ich, ob wir Herr sind oder Knecht, tragen ein göttliches Feuer im Herzen, das dürfen wir nicht löschen, wenn wir reinen Gewissens vor unsere Schöpfer treten wollen. Dieses Feuer hilft uns, von Zeit zu Zeit Wunder zu vollbringen ... Was macht's, dass wir beide heute klein sind? Wer weiß, mein Freund, wie das Geschick spielt und wer morgen vorn sein wird, und wer im Hintertreffen? Was wir vermögen, müssen wir tun, solches verlangen von uns der Herrgott und die Menschen.'

Noch vieles mehr sprach der Priester zu mir, aber mein Gedächtnis ist heute schlecht, und ich erinnere mich nicht mehr an alles. Seine Worte aber machten mich sehr nachdenklich, und ich wollte, wenngleich ich bis dahin den Menschen gegenüber schüchtern war, selbst meinem Todesengel mutig in die Augen schauen.

Als der Priester gegangen war, sagte Glachuka:

‚Ich war schon oft mit ihm zusammen, aber zu mir hat er noch nie so etwas gesagt.'

‚Das kommt eben manchmal so, mein Freund', erwiderte ich.

‚Nein, so einfach ist das nicht zu erklären. Das kommt, weil der Herrgott dich so gemacht hat.'

Ich weiß nicht recht, warum Glachuka dies sagte. Auch er verließ mich, und als ich mich allein fand, hob ich den Kopf und begab mich nachsinnend auf den Heimweg.

V

Unnötig zu sagen, dass es mich anderntags, nachdem ich meine Pflichten erledigt hatte, zu jenem Priester zu gehen drängte. Ich fragte Glachuka, wo dieser wohne, und begab mich allein zu seinem Haus. Ich öffnete die niedrige Tür, die zur Straße ging. Im Vorraum stand eine einfache Liegebank, darauf saßen an die sieben kleine Jungen, und mitten unter ihnen, ohne Kopfbedeckung, unser Priester. Die einen übten sich im Lesen, andere im Schreiben. Weiter hinten, vor einem Kamin in der Wand, hantierte eine alte Frau mit Kochtöpfen. Als der Priester mich bemerkte, lächelte er und rief mir entgegen:

‚Oh, Gabriel, sei gegrüßt!'

Ich senkte den Kopf, um den Segen zu empfangen.

‚Na, mein Bester, ich sehe, du hältst Wort', sprach er wieder.

‚Auf Ihr Anraten hin, Sie Gütiger', erwiderte ich.

‚Wie soll ich das verstehen?'

‚Was weiß ich? Seit ich Ihnen begegnet bin, bin ich nicht mehr derselbe.'

‚Du schmeichelst mir?',

‚Um Himmels willen, nein, damit würde ich mir Ihre Gewogenheit nicht verscherzen wollen.'

‚Nun, schön, aber sagt mir doch: Wie alt bist du?', fragte er mich und wechselte aus irgendeinem Grund das Thema.

‚Vierzehn Jahre oder fünfzehn …'

‚Vierzehn oder fünfzehn', wiederholte er langsam, irgendwie ungläubig, und schaute mir nachdenklich in die Augen.

‚Warum fragen Sie das?'

‚Ach, nur so. Um ehrlich zu sein, habe ich dich für älter gehalten …'

Dies sagte er zögernd und stockend, ohne seinen Gedanken zu Ende zu führen.

‚He, Mutter', wandte sich der Priester unverhofft jener alten Frau zu. ‚Ich habe dir doch gestern von Gabriel erzählt – das ist er. Und er ist erst vierzehn oder fünfzehn Jahre alt.'

Die Alte schaute mich an und sagte:

‚Möge dich der Herrgott deinen Eltern zum Ruhm aufwachsen lassen.'

Ich werde nicht länger davon berichten, wie ich lesen und schreiben lernte, ich fürchte, ich könnte allmählich damit langweilen. Nur so viel will ich sagen, dass sich kaum ein Vater derart um seinen Sohn sorgt, wie es der Priester mit uns getan hat. Der Herrgott segne seinen Weg und seine Fußspur, einen Menschen wie ihn gibt es nicht noch mal auf der Welt. Ich lernte schnell. Nach drei, vier Monaten konnte ich nicht nur lesen, ich lernte auch Gebete auswendig, die weiß ich bis heute. Wenn ich allein bin, spreche ich mit ihnen zum Herrgott, sie führen mich den Weg zum Himmel und sind mir Trost für die Seele. Lieber Gott, behüte diesen Menschen auf all seinen Wegen! So jemandem auf dieser Welt dein Geist innewohnt, dann ihm.

Nach drei, vier Monaten sonderte mich mein Lehrer von den übrigen Schülern ab und sagte: ‚Du, mein lieber Gabriel, bist ein Falke, ein flinker Bursche, fürwahr. Dich muss man einzeln unterrichten. Die anderen Schüler tappen mühsam vor sich hin, du aber fliegst. Von jetzt an sollen sie am Vormittag zu mir kommen, du aber komm am Abend. Wir machen uns ans Lesen und werden einander zu gegenseitiger Freude anspornen.'

Er wollte mir sehr wohl, der Gesegnete. Er lobte meinen Eifer und meine rasche Auffassungsgabe und sagte dazu, er wisse, dass mir solches Lob nicht zu Kopf steige, ich sei ein kluger Junge, darum könne er mir so etwas ins Gesicht sagen.

Die Zeit ging hin, ich beherrschte immer besser das Lesen und auch das Schreiben. Eines Tages nach dem Unterricht setzte er mich neben sich und begann wie üblich ein Gespräch. Derlei tat er häufig, nachdem ich ihm versichert hatte, zu Hause seien alle Pflichten erfüllt und nichts weiter zu tun. Und ich, bereits kühner und selbstsicherer geworden, stellte Fragen, antwortete auf die seinen und trug so zu der Unterhaltung bei. Ich weiß nicht, ob ihm zusagte, was ich sprach, jedenfalls sagte er eines Tages:

‚Mein lieber Gabriel, ich möchte dir ein gutes Buch zum Geschenk machen.'

Er stand auf, öffnete die Tür zu einer kleinen Nische in der Wand und nahm ein gedrucktes Buch heraus.

‚Hier dieses Buch, Bruderherz, enthält den innigsten Schatz der Georgier. Es ist das Beste, was wir in unserer Sprache besitzen. Du wirst sicher von der Königin Thamar gehört haben?'

‚Aber ja, sie war ein guter, frommer Mensch.'

‚Gut und fromm! Aber noch weit mehr: Unter ihrer Herrschaft nahm unser Land einen bedeutenden Aufschwung.* Wenn Georgien jemals wärmend die Sonne aufging, dann zu ihrer Regierungszeit. Wenn das Wort Kraft gewann, das Herz Festigkeit, der Arm Stärke, dann zu Zeiten dieser segensreichen Königin! Sie war eine Mutter für uns, und wir ihre Kinder. Das war eine Zeit, mein Lieber, da haben wir uns stolz Georgier genannt. Nicht umsonst heißt es in diesem Buch:

* Die Königin Thamar (1160–1213), Urenkelin von David dem Erbauer, entstammte der Dynastie der Bagratiden, sie herrschte von 1184 bis 1213 über das mittelalterliche Georgien, als dieses in seinem *Goldenen Zeitalter* auf dem Höhepunkt seiner Macht stand. Sie modernisierte das Staatswesen, schuf Elemente von Bürgerrechten, Demokratie und Rechtstaatlichkeit.

‹Löwenbrut, ob männlich, weiblich, bleibt doch immer Löwenbrut.›* Sie war eine Frau als Herrscherin, gesegnet sei ihr Name, und zugleich eine Grundfeste unseres Heimatlandes.‘

‚Hat sie dieses Buch geschrieben?‘

‚Nein, diese Gesegnete hatte einen Hofmann bei sich, Schota Rusthaweli, der hat es verfasst.‘

‚Dieses ganze Buch?‘

‚Und von Beginn bis Ende in Verse gesetzt. Nicht ganz leicht zu verstehen, aber gemeinsam werden wir es uns erschließen. Wo immer du bist, können dich seine Worte in der Not trösten, dir dein Los erleichtern, dir Herz und Sinn stärken und dich ermuntern, einen guten Weg zu gehen.‘

‚Ist das etwas Heiliges?‘

‚Alles, mein Lieber, was aus heißem Herzen kommt, ist etwas Heiliges, aus einem Herzen, welches, wie in jenem Märchen, selbst wie eine Kerze verbrennt und dabei anderen leuchtet. Nur derjenige ist ein Mensch, der kraft seines Verstandes und der Güte seines Herzens eine Brücke errichtet, über die, wenn vielleicht nicht er selbst, so andere sicher schreiten können. Eine solche Brücke bedeutet stets eine Gnade Gottes, also ist das heilig. Aber warum sage ich das? Da gibt es so eine Stelle:

‹Nimmer weich vor einer harten Freundespflicht der Freund zurücke;
mög' er Herz für Herz hingeben: Minne sei ihm Weg und Brücke.›

Ungefähr so heißt es da, wenn mich mein Gedächtnis nicht täuscht. Sollte das nicht etwas Heiliges sein? Hat uns dies Christus nicht gelehrt?‘

Verwundert betrachtete ich den Priester. Sein Gesicht war bleich geworden, die Augen leuchteten, sein Herz schien zu beben, es war, als wollte es hinaus aus der zu engen Brust. Offenbar drängte es ihn, mir noch etwas sagen, doch er stand auf, lief hin und her, um seine Erregung zu besänftigen.

Nach einer Weile sprach der Priester, als rede er zu sich selbst: ‚Wer den Herrgott loben und preisen will, der sollte zwei Namen haben – einen für hier auf Erden und einen zweiten, den er mit in den Himmel nimmt.‘

Damit verfiel er erneut in Nachsinnen, ging auf und ab, es war, als habe er meine Anwesenheit vergessen. Schließlich besann er sich wieder auf mich, meinte, wir sollten uns doch ans Lesen machen.

Er setzte sich zu mir, überschlug selbst mehrere Seiten, reichte mir das Buch und wies mit dem Finger auf eine Überschrift: ‚Mär von Rostewan, dem Araberkönig‘.

‚Warum lesen wir nicht vom Anfang?‘, fragte ich.

---

* Aus: Schota Rusthaweli, „Der Recke im Tigerfell“. Die Verszeile beschwört die Gleichwertigkeit von Mann und Frau auf dem Thron. Dieses und alle weiteren Zitate aus dem „Recken“ werden in der Nachdichtung von Hugo Huppert wiedergegeben.

‚Nur keine Eile, alles zu seiner Zeit. Der Prolog ist besonders schwierig, für dich wie für mich. Außerdem fängt die Geschichte eben hier an. Später, wenn wir beide schon mehr verstehen, lesen wir den Beginn.

Ich vertraute ihm, und von diesem Tag an lasen wir den ‚Recken im Tigerfell'. Damals war ich siebzehn, achtzehn Jahre alt, und es waren für mich ganz ungetrübte Tage! Sie sind vergangen und kehrten niemals wieder … Was kann man dagegen tun? Sie wärmen noch immer das Herz, auch das ist ein Trost.

Oftmals unterbrach mich der Priester im Lesen und fragte, ob ich alles verstehe. Wenn ich bejahte, war es gut, wenn nicht, erklärte er mir den Text, wobei er dies so schön machte, es hörte sich nicht schlechter an als das Original. Als ich zu der Stelle gelangte, wo es heißt: ‚Was du gibst, bleibt dein; doch was du speicherst, hast du nie besessen', da weiß ich noch, hat er mich für länger unterbrochen. Bei solchen Sätzen machte er gern halt, um darüber zu sprechen. Noch heute erinnere ich mich an seine Worte wie an einen besonderen Traum.

‚Verstehst du das?', fragte er mich. ‚Im Evangelium spricht Jesus ein Gleichnis, und wenn es dich nicht verdrießt, erzähle ich es dir. Da gab es einen Herrn, der hatte natürlich seine Bediensteten. Einmal wollte er eine Reise unternehmen, er rief seine Bediensteten zu sich und gab einem jeden Geld. Dem ersten gab er reichlich, dem zweiten weniger und dem dritten noch weniger. Dazu sprach er: ‹Verwendet es nach eurem Willen, doch wenn ich wiederkomme, lasst mich einen Gewinn vorfinden.› Damit reiste er fort. Jene beiden Diener gebrauchten ihren Verstand, sie erfüllten die Anweisung ihres Herrn und verdoppelten den Betrag. Der dritte aber war ein Untüchtiger und ein Faulpelz, der dachte sich, was soll mir Gewinn, lieber will ich dies nicht verlieren. Also vergrub er das Geld in der Erde. Als der Herr zurückkehrte, lobte er das segensreiche Tun jener zwei Bediensteter, dem dritten aber zürnte er, er nahm ihm das Geld weg und gab es denen, die mit Erfolg gehandelt hatten. Der Dritte ging folglich leer aus. Da hatte der Ärmste das Geld in der Erde vergraben, damit es ihm nicht verloren ginge, nun aber war doch alles fort. Hätte er es hergegeben, wäre es ihm geblieben. Gott ist der Herr und wir sind seine Diener. Gott gibt uns allen Verstand und Herz und die Möglichkeit, Gutes zu tun, freilich dem einen mehr, dem anderen weniger. Wer aber mehr erhält, von dem wird auch mehr verlangt, von dem anderen eben weniger. Jedoch bekommen wir es nicht, um es so wie der faule Diener in der Erde oder in der Truhe zu verstecken, gibt es doch viele Bedürftige auf der Welt, darum müssen wir hergeben, um etwas zu gewinnen, sonst stehen wir am Ende mit leeren Händen da, wenn wir vor den Herrn treten. Darum ist nichts wahrer als diese Worte: ‹Was du gibst, bleibt dein; doch was du speicherst, hast du nie besessen.› Dieser Segen Gottes, der uns von Geburt an eingepflanzt ist, ist für uns verloren, so wir damit nicht das Gute mehren.'

Als der Priester dies redete und wir so dasaßen, ging die Tür des kleinen Zimmers auf und eine arme alte Frau in zerlumptem Kopfschleier kam herein. Der Priester, eben noch auf eine Kissenrolle gestützt, richtete sich sogleich auf.

‚Sei willkommen, Mariam, sei willkommen!', rief er ihr entgegen. ‚Wie geht es deinem Mann?'

‚Wie soll es ihm gehen, mein Lieber?', erwiderte weinerlich die Alte. ‚Schlecht, schlecht, oh, möge es deinem Feind nicht so ergehen. Neulich, als deine Mutter ihm die Arznei gegeben hat, wurde es ein wenig besser, aber seit heute Morgen setzen ihm die Schmerzen wieder zu. Was soll ich nur tun? Es bricht mir das Herz, ihn so sehen zu müssen. Fast gibt mich der Herrgott auf. Er ist nicht mehr von dieser Welt, mein Lieber. Was kann mir noch helfen, wo Gott mir zürnt …'

Der Alten kamen die Tränen, sie konnte nicht weitersprechen. Ich sah den Priester an. Er machte ein tiefbetrübtes Gesicht, runzelte bekümmert die Stirn, als habe es ihn ins Herz getroffen. Wie nur vermochte er es, so viel fremdes Leid in sich aufzunehmen? Gesegnet sei die Kraft des Herrn, seine Wege sind unergründlich.

Der Priester stand auf, begann wortlos auf und ab zu gehen, er wartete gleichsam ab, bis die Alte sich wieder beruhigt hatte, als er aber sah, dass sie immer noch weinte, sprach er zu ihr mit seiner gütigen, Vertrauen erweckenden Stimme, die ich danach noch oft hören sollte und die mir bis heute in Erinnerung ist:

‚Weine nicht, Mutter. Kleinmut kränkt den Herrgott. Gott ist barmherzig, er tröstet uns und behütet uns alle, er liebt die Menschen, die sich um andere sorgen. Was auch geschieht, er wird dich nicht ungetröstet lassen. Weine nur nicht. Vertraue dich Gott an und dem Mitleid der Menschen.'

‚Was tun, mein Lieber, Tränen sind des Kummers Kinder', schluchzte die Alte. ‚Sie fließen von allein, wenn es einem das Herz abpresst.'

‚Recht hast du, Mutter, und Tränen lindern den Schmerz, aber sie sollen auch nicht das Auge des Verstandes trüben. Besser ist es, klaren Blickes auf die Dinge zu schauen. Mir kommt vor, um deinen Mann steht es nicht so schlimm. Da die Arznei, die meine Mutter dir gegeben hat, hilft, nimm wieder welche mit, meine Gute.'

‚Jawohl, deine Wohltat sei dir gesegnet, deshalb bin ich hergekommen', sprach die Alte erneut laut aufschluchzend und fügte mit abgerissener Stimme hinzu: ‚Ich habe da noch etwas auf der Seele …'

„Sag schon", versetzte der Priester.

‚Ihr wisst, außer euch habe ich Untröstliche niemanden, der mir beisteht. Ich schäme mich, weil ich euch wie eine Bettlerin anschaue und belästige, indessen '

‚Gut, meine Liebe, ich verstehe.' Der Priester ließ sie nicht ausreden. ‚Mutter!' rief er ins Nachbarzimmer hinein. ‚Mariam hat ein Anliegen an dich. Geh hinüber', sagte er zu der Alten. ‚Meine Mutter weiß schon.'

‚O möge euch der Herrgott ein langes Leben schenken, die ihr Witwen und arme Schlucker tröstet, und er soll euch euer Mitleid mit den Elenden vergelten …'

‚Schon gut, schon gut', unterbrach sie wieder der Priester, errötend jetzt, als beschämten ihn solche Dankesworte. ‚Der Herrgott möge es euch bekommen lassen. Rasch, geh zu deinem Mann und hilf ihm. Und weine nicht mehr. Tränen bewirken nichts, sie machen nur traurig. Sag deinem Mann, dass ich ihn besuchen werde. Gott ist barmherzig, Friede sei mit uns allen.'

Auch nachdem die Alte gegangen war, vermochte sich der Priester nicht zu beruhigen, in Gedanken war er immer noch bei ihr.

,Sie ist wirklich zu bedauern', sagte er. ,Sie hat niemanden auf der Welt außer ihrem Mann. Keine Kinder, keine Geschwister. Ohne ihren Mann würde die Ärmste mutterseelenallein dastehen. Ihr Mann ist ein braver Mensch. Hat immer sein Brot im Schweiße seines Angesichts gegessen. Hat rechtschaffen gelebt und seine Frau ernährt, was soll jetzt aus ihr werden? Herr, möge deine Gerechtigkeit walten!'

,Möge in der Tat Gottes Gerechtigkeit walten!', fiel ich ein, erfreut und bewegt durch sein Verhalten. ,Ein Mann wie du lässt Witwen und Schutzlose nicht im Stich. Deine Worte haben der Frau die Tränen getrocknet. Gerechter Gott, einen guten Hirten schickt er uns, auf dass er den Unglücklichen zur Seite stehe.'

Der Priester blieb stumm, er hörte nicht auf das, was ich sagte. Kein Wunder – beschaut sich doch ein guter Mensch nicht selbstgefällig im Spiegel, derlei verabscheut er und empfindet es als unwürdig, sich mit seinen Wohltaten zu brüsten. Doch der Herrgott sieht alles und schreibt es auf die Hand. Droben im Himmel spiegelt sich das Erdenleben, dieser Spiegel gibt wieder, was drunten geschieht.

VI

Wenn Sie ein Herz haben, werden Sie verstehen, was für diese Frau die tröstlichen Worte unseres segensreichen Mannes bedeuteten! Zwar waren die bloßen Worte des Priesters nicht das Wasser der Unsterblichkeit, welches einen Toten wieder zum Leben erweckt, dennoch ist eine solch fromme Anteilnahme eine große Sache. ,Der Trost des Herrn ist grenzenlos', hatte der Priester gesagt. Ich aber konnte sehen, dass der Trost eines Menschen nicht minder wirkte. Falls Sie irgendwann einmal in Not geraten sind, werden Sie erfahren haben, dass gegen Leid und Hoffnungslosigkeit ein bloßes Wort, besonders, wenn es von Herzenswärme und Wahrhaftigkeit diktiert ist, den Schmerz zu lindern vermag. Es ist dann, als hätten die guten Worte schon die Hälfte des Kummers fortgenommen, als habe sich ein schwerer Stein vom Herzen gelöst. Ein gutes Wort kostet nichts, doch wie viele Menschen auf der Welt lassen ihrem Nächsten dies nicht zukommen. Und wenn doch, kann es sein, dass das Wort das Herz des Bedrängten nicht erreicht, ihm keinen Trost spendet, dann, wenn es eben nicht von Herzen kommt. Die Wintersonne lässt keine Blumen blühen. Oh, nicht so einer war unser mit Güte gesegneter Priester. Wer ihn hätte sehen können, als die Alte in Weinen ausbrach – da stand in seinen Augen zu lesen: ,Was nur tun, Mutter! Wenn es helfen könnte, würde ich mir die Adern aufschneiden, mein Blut opfern und es deinem Mann zu trinken geben!' Die einfachsten Worte eines solchen Menschen nehmen schon den halben Kummers fort und trocknen wie ein sanftes Seidentuch die Tränen.

Ich habe, so gut ich es vermochte, davon berichtet, auf welche Weise der Priester die alte Frau beruhigte - mit schlichten Worten nur, aber, da glaube man mir, die Alte ließ ihren Herzenskummer in jenem Raum zurück und ging getröstet davon. Was die liebe Sonne für eine erfrorene Blume nicht mehr tun kann, dies vollbringen warme Worte für eine bedrängte Seele. Oh, wundervolle Wärme! Kraft ihrer erblüht die Erde, gedeiht die Blume! Mit Worten allein aber begnügte sich der Priester nicht. Wie ich später erfuhr, soll er gar, selbst kein reicher Mann, noch den Unterhalt des kranken Alten und seiner Frau bestritten haben.

Man beachte die göttliche Lenkung! Eben noch hatte der Priester mit mir über menschliche Güte gesprochen, da gefiel es dem Herrgott, mir im Leben vorzuführen, was mich der Priester im Gespräch hatte lehren wollen. Wie durch ein göttliches Wunder war eben in dem Augenblick diese alte Frau mit ihrem Kummer aufgetaucht, man mag mir glauben oder nicht. Und ein weiteres Wunder geschah, als wir an die Stelle gelangten, wo es heißt:

‚Sieh, kein Engpass hält den Tod auf und kein Steig am Felsenrande.
Stark und schwach und zag und tapfer sind für ihn von gleichem Stande;
jung und alt vereint der Friedhof, schlägt der Sarg in gleiche Bande.
Besser ist ein Tod in Ehren als ein Leben voller Schande.‘

Wieder genau in diesem Moment scholl Lärm und Geschrei von der Straße her ins Zimmer. Wie Sie wissen, stand das Haus am Ufer des Mtkwari. Der Priester erbleichte, und so, wie er war, ohne Kopfbedeckung, stürzte er hinaus. Ich folgte ihm. Es war zur Abendzeit. Viele Menschen, Groß und Klein, rannten über einen Fahrweg hinunter zum Fluss.

‚He, liebe Leute, was ist passiert?‘, schrie der Priester.

‚Da ertrinkt einer!‘, rief jemand.

Ohne zu zögern jagte der Priester Hals über Kopf los. Ich lief hinterher. Unten am Ufer standen bereits Männer und Frauen versammelt. Die kreischten und brüllten ohrenbetäubend, die Frauen stießen Klagerufe aus. Als die Menschen den Priester kommen sahen, riefen alle erfreut: ‚Der Priester ist da, der Priester! Gott sei's gedankt, die Christenseele wird nicht untergehen!‘ Anscheinend, mein Lieber, hatte dieser Priester etwas an sich, dass jeder seine Hoffnung in ihn setzte.

Ohne ein Wort und ohne jemanden anzusehen, schaute der Priester nur angestrengt auf die Strömung, als ginge dort ein unwiederbringlicher Schatz verloren. Im Nu hatte er seine Kleider abgestreift und mir zugeworfen, dabei ließ er kein Auge vom Fluss. Ich sah, wie blass er war und wie vergrämt. Er sagte nur: ‚Da ertrinkt einer von uns, und keiner hilft?‘ Darauf schlug er rasch ein Kreuz, rief den Herrgott an, streckte ein Bein vor und war auch schon im Wasser. Erst da tappten einige Burschen ihm hinterdrein, angespornt gleichsam durch das Verhalten des Priesters.

Für eine Weile verlor ich den Priester aus den Augen. Erschrocken rief ich aus: ‚O Gott, er wird doch nicht ertrinken?' Neben mir lachte ein Mann und meinte, während er unverwandt auf das Wasser starrte: ‚Ha, du kennst den nicht, das ist ein Gottesmensch, dem können Wasser und Feuer nichts anhaben. Sieh hin, wenn du's nicht glaubst, da ist er wieder!' Und erfreut wies er mit dem Finger auf den Aufgetauchten.

In der Tat, mit kräftigen Zügen durchschnitt der Gute das Wasser wie ein Schiff, er war schon ein ganzes Stück vom Ufer weg und hatte den Ertrinkenden beinahe eingeholt. Dieser Ärmste - ein Wasserträger, wie sich herausstellen sollte – zappelte erschöpft im Wasser, bald verschwand sein Kopf, bald kam er wieder nach oben.

‚Hab keine Angst!' riefen ihm die Leute zu. ‚Halte durch, gleich kommt Hilfe!'

Der Priester arbeitete sich durch die Strömung, die Leute ermunterten ihn vom Ufer aus: ‚He, gepriesen sei dein Schöpfer! Gesegnet die Kraft deiner Arme!' Und mit der Zunge schnalzend: ‚Schnittig wie ein Schiff! Mann, dem ist die Muttermilch bekommen!'

‚Wem bekommt die nicht, nur muss sie von bester Güte sein, damit das Kind so gedeiht', ergänzte jemand anders.

Der Priester aber bedurfte all der Lobreden und Ermunterungen nicht, ihn stärkte jenes Feuer, welches, nach seinen Worten, im Herzen eines jeden entzündet ist. In ihm, da brannte es lichterloh, wozu brauchte er noch Ermunterung? Es dürstete ihn danach, Gutes zu tun, und sobald Gelegenheit dazu war, stürzte er sich darauf.

Möge ein jeder aus seiner Not befreit werden, wie der Priester diesen Arbeiter aus dem Wasser rettete. Nachdem er ans Ufer gebracht war, kümmerte sich der Gute um den halb Besinnungslosen wie um einen Bruder, bis der wieder zu sich kam. Der Priester selbst war kaum besser dran. Wir hatten schon Herbst, seine Lippen waren blau vor Kälte, und er schlotterte am ganzen Leib.

‚Glacha!', bat er jemanden aus der Menge. ‚Sei so gut und nimm den armen Kerl über Nacht zu dir!'

‚Aber ja, keine Frage', erwiderte der Angesprochene. ‚Wo du beinahe dein Leben eingesetzt hättest, werde ich ihm doch Unterkunft gewähren. Los, Jungs, helft mir mal!'

Männer liefen hinzu, hoben den Geretteten auf und trugen ihn behutsam fort. Der Priester folgte ihnen.

‚O bitte, Sie müssen nach Hause gehen', sagte ich zu ihm. ‚Erschöpft, wie Sie sind, wie Sie zittern.'

‚Der Arbeiter braucht noch Hilfe', wehrte er ab.

‚Ich flehe Sie an – Sie selbst brauchen Hilfe!'

‚Der dort oben wird mir helfen', erwiderte er, zeigte zum Himmel und war auch schon fort.

Er musste eben den Verunglückten zuerst gut untergebracht sehen und sicher sein, dass er überleben würde.

Den Arbeiter hatte er gerettet, das ja, aber fast wäre er dabei selbst draufgegangen. Er erkrankte schwer, und bei Gott, er hätte es bereuen können, sich für einen anderen Menschen geopfert zu haben. Noch gut, wenn er alleinstehend gewesen wäre, doch was hätte aus seiner Mutter werden sollen, wenn ihm dort etwas zugestoßen wäre …

Die arme Mutter klagte: ‚Mein lieber Sohn, warum hast du das auf dich genommen? Was, wenn du ertrunken wärst? Was würdest du, wenn wir uns im Jenseits wiederbegegnen, dort deiner Mutter sagen?'

‚Ich würde dir klar in die Augen sehen und erklären, dass es deine Mutterbrust gewesen ist, die mich für gute Taten gekräftigt hat', erwiderte der Priester.

‚Hättest du mich doch vorher gefragt, mein Sohn. Du bist tagaus, tagein meine einzige Freude, außer dir habe ich niemanden auf der Welt. Aber du, was tust du mir an - wärst fast draufgegangen für einen fremden Menschen.'

‚Der Herrgott hat mich behütet und vor Schlimmerem bewahrt.'

‚Was soll denn noch Schlimmeres sein? Drei Tage lang hast du, weh deiner Mutter, bewusstlos dagelegen, und ich habe dich schon beweint. Hätte der Herrgott mir nicht beigestanden, ich weiß nicht, was aus mir geworden wäre.'

‚Die Welt ist groß, Mutter. Es gäbe genug gute Menschen, die dir den Sohn ersetzen.'

‚Weh mir!' Die Mutter bekreuzigte sich. ‚Dass mich der Herrgott dies nicht erleben lässt! Deine Hände, mein Sohn, sollen Erde auf mich werfen.'

Eines Tages kam ich zu ihm, da war er noch nicht ganz genesen. Herr, vergib mir die Sünde, ich sagte zu ihm: ‚Sie gehen allzu selbstlos vor. Wenn Sie mit sich schon kein Mitleid haben, denken Sie wenigstens an Ihre Mutter. Wäre es nicht die größere Sünde, Ihre alte Mutter allein und schutzlos auf der weiten Welt zurückzulassen?'

‚Mein Lieber, Sünde wäre es, würde der Sohn aus der mütterlichen Fürsorge, wenn die Zeit kommt, nicht zur Blüte gelangen', widersprach er mir mit schwacher Stimme. ‚Komm, setzt dich näher zu mir. Damals hätte ich meiner Mutter nichts zu sagen vermocht, sie ist alt, dachte ich, und wird darin mangelnde Sohnesliebe sehen. Das Mutterherz ist ein Meer von Liebe. Sag der Mutter, dein Sohn wird sterben, er hat nur noch wenige Tage zu leben, falls du deine Seele nicht der Hölle weihst – sie wird es tun. Wenn der Sohn umgekehrt dasselbe tut, betrübt es sie zutiefst. Wäre ich meiner nicht sicher gewesen und hätte ich mich nicht auf Gott verlassen können, wäre ich nicht so töricht gewesen, mich in die Strömung zu stürzen. Der Herr hat mir die Kraft dazu gegeben, es war sein Wunsch, dass ich mit meinen sündigen Händen diesen Menschen retten sollte. Und sogar wenn ich dabei umgekommen wäre, es wäre ja nicht für eine schlechte Sache gewesen. Früher oder später sterbe ich sowieso, ist es da nicht besser, sich im Dienste Gottes und … ich sag's dir, des Menschen (hier errötete der Priester) mit Leib und Seele hinzugeben? Hier wird man deiner rühmend gedenken, und im Jenseits trittst du mit deinen Wohltaten an. ‹Erdengüter sind vergänglich; lieber Ruhm und Ehr gewinnen!› So ist das, mein Guter. Was man auch sagen mag, Ruhm ist Balsam für die Seele. Ruhm leuchtet von der Erde ins Paradies hinein, und er schimmert von hier aus ins Dunkel der Hölle. Das gilt für den Sohn und auch für die Mutter. Dies begreift meine Mutter nicht, darum habe ich lieber nicht davon gesprochen.'

'Das ist alles wahr, aber …'

'Aber was?"

'Nun ja …'

'Ich weiß, was du sagen willst', unterbrach er mich. 'Du meinst vielleicht, dass, wer Gutes tut, dies um des Ruhmes willen tut? Nein, der Ruhm kommt von allein, er erwächst aus der guten Tat. Gewiss, es gibt Menschen, die nur darum Gutes wirken, um sich damit hervorzutun. Für sie ist das nur Mittel zum Zweck. Das ist schlecht, doch worüber streiten wir? Mag es so sein, wenn dabei Nützliches herauskommt – über die Beweggründe mag der Herrgott richten. Nimm ein Beispiel. Da hat jemand den Pflug erfunden und dabei eher an sich gedacht als an andere, weniger an eine Guttat und eher an etwas, das ihm Nutzen bringt. Gottes Segen ist ihm gewiss, denn womöglich wäre er hungers gestorben, so aber hat er vielen Erdenbewohnern zum Überleben verholfen. Von ihm selbst weiß man nichts mehr, seine Erfindung jedoch bleibt bis in alle Ewigkeit erhalten und wiegt sämtliche Sünden dieser Welt auf. Niemand fragt heute danach, was den Ärmsten wohl angetrieben haben mag, als er seinen Grips bemühte und sein Ruhmeswerk vollbrachte. Er ist fort für immer, mitsamt seinen guten oder auch schlechten Beweggründen, von seiner Errungenschaft indessen zehren wir heute noch.'

'An derlei habe ich mit keinem Gedanken gedacht, ich meine nur …'

'Was macht das?', unterbrach er mich erneut. 'Was ich gesagt habe, ist doch nicht überflüssig?'

'Nein, das ist es nicht.' Ich ergriff wieder das Wort. 'So weit habe ich dabei gar nicht gedacht. Ich wollte nur sagen, dass ich, um einen Fremden zu retten, nicht meine Mutter unglücklich gemacht, sie preisgegeben, ihr etwas so Schlimmes aufgeladen hätte. Für sie ist dein Leben einzig, das Einzige, was sie am Leben erhält.'

„Unser Leben, das sage ich dir, mein Lieber, gehört weder Mutter noch Vater, es gehört der ganzen Welt. Zuerst kommt die Welt draußen, danach kommen Mutter und Vater. Wenn die Sonne aufgeht, verblassen die Sterne. Was sagt doch Awthandil zu Schermadin*?

‹… will mit Sang und Klang mich opfern, wenn ich für den Freund
nun sterbe.›

Gut gesagt, wenn der Mensch die Welt als Freund betrachtet. Aber auch dies ist gut, erinnerst du dich?

* Figuren aus: Schota Rusthaweli, „Der Recke im Tigerfell". Awthandil, eine der Hauptfiguren des Werkes, ist ein arabischer Heerführer, Schermadin sein getreuer Diener.

‹Besser ist ein Tod in Ehren als ein Leben voller Schande.›

‚Ja, ich erinnere mich, und ich verstehe, warum Sie das anführen. Ach, hätte ich ein so ‹schändliches› Leben wie Sie!'

Der Priester errötete wie ein Kind. Gelobt zu werden, war nicht seine Sache.

‚Sag nicht so etwas über mich', verwahrte er sich mit verschämtem Lächeln. ‚Du weißt doch gar nicht, was für ein Mensch ich bin.'

‚Na, na, ich bitte Sie!', warf ich ein. ‚Ich mag begriffsstutzig sein, aber ich bin gottlob nicht blind. Von wegen ‹schändliches› Leben!'

‚Aber es hätte schändlich sein können, mein Bester! Da ertrinkt ein Mensch, so wie du ein besonderes Kind Gottvaters, du aber schaust zu, ohne einen Finger zu rühren, wo du ihn doch retten könntest – ist das vielleicht rühmlich? Wie verantwortet ihr das vor Gott? Und was wird ihm deine Mutter sagen? Und er, wird er euch nicht fragen: Warum habt ihr in eurem Herzen die Nächstenliebe, die ich euch eingepflanzt, zurückgedrängt? Warum die Kraft gescheut, die ich euch gegeben, auf dass ihr dem Notleidenden helft? Wer sich vom Menschen abwendet, der wendet sich von Gott und von Jesus Christus ab. Jesus hat gesagt: ‹Am Tag des Jüngsten Gerichts werde ich euch sagen: Ich war durstig, und ihr habt mir nicht zu trinken gegeben; ich war hungrig, und ihr habt mir nicht zu essen gegeben; ich war nackt, und ihr habt mir nicht Kleidung gegeben; ich war krank, und ihr habt mich nicht besucht. Und wenn man zu mir sagt: O Herr, wo sahen wir dich und haben dir nicht geholfen? Dann sage ich euch: ein jeder notleidender Mensch, dessen ihr euch nicht erbarmt habt, das bin ich gewesen.› So ist das, mein Sohn. Alle für dich, und du für alle. Das ist der Weg des Lebens, der Weg zur Seligkeit, der Schlüssel zum Paradies!'

* * *

So bahnte er mir den Weg, doch das Schicksal ließ mich im Stich und hinderte mich daran, ihn zu gehen. Der Fels ist über mir eingestürzt und hat mich unter sich begraben, und wie du siehst, erlösche ich wie ein Feuer ohne Luftzufuhr.

Eines Tages, wir hatten das Kapitel über Awthandil und Schermadin gelesen, da rief ich unwillkürlich voll Begeisterung aus: ‚Das nenne ich eine wahre Freundschaft zwischen dem Herrn und dem Knecht!'

‚Gefällt es dir?', fragte er.

‚Und wie!'

‚Du hast schon recht', erwiderte er irgendwie wehmütig. ‚Immerhin das Bessere vom Schlechteren.'

Er versank plötzlich in Nachdenken und richtete den Blick starr zur Decke. Lange schwieg er, um dann wie unwillkürlich und noch bekümmerter zu äußern:

‚Tja, nichts ist so schön, wie wenn du den Himmel zum Hut hast und die Erde zur Sandale.'

Damals verstand ich nicht, was er meinte. Plötzlich wandte er den Blick wieder mir zu, überlegte lange und sprach dann:

‚Sage mir bitte eins: Was ist besser – ein von Menschenhand gepäppelter Sperber zu sein oder ein von Geburt an freier Vogel?'

‚Natürlich ein freier Sperber, den keine Menschenhand je berührt hat."

‚Aber wieso? Der gefangene Vogel wird doch gehegt und gepflegt.'

‚Was hat er schon davon? Bald werden ihm die Flügel gebunden, damit er nicht wegfliegen kann, bald der Schwanz gefesselt, damit er nicht damit wedelt, und immer werden ihm die Augen verbunden, damit er nichts sieht.'

‚Machen sie das mit jedem so?'

‚Ja, freilich. Es heißt, anders ließe sich der Sperber nicht abrichten. An die Fänge binden sie ihm einen mit Schellen besetzten Strick, damit er, falls es ihn gelüstet, munter umherzufliegen, schön dableibt.'

‚Mit dem Strick, das verstehe ich ja, aber was ist mit den Schellen?'

‚Das ist zum Spaß für die Jäger. Geraten die Schellen in Bewegung, oder wenn der Vogel auffliegt, fangen die an zu klimpern.'

‚Mag sein. Ich glaube aber, dass dem Vogel der Schlag seiner Flügel, wenn er sich in die Lüfte schwingt, lieber ist und ihm mehr Freude macht.'

‚Natürlich, keine Frage.'

‚Das meine ich auch, mein lieber Gabriel. Nun, wozu braucht man so einen Sperber?'

‚Ich bitte Sie. Als ob Sie das nicht selber wüssten. Sie lassen ihn Wachteln fangen und gönnen sich das Schauspiel.'

‚Und dann?'

‚Dann stopfen sie die Wachteln in ihre Jägertasche, und los geht's, nach Hause.'

‚Und was ist mit dem Sperber?'

‚Der darf die Abfälle zernagen, das, was für den Menschen nicht taugt.'

‚Der Ärmste! Es heißt ja, wer die Ziege züchtet, bekommt nicht mal den Schwanz davon. Und der Sperber, gibt er sich damit zufrieden?'

‚Ich glaube kaum. Es gibt ja noch viele Jäger, die ewig Hunger leiden. Die werden kurz gehalten, das macht sie aggressiver.'

‚Und so geht es dem Sperber sein Leben lang?'

‚Nein. Wenn der Sperber bis zum Herbst durchgehalten hat und nicht gestorben ist, wird er in die Freiheit entlassen.'

‚Sieh einer an – alles hat seine Zeit!'

‚So ist es, warum auch nicht? Solange es Wachteln gibt, wird auf sie Jagd gemacht, und wenn damit Schluss ist, bekommt der Beizvogel seine freien Tage.'

‚Der Jäger benutzt also den Sperber, solange die Wachteln nisten?'

‚Genau so ist es', bestätigte ich lachend. ‚Solange wie die Wachteln nisten.'

‚Ich glaube, die Wachteln verschwinden, wenn die Felder kahl werden und keine Schlupfwinkel mehr da sind, wenn der Mais, das Korn, die Hirse geerntet werden, kurz, das Werk des tüchtigen Menschen eingebracht wird.'

‚Richtig, im Herbst verschwindet die Wachtel, und darum entlässt der Jäger auch den Sperber in die Freiheit.‘

‚Ja, der Herbst - diese gelobte Jahreszeit! Alle in den Boden gesteckte Mühe zahlt sich dann mit reicher Ernte aus. Haus und Hof sind gut gefüllt. Man feiert Hochzeitsfeste, und nicht nur der Mensch beginnt ein neues Leben, auch der Sperber, sieh an! Was für gute Tage! Speisen, Wein, Schmaus, Festlichkeit, alles wird üppig genossen. Groß und klein sind satt und fröhlich! Zwei, drei Monate dauert diese gute Zeit, dann hält der Frühling wieder Einzug, mit seiner Schönheit, Fröhlichkeit und Wärme …‘

VII

Allzu lange habe ich mich über den Priester ausgelassen, mein Herr, aber bitte bezichtigen Sie mich nicht unnützen Geschwätzes. Bei ihm verbrachte ich die wenigen lichten Tage meines Lebens, immerhin war er es, der recht und schlecht meinen Verstand und meine Seele erweckte. In meinem ganzen düsteren Dasein war er der einzige Stern, der mir je geleuchtet hat, und diese schnöde Welt darf mir deshalb keinen Vorwurf machen. Darum spreche ich so gern von ihm, sobald mich die Erinnerung überkommt. Es tut meiner Seele wohl. Von ihm zu sprechen hilft mir, wieder an die Gnade Gottes zu glauben, mir ist dann, als ob es recht zugeht auf der Welt und der Faden, der mich mit ihr verbindet, noch nicht ganz gerissen ist. Der Herrgott segne diesen einzigartigen Menschen!

Bei allem habe ich nur einen Bruchteil über ihn zur Sprache gebracht, er war gleichsam ein Meer, und wie könnte ich Armseliger ein Meer mit einem Löffel ausschöpfen? Nein, bezichtigen Sie mich nicht unnützen Geschwätzes, und wenn ich Sie langweile, mein Herr, schelten Sie mich nicht und sehen Sie es mir nach.

Fünf Jahre verbrachten Datiko und ich in der Stadt. Als das sechste Jahr anbrach, erreichte uns die Nachricht vom Ableben des alten Fürsten. Datiko war damals neunzehn oder zwanzig Jahre alt. Anfangs betrauerte er sehr den Tod des Vaters, weinte wohl auch bisweilen. Eine Waise nunmehr so wie ich, verscheuchte er alsbald seinen Kummer und überlegte nicht lange: Er beschloss, für immer in sein Heimatdorf zurückzukehren und bestellte eilends Pferde von dort, die uns nach Hause bringen sollten. Während wir auf die Pferde warteten, legte Datiko die russische Kleidung ab und tauschte diese in georgische ein. Wie verändert er sich darin ausnahm! Ein schmucker Jüngling, welch prachtvoller Anblick!

Fünf, sechs Tage, nachdem sie bestellt worden waren, kamen die Pferde. Am folgenden Morgen sollten wir die Stadt verlassen. Ich ging, den Priester zu besuchen.

‚Sei gegrüßt, Gabriel!‘, empfing er mich, als ich die Tür öffnete und in sein Zimmer trat. ‚Was gibt es Neues, mein Lieber?‘

Ich berichtete, dass der alte Herr Fürst gestorben sei und Datiko und ich anderntags nach Hause aufbrechen würden.

‚Dann wird Datiko die Schule aufgeben?', fragte er.

‚So ist es.'

Der Priester zeigte sich darüber sehr betrübt. Er stand von der Liege auf und schritt im Zimmer auf und ab. Nach einer Weile sagte er: ‚‹Wer verschüttet dürstend Wasser, das den Durst zu stillen hätte?› Mein lieber Gabriel, mich erstaunt, dass ich diesem jungen Mann nie nähergekommen bin. Ist er jetzt zu Hause?'

‚Ja.'

Sofort zog er seinen Priesterrock über und machte sich auf den Weg zu Datiko. Ich ging mit, das Gespräch aber führte der Priester allein. Er blieb eine ganze Weile bei Datiko, und als er wieder herauskam, trat ich auf ihn zu.

‚Nichts zu machen', sagte er traurig. ‚Er bleibt dabei. Möge der Herrgott ihm helfen, Gutes zu tun.'

Am nächsten Morgen packten wir unsere Sachen, machten die Pferde fertig, doch vor unserem Aufbruch lief ich rasch noch zu dem Priester, um seinen Segen zu empfangen.

‚Es geht also los?', meinte er bekümmert.

‚Was bleibt mir übrig?', versetzte ich in einem Ton, dass, hätte er mich aufgefordert zu bleiben, ich womöglich nicht aufgebrochen wäre.

‚Du musst dich fügen, hast keine andere Wahl. Nicht du bestimmst über dein Geschick.'

Ich sagte nichts dazu, bat nur um den Segen. Er schlug das Kreuz über mir.

‚Lebe wohl, mein Gabriel! Sei aufrichtig und rechtschaffen, mögen deine Wege stets die eines wahren Menschen sein. Und wisse: Wer nicht nach dem Guten strebt, der ist sein eigener Feind. Lebe wohl.'

Damit umarmte er mich väterlich, wir küssten uns zum Abschied. O mein Herr, wie wenig gerecht ist diese Welt!

Zwei Tage später erreichten wir unser Dorf. Die Sonne war noch nicht untergegangen, ihre Strahlen blitzten auf den Bergspitzen wie Feuer. Unsere Rückkehr freute mich nicht sonderlich, ich hatte ja niemanden mehr hier, als mich aber der Hauch meines Heimatbodens anwehte, erbebte dennoch mein Herz: Ich sah die vertrauten Berge und Täler, die Wälder und Felder, und mich erfüllten Frohgefühl und Glückseligkeit. Das, was mich damals in meinem Inneren bewegte, glich weder Freude noch Trauer, es war etwas wie ein ‚sonniger Schatten', als ob eines ins andere einging – die Trauer in die Freude und die Freude in die Trauer. Mein Herz schlug sanfter und inniger. Ich lauschte aufmerksam, alles um mich herum schien mir von etwas Schönem und lange Vergessenem zu erzählen. Hätte in diesem Augenblick jemand zu mir gesprochen und diese Stille gestört, es hätte mir Schmerz bereitet.

Ich war dort mutterseelenallein, ich hatte niemanden mehr und obendrein nicht die besten Erinnerungen an jene Gegend, und doch berührte es mich tief, auf meinem Heimatboden zu stehen. Wer denselben niemals verlassen hat, wird so etwas nicht erfahren. Heute ist die Brücke zwischen den Menschen und mir zerbrochen, und bald werde ich ganz davongehen - wie sehr hätte ich mir mit des Herrgotts Gnade gewünscht, im Schoß des Heimatbodens mein Leben auszuhauchen. Weh mir, der ich so in der Fremde sterbe!

Bereits einen Tag nach unserer Ankunft im Dorf rief mich Datiko zu sich.

‚Mein lieber Gabriel', sagte er, ‚ich bin hier ganz auf dich gestellt, und so überantworte ich dir dieses Haus, den Hof, das Vieh, unser ganzes Stammgut. Mit Gottes Hilfe wird es mir und dir zum Leben reichen.'

Zugleich stattete er mich mit guter Kleidung aus. Damit angetan, glich ich wahrlich einem Fürstensohn.

Ich packte an, nahm die Zügel in die Hand und führte die Wirtschaft mit des Herrgotts Hilfe so, dass dem Haus kein Härchen verloren ging. Freilich machte mir mein Eifer viele Neider, ich verärgerte damit Leibeigene und Knechte, aber Gott ist mein Zeuge, dass ich niemanden ungerecht gehandelt habe. Nach zwei Jahren hatte ich den Hof in einem Stand, dass Datiko fortan unter den benachbarten Gutsherren ein hohes Ansehen genoss. Der Ehrlichkeit halber sei gesagt, dass sich Datiko mir gegenüber nicht kleinlich verhielt, er behandelte mich wie einen gleichaltrigen Freund und zeigte sich mir gegenüber stets sehr dankbar.

In jeder Hinsicht war er eine prachtvolle Erscheinung – von strahlendem Äußeren, freigebig, lebhaft, wendig, kraftvoll und geschickt. Als Schütze und Jäger hatte er im ganzen Umkreis nicht seinesgleichen, und wenn er sich auf seinen edlen Karabach-Hengst schwang und hoch aufgerichtet wie eine Pappel im Sattel saß, konnte man den Blick nicht wieder von ihm zu wenden. Alles an ihm war schön und schick. Eine üble Neigung allerdings besaß er, die schadete ihm letztlich weniger als mir: er war ein wilder Schürzenjäger, und bei dieser Leidenschaft kannte er weder Scham noch Gewissen. Hatte er auf eine Frau ein Auge geworfen, gab es für ihn kein Halten mehr, nichts war ihm dann heilig und der Schonung wert, rücksichtslos brach er sich Bahn, um sein Begehren zu stillen. Ich fürchte, der Unselige hätte auch mit seinen Verwandten kein Erbarmen gehabt, so unbeherrscht war er, wenn er so ein hübsches Ding erblickte. Wie viele Bauernmädchen schändete er, die Ehre wie vieler Familien trat er mit Füßen! Sonst aber war er ein wunderbarer Kerl.

Ja, hätte ich ihn weniger geliebt, dann hätte ich diese eleganten breiten Schultern wohl in Staub verwandelt, die alle Welt in so viel Schande stürzten! Auch mein Schicksal hätte dann wohl einen anderen Verlauf genommen. Was aber konnte ich tun? Ich liebte ihn so sehr, diesen allseits gottbegnadeten Burschen, ich hätte ihm einfach nichts antun können, obwohl es beizeiten nötig gewesen wäre. Alle Welt hat er besudelt, und es wundert mich bis heute, dass sich da keiner gefunden hat, der ihn einfach mit einer Kugel aus dem Weg räumte. Sie mögen vielleicht denken, wieso ich nichts unternommen habe? Zu Recht. Und man mag mich dafür tadeln. Ich hab mich auch oft im Stillen geärgert, aber aus Zaghaftigkeit oder eben weil ich ihn liebte, ließ ich alles geschehen, solange, bis wir eines Tages einander im Weg standen. Da beharrte er auf dem Seinen und gab nicht nach, und ich wich ebenfalls keinen Schritt zurück.

Am anderen Ende unseres Dorfes wohnte ein guter Mann, Pepia hieß er, ein Leibeigener unseres Herrn. Pepia war schon in den Jahren, die Bauernschaft achtete und schätzte ihn. Dieser Petia hatte, womöglich allein zu meinem Unglück, eine bildhübsche Tochter, schön wie eine Gazelle. Die war dem kürzlich Verwitweten sein Ein und sein Alles. So mancher wohlhabende Bauer sandte Pepia Brautwerber ins Haus, er jedoch schickte sie alle fort, als wollte er diese seltene Perle niemandem hergeben. Ein Mädchen war das, sag ich dir, da konnte man den Blick einfach nicht wenden: weiße Haut und rote Wangen, Augen und Brauen schwarz, gertenschlank und hoch gewachsen. Wie sehr hätte sich manche Fürstentochter solche gagatschwarzen Augen, dazu das gagatschwarze Haar und den wie Schalmeienrohr biegsamen Körper gewünscht … Ein Mädchen von unglaublichem Reiz, zu meinem großen Unglück.

Es musste mir mein Schöpfer gezürnt haben, denn irgendwann wurde ich dieses Mädchens ansichtig. Die Schöne sehen und für sie entflammt sein, waren eins. So wie der Funke das Schießpulver entzündet, entbrannte ich vor Liebe und Verlangen. Wozu lange reden – auch ich gefiel dem Mädchen. Schwer vorstellbar, so wie ich heute aussehe. Aber damals, mit zwanzig, einundzwanzig Jahren, war ich ein ansehnlicher, beherzter Bursche und - ohne aufschneiden zu wollen – nicht der Letzte unter meinen Altersgenossen.

Eines Tages sah ich sie auf der Tenne stehen, und als ich näher herankam, lächelte sie mir ganz leise zu. Wie die Knospe unter der Sonne öffnete sich mein Herz und erblühte, die Sonne war mir aufgegangen und ließ für mich die Welt erstrahlen. Noch nie hatte mein Herz so glücklich gepocht. Oh, du freudloses Dasein, hast mir auch dies genommen …

Es war um die Mittagszeit, ich kam aus dem Weingarten, und als ich in die Dorfgasse einbog, erblickte ich meine Sonne am andere Ende derselben – offenbar brachte sie dem Vater das Essen auf die Tenne. Der Herzschlag setzte mir aus, plötzlicher Nebel umfing mich, ich sah nichts mehr, und ich, ein kräftiger junger Mann, taumelte und prallte gegen den Flechtzaun am Rand des Weges. Rasch fing ich mich wieder, kam zu mir. Auch das Mädchen bemerkte mich, erschrak wie das Reh vor dem Jäger und machte kehrt. Ich zögerte nicht und lief ihr nach. Sie floh mit leisen, raschen Schritten, als sei hinter ihr der Feind. Auf der Wiese, unter den Walnussbäumen, holte ich sie ein und rief:

‚He, Mädchen, was läufst du weg? Ich bin kein Wolf, sondern ein Junge, ein Mensch!‘ Sie antwortete nicht und sah sich auch nicht um. Ich war ein stolzer Bursche und geriet in Zorn. Mit zwei Sätzen war ich bei ihr.

‚Lauf nicht weg, Liebste‘, sagte ich und flehte, den Kopf gesenkt: ‚Nimm hin mein Leben.‘

Sie zog finster die Brauen zusammen und sah mich so böse an, dass ich unwillkürlich ihrem Blick auswich. Ich, ein Mann, scheute vor diesem zarten Geschöpf! Nicht immer steckt die Kraft im Stärkeren.

‚Geh!‘, sagte sie stolz und befehlend. ‚Ich habe einen Vater und eine Ehre.‘

‚Der Herrgott erhalte dir den einen wie die andere‘, erwiderte ich aufrichtig, wenngleich jeglicher Hoffnung beraubt. ‚Ich bin nicht in schlechter Absicht gekommen, Gott weiß es. Mein Verlangen ist rein wie die Kerze vor der Ikone. Ich will nichts anderes, als dir mein Waisenhaupt zu Füßen zu legen. Du wünschst dies nicht? Dann Friede mit dir, meine Schöne, es möge dir wohl ergehen, aber lass mich wenigstens all dein Leid auf mich nehmen. ‹Geh›, sagst du, und ich gehorche. Leb wohl! Dein sei die Freude und mein der Kummer.‘

Ich gab den Weg frei. Sie rührte sich nicht von der Stelle und maß mich noch einmal mit dem Blick. In ihren Augen, tief wie ein See, las ich keinen Zorn mehr. Ein Freudenhauch wehte mich an. Das Schicksal schien mir wohl zu wollen. Ermutigt sagte ich:

‚Warum, Mädchen, verwirrst du mich? Wovor hast du Angst, warum zitterst du wie Espenlaub? Der Zorn des Himmels mag über mich hereinbrechen, die Erde mich verschlingen, sollte ich Ungutes gegen dich im Schilde führen.‘

‚Ach, hör auf!‘, verlangte sie in einem Ton, in dem man nicht spricht, will man jemanden wirklich zum Verstummen bringen.

‚Nein, ich höre nicht auf, bis alles heraus ist, was ich auf dem Herzen habe. Scheue du nicht wie ein törichtes Täubchen. Die Liebe zu dir hält mich gefangen. Lass mich, du meine Perle, dein Mann sein, und sei du meine Frau! Gib mir Antwort darauf, und dieses mein Waisenhaupt soll sterben, falls ich dich mit irgendetwas kränke.‘

Sie erwiderte nichts. Ich ließ nicht mehr ab von ihr.

‚Der Tod soll mich holen, Tamro‘, fing ich erneut an, ‚sollte ich je eine andere begehren. Sprich, meine Liebe. Ich bin ein einsamer Bursche - wie du mich hier siehst, so bin ich. Lass mich nicht den Tag meiner Geburt verfluchen, richte mich nicht zugrunde, du meine Herzliebste! Werde meine Frau … Sprich etwas, um Himmels willen, sonst hauche ich noch hier zu deinen Füßen mein Leben aus.‘

Nichts, sie blieb stumm.

‚Tamro! Sieh her, schon diese eine Minute des Wartens bringt mich um. Lass mich deine Sirenenstimme hören, angehaltenen Atems und ersterbenden Herzens lausche ich und warte auf Antwort. Sprich! Sag mir, ob du mich willst oder nicht. Wenn du mich nicht willst, sag es frei heraus, ohne Rücksicht auf mich. Ich bin eine einsame Waise, aber nicht nur den Zorn des widrigen Geschickes, nein, sogar den Fluch aus deinem Munde werde ich ertragen. Lass mich nicht vergehen im Warten, sprich zu mir!‘

Bei diesen Worten fasste ich sie am Arm. Bei der Berührung ihres Körpers durchfuhr es mich jäh vom Hirn bis zum Herzen, ein Zittern ging durch meine Adern. Sie zuckte zusammen, unternahm aber nichts, um ihren Arm zu befreien. Sie zeigte sich auch nicht böse, ja, sie lächelte sogar. Die Perlenschnur ihrer Zähne zwischen den rubinroten Lippen dünkte mich der Regenbogen, ich war plötzlich von Freude erfüllt. Oh, was für ein glücklicher Tag, und welchen Kummer dann brachte mir das Leben!

‚Nimm die Hand weg‘, sagte sie, immer noch lächelnd. ‚Das ist nicht gut, man wird uns sehen, wie schändlich.‘

‚Schändlich ist es für jemand, der Ungebührliches im Sinn hat. Ich lasse dich nicht fort, denn wenn ich es täte, flöge meine Seele gleich mit davon. Antworte mir auf mein Flehen, und wenn du mich tötest!'

‚Was soll ich dir denn sagen?'

‚Sage ja oder sag nein, aber dann töte mich auch!'

‚Dann will ich lieber ja sagen, anstatt dich zu töten, der du unnütz die Hoffnung aufgibst!', rief sie da aus und machte einen Toten wieder lebendig. Damit riss sie sich los, entschwebte wie ein Windhauch, entflog wie eine Taube aus Noahs Arche. Ich aber hielt den grünen Zweig der Hoffnung in der Hand, gleichsam ihr Einverständnis, und erblickte sie gerade noch am Ende der Gasse.

Möge ihr der Herrgott helfen! Gäbe es viele solcher Augenblicke im Leben eines Menschen, er wähnte sich wahrlich im Paradies. Doch leider währt im kurzen Erdendasein alles nur kurz, das Unglück ausgenommen. Nie wieder gelang es mir, meinem Geschick eine solche Freude abzulisten. Sie schwand dahin wie der nächtliche Traum, und Sie sehen ja, was stattdessen aus mir geworden ist. Das Bild dieser Freude trage ich bis heute nutzlos in meinem Herzen. Ja, es war mir vergönnt, einmal vom Quell der Unsterblichkeit kosten zu dürfen, aber schon wandelte sich mir sein Wasser zu Gift. Nicht umsonst heißt es:

‹Wohl ergeht's den Daseinsfrohen, die am Weltspiel sich ergötzen.
Doch bald merken sie die Täuschung: ihre Götter waren Götzen.›

Oh, mein Lieber, wie lästig falle ich Ihnen mit meinen Klagen, und doch – von meinem Leid zu sprechen, bedeutet mir Glückseligkeit.

VIII

Einmal, es war an einem Sonntag, Datiko war zum Gottesdienst gegangen und danach einer Einladung zum Essen gefolgt. Ich machte mich auf zu Pepias Garten. Dort sah ich mich um und bemerkte Tamro, die unter einem Nussbaum im grünen Grase lag. Mit einem Satz war ich über den Flechtzaun gesprungen. Tamro schrak leicht zusammen, als sie aber mich sah, beruhigte sie sich. Eine Weile schon trafen wir uns heimlich, jedoch, Gott ist mein Zeuge, ich hatte es noch nicht einmal gewagt, sie zu küssen.

‚Ach, du bist das', sagte sie, als ich näherkam und mich neben ihr ins Gras legte.

‚Ja, ich bin's. Du scheinst mir irgendwie bedrückt, mein Liebes – weshalb?', fragte ich, weil ich ihre Traurigkeit bemerkte.

‚Heute ist ein schlechter Tag für mich.'

‚Wieso? Schlecht ist der, der Böses gegen dich sinnt. Was ist los?'

‚Es gibt einen Grund.'

‚Welchen?'

‚Mein Vater ist heute sehr missmutig von der Kirche wiedergekommen.‘

‚Bist du heute in der Kirche gewesen?‘

Ich war plötzlich aufgesprungen und hatte so schnell gesprochen, dass Tamro ganz verwundert war.

‚Ja‘, antwortete sie. ‚Was bringt dich so auf?‘

‚Ist unser Batoni* dagewesen?‘

‚Ja. Er stand in der Vorhalle, als ich vorüberging.‘

‚Du bist an ihm vorbeigegangen?‘, wiederholte ich, die Worte dehnend, und knirschte mit den Zähnen. Wie von einer Kugel getroffen und totenblass stand ich vor ihr. Lange, stumm schaute ich ihr in die tiefen schwarzen Augen. Sie ihrerseits sah mich erstaunt an. Ich erklärte nichts. Voller Wut, tief beunruhigt setzte ich zurück über den Flechtzaun und lief nach Hause, um Näheres zu erkunden.

Pepias Kummer war mir sofort verständlich geworden. Datiko hatte beim Kirchgang Tamro gesehen und Pepia, der gerade in der Nähe stand, gefragt, wessen Tochter das Mädchen sei.

Pepia, jäh erbleicht, antwortete mit zitternder Stimme: ‚Sie ist meine Tochter.‘

‚He, was für ein Schneckchen! So richtig was zum Abschlecken‘, versetzte dieser Lüstling darauf ungeniert.

Der arme Pepia starb fast vor Schreck, als er begriff, dass der Batoni ein Auge auf seine Tochter geworfen hatte. Er wusste nur zu gut, was dies bedeutete und wohin es führte. Ich, als ich dies alles erfuhr, schwor beim Herrgott, eher zu sterben als zuzulassen, dass irgendwer meine Tamro schändete.

Vielleicht werden Sie mir nicht glauben, aber meine Seele soll der Hölle geweiht sein, wenn es nicht wahr ist: In jener Nacht erschien mir im Traum mein Priester. Bekümmert stand er vor mir, und wonach ich ihn auch fragte, stets lautete seine Antwort:

‹Nimmer weich vor einer harten Freundespflicht der Freund zurücke;
mög er Herz für Herz hingeben: Minne sei ihm Weg und Brücke.‹

Schließlich fiel ich ihm weinend zu Füßen, umschlang seine Knie, klagte ihm mein Leid und bat ihn um Rat, was ich tun sollte. Wortlos ging er hinaus, und erst als er draußen war, blickte er sich zu mir um und sagte: ‚Was du gibst, bleibt dein; doch was du speicherst, hast du nie besessen.‘

Glauben Sie mir, oder auch nicht - wie Sie wollen. Was ich aber sage, ist wahr wie bei der Beichte und nichts ist gelogen.

Der nächste Morgen wäre mir besser nicht angebrochen, so elend war mir zumute, ich wütete, weil ich nicht wusste, was ich tun sollte. Ich hatte niemanden, dem ich mich hätte mitteilen können, und so schwieg ich über das Unheil, das mir drohte, beschloss aber, die Augen offen zu halten und die Sache zu beobachten, insgeheim hoffend, das Gewitter möge weniger schlimm sein, als es der Donner verhieß. Dann

* (Georg.) Herr; hier als Bezeichnung für den Fürsten, den Feudalherren gebraucht.

und wann durchfuhr mich ein heftiger Schmerz: Was, wenn Tamro … Nein, nein, den Gedanken verwarf ich alsbald.

In solchem Zustand befand ich mich, ohne dass sich Ungutes ankündigte. Dann aber, eines Abends, es war schon spät, ich saß noch mit den Männern beisammen, hörten wir unseren Batoni, wie er Gito zu sich rief. Es war kurz vor der Schlafenszeit. Gito, müssen Sie wissen, war Datikos Vertrauter und Helfershelfer in seinem ehrlosen Treiben. Als der Gerufene hinging, folgte ich ihm unbemerkt, schlich mich leise in ein dunkles Zimmer, dessen Tür zu Datikos Zimmer führte. Datikos Zimmer war von einer Kerze erhellt. Ich stellte mich an die Tür, hielt den Atem an und drückte mein Ohr regelrecht ins Holz. Gito stand mit dem Rücken zu mir, Datiko lief im Raum auf und ab. Schließlich machte er vor Gito halt und fragte:

‚Du kennst doch Pepias Haus?'

‚Wenn Sie mich hinschicken, finde ich es", antwortete Gito.

‚Hast du mal seine Tochter gesehen?'

‚Und ob, und ob! Ein Mädchen, wie es kein schöneres gibt auf der Welt.'

‚Dann weißt du ja, was zu tun ist.'

‚Ich weiß schon, aber das Mädchen schickt sich offenbar an zu heiraten.'

‚Also, wenn du eine schöne Tschocha* haben willst … Wenn nicht, hänge ich dich an einem Pfahl auf wie eine Katze.'

‚Es ist Ihr Befehl und leicht zu machen. Schwierig dabei ist nur, dass das Mädchen einen Liebsten hat und die beiden sich ein Eheversprechen gegeben haben. Aber, man weiß ja auch: Versprich einer Frau ein Faltenkleid, schon ist sie zu allem bereit.'

‚Ist sie noch Jungfrau?'

‚Rein wie ein Täubchen.'

‚Und wer ist ihr Liebster?'

‚Unser Gabro.'

‚Gabro?!', wiederholte Datiko gedehnt und schwieg darauf.

Ich lauschte angespannt, dachte, Dato würde jetzt oder wenig später von seiner Absicht lassen und Gito sagen, er solle sich nicht weiter bemühen. Doch die Hoffnung trog, und der gute Datiko brachte so viel Herz nicht auf. Seelenruhig, als wäre nichts dabei, äußerte er schließlich:

‚Gewiss, das ist ärgerlich, aber auch nicht schlimm. Tue du, was ich dir gesagt habe, mit Gabro komme ich schon überein.'

Als ich dies hörte, drehte ich voll Erbitterung um und suchte vor diesen Schurken das Weite. Was die beiden danach noch sprachen, wusste ich nicht. Ich wusste nur, dass damit die Brücke zwischen Datiko und mir eingestürzt und in meinem Innern eine Saite gerissen war. Übereinkommen würde er mit mir! Von wegen, dachte ich, da kennst du deinen Gabriel aber schlecht!

Ich durfte nicht säumen, ich musste etwas ersinnen, damit das arme Mädchen nicht in diese Falle ging. Deshalb beschloss ich, sogleich zu Pepia zu laufen und ihn

---

* Oberrock der kaukasischen Männertracht.

zu benachrichtigen. Es war schon spät, die bäuerliche Abendbrotzeit vorüber, als ich Pepias Haus erreichte. Heller Mondschein überstrahlte diese sündige Welt, und so konnte man meinen, die Welt leuchte vor purer Reinheit. Ich fand Pepia auf der Galerie seines Hauses. Dort kniete er und betete. Ich schlich behutsam näher und verbarg mich hinter einer Säule der Galerie. Der unglückliche Vater murmelte vor sich hin und schlug sich mit der Hand gegen die Brust, schließlich, sich gleichsam selbst vergessend, schluchzte er laut los und flehte: ‚Herrgott, dir vertraue ich meine makellose Tamro an, mach, dass sie nicht vom rechten Wege abkommt! Lieber Gott, du Wahrer aller Gerechtigkeit, lass mich nicht mitansehen müssen, wie mein Kind zugrundegerichtet wird!'

Darauf erhob sich der arme Mann, wischte sich über die Augen, wie um Tränen zu beseitigen, schlug sich ein letztes Mal gegen die Brust und schickte sich an, ins Haus zu gehen. Da rief ich leise:

‚Guten Abend, Pepia!'

Pepia, überrascht, erwiderte zornig:

‚Wer da? Was treibst du dich hier in der Nacht herum, wenn du kein Unhold? bist?'

‚Verdächtige mich nicht böser Absicht, Pepia. Ich muss mit dir reden', sagte ich geradezu.

‚Wer bist du?'

‚Einer, der es gut mit dir meint - Gabriel.'

Pepia erschrak – anscheinend glaubte er, der Batoni habe mich wegen des Mädchens geschickt. Darum entgegnete er bitterböse:

‚Ich habe mit dir nichts zu schaffen. Ein anständiger Mensch würde nicht das Tageslicht scheuen und zu einer Stunde kommen, da kein Hund mehr anschlägt.'

Damit wollte er ins Haus hinein, ich aber hielt ihn am Arm fest.

‚Versteh doch, es geht um ernste Dinge', sagte ich.

‚Was soll einer wie du, der du diesem Batoni dienst, über ‹ernste Dinge› zu reden haben, doch höchstens über üble Schurkereien. Was wollt ihr von mir? Habt ihr kein Mitleid mit einem einsamen alten und schwachen Mann? Kein Herz im Leib?'

‚O doch, und dazu ein wenig vom Herrgott eingegebene Güte.'

‚Lass gut sein!', unterbrach er mich. ‚Ich weiß schon, was du im Schilde führst!'

‚Das Herz soll mir zu schlagen aufhören, wenn ich dich hintergehen wollte', entgegnete ich fest und entschieden.

‚Sei so gut, geh dahin, wo du hergekommen bist. Ich hab schon manche Schlange erlebt – die kriecht einem in die Seele und spuckt da ihr Gift aus. Mach, geh weg um Himmels willen, versündige dich nicht an mir. Du siehst doch, ich bin erschöpft und ohne Kraft. Mich körperlich zu erledigen, dazu gehört nicht viel, aber mich zu täuschen gelingt nicht. Hör auf mit dem lieblichen Gefasel, mich ziehst du da nicht mit hinein. Wozu dieses Hintenherum, die faulen Tricks? Ich kann gegen euch nicht an, ihr seid mir über. Kommt doch gerade auf mich zu und stoßt mir den vergifteten Pfeil ins Herz. Was soll das falsche Getue? Macht, was ihr nicht lassen könnt, ich vertraue mich dem Herrgott an, und ihr habt euch vor ihm zu verantworten.'

Dem Ärmsten krampfte sich das Herz zusammen, er begann zu weinen. Es schmerzte mich, ihn so zu sehen.

‚Armer Pepia, hast den Glauben an alle Welt verloren', sagte ich freundlich und bekümmert. ‚Gott sieht es – ich bin doch hier, um mit dir zu sein und dir beizustehen, was beschuldigst du mich schlechter Absicht? Warum misstraust du mir? Ich habe dir nichts getan! Verleumde mich nicht ohne Grund. Kennst du Gabriel denn nicht? Ich will zu Staub zerfallen, wenn ich jemals Hinterhältiges im Herzen gehegt hätte. Warum beschämst du mich? Versündige dich nicht mit solcher Verleumdung! Um des Herrgotts willen, zu dem du soeben gebetet hast, vertraue mir, und du wirst sehen, was für ein Mensch ich bin. Ich schwöre bei diesem Gott, dass ich hergekommen bin, weil ich es gut mit dir meine. Glaubst du mir, ist es gut, wenn nicht, werde ich mich dennoch ganz und gar für dich einsetzen!'

Meine Worte wirkten auf ihn, er umarmte mich jäh, und an meine Brust geschmiegt, begann er wieder zu schluchzen.

‚Verzeih mir, verzeih mir', greinte Pepia kläglich. ‚Es stimmt ja, ich hab von dir nie Böses erfahren. Aber was soll ich tun, was soll ich Unglücklicher tun? Mein Kind geht zugrunde, mein eigen Fleisch und Blut! Meine einzige Tochter wird lebendig begraben! Versteh doch, mein lieber Gabriel! Ich verliere mein Kind, da soll ich nicht misstrauisch sein! Verzeih du mir altem, halb irren, unseligen Vater, wenn ich dir Unrecht getan habe. Wem soll ich noch trauen inmitten all dieser sündigen Menschen? Da traut man nicht mal seinem Bruder, weiß Gott. Aber wie dem auch sei, dir sollte ich vertrauen. Ich schicke mich drein, was du auch tust. Ob du mich wie eine Schlange zerquetschst oder mich vor dem Verderben rettest, ganz gleich, ich verlasse mich auf den Segen deiner Jugend. Sie mich an, ich bin zu nichts fähig. Hab Mitleid mit mir, lass nicht zu, dass man meine Tamro schändet! Nimm ein Messer zur Hand und befreie Vater und Tochter von dem Übel. Begrabe mich lebendig, wirf Erde auf mich, aber tu mir nicht an, dass meine Tamro … Weh mir, mein Kind …'

Seine Stimme versagte, er schluchzte, zu groß war das Leid. Großer Gott, wie viele Tränen werden auf dieser von dir geschaffenen Erde vergossen, und doch waschen sie die menschliche Bosheit nicht weg. Gelobt sei deine Geduld!

Der Schmerz des armen Mannes übertrug sich auf mich. Auch ich hätte weinen mögen, hätte ich mich nicht geniert. Hilflos und starr stand ich vor ihm, wusste nicht, wie ich ihn trösten, ihm Hoffnung machen sollte. Mein Kopf war leer, die Sprache versagte. Ich stand da wie dumm. Schließlich aber, als ich sah, dass ihm der Kummer den Verstand zu rauben drohte, sagte ich:

‚Beruhige dich, du bist doch ein Mann. Mehr Mut, das Gewitter wird schon nicht so schlimm werden, wie es der Donner verheißt. Gott ist barmherzig, es wird alles gut werden.

‚Ja, mein lieber Gabriel', erwiderte er. ‚Ich verlasse mich ganz auf dich. Wahrhaftig, Gott ist barmherzig, ich verliere noch ganz den Verstand. Ich hab doch nichts getan, was den Himmel gegen mich aufbringen müsste. Also, mein Guter, ich werde die Tränen abwischen und Vernunft annehmen, aber steh du mir bei, ich bitte dich!'

Ich wusste noch immer nichts zu sagen und schwieg. Schließlich machte er einen Vorschlag:

‚Weißt du was, Gabriel? Ich werde zum Batoni gehen, ihm zu Füßen fallen, seine Knie umschlingen, ihm die Sohlen lecken – vielleicht wird er sich mit des Herrgotts Hilfe meiner erbarmen. Er ist doch auch ein Mensch und wird sich angesichts meines Elends erweichen lassen.'

‚Du kennst unseren Batoni nicht.'

‚Was soll ich denn sonst tun!', brüllte er kläglich, gleichsam der letzten Hoffnung beraubt.

‚Überlasse die Angelegenheit mir. Womit du mir helfen kannst – sei wachsam, halte Augen und Ohren offen, besonders aber hüte dich vor Gito. Der ist ein übler Hund, kein Mensch. Der schleicht sich bei dir ein, dann sticht er zu. Das Übrige mache ich schon.'

‚Ja, mein Lieber, ja. Gott möge es dir vergelten.'

Wieder schwiegen wir eine Weile. Pepia, den Kopf gesenkt, hing seinen Gedanken nach. Auch mir machte mein Kummer zu schaffen. Während wir so schwiegen, sah bald er mich an und bald ich ihn. Mir schien, er wollte etwas sagen, wusste jedoch nicht, wie. Auch mir lag etwas auf der Zunge, nur fehlte mir der Mut, denn ich fürchtete, falsch verstanden zu werden. Pepia wusste nichts davon, dass Tamro und ich uns trafen und uns bereits einander versprochen hatten.

‚Gabriel!', sagte Pepia schließlich. ‚Das Schicksal hat mir diese einzige Tochter gelassen, ich habe sonst niemanden auf der weiten Welt. Heirate sie, und ich werde euch beiden Vater sein. Was meinst du?'

Ich traute meine Ohren nicht – da erfüllte sich unerwartet mein innigster Wunsch, sollte mein Kummer etwa zu Ende sein? Herz und Hirn erfasste eine solche Freude, dass ich Pepia nur töricht anstarrte und nichts zu antworten wusste.

‚Warum sagst du nichts?' Erneut kam mir Pepia zuvor. ‚Wenn du nicht willst, sprich es aus – du kränkst mich nicht damit. Man heiratet aus freiem Willen.'

‚Ich sollte nicht wollen? Wie kannst du so denken? Es ist mein sehnlichster Wunsch! Mein ganzes Glück! Ich fand einfach nur keine Worte … Jetzt aber sage ich es dir geradeheraus: Wir sind einander längst versprochen, und jetzt, wo es auch dein Wille ich ist, bin ich restlos glücklich. Gott segne dich und diese Erde, wo ein Wunschtraum nicht nur ein Wunschtraum bleibt.'

Als Pepia von unserem heimlichen Verlöbnis erfuhr, blieb er stumm, und ein Schatten des Misstrauens huschte über sein blasses Gesicht. Um seine Sorge zu zerstreuen, fügte ich hinzu:

‚Ja, wir sind einander versprochen, in allen Ehren. Unsere Liebe ist rein wie ein kristallklarer Bergquell. So wenig wie Sonnenstrahlen den Bergquell trüben, hat unsere Liebe unsere Herzen beschmutzt. Wir haben nichts Sündiges getan, Gott ist unser Zeuge. Sei unbesorgt, wir stehen rechtschaffen vor dir.'

Pepia beruhigte sich. Dieser redliche Mensch glaubte so leicht an das Schlechte, aber er vertraute auch rasch dem Guten.

‚O lieber Gabriel, töte mich, steinige mich', klagte er reuevoll. ‚Ich bin schlecht, ohne Vertrauen, aber ich liebe meine arme Tochter eben so sehr! O zerstampfe mich wegen meines sündigen Herzens. Du bist mein Sohn und ich dein Vater, was will ich Törichter denn noch mehr!'

Mein Herr, ich wünsche Ihnen eine solche Freude, wie ich sie an jenem Abend erlebte. Mein sehnlichster Wunsch war unversehens in Erfüllung gegangen. Auf dem Weg nach Hause war mir, als ob mich der helle Mond und die funkelnden Sterne um mein Glück beneideten. Weder am Himmel noch in meinem Herzen gab es ein einziges Wölkchen. Was für eine wunderbare Nacht! Wie sollte mir jetzt Schlimmes geschehen? Wofür aber ereilte mich das Schlimme und richtete mich, der ich auf ein gutes Leben eingestellt war, so übel zugrunde? Immerhin, ich hätte ein normaler Ackersmann werden können, umringt von Frau und Kindern, ich hätte, wenn ich sterbe, Menschen, die mich beweinen, die Erde auf mich werfen, und wäre nicht wie jetzt ein Fraß für Hunde und wilde Tiere. Verflucht sei der Schurke, der mich dahin gebracht hat … Ich bin ja schon nicht mehr von dieser Welt, ich stehe mit einem Bein im Grab, heute oder morgen kommt mein Würgeengel, ich werde meine Seele aushauchen, aber noch immer blutet mir das Herz, sooft ich an das längst Vergangene denke.

Mein gesegneter Priester hat immer verlangt, man solle seinen Feind achten und ihm verzeihen. Sagen kann ich dies auch, aber es spricht nur die Zunge, das Gift im Herzen bleibt. Gott, ich versündige mich an dir, aber du hast dem Menschen nur dein Angesicht gegeben, jedoch kein Herz. Es stimmt nicht – der Mensch kann seinen Feind nicht lieben.

IX

In dieser glücklichen Nacht tat ich kein Auge zu. Freude wie Kummer verscheuchen gleichermaßen den Schlaf.

Kaum dass hell wurde, war ich schon auf den Beinen. Noch ganz von meinen frohen Gefühlen erfüllt, freute ich mich an dem frischen Morgen, an dem blauen Himmel, an der taubenetzten Erde und glaubte, Himmel und Erde würden sich mit mir freuen. Wären auf der Welt nur wir drei gewesen – Tamro, ich und Pepia -, wir hätten vom Paradies nicht mehr träumen müssen. Leider gab es auf dieser Welt außer uns noch andere Menschen, darunter unseren Batoni, Datiko, der zu Gito gesagt hatte, er werde mit Gabriel schon übereinkommen. An diese Worte musste ich denken, und das Paradies verwandelte sich mir augenblicklich zur Hölle. Ein Schauer überlief mich, zähneknirschend ballte ich die Fäuste so fest, dass die Gelenke schmerzten. Wäre mir in diesem Moment Datiko über den Weg gelaufen, hätte ich ihm, sogar wenn er mein leiblicher Bruder gewesen wäre, auf der Stelle den Garaus gemacht. Man möge mich nicht für einen Übeltäter halten – aber ein jäh erzürntes Herz ist unerbittlich.

Verärgert ging ich vom Hof, und ich weiß selbst nicht, wie ich plötzlich vor Pepias Garten stand. Als ich den Flechtzaun sah, der das häusliche Nest meiner Tamro umgab, kam ich gleichsam wieder zu mir. Ich warf einen Blick über den Zaun und sah meine Tamro an dem Bächlein sitzen, das den Garten durchfloss, und in einem Trog Wäsche waschen. O wie wunderschön war an diesem prächtigen Morgen dieses prächtige Mädchen! Schwer zu sagen, ob der schöne Morgen ihr diesen Zauber verlieh oder umgekehrt das Mädchen den Morgen so schön machte.

Nahe bei Tamro stand, auf einen Spaten gestützt, ihr Vater und redete mit ihr. Ich lauschte dem Gespräch.

‚He, kleiner Schelm!‘, sagte Pepia zu Tamro und drohte ihr mit dem Finger. ‚Was hast du da angerichtet, na? Ich werde es dir zeigen!‘

‚Was ist los, Vater?‘, antwortete Tamro erstaunt und sah mit ihren brombeerschwarzen Augen zu ihm auf. ‚Was sollte ich angerichtet haben?‘

‚Was wohl … Als ob ich es nicht wüsste. Und du weißt es auch, tu nicht so. Mir haben es die Vögel gezwitschert.‘

‚Wovon redest du?‘

‚Ach, du Schalk, verbirgst etwas vor deinem Vater, aber es sei dir verziehen!‘

‚Ich schwöre beim Himmel, dass ich kein Wort verstehe.‘

‚Na warte, du Gaunerin, na warte!‘ Pepia lächelte. ‚Ich werde dich mit einem Mann verheiraten, dass du dein blaues Wunder erlebst.‘

‚Sprichst du klar oder träumt dir etwas? Was soll das alles?‘

‚Ich hab da was geträumt. Wenn ich dich an so einen Narren verheirate, wird der Traum schon wahr werden für dich. Na warte …‘

‚Lieber Gott, warum bist du so aufsässig?‘

Tamro, ärgerlich, machte sich wie wild über die Wäsche her, als wollte sie daran ihren Ärger auslassen.

Pepia ließ nicht von ihr ab und drohte:

‚Dann wirst du schon anders flöten.‘

‚Ich und flöten? Bin ich eine Nachtigall?‘, versetzte Tamro, die Lippen aufwerfend.

‚Das wird sich noch zeigen‘, beharrte Pepia auf dem Seinen. ‚Ich jedenfalls habe das Meine gegackert.‘

‚Was hast du gegackert?‘ Die Tochter sah den Vater an.

‚Dass ich dich an einen Dummen verheirate.‘

‚Noch schöner. Eher soll ihn der Schlag treffen.‘

‚Wie, das wär dir nicht recht?‘

‚Vater, bitte, lass mich in Frieden. Anscheinend bist du mit dem falschen Bein aufgestanden.‘

‚Von wegen, Schelmin!‘

‚Du verdirbst mir die Laune.‘

‚Ich hab einen Mann für dich gefunden.‘

‚Als ob ich heiraten würde.‘

‚Willst du nicht?‘

‚Nein.'

‚Warum nicht?'

‚Darum.'

‚Sag schon.'

‚Ich will nicht.'

‚Gar keinen würdest du nehmen?'

‚Und wenn er zweimal ein Prinz wäre, nein. Lässt du mich jetzt in Frieden?'

‚Dann willst du anscheinend auch Gabriel nicht heiraten.'

Pepia schaute seine Tochter prüfend an und lächelte. Ich beobachtete Tamro, sah, wie sie errötete und den Kopf senkte. Sie erwiderte dem Vater nichts, wandte sich erneut ihrer Wäsche zu, machte sich lustlos daran zu schaffen, als wollte sie nur ihre Verlegenheit überspielen.

‚Also nein', stellte Pepia fest. ‚Darüber entscheidest du. Ich werde dich nicht zwingen.'

Tamro warf einen raschen Blick von unten her auf den Vater, über ihr Gesicht huschte ein Lächeln, und erneut senkte sie ihren hübschen Kopf.

‚Vielleicht möchtest du ins Kloster gehen?', scherzte Pepia. ‚Bitte schön, ich habe nichts dagegen. Sag etwas. Warum ist dein Plappermäulchen auf einmal stumm? Hörst du nicht? Ich rede mit dir.'

Pepia langte zu ihr hinunter und richtete Tamro auf. Sie wehrte sich nicht und erhob sich.

‚Vielleicht hast du schon jemandem dein Versprechen gegeben? Hast schon jemanden in deinen Netzen gefangen?', forschte Pepia vergnügt.

‚O lass mich doch endlich, bitte.'

‚Sag schon, sag – wer ist es?'

‚Es reicht. Was soll das!', rief Tamro aufbrausend.

‚Sei so gut, sag es mir.'

Tamro riss sich los und wollte davonlaufen.

‚Halt, mein Kind!' Petia versuchte sie aufzuhalten. ‚Genug gescherzt', sagte er jetzt in ernstem Ton. ‚Wenn du nicht reden magst, du meine Hoffnung, tu ich es. Ein schlechtes Kind mag den Vater scheuen, aber du bist nicht so eine, du meine Freude. Komm her, Töchterchen!'

Tamro war stehengeblieben. Pepia ging zu ihr, umarmte sie und sprach zärtlich:

‚Gabriel hat mir alles erzählt, ich weiß Bescheid. Der Herrgott möge euch glücklich zusammen alt werden lassen, und eure Tage sollen süß wie Kandiszucker sein. Du, mein liebes Kind, bist meine Einzige. Wenn du nur glücklich bist, was kann mir dann der Tod anhaben. Gabriel ist ein rechtschaffener Kerl, kräftig und gesund, und er kann zupacken. Was braucht ein Bauer mehr. Er wird dich wie seinen Augapfel hüten, du meine Hoffnung! Der Herrgott hat dir einen guten Mann geschickt, es sei ihm gedankt. Sollte ich jetzt plötzlich die Augen schließen, ich tue es unbekümmert. Worum sollte ich mich auch sorgen? Und falls Gott euch Kinder schenkt, ist mein Glück grenzenlos, und falls nicht, wird es sein Wille sein. Zwar ist Gabriel nicht reich, jedoch arm zu sein ist für einen Bauern kein Mangel. Die Erde ist fruchtbar, man braucht nur Hand anzulegen, dann ernährt sie einen. Und ich hab gottlob auch noch was im Speicher, was zum Teufel soll ich allein damit? Brot ist da, Wein ist da, Acker ebenso – alles soll euch zum Guten dienen. Und solange ich am Leben bin, werde ich mich auch noch zu eurem Wohle plagen, und wenn ich sterbe, mein Kind, werdet ihr mich würdig geleiten …'

Ich vermochte dort nicht länger zu verweilen. Die zärtliche Zwiesprache zwischen Vater und Tochter erfüllte mein Herz mit Freude und trieb mir Tränen in die Augen. Dieses schnöde Erdendasein, wie wundervoll vermag es bisweilen zu sein! Alles, das Gute wie das Böse, findet sich in diesem Leben. Das Gespräch zwischen Vater und Tochter hatte mir die Bitterkeit aus dem Herzen geweht, hatte mir wieder Hoffnung eingepflanzt und mich in fröhlichere Laune versetzt. Meine Feindseligkeit war verflogen.

Mein Erscheinen hätte die beiden nur gestört, darum ging ich weg und begab mich nach Hause. So weiß ich nicht, was die beiden weiter miteinander sprachen, ich weiß nur, dass sie in diesem Augenblick glücklich waren.

Tage und Nächte vergingen. Ich ließ kein Auge von Datiko und von Gito. Mir fiel auf, dass Datiko sein Verhalten mir gegenüber mehr und mehr veränderte. Wie zwei Feinde belauerten wir einer den anderen – wer von uns würde den Krieg beginnen? Doch bevor es zum Krieg käme, wollte ich mit Datiko über Pepias Tochter sprechen und, wenn möglich, bewirken, dass er die Hände von Tamro ließ und wir wieder Freunde sein konnten. Ich hoffte darauf, dass er ein Einsehen hätte, doch wie sehr sollte ich mich in meiner Hoffnung täuschen.

Ich fasse mich kurz: Gito konnte nichts ausrichten, Pepia und ich wachten darüber, dass es zu keinem Treffen mit Tamro kam, nicht mal ein Wörtchen mit ihr zu sprechen, gelang ihm. Die Verzögerung brachte Datiko erst recht auf und steigerte sein schmutziges Verlangen. Natürlich sah er alle Ursache in mir, und so stellte er mir eine Falle, in die ich prompt hineinging. Wie hätte ich ahnen sollen, dass ein solch wackerer Mann mir gegenüber derart schäbig handeln würde?

Eines Morgens schickte Datiko nach mir. Ich war aber nicht im Hause. Später, ich war inzwischen wieder da, ließ er mich erneut rufen und führte mich in sein Zimmer.

‚Nun, mein lieber Schermadin*, wo beliebst du denn zu stecken?', fragte er mit spöttischem Grinsen.

‚Ich bin nur ein wenig umhergestreift.'

‚Früh am Morgen?'

‚Für dich mag es früh sein, für unsereins nicht.'

‚Seit wann redest du in Andeutungen?'

‚Das ist mir angeboren.'

‚Hör zu: Dich quält anscheinend irgendein Verdruss, und du verbirgst ihn vor mir.'

‚Kann sein.'

* S. Seite 60: Awthandils getreuer Diener.

‚Ist es so?'

‚Es ist so.'

‚Sprich, was dich bedrückt.'

‚Das ist leicht gesagt, mit Verlaub, aber es wird für dich nicht von Vorteil sein.'

‚Darüber entscheide ich.'

‚Dürfte ich auch davon erfahren?'

‚Das wirst du.'

Meine Freude war groß. Alles schien sich zu meinen Gunsten zu regeln, darum antwortete ich ohne Umschweife:

‚Wenn es so ist, will ich es dir sagen: Ich liebe Pepias Tochter und habe vor, sie zu heiraten.'

‚Was hindert dich daran?'

‚Ihr Vater ist noch in Trauer wegen seiner verstorbenen Frau, ein halbes Jahr ist erst um, seit er sie beerdigt hat.'

‚Wie dumm von dir.'

‚Was meinst du?'

‚Heiraten zu wollen.'

‚Wie soll ich das verstehen?'

‚Nun, eine Frau ist dazu da, um unsere Lust zu stillen, und nicht, um sie sich ein Leben lang aufzubürden. Aber bitte, heirate getrost. Ich sorge für die Mitgift und für eine Wohnung.'

‚Was hast du mit der Mitgift zu schaffen, wenn ich fragen darf?', entgegnete ich barsch. Ich merkte, hier würde es nun doch losgehen.

‚Das Mädchen gehört mir', erklärte er unverschämt. ‚Zuerst werde ich sie haben, darum mein Versprechen wegen der Mitgift.'

Zitternd vor Wut schrie ich:

‚Was sagst du da?!'

‚Das, was du gehört hast', erwiderte er kühl.

‚Datiko!' Inbrünstig und flehend versuchte ich auf ihn einzureden. ‚Du bist mein Herr und ich dein Leibeigener, ich bitte dich, steh mir nicht im Weg. Töte nicht die Liebe zu dir in meinem Herzen, nicht die Treue zu dir, schlag mir lieber meinen Kopf ab, den einer Waise. Datiko, lieber! Wenn du Gott liebst und an deinen Schöpfer glaubst, schlage dir alle Gedanken an das Mädchen aus dem Sinn. Wir sind doch zusammen aufgewachsen, treibe es nicht dahin, dass ich dich hasse! Ein Mann wie du sollte seine Leidenschaft nicht zügeln können? Sei so gut, mäßige deine Begierde. Alles bin ich zu opfern bereit, nur nicht die Ehre dieses Mädchens. Dieses Mädchen gehört mir …'

‚Zuerst mir, sage ich', unterbrach er mich. ‚Danach mag sie dir gehören oder auch einem anderen.'

‚Datiko, lieber, bring kein Unheil über mich, verleite uns nicht zur Sünde! Um des Himmels willen, lass ab von dem Mädchen!'

‚Zuerst kriege ich sie, danach kannst du sie haben.'

‚Ist das dein Ernst, oder soll dies ein Scherz sein?!', versetzte ich, und das Herz schlug mir bis zum Hals.

‚Scherzen würde ich, wenn du mir ebenbürtig wärst.'

‚Gabriel würde die Mannesehre genommen werden, wenn du das Deine durchsetzt.'

‚Ich bitte dich, du wirst dich doch mir nicht in den Weg stellen!', erwiderte er überheblich und voll Spott.

‚Das werde ich, und damit nicht genug!'

‚Du drohst mir?'

‚Wie es bei Rusthaweli heißt: ‹Doch mein Blut will Sühne, mein ich, und kein Mörder nimmt Reißaus; früh und abend soll er stöhnen, und die Welt sei ihm ein Graus.›

‚Spott und Schande über einen, der vor dir in Furcht sich windet.'

Mein Herz schlug heftig und drohte die Brust zu zersprengen. Mich durchzuckte das Verlangen, Datiko umzubringen, doch ich beherrschte mich und widerstand der teuflischen Verführung.

‚Datiko! Wohin treibst du mich? Habe Mitleid mit deinem getreuen Gabriel, stürze mich nicht ins Verderben!'

‚Du kannst mich mal.'

‚Das Mädchen gehört zu mir, Datiko, zu mir! Wir sind vor Gott einander versprochen …'

‚Zum Teufel mit dir und eurem Versprechen.'

‚Datiko, lass dich nicht hinreißen.'

‚Verschwinde!'

‚Datiko! Hab wenigstens mit ihrem alten Vater Erbarmen. Sie ist sein einziges Kind. Erspare ihm diese Schmach, er wird dich verfluchen.'

‚Mach, dass du fortkommst!', kreischte er.

‚Datiko, hab Mitleid mit dieser unschuldigen Seele, nimm ihr nicht die Ehre! Schenke mir das Mädchen.'

‚Danach schenke ich sie dir.'

‚Danach?! Dir fehlt ja jedes Gewissen und jede Würde!', schrie ich wutentbrannt, aller Hoffnung beraubt. Ich zog den Dolch und ging auf Datiko zu, aber da stürmten aus dem Nebenzimmer drei Kerle herbei, fassten mich von hinten und hielten mich fest. Der Dolch fiel mir aus der Hand. Offensichtlich hatte Datiko dies alles schon vorab so eingefädelt, um mich dem Gericht übergeben zu können und mich damit loszuwerden. Woher hätte ich das wissen sollen? Ich wehrte mich mit aller Kraft, versuchte mich loszureißen, aber die wuchtigen Kerle hinderten mich mit eisernem Griff.

‚Pfui, Schande über solche Heldentat! Pfui, Schande über solchen fürstlichen Edelmut!', schrie ich, voll ohnmächtiger Wut, Datiko zu. ‚Ich finde schon noch Wege, um dir Ehrlosem wie einem Huhn den Hals umzudrehen!'

Datiko erwiderte nichts. Seine Kerls wies er an, mich zum Landkommissär zu bringen.

Der Landkommissär nahm mich ins Verhör, ich berichtete, wie alles gewesen war, ohne etwas zu verschweigen, und als ich fertig war, wollte er wissen:

‚Du und Pepia, ihr habt euch also abgesprochen, deinen Batoni heute am Vormittag umzubringen, ja?'

Die Frage verblüffte mich. Da wollten sie diesen armen Menschen, Tamros Vater, gleich mit beseitigen, damit er ihnen nicht hinderlich war. Ich erbleichte. Was aber konnte ich tun?

‚Laden Sie keine Sünde auf sich, Herr Landkommissär', sagte ich. ‚Pepia hat mit dem allen nichts zu tun, er ist rein und unschuldig, Gott weiß es.'

‚Fasele kein dummes Zeug!', fuhr mich der Landkommissär an. ‚Worüber sonst habt ihr neulich spätabends bei Pepia gesprochen?'

‚An welchem Abend?'

‚Als ihr euch an der Galerie getroffen habt.'

‚Ich schwör's beim Allmächtigen – weder da noch später haben wir je daran gedacht, den Batoni zu töten!'

‚Das glaube ich dir gerade! Weshalb bist du sonst mitten in der Nacht zu ihm gelaufen?'

Ich sagte ihm aufrichtig, worüber Pepia und ich damals geredet hatten.

‚Meiner Treu, erzähl mir nicht so was!', spottete der ungerechte Landkommissär.

Dann reichte er mir das Protokoll und forderte mich auf, dasselbe zu unterschreiben. Es war georgisch verfasst, ich las es. Darin stand Wort für Wort, was der Landkommissär und ich gesprochen hatten. Ich unterschrieb arglos. Dann befahl der Landkommissär, mir Fesseln anzulegen und mich ins Gefängnis zu stecken.

Mutterseelenallein hockte ich in dem abscheulichen Verlies. Nicht zu beschreiben, wie ich an diesem ersten Tag und in dieser ersten Nacht litt. Der Kummer fraß an meinem Herzen, das Blut stockte mir in den Adern, mein Hirn brannte. Einfach unerträglich! Einer, der schuldig ist, vermag alles zu ertragen, wie quälend es auch sein mag. Wie übel jedoch ist der Unschuldige dran! … In solch einem Fall … Der Herrgott behüte davor jeden Christenmenschen … Wie ein tollwütiger Hund zerfleischt sich einer selbst, der unschuldig derlei Qualen ausgesetzt ist. Wer Ähnliches nicht erleben musste, weiß nicht, wie bitter das ist. Gott verschone einen jeden damit.

Natürlich machte mir mein eigener Kummer zu schaffen, jedoch setzte mir die Sorge um Pepia und seine Tochter noch viel ärger zu. Um ehrlich zu sein, tat es mir um mich selber weniger leid, ich war ein einsamer Mensch ohne Angehörige, und wäre es dahin gekommen, dass man mich mit einer Flinte erschoss, es hätten nicht viele um mich getrauert. Wer hätte mich beweinen sollen, ich hatte weder Vater noch Mutter, weder Bruder noch Schwester. Von Staub gekommen, wäre ich hingegangen und wieder zu Staub geworden. Und der Wind hätte den Staub über die Erde geweht. Dagegen Pepia und Tamro – auf sie richtete sich all mein Mitleid! Ich allein auf der weiten Welt nahm Anteil an ihrem Schicksal, ich ganz allein! Doch in welcher Falle saß ich nun fest! Hätte man mir nicht derart übel mitgespielt, ich hätte ihnen schon beizustehen gewusst, aber es sollte nicht sein. Weh mir, vom Schicksal übertölpelt, hatte ich in meiner Untauglichkeit dem Feind freie Bahn verschafft!

Drei, vier Monate lang wurden Zeugen verhört, dann brachte man mich in ein größeres Gefängnis, in unserem Städtchen, wo sich die Obrigkeit und auch das Gericht befanden.

Zwei Jahre brachte ich hier ganz allein in einer kleinen, dunklen und dreckigen Zelle zu. Die Gedanken kamen und gingen, wer mag sie gezählt haben? Ich wusste genau, dass ich nichts verbrochen hatte, jedoch war mir auch klar, dass diese Leute auf Gott und Gerechtigkeit pfiffen und mich nach Sibirien oder noch weiter weg schicken würden.

In der ersten Zeit, wenn ich da über mein Unglück nachdachte, warf ich mich zu Boden, nagte an der Erde, schlug die Zähne ins eigene Fleisch, sog mir mein eigen Blut aus den Fingern. So stand es um mich, und wäre mir da mein Verderber begegnet, ich hätte alles Gift aus meinem Herzen gepresst und es ihm eingeflößt. Der Schurke aber war weit weg. Allmächtiger Gott, lass keinem Christenmenschen widerfahren, was ich in diesem Gefängnis leiden musste. Deine Hölle ist damit verglichen das Paradies.

Nach zwei Jahren verurteilte man mich zu Grubenarbeiten und den armen Pepia zur Verbannung nach Sibirien. Großer Gott, was zögerst du, schicke die Sintflut über diese widerwärtige Welt …

X

Es vergingen noch sieben oder acht Monate, dann hieß es, jetzt ginge es los zur Katorga*. Bis dahin hatte ich immer noch naiv gehofft, des Herrgotts Gerechtigkeit müsse siegen und man würde mich laufen lassen. Aber auch darin sollte ich mich täuschen.

Die Fesseln wurden mir abgenommen, dafür aber neue, schwerere angelegt, und man führte mich hinaus in den Hof. Es war zu Frühlingsbeginn.

Draußen war ein Begleitkommando aus fünfzehn Soldaten angetreten und erwartete den nächsten Schub Häftlinge. Aus anderen Zellen wurden weitere Häftlinge herausgeführt. Ich sah mir das gleichgültig an. Als Letzte kamen zwei Tataren nach draußen, und ihnen nach folgte noch, mit klirrenden Ketten, ein gebeugter alter Mann mit langem weißem Bart. Den Kopf gesenkt, hatte er keinen Blick für die Sonne, für die frühlingshafte Umgebung, es war, als ob dies alles für ihn nicht mehr existierte. Ich sah genauer hin und erkannte – o Schreck! – Pepia. Ich hatte nicht gewusst, dass auch er hier einsaß. Wie erbärmlich er aussah! Kaum wiederzuerkennen, so ein hinfälliger Greis!

‚Pepia, du meine Güte, bist du das?', rief ich fassungslos.

---

* (Russ.) Zwangsarbeit, meist in Sibirien.

Er hob den Kopf und sah mich an.

‚Gabriel, Söhnchen!', krächzte er mit schwacher Stimme. ‚Du bist auch hier? Ach, wenn ich nur sterben würde! Meine Tamro wird nun lebendig begraben ... Und ich dachte ... Jetzt ist auch meine letzte Hoffnung, dass du ihr helfen könntest, dahin. Weh mir, mein armes Kind!'

Er schlug sich mit beiden Händen an den Kopf, seine Knie knickten ein, er brach zusammen und begann laut zu schluchzen. Ich verspürte brennendes Mitleid mit ihm.

‚Wofür haben sie denn dich, Gabriel ... Wofür dich, wofür?', schluchzte dieser gequälte Mensch. ‚Ich bin immerhin der unselige Vater einer unseligen Tochter, aber du, was haben sie gegen dich?'

‚Ich, mein lieber Pepia', erwiderte ich bitter, ‚ich habe euch beide retten wollen, dafür. Jetzt aber rettet uns nichts mehr. Alle drei sind wir machtlos. Er hat die ganze Welt auf seiner Seite. Lass das Weinen. Tränen richten nichts aus. Es ist vergebens. Wo der Mensch es nicht tut, wird uns der Herrgott vergeben.'

‚Ach, Gabriel, auch der Herrgott hat sich von uns abgewandt. Weh mir, meine Tamro! Kein Gott kann dir deine Ehre zurückgeben. Für mich ist alles aus, für mich gibt es nichts mehr auf dieser Welt.'

Vermutlich wollte mir der arme Pepia noch mehr sagen, aber einer der Soldaten kam vorbei und brachte ihn mit einem Schlag des Gewehrkolbens wieder auf die Beine. Auch ich schwieg jetzt.

Der Offizier gab einen Befehl, die Soldaten umringten uns, und mit klirrenden Ketten setzten sich die Häftlinge in Bewegung. Pepia und ein anderer kränklicher Mann schleppten sich nur mühsam voran. Nachdem wir aus dem Hof heraus waren, setzte man beide auf einen Ochsenkarren. Mich, den nur an Grausamkeiten Gewöhnten, verwunderte solche Mildherzigkeit der Russen.

Nach einer Woche erreichten wir die Gegend um den Kasbek*. Es ging auf den Abend, und das Dorf, in welchem wir die Nacht verbringen sollten, war noch ein ganzes Stück entfernt. Die Dunkelheit fiel schon ein, und da meldete der Kutscher des Ochsenkarrens, das Gefährt habe einen Bruch. Wir machten Halt. Die Soldaten ließen sich im Kreis um uns nieder, manch einer zündete sich eine Pfeife an, ein anderer aß von seinem Proviant, wieder andere streckten sich einfach lang aus. Auch wir Häftlinge setzten uns auf den Boden. Aus den Reden der anderen erfuhr ich, dass wir am nächsten Tag die Grenze Georgiens hinter uns lassen würden.

Das zu hören, presste mir das Herz ab, es bekümmerte mich tief. Mir als einem Menschen, der niemanden hatte, hätte jedes Land auf der Welt recht sein müssen, für einen Georgier aber ist Georgien eben das einzige Land. Für uns ist es die Wiege, hier befinden sich die Gräber unserer Ahnen, hier spricht und versteht man unsere Sprache, hier haben wir unsere Sonne und unseren Mond, hier sind unser Herz und unsere Liebe. Wo sonst? In welche Ferne will man uns treiben, fragte ich mich voller

* Der Kasbek im östlichen Großen Kaukasus ist mit seiner Höhe von 5047m der achthöchste Berg des Kaukasus und der drittgrößte in Georgien. Über seinen Gipfel läuft die Grenze zwischen Georgien und Russland.

Schmerz und Verzweiflung. Wie, ich sollte dieses Land verlassen, unsere Sonne sollte mich nicht mehr wärmen, unser Mond uns nicht mehr leuchten? Und niemand würde mehr unsere Sprache verstehen? Wir würden unseren Durst nicht mehr mit unserem Quellwasser löschen, nicht mehr vor unseren Ikonen beten … Ja, und Tamro bliebe hier allein, ohne Schutz!

Während ich so im Stillen vor mich hin klagte, vernahm ich plötzlich Hufgetrappel. In Sekundenschnelle waren fünf oder sechs Reiter heran, drohten den Russen mit Geschrei und riefen uns Häftlingen zu: ‚Rette sich, wer kann!' Möge dein Feind so schnell verrecken, wie die Soldaten auseinanderstoben, dann aber sammelten sie sich noch und eröffneten das Feuer. Pepia und ich nutzten das Durcheinander, wir rannten auf die andere Seite des Weges und den Berg hinunter. Der alte Pepia sauste dahin wie ein Zwanzigjähriger. Ich staunte nur so, begriff aber damals, dass einem in der Not eben Flügel wachsen. Einer der Reiter folgte uns nach und drückte mir noch eine Feile in die Hand. Und er wünschte uns viel Glück.

‚Wer bist du, sag!', bat ich ihn. ‚Ich kann dich im Dunkeln nicht erkennen. Nenne deinen Namen, und wir werden für dich beten.'

‚Mein Name? Wozu! Ich bin, wer ich bin', erwiderte der Mann. ‚Betet nur, betet – Kerze und Weihrauch weisen den Weg!'

Ein Hieb mit der Peitsche, und der Reiter war verschwunden.

Eine Weile gingen wir aufs Geratewohl. Pepia verließen bereits die Kräfte. Ich lud ihn mir auf den Rücken, und obwohl er Einspruch erhob, schleppte ich ihn so mit mir. Bald gelangten wie in eine einsame Schlucht, dort machten wir halt für die Nacht. Ich machte mich gleich daran, die Fesseln durchzufeilen, und als der Morgen dämmerte, war alles getan. Ich streckte mich lang aus und schlief sofort ein. Als ich erwachte, stand die Sonne bereits hoch am Himmel. Mir fiel ein, dass wir keinen Bissen Essbares dabei hatten. Mag es deinem Feind so ergehen, wie mir damals zumute war. Was sollte ich tun, zu wem mich in dieser Häftlingskleidung hinbegeben? Man hätte mich doch sofort wieder ergriffen! Pepia sagte natürlich kein Wort, doch ich sah ihm an, dass er Hunger litt. Den ganzen Tag über und die folgende Nacht hatten wir nichts in den Magen bekommen. Wir hatten es ertragen, aber auch nun war keine Abhilfe erkennbar, keine Aussicht darauf, unseren Hunger zu stillen.

Pepia machte einen kläglichen Eindruck - Augen und Wangen waren eingefallen, er wirkte schwach und hinfällig. Auch mir machte der Hunger zu schaffen, zudem bedrückte mich die Hoffnungslosigkeit. Pepia sah offenbar, wie es mir ging, und meinte:

‚Gabriel, Söhnchen! Nimm's mir nicht übel, aber ich kann keinen Schritt mehr tun. Ich bin eine zu große Last für dich. Lass mich hier zurück. Ich mache es nicht mehr lange und bin ohnehin zu nichts mehr nütze. Geh, mach dich auf, stürze dich nicht noch einmal wegen mir ins Verderben. Es genügt, was du meinetwegen durchgemacht hast.'

‚Das kommt nicht in Frage, was denkst du dir!', empörte ich mich. ‚Ich gehe, und was wird aus dir? Wie rechtfertige ich mich vor dem Herrgott?'

‚Ach, Söhnchen, der Herrgott hat mich längst aufgegeben. Ich bin dem Wolf und dem Raben zum Fraß geboren. Nur dafür bin ich noch gut. Dir aber möge der Herrgott deinen Weg segnen, geh und lebe dein Leben.'

‚Ich soll gehen und mich vor aller Welt mit Schande bedecken? Gott bewahre mich davor, so etwas zu tun. Rühre du dich hier nicht vom Fleck, ich bin bald zurück.'

Ich besann mich nicht lange und schritt wütend los. Ich erklomm einen Berg und schaute mich um. Am Fuß des Berges rauschte und schäumte ein Fluss dahin, und an seinem diesseitigen Ufer schlängelte sich eine Landstraße entlang. Auf der Landstraße bemerkte ich einen Reiter, ich stürmte bergab und sprang ihm mit einem Satz beherzt in den Weg. Als ich sah, dass es sich um einen Armenier handelte, wurde ich besonders kühn.

‚Runter vom Pferd!', schrie ich mit aller Macht.

Der Mann hielt dies wohl für einen Scherz.

‚Wie das? Hast du mir vielleicht zu befehlen?' entgegnete er. ‚Kannst du nicht sehen – ich bin bewaffnet.'

Ohne zu zögern packte ich den Riemen seines Gewehrs, entriss ihm die Waffe und brüllte:

‚Runter vom Pferd, sag ich, oder ich mache dich zu Staub im Wind!'

Möge dein Feind so schnell verrecken, wie er erblasste. Er begriff, dies war kein Scherz, saß ab und meinte erschrocken:

‚Na, werde ich mich wegen eines Pferdes mit dir streiten! Da, nimm es gleich mitsamt dem Sattel. Allein der Sattel ist seine fünfundzwanzig Rubel wert, und das Pferd ist eines, das dir dein Leben lang gute Dienste leisten wird. Viel Glück damit! Bitte sehr! Ich gehe schon.'

‚So leicht kommst du mir nicht davon - den Säbel her!'

‚Wie du willst – hier der Säbel.'

‚Den Gürtel schnalle ab, und gib auch den Dolch!'

‚Auch darum streite ich nicht, ein forscher Junge wie du kann so was gebrauchen.'

‚Und die Pistole.'

‚Ich schenke sie dir.'

‚Zieh die Sachen aus!'

‚Wie, soll ich nackend herumlaufen?'

‚Sei still!', schrie ich ärgerlich.

‚Warte, lass mich nur die Papiere aus den Taschen nehmen, Rechnungen und Briefe. Dir nützt das wenig, du kannst damit sowieso nichts anfangen.'

‚Mach das, aber zehn oder zwanzig Rubel lass mir da.'

‚Bitte sehr, ich nehme dafür auch keinen Wechsel.'

‚Hast du in dem Quersack was zu essen und auch Wein?'

‚Da ist reichlich drin.'

‚Auch davon gib mir ab.'

‚Was soll ich tun? Ich schenke dir alles. Und jetzt mein Vorschlag: Jeder von uns geht seiner Wege.'

‚Einverstanden.'

Mit einem Wort – alle die erwähnten Dinge überließ er mir. In seinen Taschen steckte noch eine Menge Geld. Er glaubte, ich hätte das nicht bemerkt, und freute sich, nicht restlos ausgeplündert worden zu sein.

Ich schwang mich aufs Pferd und eilte im Galopp zu Pepia. Dies war mein erster Raubüberfall – ja, war es denn Raub? Heißt es in unserem Volksmund nicht: ‚Nimm's den Reichen, gib's den Armen, Gott wird dich nicht strafen.'

Wir blieben den Tag über in jener Schlucht. Den gewonnenen Vorräten sprachen wir gründlich zu und kamen wieder ein wenig zu uns. Als es dunkel wurde, setzte ich Pepia auf das Pferd, nahm die Zügel und führte es. So machten wir uns auf den Weg. Am dritten Tag erreichten wir Maghlandoreti. Dem armen Pepia ging es immer schlechter – er aß nicht, trank nicht und sprach kein Wort. Ich musste feststellen, dass es mit ihm zu Ende ging. Als wir einen Berg erstiegen hatten, sagte er mich schwacher Stimme:

‚Gabriel, lieber, lass mich hier bleiben. Ich kann nicht mehr weiter, nicht zu Fuß und nicht zu Pferde. Mein Todesengel steht über mir.'

Ich hielt das Pferd an, hob Pepia aus dem Sattel, breitete ein Kleidungsstück aus, legte den Sattel als Kopfkissen hin und lagerte Pepia darauf. Er atmete kaum noch. Ich setzte mich zu ihm. Da waren wir nun beide mutterseelenallein in dieser mächtigen Bergwelt. Die Sonne, ein rotgolden blitzender Feuerball, versank soeben hinter einem Kamm. Die frühlingshafte Welt, neu belebt, wiedererwacht wie ein Säugling in der Wiege, machte einen überaus freundlichen Eindruck. Alles hier um uns schien glücklich zu sein, nur wir hatten an der Freude nicht teil. Pepia lag im Sterben, und ich betrachtete ihn voll Zorn und Verzweiflung.

‚Gabriel', sprach Pepia schließlich. ‚Die Beine sterben mir ab, es geht zu Ende. Weh mir, da sterbe ich, ohne die Kommunion erhalten zu haben. Demjenigen, der unseren Tod auf dem Gewissen hat, ihm verzeihe ich. Aber solltest du Tamro begegnen und sollte sie ihrer Ehre beraubt worden sein, so schwöre mir, dass du diesem Niederträchtigen die Sonne auslöschst! Schwöre mir, dass du ihn tötest, und er soll so wie ich ohne Kommunion und Sündenerlass sterben. Schwöre! Und wenn dies eine Sünde ist, will ich sie auf mich nehmen.'

Ich schwor es ihm.

‚Dein Schwur sei fest und unverrückbar', fuhr Pepia fort. ‚Dort im Jenseits werden wir uns wiedersehen. Weh mir, Tamro, mein Töchterchen … Solltest du, Gabriel, meine Tamro unversehrt antreffen, verzeihe unserem Peiniger alles, was wir seinetwegen haben durchmachen müssen. Ich für mein Teil werde ihm dann verziehen haben. Tue du dasselbe, schwöre es mir.'

Die winzige Hoffnung, Tamros Unschuld könnte doch noch gewahrt sein, ermutigte mich, und ich schwor auch dies.

‚Oh, könnte ich jetzt meine liebe Tamro hier sehen', fuhr Pepia fort, ‚und sei es für einen Augenblick, ich könnte in Frieden entschlafen! Du mein liebes Kind, meine Einzige, meine Tamro! Wo magst du jetzt sein? Warum bist du nicht hier, um deinem armen Vater die Augen zu schließen? Und ihm die Arme über der Brust zu kreuzen? Warum muss ich sterben, ohne dass du mich beweinst? Für welche Sünde muss ich so büßen? Lieber Gott, ich flehe dich an, lasse mein einziges Kind noch rein sein! Gott segne dich, meine Tamro! Und er breite seine Fittiche über dich aus, du meine Letzte, auf der meine Seele verweilt. Du letztes Licht für meine Augen! Und auch dir, mein lieber Gabriel, möge der Herrgott helfen, und ich segne die ganze Welt, falls meine Tamro noch unschuldig darüber läuft. Und sollte es nicht so sein, mag diese Brutstätte des Bösen ein für alle Mal zugrunde gehen! Lebe nun wohl, Gabriel, der Abschied ist gekommen, ich gehe für immer – unbeweint von meiner Tochter, ohne Segen, ohne Beichte. Und dennoch, wenn du deinen Batoni siehst und er meine Tochter nicht angerührt haben sollte, sage ihm, Pepia habe ihn im Sterben gesegnet. Gott im Himmel, nimm hin meine sündige Seele … Und ich vertraue dir mein Töchterchen an! Oh … Töchterchen … Tamro!‘

Diese seine letzten Worte hervorstöhnend starb der gute Pepia. Seine gepeinigte, aber rechtschaffene Seele entflog dem sündigen irdischen Jammertal und ließ auf seinen erstarrten Lippen den Namen der geliebten Tochter zurück. Oh, wie gern wäre ich ihm damals in den Tod gefolgt! O Allmächtiger, mache diesem zu Unrecht gequälten Menschenkind dort die Seele froh und lasse es ihm an deiner Gnade nicht mangeln!

Mit Säbel und Dolch hob ich recht und schlecht ein Grab aus, und am Morgen, als die Sonne wieder aufging, übergab ich den Leichnam der Erde und begrub ihn. Die Strahlen der Sonne ersetzten dabei das Licht der Weihkerze und der dunstige Morgentau den Weihrauch.

XI

Betrübt und von Bitternis erfüllt bestieg ich mein Pferd und ritt ohne Weg und Ziel nur bergab. Währenddessen musste ich immerfort daran denken, wie der arme Pepia einfach so gestorben war, und auch an seine letzten Worte. Der Kummer machte mich regelrecht wütend, aber die gleichmäßige Fortbewegung tat das Ihre, allmählich verflüchtigte sich der Gram, die innere Verstörtheit schwand, der Kopf wurde klarer, ich beruhigte mich. In diesem geläuterten Zustand hätte ich wohl noch eine Weile so dahinreiten können, wäre mir nicht plötzlich mein Pepia geleisteter Schwur wieder in den Sinn gekommen. Da hatte ich geschworen, einen Menschen zu töten! Ich erschauerte und wurde ganz bleich. Dahin gar brachte mich das Schicksal! Sah so Gottes Gerechtigkeit aus? Dass ich es auf mich nehmen sollte, einen Menschen zu töten? Ich sollte sein Blut auf meinem Gewissen haben?

Meinem Wesen nach hätte ich, aufbrausend und in Rage gebracht, womöglich im Affekt einen Mord begehen können, aber mit Vorbedacht und berechnend, nein, das entsprach mir nicht. Nun aber wollten es die Umstände, dass viel Zeit zum Bedenken vor mir lag, und ich litt unsäglich, sobald mich erneut der Gedanke an meinen Schwur ereilte. Ich musste mich entscheiden: entweder Wort halten und einen

Menschen töten oder den Schwur brechen und keinen Mord begehen. Um ehrlich zu sein, wüsste ich bis heute nicht zu sagen, welche Sünde schwerer wiegt.

Also betete ich zu Gott, er möge mir eine Wiederbegegnung mit einer unschuldigen Tamro bescheren, dann wäre ich von der Bürde eines solchen Schwurs erlöst und hätte so wie Pepia aller Welt mein Elend verzeihen können. Nein, dahin durfte es nicht kommen!

Einen Menschen zu töten, ist schließlich die schwerwiegendste Sünde. Das war mir klar, und der Gedanke daran brannte mir schier mein Innerstes aus. Sobald ich aber daran dachte, dass mein künftiges Opfer, nur um eine kurze Begierde zu stillen, das Leben dreier Menschen zerstört hatte, geriet ich in eine so mächtige Wut, dass ich fand, einen solchen Menschen zu töten, könne keine so große Sünde sein, eher die Wiederherstellung göttlicher Gerechtigkeit. Hatte mich nicht damals mein Priester gelehrt: Einer für alle und alle für einen?

Ich befand, dass es unmöglich und schändlich gewesen wäre, den Eid zu brechen und einen Rückzieher zu machen. Was hätte mich da erwartet? Ewige Höllenqualen! Was aber ist ein Bemühen wert, würde man dafür paradiesische Freuden erwarten? Ach, mochte es kommen, wie es wollte. Gott im Himmel sah doch, dass ich nicht meinetwegen Rache zu üben gedachte. Dort oben wusste man, dass ich meinem Feind, was mich anbetraf, verziehen hatte, meinen Zorn hatten der sterbende Pepia und seine letzten Worte mit ins Grab genommen, auch dies hatte ich geschworen. Gott der Allwissende würde dies sehen und Mitleid und Erbarmen mit mir haben, und wenn nicht, mochte werden, was mir das Schicksal bereit hielt.

Und doch flehte ich darum, der Herrgott möge die Hand über mich halten und mir den Mord ersparen, indem ich Tamro als Unschuldige wiedersah. Oh, welche Last bedeutet es, den Gedanken an einen Mord in sich zu tragen! Was für eine Bürde! Binnen eines Tages fühlte ich mich gealtert. Will man einem das Höllenfeuer im Herzen entfachen, gib ihm den Gedanken an einen Mord ein. Dies sind Qualen genug.

Als ich das Tal erreicht hatte und nun in der Ebene weiterritt, überkam mich das Bedürfnis, meinen Priester wiederzusehen, von ihm den Segen zu empfangen und darauf dem, was da kommen sollte, entgegenzusehen. Ich gab meinem Verlangen nach und wandte mich in Richtung der Stadt.

Am Abend des nächsten Tages gelangte ich nach Dighomi* und machte an einem Wirtshaus halt, denn ich wagte es nicht, unmittelbar in der Stadt abzusteigen. Ich saß ab, band das Pferd im Stall des Wirtshauses an, versorgte es und gab ihm zu fressen. Darauf begab ich mich in die Gaststube, um etwas zu mir zu nehmen. Der Wirt brachte mir das Abendessen, ich begann zu speisen, und als ich die Mahlzeit schon beendete, sah ich, dass vor dem Wirtshaus eine Droschke hielt. Darin saßen eine Frau und ein städtisch gekleideter junger Mann.

‚He, Wirt!‘, rief der Ankömmling schon von draußen. ‚Gibt’s bei euch ein freies Zimmer?‘

* Ursprünglich ein Dorf nahe Tiflis / Tbilissi, heute ein Stadtteil der georgischen Hauptstadt.

‚So viel zu willst', antwortete der Wirt.

Die neuen Gäste stiegen aus und betraten die Gaststube. Als ich die Frau hereinkommen sah, durchfuhr es mich heftig: Etwas sehr Bekanntes nahm ich an ihr wahr, ich traute meinen Augen nicht. Als die Frau näher herankam und ich genauer hinsehen konnte, schoss mir das Blut in den Kopf. Wie wild sprang ich hoch und stellte mich vor sie hin.

‚Tamro!', schrie ich auf, zitternd am ganzen Körper.

‚Gabriel!', rief sie aus und sank mir, erbleichend, an die Brust. ‚Mein Vater, weißt du etwas von ihm?', krächzte sie kläglich.

‚Er ist nicht mehr am Leben. Aber sag, was führt dich hierher?'

‚Frage mich nicht! Ach, frage mich das nicht!', sprach sie und weinte. „Deine Tamro ist schon lange gestorben, es gibt sie nicht mehr.'

‚Ja, wer bist du denn jetzt?', fragte ich erschüttert.

‚Die frühere Tamro gibt es nicht mehr. Ich bin jetzt eine Dirne von Awlabar*, beweine du mich Unglückliche, habe Mitleid mit mir!'

‚Eine Dirne?'

Ohne Erbarmen stieß ich die Unglückliche von mir wie eine Schlange, und taumelnd, wie von Verstand gekommen stürzte ich nach draußen, schwang mich aufs Pferd, verfluchte alle Welt und preschte los, um zu unserem Dorf zu gelangen. Es war an der Zeit, den Schwur zu erfüllen. Ein Schwanken und Zaudern gab es nicht mehr. Hätte ich in meiner Wut mit beiden Händen Himmel und Erde auf einmal zu fassen gekriegt, ich hätte alles zusammen wie einen frischen Käse ausgedrückt und mit meinen Zähnen zerfetzt.

Drei oder vier Monate lang trieb ich mich in Datikos Gegend umher, doch es gelang mir nicht, einen Moment abzupassen, da wir einander von Angesicht zu Angesicht gegenüberstanden. Heimlich, aus dem Hinterhalt hätte ich ihn viele Male erschießen können, aber nennt man dies Mannesmut? Datiko war selbst ein wackerer Bursche, und ich wollte, dass wir Mann gegen Mann antraten und entweder ich ihn tötete oder aber er mich.

Während dieser Monate verbarg ich mich wie ein Wildtier in den Wäldern, immerhin beraubte ich zwei Armenier sowie fünf Fürsten. Aber, man glaube mir, keinem nahm ich mehr ab, als ich selbst benötigte. Einem jeden nannte ich meinen Namen, damit Datiko zugetragen werde, dass ich mich in der Gegend umtrieb und zu allem entschlossen war.

Ich wurde ein bekannter Räuber, und man begann mich zu verfolgen. Andere Schurken benutzten meinen Namen und begingen unter demselben Raube und andere Untaten in der Umgebung. Sogar drei Morde geschahen, und obwohl ich damit nichts zu tun hatte, wurde mir dies alles in die Schuhe geschoben, indessen die wirklichen Täter ungeschoren blieben. Das führte aber auch, was mich anbetraf, die Ermittler in die Irre, so dass sie meine Spur verloren. Die Untaten wurden von sehr verschiedenen Orten gemeldet, an denen ich gar nicht gleichzeitig hätte sein können.

---

* Ein Stadtteil im zentralen Tiflis / Tbilissi, zumeist von Armeniern bewohnt.

Man kam einfach nicht darauf, dass hier außer mir noch andere am Werk waren. Schließlich, als nichts mehr half, wurde dem, der mich lebend oder tot beibrachte, das Kreuz des heiligen Georg versprochen.

Datiko, das wusste ich, war ein leidenschaftlicher Jäger, zu seinem Glück aber ritt er in diesen drei oder vier Monaten kein einziges Mal zur Jagd aus. Ich verbarg mich ja zumeist an den Stellen, an denen er, wie ich wusste, immer gern jagend umherschweifte. Dann aber kam sein Schicksalstag, und wir trafen aufeinander.

Die Sonne sank bereits, als ich Datiko querfeldein heranreiten sah, ein Spürhund folgte ihm. Ich hockte am Waldrand auf einem Baum. Flugs kletterte ich hinunter, schwang mich aufs Pferd und erwartete ihn klopfenden Herzens im Wald. Der Weg führte am Waldrand entlang. Datiko nahm diesen Weg, er näherte sich. Ich hörte ihn halblaut vor sich hin singen. Er war über und über bewaffnet. Offenbar war er darauf gefasst, mir zu begegnen – bei dieser Ausrüstung!

Sobald er mit mir auf gleicher Höhe war, preschte ich vor und stellte mich ihm in den Weg.

‚Halt, wenn du kein Feigling bist!', brüllte ich.

Er hatte mich wohl noch nicht erkannt, und beherzt und ruhig antwortete er:

‚Wer bist du? Aber he-he, wer du auch bist, ich erschrecke nicht vor dir.'

Flink hatte er seine doppelläufige Flinte von der Schulter geholt und feuerte in Sekundenschnelle zwei Mal auf mich. Ich, nicht weniger schnell, drückte den Lauf von mir weg, und die Schrotkugeln schwirrten über meinen Kopf hinweg.

‚Ich bin Gabro, dein Todesengel!', schrie ich, und bevor er die nächste Waffe anwenden konnte, hatte ich ihm mit der Pistole in die linke Brustseite geschossen.

Der Gute schwankte heftig, drohte vom Pferd zu fallen, doch er hielt sich im Sattel, schaffte es noch, nach dem Säbel zu greifen und diesen gegen mich zu schwingen. Der Schlag verfehlte mich, traf aber mit Wucht den Kopf meines Pferdes, das auf der Stelle hin war. Das Pferd stürzte zu Boden und ich mit ihm. Ich rappelte mich auf, aber da lag Datiko schon da. Ich stellte mich neben ihn und schaute zu, wie dieser prachtvolle Jüngling, dieser hochmütige Fürstensohn zu Füßen seines Hörigen sein Leben aushauchte. Ich gestehe es - in meinem verhärteten Herzen war kein Funken Mitleid.

‚Da hast du die Quittung für deine Gemeinheiten', hielt ich ihm gar noch vor.

Er grinste, und gelassen, als ruhe er genüsslich ausgestreckt auf einer Liege, bemerkte er:

‚Du bist also nicht mehr mein Schermadin?'

‚Wie Awthandil, so Schermadin*.'

‚Hau ab, Junge! Du hast das Deine getan, genug jetzt. Das war heute nicht mein Tag: Jeder Schuss ging mir daneben. Und jetzt sterbe ich hier elend, Schande über mich! Nicht mal ein Andenken habe ich dir verpasst.'

‚Lass das dumme Geschwätz. Solltest jetzt lieber an den Herrgott denken, wo du den Geist aufgibst, du schmutzige Seele!'

---

* S. Seite 60: Figuren aus „Der Recke im Tigerfell". Hier handelt es sich gewissermaßen um die Aufkündigung des freundschaftlichen Dienstverhältnisses zwischen dem arabischen Heerführer und seinem getreuen Diener.

‚Geh mir mit deinen Belehrungen. Mein Blut soll dir wohl bekommen, bist ein tüchtiger Kerl. Es stimmt, ich habe viel Schlimmes angerichtet und zahle mit einem üblen Abgang. Ich bedauere, dich so schlecht empfangen zu haben. Immerhin sterbe ich durch deine Hand. Weißt du noch, was ich dir damals sagte: Kerze und Weihrauch weisen dir den Weg? Und siehe, sie haben es getan.‘

‚Du bist das damals gewesen am Kasbek? Du hast uns befreit?!‘, rief ich verblüfft aus.

‚Ich oder sonst wer, was kümmert es dich.‘

‚Warum hast du das getan?‘

‚Siehst du das nicht? Um des heutigen Tages willen. Was ist mit Pepia?‘

‚Er ist tot.‘

‚Gestorben so wie ich ohne Priester und Beichte?‘

‚Genau so.‘

‚Dann wären wir auch darin quitt. Leb wohl, Gabriel, du hast gesiegt, gratuliere. Schade, dass ich es dir so leicht gemacht habe, mich umzubringen. Ich gratuliere …‘

Er wollte noch etwas hinzufügen, schaffte es aber nicht mehr. Er reckte sich noch einmal, versuchte sich aufzurichten, fiel aber zurück und war tot. Auf den Lippen des Unglücksmenschen war gleichsam ein spöttisches Lächeln erstarrt. Weinend geboren, war er lachend gestorben!

Ich nahm nur sein Pferd an mich, sonst nichts. Ich saß auf und ritt fort.

Nach dem Mord an Datiko wurde es für mich immer schwieriger, in der Gegend zu bleiben und meinen Verfolgern zu entrinnen. Ich hatte dort auch nichts mehr zu tun, und um ehrlich zu sein, hatte ich das Räuberdasein satt. Es lag mir nicht. Da beraubt man jemanden und macht sich anschließend deswegen Vorwürfe. Zwar hatte ich so manche Tat begangen, mein Inneres aber wehrte sich dagegen. Ich konnte mich nicht daran gewöhnen, und so beschloss ich, irgendwohin weit weg zu gehen, mit meiner Hände Arbeit, so gut es ging, mein Brot zu verdienen und damit den Rest meines Lebens hinzubringen. Weitere Wünsche hatte ich nicht mehr auf dieser Welt, und Weiteres kam mir auch nicht mehr zu, hatte ich nicht mehr zu erwarten.

Ich machte mich nach Kachetien auf und sollte hier Zuflucht finden. Als ich den Alasani* durchquerte, sprang ich in der Mitte des Flusses vom Pferd, hielt Datikos Pferd die Pistole an den Kopf – mochte die Strömung das Tier mitnehmen. Ebenso warf ich meine Waffe ins Wasser, denn ich wollte mich niemandem mit Pferd und Waffe vorstellen. In Kachetien verdingte ich mich als Knecht, wie ich schon sagte, bin ich jetzt das fünfte Jahr hier. Anfangs lief alles bestens, im zweiten Jahr aber hat mich dieses Land mit der Malaria beglückt. Zwei, drei Monate lässt die Krankheit einen mal in Ruhe, aber kaum hat man sich ein wenig erholt, schlägt sie erneut zu. Ich hab mich nicht unterkriegen lassen, hab gearbeitet, solange es ging. Drei Jahre lang hab ich das so ertragen. Letztes Jahr aber ist die Wassersucht dazugekommen, die Beine sind seitdem geschwollen. Das Laufen fiel mir schwer, was taugt man da noch zur Arbeit. Die Krankheit warf mich vollends nieder. Ein Bauer gab mir Un-

* Fluss im östlichen Georgien, dort einer der Hauptzuflüsse des Mtkwari (russ. *Kura*)

terkunft. Das ging, solange ich noch über ein paar Groschen verfügte und zahlte, als der Gute jedoch sah, da kommt nichts mehr, warf er mich mit einem Fußtritt hinaus. Das war vor ungefähr vier Monaten. In jenem Dorf mochte ich nicht bleiben, ich schämte mich, plötzlich ein Bettler zu sein. Also zog ich los, unterwegs tauschte ich meine Kleidung gegen diesen russischen Soldatenmantel und bekam noch zehn Rubel dazu. Mit dem Geld brachte ich mich noch zweieinhalb Monate durch. Bis hierher hab ich mich am Ende geschleppt, weiter ging's nicht, die Geschwüre an den Beinen sind aufgebrochen und eitern. Wie Sie sehen, sind schon Würmer da. So habe ich mich unter das Vordach der Scheune geschleppt. Das ist dicht an der Straße, die Leute kommen vorbei, und dann und wann steckt mir ein gütiger Mensch etwas zu essen zu oder bringt mir Wasser zu trinken. So vergehen meine Tage. Wer weiß, vielleicht habe ich das wegen meiner Räubereien so verdient. Wer durchschaut die göttliche Vorsehung? Und das Wasser, das ist schon fast bis zum Herzen gestiegen, mein Ende ist zum Glück nicht mehr weit. Mögen mir die Menschen vergeben, so ich mich an ihnen versündigt habe, über alles andere richtet Gott. Ich bin nie ein Bösewicht gewesen, sondern nur ein Unglücklicher. Für etliche begangene Sünden, meine ich, habe ich bereits hier gebüßt. Vielleicht aber ist dies ein falscher Trost? Darüber entscheidet des Herrgotts unfehlbare Gerechtigkeit. Ich scheide ohne Schmerz aus dieser Welt, denn ich schulde niemandem etwas. Eines nur ist schmerzlich, dass man mich nicht für würdig befindet, die Kommunion zu empfangen."

XII

Damit beendete der Bettler seine Erzählung. Mitternacht war schon vorüber. Ich verabschiedete mich von diesem armen Menschen, und im Innern aufgewühlt von seiner Geschichte begab ich mich zum Haus meines Gevatters.

Am nächsten Morgen erkundigte ich mich bei meinem Gevatter nach einem Geistlichen, der dem einsam Sterbenden die Kommunion erteilen und ihm damit seinen letzten Wunsch erfüllen könnte. Danach, so meine Absicht, wollte ich den Bettler überreden, in das Haus meines Gevatters umzusiedeln. Auf die Frage nach dem Priester antwortete mein Gevatter, der Priester werde an diesem Tag wohl nicht kommen können, denn er habe den neuen Blagotschinnyi* aus der Stadt zu Gast. Und tatsächlich, zu meiner Verwunderung ließ mir der Geistliche ausrichten, dass er nicht kommen könne. Über eine solche Ablehnung verärgert, ging ich direkt zu dem Blagotschinnyi und erläuterte ihm den Grund meines Kommens. Der Blagotschinnyi, aufgebracht, wies den herzlosen Priester zurecht, verlangte den Hostienkelch, und schon brachen wir auf, gefolgt von jenem Geistlichen und dem Diakon.

* (Russ. und georg.) In der orthodoxen Kirche der Vorsteher einer Gruppe von Priestern, entspricht etwa dem Dechant in der katholischen oder auch dem Probst in der evangelischen Kirche.

Es war noch früh am Tage, als wir zu dem Bettler kamen. Über Nacht hatte sich sein Zustand sehr verschlechtert, er war so blass und schwach, dass sein Ende nahe schien. Doch kaum wurde er des Blagotschinnyi ansichtig, leuchtete sein Gesicht auf, und Leben kam in ihn. Verwundert schaute er diesen Menschen an, sich gleichsam an etwas erinnernd, und es war, als traue er seinen Augen nicht. Ein paar Mal rieb er sich die Augen, als behindere ihm etwas die Sicht, und richtete erneut den Blick unverwandt auf den Blagotschinnyi. Dann bekreuzigte er sich, als wollte er den Satan verscheuchen, und starrte wie zuvor den Geistlichen an. Ich fragte mich verwundert, was wohl mit ihm los sei.

‚Gottes Segen über dich, mein Bruder', sprach der Blagotschinnyi. ‚Ich, der Priester, bin gekommen, um dir Christenmenschen die Kommunion zuteilwerden zu lassen. Aber sag, warum siehst du mich so eindringlich an?'

‚Ja, du bist also keine Vision?', rief der Bettler aus.

‚Nein, das bin ich nicht.'

‚Du mein Priester!', krächzte der Bettler kläglich. ‚Hast du kein Mitleid mit deinem Gabriel?'

Der Blagotschinnyi, tief erschüttert, begann plötzlich zu taumeln. Ich hatte Mühe, ihn festzuhalten.

‚Dem Allmächtigen sei Dank', flüsterte der Bettler ruhig, aber erfreut. ‚Meine Seele hat so sehr auf dich gewartet, nun werde ich getröstet und voll Hoffnung sterben. Lass mich jetzt aus deiner gesegneten Hand die Kommunion empfangen. Die Kerze, welche du einst angezündet, mag nun in deiner Hand verlöschen. Ich habe nur noch wenig Zeit, reiche mir die Kommunion.'

‚Gabriel!'

‚Ja, ja, der bin ich', unterbrach der Bettler den Geistlichen. ‚Und du bist der, nach dem sich meine Seele so gesehnt hat. Gesegnet sei deine Güte. Reiche die Hostie. Der Tod langt nach mir.'

‚Sag mir nur, was hat dich in diese Lage gebracht?', fragte der Blagotschinnyi bekümmert.

‚Jenes Feuer, welches der Herrgott im Herzen eines jeden von uns entzündet. So hast du es selbst einmal genannt. Ich meine, für mich trifft dies zu, für andere wage ich nicht zu sprechen. Die Hostie, mein Lieber!'

Der Blagotschinnyi bot einen beklagenswerten Anblick – sein Gesicht war auf einmal fahl und grau, er stand stumm da, fand keine Worte, es war, als habe er das Elend dieses Menschen zu verantworten. Er wusste einfach nicht, was er sagen sollte. Verwirrt bereitete er die Kommunion vor.

‚Für die Beichte bleibt keine Zeit mehr', drängte der Bettler. ‚Ich bereue alle meine Sünden, vergib du mir auch ohne Beichte und reiche mir die Hostie.'

‚Ich vergebe dir.'

‚Acht Menschen habe ich beraubt.'

‚Es sei dir vergeben.'

‚Einen habe ich getötet.'

‚Hier vergebe ich dir, dort aber wird Gott darüber entscheiden. Ich werde für dich beten, mein lieber Gabriel.‘

‚Oh, wenn du mir vergibst‘, sprach der Bettler freudig erregt, ‚wird mir auch der Herrgott vergeben, spricht doch aus deinem Munde stets er. Jetzt aber, wenn du mich dessen für würdig befindest, reiche die Hostie.‘

Der Blagotschinnyi sprach feierlich und tröstend:

‚Das ist mein Leib, der für euch gegeben wird. Das ist mein Blut, das für euch vergossen wird zur Vergebung der Sünden. Nimm hin und iss.‘

‚Gelobt sei Jesus Christus, der für uns gekreuzigt wurde‘, flüsterte voll Zuversicht der Bettler. ‚Und jetzt, Priester, die Hostie.‘

Der Blagotschinnyi begann zu beten, er entnahm dem Hostienkelch eine Hostie, kniete sich vor dem Bettler hin, reichte ihm auf einem Löffel die Kommunion und sprach flehentlich:

‚O du für uns alle gekreuzigter Gott! Du Beschützer aller Gepeinigten und Sündenbeladenen! Erlöse den, der dir vertraut, und nimm ihn auf in dein Reich.‘

‚Erlöse mich, Herr, und beschütze mich!‘, betete auch der Bettler, darauf sagte er mit Bestimmtheit: ‚Nein, nein, so geht das nicht - im Liegen die Kommunion empfangen! Zuerst will ich mich erheben und dann, auf dem Bauch liegend, vor dem heiligen Leib und Blut um Vergebung bitten.‘

Er versuchte sich zu erheben, wir halfen ihm, sich hinzuknien. Er bekreuzigte sich, richtete schweigend den Blick gen Himmel, hob dann beide Arme und flehte:

‚Erlöse mich, Herr, nimm mich auf in dein Reich.‘

Und weinend stürzte er sich bäuchlings vor den Blagotschinnyi.

Lange lag er so da, nur dann und wann vernahmen wir sein dumpfes Schluchzen. Am Ende hörte das Schluchzen auf. Der Blagotschinnyi beugte sich hinab, um ihm aufzuhelfen, doch der Bettler war bereits tot. Der Ärmste hatte die Kommunion nicht mehr empfangen.

*1859 St. Petersburg**

* Die erste Fassung der „Erzählung eines Bettlers“ entstand 1859. Die Endredaktion erfolgte: 1862 für die Kapitel I–VI, 1872 bis 1873 für die Kapitel VII–XII.

Ist das ein Mensch?

„Den Freund tadle ins Gesicht, den Feind hinter seinem Rücken."
Weiser Spruch

Die Rhetorik lehrt: Fange stets mit der Vorrede an.

Wie wahr! So wollen auch wir die Lehre beherzigen.

Wer sich in Luarsab wiedererkennt, wer auf sich bezieht, was hier über ihn geschrieben steht, der wird den Verfasser dieser Erzählung gewiß mit Schmutz bewerfen und ihn einen Törichten schimpfen. Man soll aber wissen, dass es mir nicht um irgendeine Person zu tun ist, sondern um ein Übel in der Gesellschaft.

Was immer man mir vorwerfen mag, ich für meinen Teil lasse mich von jenem Spruch ermutigen, der da heißt: „Den Freund tadle ins Gesicht, den Feind hinter seinem Rücken." Wo bist du jetzt, der du die weisen Worte gesprochen? Oh, ich weiß, du bist im Volk, unsichtbar und ein Teil desselben. Ich weiß auch, wie man dich nennt: Du bist der Volksgeist. Und ich kenne dein Wesen: Du bist unfehlbar und stets gerecht. Du allein spendest Trost dem, welchem die Not anderer zu Herzen geht. Selbst dann tröstest du, wenn diese anderen den Schmerz, den man um sie leidet, für Sünde erklären. Was tun? Die einen zeigen ihre Teilnahme eben dadurch, dass sie an einem Freund Ungutes loben, währenddessen andere Schlechtes mißbilligen. Wessen Liebe und Teilnahme größer und ehrlicher ist, möge der Leser entscheiden.

I

Fürst Tatkaridses Anwesen war ein Schmuckstück.

Der Leser stelle sich in einem mittelkachetischen Dorf eine freie Talniederung vor und mitten in dieser Senke einen zweigeschossigen Bau aus Feldsteinmauerwerk. Die Geschosse waren folgender Art: Unten befand sich der mit Rebenreisig gedeckte Marani* und an dessen Rückwand lehnte das einzige, von einer Galerie mit Geländer gesäumte Zimmer. Am Geländer klebte ein schwalbennestartiger Bretterverschlag, der zum Aufbewahren des Bettzeugs diente. Etwas weiter weg stand ein Holzhäuschen, das den in die Erde eingelassenen Brotbackofen beherbergte, und dahinter die Vorratshütte, auf die sich der nur einkammerige Maisspeicher stützte - welch kläglicher Anblick! Auch ein Gärtchen war da, von einem Lattenzaun umschlossen.

* Eine Art Weinkeller zu ebener Erde, wo die amphorenartigen tönernen Gefäße, in denen der Wein reift und aufbewahrt wird, in den Boden versenkt sind.

Dicht am Zaun schimmerte ein altes Strohbüdchen, welches die Zeitenläufte so tief herabgebeugt hatten – man konnte meinen, das Büdchen habe sich zur Ruhe in den kühlen Schatten legen wollen, sei aber, jäh vom Hexenschuß getroffen, mitten in der Bewegung erstarrt. Der Hof dieses Fürstensitzes streckte sich beträchtlich in die Breite und die Länge. Ein alter Flechtzaun umfriedete ihn, darin klafften mancherorts Lücken, doch dem derzeitigen Besitzer kam es beileibe nicht in den Sinn, etwas auszubessern. Unverkennbar ein Georgier!

Den Zaun unterbrach eine riesige Toreinfahrt, der eine Torflügel jedoch hing – wohl schon das zweite Jahr – so jämmerlich an einer Angel, dass es aussah, als hielte der Pfosten ihn gepackt, um ihn zu verprügeln, er aber sei nur bestrebt, eilends zu entwischen. Gleich neben dem Tor lag eine wahrhaft geräumige Tenne, der Haufen aus Stroh und allerlei Abfall nahm deren gesamte Südseite ein und stieß gar bis an die Scheune. Ach, was für eine komische Scheune das war – so dümmlich-versonnen, mit schiefer Schulter steht nur eine Gans da, die sich den Flügel gebrochen hat.

Im Knabenalter konnte der Verfasser mancherlei Kurzweiliges rund um den Strohhaufen beobachten: Sorglose Schweine veranstalteten hier häufig, unter betörendem Gegrunz, Schmausereien, viele Male durchstöberten ihre weichen Rüssel den duftenden Berg mit solchem Eifer und Feinsinn, dass kein Zweifel mehr blieb – dies waren wirklich Schweine. Und dann ihre Späße, ihre Zärtlichkeiten! Ach, unbeschreiblich. Wohlgefällig stupsten die Schweine einander immer wieder mit dem Rüssel. Was für Gequieke es dabei gab! Solcherlei kosende Püffe pflegt unser Bauersmann seinem frisch heimgeführten Eheweib zu verabreichen. Jemand hat einmal gesagt: „Die georgische Liebe drückt sich in Schmähungen aus", und auch ich behaupte, dass ein Puff noch eine scherzhafte Zärtlichkeit ist. Auf der Behörde freilich verhält sich das anders, dort wirken Püffe belehrend und haben die Kraft von Argumenten. Aber darum soll es hier nicht gehen.

Der Hof in seinem Innern starrte vor Schmutz wie das Herz eines alten Beamten. Viel Geschick war nötig, um zum Hausherrn vorzudringen, ohne sich über und über zu besudeln und mit den feinsten Wohlgerüchen zu behaften. So weit zum äußeren Anblick, doch nun, meine Herrschaften, wollen wir uns zu Fürst Tatkaridse ins Haus begeben.

Es sei gesagt, dass sich auch dabei Vorsicht empfiehlt. Der Fußboden nämlich besteht aus Steinfliesen. Das an sich wäre nicht schlimm, doch fehlt hier und da eine Fliese, und an ihrer Stelle gähnt ein Loch. Darum muß man die Augen gut aufsperren, denn wehe, wenn der Fuß in solch ein Loch gerät – das wünscht man keinem Feind! Entweder man bricht sich den Hals oder aber das Bein. Freilich bittet der Hausherr viele Male höflichst um Verzeihung, doch wie jedermann wohl weiß, vermögen Entschuldigungsworte den Hals nicht zu kurieren, und auch für ein gebrochenes Bein sind sie keine Wundermedizin. All diesen Gefahren ließe sich noch entrinnen, wenn das Zimmer beleuchtet wäre. Doch o je, auch das ist nicht so. Zwar gibt es zwei Fenster, die um einiges größer als Schießscharten sind, dennoch ist das Zimmer dunkel, weil nämlich ein besonders findiger Mensch, anstatt in die Fichtenholzrahmen Glas einzusetzen, diese mit gefettetem Papier beschlagen hat. Wie das

Sprichwort sagt: „Schlauheit geht über Kraft, man muß nur einfallsreich sein“. Was aber den Einfallsreichtum anbelangt, so kann es der gewitzteste Schwätzer Europas nicht mit einem Georgier aufnehmen.

Solcher Art Fensterausstattung bin ich übrigens vielerorts begegnet. Oftmals zierte das gefettete Papier ein Muster, das mit Hilfe einer Nadel ausgestochen war: bald ein Herz, bald ein Kreuz, bald eine Inschrift, wie zum Beispiel diese: „Wie steigt ein Bär wohl auf den Baum, eia-eia-he!“ Gewiß sind das Werke von Frauenhand. Und wenn schon, was ist daran tadelnswert? Die gute Frau hat es satt, Davids Psalmen zu wiederholen, öd und traurig ist ihr ums Herz, und um der Zerstreuung willen, damit der fade Tag herum geht, setzt sie sich ans Fenster, zieht die Brosche aus dem Kleid und widmet sich der in der Tat anregenden Beschäftigung. Wie heißt es doch: „Nutzloses Tun ist immer noch besser als nutzloses Dasitzen“.

Im einzigen Zimmer der Tatkaridses standen, einander gegenüber, zwei Liegen, bedeckt mit so makellosem Filz und mit so feinen Teppichen, dass, sobald die Fürstin sich vom Lager erhob, jede durchlauchtige Bewegung des durchlauchtigen Beins Ihrer Durchlaucht eine bildhübsche Staubwolke aufwirbelte, an der sich das Auge nicht sattsehen konnte. Zwischen den beiden Liegen, an der Ostwand, dunkelte, einem zahnlosen Greisenmund ähnelnd, ein außen wie innen rußschwarzer Kamin. Mannigfaltige Dinge, bunt verstreut, schmückten den Raum – schmutzstarrende, einst weiße Karabachstiefel, ein Wasserkrug mit abgeschlagener Tülle, ein speckiger Leuchter, eine kupferne Teekanne voll zerkochter Teeblätter, ein Stück gedörrten Störrückens und allerlei mehr.

II

Nun denke der Leser nicht, das Anwesen gehöre einem armen Mann und sei darum in so beklagenswert verwildertem Zustande – weit gefehlt, der Hausherr nannte zwei Dutzend kräftige Bauern sein eigen, die ihm gut und gern zehn Wagen Abgabekorn einbringen konnten, eine stattliche Zahl Schafe sowie an die hundert Pferde, welche ein aufgeklärter Gutsbesitzer nicht geringer schätzte als Leibeigene. So weit die beseelte Habe. Dazu sei die unbeseelte hergezählt: zwei ausgedehnte Weingärten sowie Ackerland für hundertfünfzig Arbeitstage. Solch ein Besitz ist kein schlechter Schatz in der Hand dessen, der ihn zu verwenden weiß. Weshalb denn war es so übel darum bestellt?, mag der erstaunte Leser fragen. Weil der Hausherr Georgier war, antworte ich ihm, überzeugt von der Schlagkraft meines Arguments.

Jawohl, dieses prächtige Anwesen bewohnte ein Georgier. In wonniger Sorglosigkeit lebte hier Fürst Luarsab Tatkaridse, ein Mann von vierzig Jahren, einträchtig mit seiner Ehefrau, der Fürstin Daredschan.

Fürst Luarsab Tatkaridse, ein Georgier von altem Schlag, war rund und wohlgenährt wie – man verüble mir nicht den Vergleich – ein gut gemästeter Bulle. Seine

Durchlaucht hatte das Äußere eines würdigen Mannes: Der Kopf war so groß, dass sein Gewicht den baumstammdicken Hals tief zwischen die Schultern drückte, die Wangen leuchteten hochrot wie Apfelbacken, äußerst gewinnend wirkte das dreifach herabwallende weiche Kinn, und die stets geweiteten, blutunterlaufenen Augen weckten den Eindruck, als würge den Mann ein Strick! Der gedunsene, weit vorgereckte Bauch sorgte für Respekt, die kurzfingrigen Hände waren fettgepolstert und behaart, klobigen Rundhölzern glichen die Beine – alles dies zusammen und jedes für sich bildete die imposante Hülle für Fürst Luarsabs „vom Himmel eingehauchte Seele". Die Seele indessen kam nirgends zum Vorschein, womöglich war sie in Seiner Durchlaucht Fett aufgegangen. Ein Georgier mag nicht vom Wind Herbeigewehtes und vom Wind wieder Davongetragenes; unser Fürst hatte doch nicht etwa die „vom Himmel eingehauchte Seele" für leeren Wind gehalten?

Irgendwelche Bildung hatte unser Fürst, Gott sei's ge lobt, nicht genossen. Das Lernen hätte ja auch am Fett gezehrt. Wie oft geschieht es, dass bei der Schwindsucht des Geistes das Fleisch triumphiert und umgekehrt – wenn der Geist in Blüte steht, das Fleisch vergeht. So gelten Schwindsüchtige gemeinhin als kluge Leute. Eben darum, will mir scheinen, nahm Fürst Luarsab es nicht allzu schwer, dass er keine Bildung besaß.

„Bildung ist die Pest von heute", pflegte er mitleidvoll zu sagen, so als dauerte ihn die von diesem Unheil heimgesuchte Welt.

Recht hatte Seine Durchlaucht. So, wie er es sah, war der Mensch ein Fass ohne Boden, Tag für Tag stopfte man Essen und Trinken hinein, und doch wurde es niemals voll … Dank seiner durchlauchtigen Vernunft konnte es seine Durchlaucht an sich selbst beobachten, dass der Mensch dieser seiner Bestimmung auch ohne Bildung sehr wohl gerecht zu werden imstande war, namentlich ein Mann, der Viehherden und Leibeigene besaß – Leibeigene, die sich vom Vieh nicht sonderlich unterschieden.

„Ach, die Zeiten haben sich geändert", seufzte Fürst Luarsab gelegentlich, „die alten Zeiten, wo sind sie hin? Seit es dieses Teufelszeug von Schulen gibt, ist es aus mit dem Georgier, jawohl, blass und heruntergekommen sind unsere Söhne! Sie essen nichts mehr, trinken nichts mehr, was sollen das für Männer sein? Dafür können sie lesen und schreiben, na und? Wenn ich nicht lesen und schreiben kann, bin ich deshalb kein Mann, der Respekt einflößt? Ha! Mir mangelt's weder an Fleisch noch an Farbe. Lesen und schreiben – das ist doch nichts für Männer, höchstens Weiberkram. Ich lobe mir die früheren Zeiten! Früher, da hatte alles seinen angestammten Platz, alles steckte in der passenden Haut, jawohl! Ein gutes Pferd, ein gutes Gewehr, eine flinke Hand, und fertig war der brave Mann."

Ach, mein lieber Luarsab! Ich weiß, du bist aufrichtig wie alle Georgier alten Schlages, aber die früheren Zeiten sehnst du herbei, ohne zu wissen, was daran Herbeisehnenswertes war. Gibt es denn jetzt keine Pferde? Keine treffsicheren Gewehre? Und finden sich zu wenig flinke Hände? Das alles ist auch heute da, nur fehlt das Herz von einst, das Feuer des Herzens, seine Opferbereitschaft fürs Vaterland, die sich des guten Pferdes und des guten Gewehrs für eine gute Sache bediente. Früher, da schmückte der Mann Pferd und Gewehr, heute schmücken Pferd und Gewehr den Mann. Gewiß, die alten Zeiten waren gut, aber sinnvoll erscheint mir auch der Spruch: „Weniges zu besitzen ist besser, als vieles besessen zu haben". Das sollten wir beherzigen und nicht länger unnütz schwätzen.

Wenngleich sich Luarsab der heutigen Zeiten wegen grämte, so strahlte doch sein Gesicht stets in froher Einfalt. Spanne zwei Ochsen zusammen, und sie werden einander entweder in der Farbe gleich oder im Charakter, heißt ein Sprichwort, und ich fand es nirgends so trefflich verkörpert wie in Fürst Luarsabs Hause. Fürstin Daredschan nämlich, die liebwerte Gattin, war genau ihres Mannes andere Hälfte, und beide waren sie so sehr „ein Geist und ein Fleisch", wie es in der Heiligen Schrift geschrieben steht. Ein Paar von derselben drallen Rundlichkeit und mit derselben strahlenden Einfalt im Gesicht. Wie zwei Vögelchen lebten sie turtelnd dahin, weit weg vom Lärm der schnöden Welt.

Wenn der Hahn am Morgen krähte, schlug das glückliche Paar die Augen auf, Daredschan flog eilends aus dem Bett, indessen Luarsab, der Hätschling, meist noch genüsslich liegenblieb. Unangekleidet, sogar ohne ein Hemd auf dem Leib, rollte er aus dem Bettzeug heraus auf die bloße Liege, ächzend, stöhnend und gar noch andere Laute von sich gebend ... Manches Mal frönte er solcher Genüsslichkeit bis zur Mittagsmahlzeit.

Bei den Georgiern heißt es: Wessen Körper mit Haarwuchs gesegnet ist, der ist ein glücklicher Mensch. Wie wahr, denn genau aus diesem Grunde sind Tiere glücklich! Wenn es nicht stimmte, warum lebten dann so viele von uns ein tierisches Dasein? Nein, Tiere sind glückliche Geschöpfe, glücklich eben wegen der Behaarung des Körpers.

Über Luarsabs sonstigen Körper läßt sich schwerlich etwas sagen, seine Brust aber war ein Schweinsborstengestrüpp – willkommene Zuflucht für allerlei zweifelhaftes Getier in Augenblicken der Gefahr – jedoch ... Was heißt: jedoch? War Luarsab vielleicht nicht glücklich? Ach, hätte der Verfasser dieser Zeilen so viele Lebensjahre vor sich, wie Luarsab Neider unter den gleichaltrigen Adelssöhnen besaß! Schon allein sein Haarwuchs war Grund genug dafür, von anderen Dingen ganz zu schweigen. Was also konnte Luarsab beklagen? Fehlte es ihm an Fleisch, an Farbe? Raubten ihm, wie manchem Unglücksraben, sorgenschwere Gedanken den Schlaf und verdarben ihm den Appetit? Keineswegs, er sah rund und rosig aus, und er aß, trank und schlief ohne Not. Was mehr kann ein Georgier sich wünschen, der Glück und Unglück am Haarwuchs misst und dessen Schicksalsaufgabe es ist, sein Lebtag mit der Mütze Fliegen zu verjagen?

Mein Leser langweilt sich doch nicht? Natürlich, er muss sich langweilen: Hier gibt es keine Liebestollheit, keinen Meuchelmord, kein sitzengelassenes Mädchen, das sich ins Wasser stürzt – kurz, es fehlt an allem, was eine zur Unterhaltung geschriebene Geschichte würzt. Wie also soll sich der Leser nicht langweilen? Doch will ich ihm sagen: Nicht zu des Lesers Zerstreuung ist meine unschöne Erzählung verfaßt. Nein, sie soll ihn nachdenklich machen, und wenn er Langeweile und Verdruss verspürt, dann ist es gerade recht, weil nämlich Verdruss und Nachdenklichkeit zusammengehören wie Bruder und Schwester. Ich will, dass nicht der Mangel an Unterhaltsamkeit den Leser verdrießt, sondern dass das, wovon er liest, ihm zu denken gibt. Sollte mein Geschreibsel dazu taugen, so kann und will ich nicht mehr verlangen, mein lieber gelangweilter Leser! Und falls es nicht dazu taugt, was dann? Mein einziger Trost wird sein, dass „nutzloses Tun immer noch besser ist als nutzloses Dasitzen". Der gute Spruch hat schon manchen Untüchtigen gestärkt, nun klammere auch ich mich daran.

Frönte Luarsab den oben beschriebenen Wonnen, konnte er es nicht ausstehen, wenn jemand sein Dasein störte, das heißt sein feierliches, hoheitsvolles Hin- und Herrollen auf der Liege. Er hat nicht gerne Gäste, tadelten ihn die törichten Leute. Aber wenn dem so war, dann doch nicht aus Geiz! Wie kann einer so etwas denken?

Verträgt sich vielleicht Geiz mit einem Georgier? Feuer und Eis verzehren doch einander, nicht wahr? Nein, wenn der Hausherr keine Gäste mochte, dann nur darum, weil er aufstehen und sich ankleiden musste. Aufstehen, das wäre noch angegangen, das hätte Luarsab nicht so sehr erschreckt, doch war es sein Tod, sich ankleiden zu müssen. Den Sommer verbrachte er am liebsten in Hemd und Unterhosen, wenn es nach ihm ging, wenn aber nicht – was blieb ihm übrig? Im Winter zog er immerhin einen Pelz übers Hemd, sobald hoher Besuch kam, zum Beispiel der Landrichter. Zu der Zeit nämlich, da meine Geschichte spielt, war der Landrichter noch ein großer Mann, heutzutage, wo es die verflixten Schulen gibt, gilt er freilich nichts mehr. Früher indessen, da war er so groß, dass nicht viel fehlte und man hätte das Sprichwort vom adligen Gast auf den Besuch des Landrichters umgemünzt. Fast hätte es geheißen: Wenn der Richter ist dein Gast, merke dir, das ist kein Spaß. Noch heute weiß jeder Bauer, dass der Besuch des Landrichters kein Vergnügen ist, früher aber wusste das auch der Edelmann.

Die Fürstin Daredschan war nicht von jener Trägheit wie ihr Gatte Luarsab – in dieser Hinsicht glichen sie einander, wie vor Gott, nur wenig. So zeigt sich, dass sie beide zwar von derselben Farbe waren, im Charakter jedoch verschieden. Sobald die Fürstin am Morgen die Augen aufschlug, fuhr sie wie ein Falke aus dem Bett, band sich Stirnband und Kopftuch um, streifte das Kattunkleid über – in der Eile bisweilen verkehrt herum –, schlüpfte barfuß in die Pantoffeln und – hei! – rannte sie zu jenem windschiefen Strohbüdchen, in dem das Gesinde hauste, mehr schlecht als recht. Zu drollig war all die unnütze Geschäftigkeit unserer Fürstin anzusehen. Das runde, dralle Frauchen kullerte manches Mal von frühmorgens an bis zum Mittag umher wie ein Wollknäuel. Zu tun gab es noch und noch. Hier verdiente ein über der Näharbeit dösendes Mädchen einen Puff zu kriegen, dort brauchte ein zerlumpter, schmuddeliger Junge einen Nackenstüber, damit er beim Putzen des Leuchters nicht einschlief, allerorts musste geschimpft und gescholten werden – weshalb, wusste die Fürstin oft selbst nicht einmal. Doch sie fluchte, rügte, wies zurecht – kurz, alles, was sich über Nacht in ihr angestaut hatte, schüttete sie über ihre dienstbaren Seelen aus, um danach müde und erschöpft ins Haus zurückzukehren. Wehe, wenn ihr da eine Bedienstete in die Quere kam – die erhielt auch noch einen Knuff, begleitet von dem

Wunsch, dass sie der Blitz treffen möge. Vollends entkräftet erschien unsere Fürstin schließlich im Zimmer, wo sich noch immer der wie ein Wein schlauch pralle Fürst auf der Liege wälzte und, falls gerade Sommer war, die Fliegen an der Decke zählte. Einmal kam es zwischen den beiden zu einem überaus inhaltsreichen Gespräch. Das war mitten in der Gluthitze eines Sommertages, noch vor dem Mittagsmahl, als Daredschan soeben ihr beschriebenes Tagwerk verrichtet hatte und schweißgebadet ins Haus hineinrollte. Als Luarsab sie so sah, wie ihr der Schweiß über die roten Wangen perlte, sagte er sich voll tiefster Zufriedenheit: Was für eine segensreiche Frau, was für eine Stütze des Hauses! Dank dir, mein Schöpfer, dass du mir ein solches Weib zugeführt hast!

Dies gedacht, wälzte sich der Gott und Menschen für sein bescheidenes Glück dankbare Fürst zur anderen Seite. Das Herumwälzen war bei Luarsab stets ein Ausdruck von Wohlbefinden.

„Wo bist du gewesen, meine Liebe, was hat dich so erschöpft?", fragte er danach seine Fürstin.

„Ja, wo schon, mein Lieber? Der Haushalt verlangt das seine, der Hof, alles will schließlich beaufsichtigt sein", erwiderte Daredschan.

„So ist es, meine Teure, mein Schatz. Ich sehe, du bist eine richtige Hausfrau."

„Nicht wahr?" Die gelobte Fürstin blähte sich wichtigtuerisch. „Man kann gar nicht genug auf die Leute aufpassen, ohne Anweisung schlagen sie sich nur den lieben langen Tag die Bäuche voll."

„So ist es, wahrhaftig."

„Viele verstehen einfach nicht, mit diesem Volk umzugehen."

„Du sagst es, meine Liebe, woher sollen sie auch."

„Manchmal muss man sie einfach so, ohne jeden Grund, zurechtweisen. Ein bisschen Schelte schadet nicht, das flößt ihnen Respekt ein, ohne Respekt nämlich … Wehe unsereinem!"

„O ja. Wehe unsereinem!"

„Diese Bauern sind störrisch wie Esel. Wenn so ein Esel bockt, kannst du ihn mit der Rute schlagen, soviel du willst – hast du ihn nicht schon vorher gezüchtigt, geht er keinen Schritt."

„Jawohl, der Bauer muss schon vorher gezüchtigt sein, sonst bockt er wie ein Esel", erwiderte Luarsab, abermals verblüfft über die Weisheit seiner Frau.

„Stimmt es vielleicht nicht, was ich sage, mein Lieber?"

„Wie sollte es nicht stimmen? Du hast völlig recht. Eine Frau wie du glaubt doch sogar an das, was sie träumt", plapperte Luarsab unüberlegt, er wusste selber nicht, wie ihm die Worte über die Zunge gekommen waren.

Betreten schwieg er und starrte hinauf zur Decke, wo Fliegengrüppchen versammelt saßen. Auch Daredschan, die jetzt an einem Wollsocken strickte, saß stumm.

Nach einer Weile rief Luarsab: „Daredschan, du bist doch ein kluges Weib, rate mal, wieviele Fliegen auf dem Brett da sitzen?"

„Wo?", fragte Daredschan.

„Na da, an der Decke."

Wie sollte Daredschan wissen, dass der Spaßvogel Luarsab während ihres Schweigens die Fliegen gezählt hatte!

„Wieviele?“, fragte sie. „Warte, lass mich zählen.“

„So kann ich das auch. Raten sollst du.“

„Raten? Na gut. Dreißig werden es sein.“

„Ha, falsch, meine Liebe.“

„Wie viele sind es dann?“

„Soll ich's dir sagen? Nein, ich sage es nicht.“

„Sag schon, wenn du's weißt.“

„Vierzig sind es. Ätsch, ich hab's geraten.“

„Geraten ... Bestimmt hast du sie gezählt, wie damals. So kann ich das auch.“

„Bei allem, was mir heilig ist, ich hab sie nicht gezählt.“

„Woher weißt du dann, dass es vierzig sind?“

„Woher? Daher. Weil ich Grips im Kopf habe.“

„Und ich? Habe ich vielleicht keinen Grips im Kopf?“

„Aber ja, meine Beste, nur, wie kann sich Weibergrips mit Männergrips messen? Ich habe eben geschätzt, dass es vierzig sind.“

„Wenn es nun aber nicht vierzig sind?“

„Dann darfst du ein Bußgeld von mir verlangen.“

„Komm, laß uns die Fliegen zählen.“

Die Eheleute machten sich ans Fliegenzählen. Wie sich herausstellte, waren es sogar über fünfzig.

„Von wegen, er hat's geraten!“, rief Daredschan schadenfroh. „Er hat's geraten, mein Herr und Gebieter, darum, weil er Grips im Kopf hat!“

Verlegen suchte Luarsab nach einer Rechtfertigung. „Ein paar sind weggeflogen, vorher waren es vierzig“, behauptete er.

„Das wird immer schöner. Wenn welche weggeflogen sind, müßten es jetzt weniger sein, aber da sitzen mehr als fünfzig!“

Luarsab schwitzte vor Scham – musste er solchen Unsinn schwätzen! Um seine Schlappe zu überspielen, fletschte er die Zähne – eine Miene, die die Fürstin als Lächeln verstand – und sagte: „Teufel noch mal, wie konnte ich mich so vertun, ich habe sie doch viermal gezählt!“

„Ach, ich denke, du hast nicht gezählt?“

„Meinst du, ich bin der weise Salomon? Wie sollte ich es denn raten, ohne zu zählen? Teufel noch mal, ich habe mich eben geirrt, mein Seelchen, sonst wärst du schön von mir besiegt worden, glaub mir.“ Luarsab lächelte seine für dieses Mal siegreiche Gattin zuckersüß an.

„Aber zuerst hatte er nicht gezählt, der Schelm!“, brummte, ebenfalls schmunzelnd, die Fürstin.

„Ich hab's doch eingestanden, mein Liebes, was willst du mehr?“

„Dein Leben und dein Glück, mein Goldi! Nicht mehr und nicht weniger!“

„Daredschan, bitte“, sagte schmollend und verlegen Luarsab, „wenn du mich liebst, dann nenne mich nicht Goldi.“

„Aber warum nicht?“

„Das passt nicht zu mir. Goldi, so kann man ein Schoßhündchen rufen, das geht noch an, aber für einen Mann ist das ungehörig.“

„Bist du denn nicht mein Schoßhündchen, wie? Zum erstenmal höre ich das von dir!“ Daredschan schluchzte unversehens laut los, glaubte sie doch, dass, wenn Luarsab nicht ihr Schoßhündchen war, er überhaupt nichts mehr von ihr wissen wollte.

Luarsab sah, dass er seiner Ehehälfte unnötig Herzeleid bereitet hatte, und um Daredschans Befürchtungen zu zerstreuen, sagte er mit gebleckten Zähnen: „Aber ja doch, Liebes, ich bin dein Schoßhündchen, aber ja.“ Was für ein zungengewandtes Weib!, fand er im Stillen – mit der Kunst eines Dichters hatte sie ihn zu ihrem Schoßhündchen gemacht! Luarsab seinerseits suchte nun nach einem zärtlichen Vergleich, aber wie jedesmal, wenn er in solcherlei Nöte geriet, standen ihm allerlei Leckerbissen vor Augen: gedörrter Störrücken, Schweinshaxe mit Knoblauch und anderes mehr. Waren das vielleicht Kosewörter? Am Ende aber fielen Luarsab doch noch ein paar schöne Namen ein.

„Weißt du, was du mir bist?“, fragte er. „Du bist die Gartenkresse meiner Seele, meines Herzens Estragon, das Salz meines Hirns. Bei der Gesundheit deines verehrten Vaters, klingt das nicht gut?“

Vor lauter Freude über die eigene Findigkeit ließ Luarsab seine Zahnreihen aufleuchten. Daredschan war gleichfalls entzückt. Auf diese oder ähnliche Weise verbrachte das Paar oftmals seine Zeit. Die Beneidenswerten, Glücklichen!

III

Auch Luarsab wusste seine Leute zu „scheuchen“, wie er selbst es nannte. Freilich musste er dazu die eigene Trägheit bezwingen, aber das Erbgut verlangte schließlich Obhut und Pflege. Die Sorge um die Wirtschaft war es, die Luarsab hin und wieder nötigte, von der Liege aufzustehen. Wie schön er aussah, unser Fürst: die Füße nackt, auf dem Kopf eine blaugraue Lammfellmütze, auf dem Leib ein offenstehendes rotes Hemd sowie Unterhosen, die kaum den Wanst umspannten, dazu die Tabakspfeife in der Hand. So kullerte er auf den Balkon hinaus, lehnte sich übers Geländer und rief mit tiefer, verschlafener Stimme seinen Verwalter: „He, Dato! Hast du Fleisch vom Basar geholt?“ Im Dorf nämlich gab es sogar einen Basar.

„Ja, Herr“, antwortete Dato.

„Was für ein Stück?“

„Von der Schulter.“

„Und für das Schaschlyk?“

„Ein Lendenstück, Herr.“

Der Mann ist Gold wert, dachte unser Fürst dankbar und sagte laut: „Tüchtig, mein Dato, tüchtig! Falls der Mensch dir deine Treue zum Herrn vergisst, der Herrgott wird sie dir immer vergelten. Tüchtig, Dato, du bist meine rechte Hand, meine starke Rechte."

So viel Lob machte Dato verlegen, er kratzte sich den Nacken und lächelte dümmlich.

„Hat der Gärtner Grünzeug gebracht?", fragte Luarsab weiter.

„Ja, hat er."

„Ist auch Estragon da?"

„Ja, Herr."

„Und Gurken?"

„Gurken auch."

Luarsab war wohl zumute. Hätte er eine Liege zur Hand gehabt, er hätte sich gleich mehrmals darauf herumgedreht.

„Also fehlt nichts im Hause", bemerkte er zufrieden.

„Noch nie hat etwas gefehlt, Herr, warum sollte es heute?"

„Recht so, mein Dato. Ein treuer Bauer sorgt für die Ehre und den guten Ruf seines Herrn. Tüchtig! Sogar wenn etwas fehlen sollte, sag immer, es ist alles da. Du bist ein gescheiter Mann, du weißt schon, was du zu tun hast."

„Wie sollte ich das nicht wissen, wo ich schon so lange hier bin, Herr", entgegnete der Verwalter.

„Jetzt sag mir noch eins", erkundigte sich nach einer Pause der umsichtige Gutsbesitzer. „Hast du die Wagen losgeschickt?"

„Ja, Herr, sie müssten schon zum Dorf raus sein."

„Wo hast du sie hingeschickt?"

„Aufs Feld, Herr!"

„Wieviele?"

„Vier fürs Gut und zehn für die Abgaben."

„Warum nicht fünfzehn für die Abgaben?"

„Fünfzehn haben wir im ganzen Leben noch nicht angespannt, Herr, warum heute?"

„Fünfzehn müssen es sein, Mann. Warum nicht? Als ob ich's nicht wüsste, fünfzehn, sag ich. Hör sich das einer an! Wollt ihr euerm Herrn nicht mehr dienen? Fünfzehn Wagen sind zu schicken. Ich werd euch zeigen, wer hier der Herr ist und wer die Bauern."

Tatsächlich hatte Luarsab im ganzen Leben noch nicht mehr als zehn Wagen Abgabenkorn eingefahren, was brachte ihn so schrecklich auf? Verdattert starrte Dato auf seinen Herrn – ob der vielleicht überschnappte? Konnte doch sein! Luarsab hingegen kannte sehr wohl die Gründe für seinen grundlosen Zorn. Er und seine teure Fürstin wussten, wie man die Leute zur Arbeit bewegte!

„Das ist der rechte Umgang mit den Bauern", pflegte der weise Fürst zu sagen. „Jeden neuen Tag muss man sie Furcht lehren, sonst erdreisten sie sich wie die Schweineläuse – ein mal auf den Fuß gelassen, krabbeln sie dir gleich auf den Kopf. Ganz recht! Furcht schafft Liebe, heißt es."

Gewiss doch, mein Luarsab, und ob!

Er wusste nur nicht, der glückliche Luarsab, dass die Bauern über solch grundloses Gezürn ganz anders dachten. Sag, was du willst, mein Leser, Fürst und Fürstin glaubten doch wahrhaftig, dass, wenn ihr Bauch satt war, sie dies ihrem klugen Umgang mit dem Bauernvolk verdankten.

Derlei Torheiten nannte unser einfältiger Luarsab „die Leute scheuchen". Und er war fest davon überzeugt, dass Haus und Hof dieses „Scheuchen" brauchten wie der Mensch Essen und Trinken. Darum verkündete er, wenn er nach getaner Arbeit wieder ins Zimmer hineinrollte, befriedigt seiner Frau: „Hab ich doch endlich die Wagen losgeschickt, was für eine Mühe!" Ein wenig schwindelte unser Luarsab auch gern. „Zum Teufel mit den Bauern! Wenn man sich die Lümmel nicht vorknöpft und sie gehörig anbrüllt, rühren sie keinen Finger. Unerhört! Wenn ich nicht wäre, würde das Korn auf dem Halm verfaulen."

„So ist es, mein Lieber", pflichtete Daredschan schmeichelnd bei. „Wie recht du hast. Seit Eva Adam verführt hat, ist uns von Gott auferlegt, im Schweiße unsres Angesichts unser Brot zu essen."

„Aber nicht dem Adel ist es auferlegt, sondern den Bauern!", entgegnete Luarsab.

„Gab es denn damals Adlige?"

„Aber gewiss doch, unser Geschlecht stammt aus damaliger Zeit."

„Was sagst du, als ob du nicht wüsstest, dass zu der Zeit außer Adam und Eva kein Mensch auf der Welt war. Adam wird doch nicht sein eigener Herr und Fürst gewesen sein."

„Richtig, das habe ich nicht bedacht. Aber sag, mein Schatz, wie hieß gleich der Baum, von dem sie die Frucht stibitzt haben?"

„Der Baum der Erkenntnis."

„Und heutzutage gibt es solche Bäume nicht mehr?"

„Aber ja. Wie es heißt, steht im Park des russischen Zaren ein goldener Pavillon, darin wächst solch ein Baum, und er hat lauter Blätter aus Rubinen und Saphiren."

„Aus Smaragden meinst du wohl", verbesserte sie Luarsab.

„Stimmt, aus Smaragden. Smaragde sind grün wie Laub. Und statt Früchten hängen nur Diamanten, Rubine und Saphire daran."

„Man müsste kosten, wie das schmeckt."

„Die lassen dich da gerade heran. Der Baum wird von vielen Soldaten bewacht, heißt es."

„Und wie konnte der Sultan davon stehlen?"

„Da war eine Fee, die verwandelte sich in einen Adler. Der Adler stahl sich in den Pavillon, pflückte einen riesengroßen Diamanten, verschluckte ihn und schlich wieder von dannen."

„Ha, eine gewitzte Fee!"

„Später kam die Zarin, sah, dass ein großer Diamant fehlte, und benachrichtigte unverzüglich den russischen Zaren. Der russische Zar begriff sofort, dass dies ein Werk des Sultans war, und zog gegen ihn in den Krieg. Bis heute ist dieser Krieg nicht entschieden."

„Und der Diamant befindet sich nach wie vor beim Sultan?"

„Wer weiß das? Der Krieg wird noch geführt."

„Ich könnte den Diamanten herausholen."

„Sie würden dich hängen."

„Ach wo, keiner merkt was. Ich verschlucke den Diamanten, und den Bauch werden sie mir nicht aufschneiden."

„Die werden mit dir noch ganz anderes tun."

„Woher sollen sie wissen, dass ich den Diamanten habe?"

„Denkst du, mein Lieber, sie finden keine Wahrsagerin?"

„Ach, dass ich darauf nicht gekommen bin. Aber sag: Wo ist der Diamant hin, den Adam verschluckt hat?"

„Der Inselkönig soll ihn im Meer gefunden haben, da ist er jetzt."

„Sieh einer des Herrgotts Gerechtigkeit! Wär es nicht besser, wenn ich ihn fände?"

„Wer wird ihn dir üherlassen? Zweihundert Jahre schon kämpft der Herrscher des Ostens und des Westens mit dem Inselkönig darum."

„Und er konnte den Diamanten bis heute nicht rauben?"

„Nein, konnte er nicht."

„Eieiei, das ist aber kein starker Herrscher."

„Was weiß ich. Wo hat man je gehört, dass ein Herrscher schwach ist?"

„Ja, wenn unser König Erekle* noch lebte, dem würde es bestimmt gelingen. Der war ein tüchtiger Mann!"

„König Erekle, ja, der hätte es gekonnt, aber er ist nicht mehr."

„So ein Unglück, er modert im Grab, aber dein Schwager David läuft quicklebendig umher."

„Das ist die Tücke unseres Daseins. Nicht anders geht es Königin Thamar** sie liegt in der schwarzen Erde, während sich deine Schwägerin Elisabeth an der Sonne ergötzt."

„Tja, so ist es nun mal auf der Welt."

Luarsab seufzte so schwer, dass, hätte vor ihm eine Kerze gestanden, diese unweigerlich erloschen wäre.

Nachdem Luarsab und seine Gattin, die Fürstin Daredschan, sich am Vormittag der Pflichten ihres prächtigen Hauswesens entledigt hatten, für die der Verfasser oben einige Beispiele angeführt hat, setzten sie sich zu Tisch, um Tee zu trinken, und füllten sich gehörig den Bauch mit „warmem Wasser", wie der georgische Bauersmann sagt. Ein wenig später, nach gescheiter Unterhaltung in obiger Manier, kam die Mittagszeit heran, und man sättigte sich nach unserer „guten alten Sitte", worauf Luarsab mit wohliger Müdigkeit und ganz aufrichtig rief: „Dank sei dir, Herr, dass du mich satt gemacht hast." Dies gesprochen, bekreuzigte er sich, kullerte eilends vom Tisch fort auf die Liege, und mit seinem Leben höchlichst zufrieden, klopfte er sich auf den Bauch und prahlte: „Wenn ich auch ungebildet bin, ich weiß immerhin … wie sagt man … ja: vom Hunger schrumpft der Magen, er schrumpft! Und ob

* König Erekle II. regierte 1744–1798; er stellte Georgien unter russische Schutzherrschaft.

** Königin Thamars Regierungszeit (1184–1212) bedeutete stabile Herrschaft und kulturelle Blüte für Georgien.

ich das weiß, hier, an meinem Bauch kann man's sehen!" Und noch einmal klopfte er darauf, wie um zu prüfen, ob er auch gut gefüllt war, und als er sah, dass alles zum besten stand, knirschte er vor lauter Wohlbefinden wie ein Gaul mit den Zähnen und sagte: „Jawohl, Luarsab ist ein Ungebildeter, und darum hat er Hunger."

Auf das Mittagsmahl folgte ein Schläfchen, auf das Erwachen wieder folgten Teetrinken und Abendbrot, wonach man sich neuerlich dem geliebten Schlaf hingab – derart wonnig und ungetrübt verlief das arglose Leben dieser zwei arglosen Geschöpfe auf der Erdenwelt, welche so gar nichts von den beiden wusste, wie die beiden gleicherweise nichts von der Welt und ihrer Tücke wussten.

IV

Unter solchem Tun und kluger Geistesübung verging der Tag, und zum Abend, wenn ein frisches Lüftchen seine Flügel spannte und sich der Schatten des Gartenzauns über den Hof hinstreckte, ließ die Fürstin Daredschan einen abgewetzten Teppich in den Schatten breiten und nahm erhaben darauf Platz – aufgeputzt wie eine Braut, die schwarzen Brauen streng emporgezogen, gekrönt vom Kopfschmuck der Georgierin. Auch Luarsab, in der Hand die unabänderliche Tabakspfeife, kam aus dem Haus – die nackten Füße in Pantoffeln, bekleidet oft nur mit rotem Hemd, häufig auch noch die blaugraue Lammfellmütze, würdevoll eingedellt, auf dem Kopf, so ging er in der Kühle auf und nieder.

Die Abendzeit – wie man sich erinnert – war bei uns auf dem Lande, und ganz besonders in Kachetien*, die Zeit des Gästeempfangs. Freilich hat die verfluchte Bildung, seit sie bei uns eingezogen ist, diese unsere mehr oder minder lobenswerte alte Sitte fast verdrängt, so dass etliche, von der Bildung beschliffene Leute nunmehr Visiten abstatten, früher aber stand die Abendzeit hoch in Ehren. Darum auch putzte sich Daredschan so sehr heraus, ja, man denke – und nehme mir die Einzelheit nicht übel: Sie stopfte sich sogar das Hinterteil aus! In jener Zeit, über welche ich schreibe, gab es noch keine Krinoline, und wenn es sie gegeben hätte, wie wäre dieser König der Röcke bis in unsere Dörfer gelangt? Jedermann weiß, dass die Aufklärung schwer zu Fuß ist, insbesondere bei uns hinkt sie auf einem Bein, und selbst wenn der berühmte Reifrock zu uns aufs Land gefunden hätte – eines weiß ich genau: Die aufgeklärte Krinoline wäre auf so manchem schmalen Dorfweg zwischen zwei Flechtzäunen steckengeblieben.

„Gott schenke der Herrin ein langes Leben", sagte eines Tages ein wohlgestaltetes junges Bauernweib, schwenkte die langen Ringellocken unter der Kopftracht und verzog schmeichelnd den Mund.

---

* Region in Ostgeorgien, die für ihre Weine berühmt ist.

„Sieh da, auch dich behüte der Herrgott, liebe Babale! Wie geht es dir?“, erkundigte sich Daredschan, ohne im mindesten von ihrer fürstlichen Erhabenheit zu lassen.

„Ach, wie soll es gehen, allerbeste Herrin! Unser Ochse ist in den Weingarten der gnädigen Herrschaft gelaufen, die Feldhüter haben ihn eingefangen und halten ihn jetzt schon zwei Tage in der Hürde fest. Darum flehe ich dich an, liebste Herrin, verzeih uns, ich bin doch dein Patenkind, und wir wollen immer in gutem Einvernehmen bleiben.“

„Was denn? Ich soll ihn herausgeben?“

„Ja, beste Herrin, genau darum bitte ich inständig.“

„Wie kann ich das, meine liebe Babale? Freilich, du bist mein Patenkind, aber das Dorf wird spektakeln und keine Ruhe geben.“

„Möge der Herrgott unserer Fürstin lange Jahre gönnen, und ich will auch alles für dich tun, liebste, beste Herrin. Hier bringe ich dir eine Rolle Seidengarn, und sollten der Herrgott und deine Güte uns beistehen, werden wir auch eure ergebenen Bauern sein.“

Babale holte eine Rolle Seidengarn aus der Tasche und reichte sie der Fürstin. Daredschan nahm das Geschenk, schob es unter den Teppich und sagte: „Meinst du, ich wäre nicht auch ohne dieses hier mit dir übereingekommen? Luarsab! Luarsab!“, rief sie darauf ihren Gatten, der unweit hin und her spazierte und schon ein paarmal mit lüsternem Auge zu der schmucken Besucherin hinübergesehen hatte.

Luarsab kam näher.

„Stell dir vor“, sagte Daredschan, „die Feldhüter haben Babales Ochsen eingesperrt, und jetzt bittet sie uns, ihn herauszugeben.“

Luarsab blickte zu der jungen Frau, die der Sitte gemäß abgewendet dastand, knirschte auf seine Art genüßlich mit den Zähnen und schmunzelte vergnügt.

„Der Ochse, soso!“, sagte er.

„Der Ochse, ja“, bestätigte Daredschan, „hier, die Rolle Seidengarn hat mir das Mädchen gebracht.“

„Soso … Dato, he, Dato!“, rief Luarsab seinen Verwalter.

„Geh hin zum Dorfältesten und sag ihm, dass er meinem Patenkind ja auf der Stelle den Ochsen herausgibt, sonst lege ich hier alles in Schutt und Asche, verstanden?“

Zähneknirschend und mit stolzer Siegermiene entfernte sich der Fürst, um seinen Spaziergang fortzusetzen.

„Der himmlische Vater möge euch noch mehr Ruhm und Ehre zuteil werden lassen, einen Sohn schenken soll er euch, und an meiner Brust will ich ihn nähren, ihr meine Wohltäter!“, rief die junge Bäuerin.

„Hör nur“, sagte Daredschan, als Luarsab gegangen war, „hör nur, was für donnernde Worte, alle Leute scheucht er.“

„Er hat Ansehen, darum.“

„Das ja, aber man kennt auch seine aufbrausende Art. Nimm dagegen David, meinen Schwager. Auf den gibt keiner was.“

„Wie könnte er euch nur das Wasser reichen, allerbeste Herrin.Und wer wollte Elisabeth, die immerhin gleichfalls Gattin eines Fürsten ist, mit dir vergleichen?"

„Nun, nun, gewisse Leute denken ganz anders darüber."

„Dass denen das Tageslicht erlösche! Gestern, da bin ich in der Nachbarschaft gewesen, und das Hausmädchen von dort kam auch gerade. Was die erzählt hat, unglaublich."

„Was denn, meine Gute, was?", drängte Daredschan, platzend vor Neugier.

„Hat sich doch das arme Mädchen von seinem mühsam ersparten Geld ein Kopftuch gekauft, die Fürstin sieht es und nimmt es ihr weg. Jetzt soll sie es selber tragen. Bei Gott, das Mädchen tut einem so leid, unter Tränen hat sie alles erzählt, die Unglückliche. Ich selber bin zwar den Staub an euren Füßen nicht wert, aber so was hätte nicht einmal ich hingenommen, bei der Seligkeit meines Vaters."

„Nein, das ist die Höhe! Und so eine nennt sich immer noch Gattin eines Fürsten. Das Tuch zu nehmen, kann sie sich als Herrin freilich erlauben, wo das Mädchen ihr gehört, gehört ihr auch das Tuch, aber das Tuch dann noch selbst zu tragen – nein, das ist eine Schmach und eine Schande. Wie ein Affe, der alles nachmachen muss. Der Blitz soll sie treffen, die Verfluchte. Aber Fürstin will sie sein! Na und, hat das Mädchen noch mehr erzählt?"

„Nein, mehr nicht."

„Verbirg mir nichts, meine Babale! Du weißt doch, ich will dir wohl, sag mir, wenn sie noch anderes erzählt hat."

„Aber nein, ich schwöre, warum sollte ich etwas verbergen!"

„Was weiß ich? Vielleicht hast du Angst?"

„Wer eine solche Wohltäterin hat wie dich, Herrin, wovor könnte der Angst haben?"

„Das meine ich auch, meine Babale."

„Wir sind zwar Bauern, aber so viel begreifen wir. Wen sollte ich fürchten, wo ich dich habe, Herrin?"

„Hat sie wirklich nicht mehr erzählt?"

„Wirklich nicht, sonst will ich unbegraben bleiben."

„Bestimmt hat sie doch."

„Mein einziges Kind soll dahinsiechen, wenn sie etwas gesagt hat."

„Ach ja, was macht dein Söhnchen?", Daredschan wechselte jäh das Thema, da sie ohnehin nichts erreichte.

„Was soll es machen, es ist krank, dass die Krankheit doch auf eure Feinde übergehe! Was habe ich nicht alles getan! In Kräuteraufgüssen habe ich den Kleinen gebadet, ihn besprechen lassen, ihm Amulette um den Hals gehängt, aber nichts davon hilft, dass auch dem Feind nichts helfen möge! Die Leute sagen, du, Herrin, hättest einen Spruch von unbedingter Heilkraft. Ich bitte dich, hilf mir, und Gott wird dir alles vergelten."

„Ich kann nur Kopfschmerz und Vergiftungen besprechen. Leidet dein Junge nicht an Kopfschmerz?"

„So ist es, Fürstin, an Kopfschmerz. Der Schädel will ihm schier zerspringen."

„He, Mädchen, Lamasisseuli!“, rief Daredschan. „Lauf und bring mir die Schreibfeder und Papier, unter dem Filz ist welches. Ich schreibe dir einen Spruch auf, liebe Babale, das Blatt Papier legst du deinem Sohn auf die schmerzende Stelle, zwei oder drei Tage lang, und der Kopfschmerz ist danach wie weggeblasen.“

Da sieh einer an! Und der Verfasser hatte Fürstin Daredschan für eine ungebildete Person gehalten – von wegen, worin sie sich nicht auskannte! Übrigens, mir fällt ein: Jene böse Schwägerin Elisabeth, von der schon zweimal hier die Rede war, sollte angeblich herumgeschwätzt haben, dass Daredschan sich auf Zauberei verstehe, dass sie das Buch des weisen Salomon gelesen habe, dass ihr der Herrgott deshalb zürne und ihr keine Kinder schenke. Darf man solchen Verleumdungen glauben? Selbst wenn es stimmte, dass Elisabeth bei allen Heiligen geschworen hatte, man weiß doch – und das ist eine Lehre unseres segensreichen Lebens – Schwägerinnen sind nun mal einander spinnefeind. Es war wohl auch nicht das einzige, was Elisabeth über Daredschan in Umlauf gesetzt hatte.

Auf einmal regte sich der Hund, der, die Schnauze in die Erde gewühlt, in der Nähe lag, er bellte, als er aber die Augen geöffnet und die beiden Besucherinnen gesehen hatte, verstummte er sofort und steckte unwillig knurrend die Schnauze wieder zurück in die Erde. Daredschan sah sich auf den Lärm hin um und erblickte die Fürstin Elisabeth, begleitet von jenem armen, um sein Kopftuch beraubten Mädchen.

Daredschan erhob sich zur Begrüßung.

„Nur herein, liebe Schwägerin, dass du auch mal an uns denkst!“

„Ach, meine Gute, wann habe ich schon Muße. Es gibt doch immerfort zu tun in Haus und Hof, vergiß das nicht.“

„Bitte, komm hierher, hier ist ein frischeres Plätzchen“, bemühte sich Daredschan höflich um die Schwägerin.

„Nur keine Umstände“, sagte Elisabeth, streifte die spitzen Pantoffeln von den Füßen, trat auf den Teppich und setzte sich neben Daredschan.

„Sag, wie geht es dir, liebe Schwägerin? Und mein Schwager David, ist er wohlauf?“, erkundigte sich Daredschan.

„Danke, es geht ihm gut“, antwortete Elisabeth.

„Ist er zu Haus?“

„Kann ein Mann um diese Zeit zu Haus sein, wenn er ein Herr über Gut und Ernte ist? Schon den zweiten Tag ist er draußen auf dem Feld“, sagte Elisabeth voll spöttischer Überlegenheit und mit einem unwillkürlichen Blick zu Luarsab, der, Gut und Ernte missachtend, in seinem Hof auf und ab spazierte.

Daredschan fühlte sich gekränkt, schien ihr doch, als habe Elisabeth auf Luarsab angespielt.

„Natürlich, wer keine Leute hat und niemanden findet, dem er die Wirtschaft übertragen kann, und wer von klein auf an Sonne und Wetter gewöhnt ist, der bleibt nicht zu Haus – für meinen Luarsab wäre das nichts“, gab sie hochmütig zurück.

„Als ob ich das so gemeint hätte!“, verwahrte sich Elisabeth.

„Oder ich!“, rief Daredschan. „Ich wollte nur sagen, dass mein Luarsab noch nicht so arg in Nöten ist, um Bauernarbeit zu verrichten.“

„Bauernarbeit verrichten, wo denkst du hin, liebe Schwägerin? Um Himmels willen. Wenn einer zur Erntezeit nicht zu Haus ist, bedeutet das doch nicht, dass er in Nöten ist oder dass er Bauernarbeit verrichten und wie ein Feldaufseher zusammen mit den Leibeigenen bei der Mahd schwitzen muss. Bewahre! Nimm deinen Schwager, ist der ein Bauer oder muss er Bauernarbeit verrichten, weil er auf dem Feld draußen ist? Durchaus nicht! Die Feldarbeiter mähen das Korn, währenddessen er, wie es einem Adligen ansteht, einen schönen abgerichteten Sperber auf der Hand sitzen hat und sich bei der Jagd die Zeit vertreibt. Gestern abend, als ein Bursche das Essen für die Leute holte, hat er eine Tasche voll Wachteln mitgeschickt. Was sollte unschicklich daran sein, meine Liebe, schließlich ist das sogar eine königliche Beschäftigung!"

„Aber wie könnte ich, beste Schwägerin, nie im Leben würde ich meinen Schwager verunglimpfen. Immerhin ist er Luarsabs Bruder, vom selben Fleisch und Blut. Als ob ich nicht wüsste, dass er sich nicht mit dem gemeinen Bauernvolk in der Gluthitze schindet und sich beim Sensen Blasen holt. Ich weiß doch, dass ein reinblütiger Fürst das niemals erträgt. Und wahrhaftig, es ziemt sich nicht für ihn. Einem Fürsten muss man den Fürsten ansehen und einem Bauern den Bauern."

„Das ist recht gesagt."

„Nicht umsonst heißt es: Berg und Tal macht keiner gleich."

„Keiner, fürwahr. Wer vermag Gottes Geheiß zu entrinnen?"

Daredschan hörte Schritte, sie wandte sich um und sah ihr Mädchen, jene Lamasisseuli, mit einem Stück Papier in der Hand und einem Arzneifläschchen mit schartigem Rand, welches als Tintenfass diente.

„Wo hast du so lange gesteckt? Die Frau ist schon weg", sagte Daredschan vorwurfsvoll.

„Nein, sie sitzt noch bei Taplua in der Hütte", erwiderte das Mädchen.

„Gut, gib her." Daredschan legte sich das Blatt Papier auf den Schoß und schrieb den Spruch gegen den Kopfschmerz nieder. Jetzt erschien auch Luarsab, ausstaffiert mit Achaluch* und langen Hosen, erkundigte sich höflich nach dem Ergehen seiner Schwägerin und rollte davon, legte sich unweit des Teppichs ins grüne Gras, ließ den Tabakspfeifen stiel auf seinem Bauchgewölbe ruhen und schaute aufwärts in den Himmelsbogen.

Was für ein ergötzliches Bild bot die Versammlung! Ich will versuchen, es zu beschreiben.

Fangen wir mit dem Hausmädchen an. Lamasisseuli** – wie ein Spottname klang es: Dieses Wesen war von unförmiger Fettleibigkeit, untersetztem Wuchs und starrte vor Schmutz, das grobe Kattunkleid ließ keine Farbe mehr erkennen; Senglöcher vom winterlichen Hocken am Feuer zierten die Rockschöße, der moderige Saum hing in Fetzen, und aus den Rissen lugte ein altes Teil Steppdecke, das, unters Kleid gestopft, eine Art Unterrock vorstellen sollte. Blitz und Donner, ein Unterrock musste es sein! Um den Kopf war ein löcheriges Tuch gebunden, von der Herrin ein abgelegtes Stück. Aus den Tuchlöchern drängte, gleich Wolle aus einem Sofakis-

* Halbrock der kaukasischen Männertracht.

** Abgeleitet von georg. *lamasi* = schön.

sen, nie gekämmtes, nissiges Schwarzhaar. Die Beine glichen Pechfackeln, die Fersen waren aufgeplatzt, die Hände von grüner Walnussschale verfärbt, im Gesicht schimmerte der Ruß der Kochkessel – so und nicht anders sah das Geschöpf aus, welches Daredschan Lamasisseuli nannte und welches jetzt dastand, die Arme über der Brust gekreuzt und die Augen auf den fadenscheinigen Teppich gerichtet. Auf dem Teppich geruhten, wie bereits geschildert, die beiden ehrwürdigen Fürstinnen zu sitzen – Fürstinnen beide, doch von ganz verschiedener Art: die eine feist, mit rotleuchtendem Gesicht, die andere mager und blass. Die Feiste hielt das Haupt gesenkt und schrieb etwas, die Magere folgte mit den Augen begierig der Hand und suchte zu ergründen, was dort geschrieben wurde; dann und wann zwinkerte sie dem Hausmädchen zu und ermunterte sie, ihr zu verraten, von welcher Frau soeben die Rede gewesen war. Das Hausmädchen machte Zeichen, die aber Elisabeth nicht zu deuten wusste. Da wandte sich Lamasisseuli ab und hielt sich die Hand vor den Mund, als müsse sie über die Begriffsstutzigkeit der Fürstin lachen und geniere sich zugleich der unerlaubten Heiterkeit. Weiter ab im Grase schnaufte frohgemut unser Luarsab, auf dem Rücken liegend paffte er seine Pfeife, und bis ihm schließlich Tränen in die Augen traten, beobachtete er eifrig das Steigen des Rauchs, voller Neugier, ob er es bis zu den Wolken hinauf schaffte. Hinter dem Teppich am Zaun lag unser Bekannter, der Hofhund, die Schnauze wie zuvor in die Erde gewühlt und die Augen vor Erschöpfung geschlossen; bei jedem Geräusch hob er schwer die Lider und knurrte verärgert – wer erlaubte sich, seinen Schlaf zu stören? In der Nähe stand ein alter, schmutziger Samowar, davor kniete ein zerlumpter Knabe, noch schlimmer verdreckt als das Hausmädchen, und blies mit aller Kraft der Lungen das Feuer darin an. Von Zeit zu Zeit schielte der Knabe zu dem friedlich dösenden Hund hinüber, und es sah ganz so aus, als beneide er das Tier um sein stilles Glück und wünschte sich sehnlichst, gleichfalls ein Hund zu sein.

Dieses wenig erquickliche Erdenbild stand in höchst sonderbarem Einklang mit dem prachtvollen Himmel des Südens, mit dessen hoher, strahlender Kuppel, an der sich in endloser Kette die lasurblauen Berge entlangzogen.

Daredschan hatte endlich ihren Spruch zu Papier gebracht und beauftragte nun das Hausmächen, die „Arznei" der jungen Bauersfrau zu übergeben, mit nochmaliger Anweisung, es sei alles so zu tun, wie sie gesagt habe. Darauf setzte sie die unterhaltsame Plauderei mit ihrer Schwägerin Elisabeth fort: „Wie steht es mit eurer Getreideernte in diesem Jahr?", fragte sie.

„Ach, schlechter als im vergangenen Jahr. Euer Schwager hofft auf dreißig Wagen", prahlte Elisabeth.

„Eine gute Ernte, will ich meinen. Dreißig Wagen, das ist kein Scherz. Auch wir erwarten soviel, wenngleich wir das Doppelte an Boden bestellt haben", schwindelte ihrerseits Daredschan.

„Was du nicht sagst, Schwägerin, wie könnt ihr mehr bestellt haben als wir? Wir haben dieses Jahr viel Land bestellt."

„Wieso können wir nicht? Mitte Juli schon haben wir mit dem Pflügen begonnen, bei euch war im September noch nichts gemacht."

„Aber nein doch, wir haben früher als ihr gepflügt. Und unsere Felder sind sehr groß."

„Warum fragen wir nicht Luarsab? Er als Mann weiß das besser. Luarsab!", rief die Fürstin ihren Ehemann.

„Was gibt's?" Luarsab wandte den Kopf.

„Deine Schwägerin sagt, wir hätten dieses Jahr weniger Boden bestellt als sie."

„Aber ich bitte dich, liebe Schwägerin! Dieses Jahr habe ich viermal soviel Acker bestellt wie ihr", behauptete Luarsab, der grässliche Aufschneider. „Ich bitte dich! Eine solche Ernte wie ich bringt in Kachetien kaum ein zweiter ein, und in Kartli sind es erst recht ganz wenige. Du wirst sehen, was für Schober ich auf die Tenne stelle. Schober so groß wie, na wie sag ich's … Zwölf Stück so groß wie dieses Haus, ja, was Luarsab nicht alles hat! Ha! Da ist ja nicht bloß der Acker. Meine Weingärten brachten voriges Jahr so viel Wein wie bei keinem sonst in Kachetien. In Kartli war die Ernte höchstens halb so reichlich. Glaub mir! Wenn's nicht wahr wäre, könnte ich dann wie ein König leben? Immerhin muss ich nicht wie Lewan meine Wagen vermieten und meinen fürstlichen Namen mit Schande beflecken. Ich bin doch kein Armenier, dass ich vom Verleih lebe. Ich bin ein Fürst, von gutem Stamm und Namen."

Luarsab wollte noch etwas sagen, aber Elisabeth fiel ihm ins Wort: „Ist das wahr, lieber Schwager, dass Lewan Wagenverleih betreibt?"

„Und ob das wahr ist! Dieser Schamlose entwürdigt den adligen Stand."

„Nikolos soll dasselbe tun", behauptete Daredschan.

„Hört, hört!", versetzte Luarsab.

„Schmach und Schande über sie, die machen ihrem Namen keine Ehre", ereiferte sich Elisabeth.

„Wenn sie wenigstens nicht von Adel wären!", fügte Daredschan tief bekümmert hinzu.

„Das ist es ja!", sagte ärgerlich Luarsab. „Wären sie nicht von Adel, könnte der Teufel sie holen. Wenn einer ein Bauer ist oder Armenier, mag's noch angehen, aber es bringt mich um, dass Fürsten so etwas tun. Nein, wie heruntergekommen ist doch das Volk! Dass ich das erleben muss – Fürsten, die Wagenverleih betreiben!"

„Noch dazu Söhne von was für Eltern!", rief Daredschan aus.

„Du sagst es", stöhnte Luarsab.

„Wie kann man so wenig auf seine Ehre geben", tadelte Elisabeth.

„Wer will da noch den Fürsten vom Bauern unterscheiden, wenn die Fürsten wie die Bauern vom Wagenverleih leben? Wo ist bei den beiden der Unterschied?", fragte Luarsab.

„Da gibt es keinen Unterschied", bekräftigte die Schwägenn.

„So ist es, leider", pflichtete die Ehefrau bei.

„Und wenn ich hundert Wagen besäße, lieber würde ich Hungers sterben, als mir das zu erlauben, so wahr ich lebe. Was meinst du, liebe Schwägerin?"

„Uuuh, eher soll mir das Tageslicht erlöschen. Lieber würde ich mich mit meinen eigenen Händen umbringen, als so tief zu sinken. Zum Teufel mit allem, was man durch Wagen verleih erwirbt. Wie kann ein Fürst sich damit abgeben?"

„Und was sagst du, Daredschan?“, befragte der Fürst seine Frau.

„Ich sage dasselbe“, antwortete Daredschan.

„Na, das meine ich auch“, erklärte daraufhin Luarsab mit einer Miene, als sei mit diesen drei Meinungsäußerungen über das Geschick dreier Länder entschieden worden. „Die Zeiten haben sich sehr geändert, liebe Schwägerin!“, fuhr er dann in seiner Rede fort. „Die Menschen sind heruntergekommen, das Blut ist verdorben. Wer hätte zu unserer Zeit gedacht, dass sich ein Fürst selbst mit Schande bedecken und Wagenverleih betreiben würde? Den hätten wir doch gesteinigt! Mit Unflat übergossen! Heute dagegen … Verdammt noch mal, sogar Weinhandel betreiben sie. Hat man das je gehört? Ein Fürst, der mit Wein handelt! Ach, Herr im Himmel, warum schickst du keine Sintflut über uns? Zu Armeniern sind sie geworden, jawohl, zu Armeniern. Fehlt nur noch, dass sie die Elle unter den Arm nehmen, durch die Dörfer ziehen und ‹schöne Ware feil!› rufen.“

„Das kommt noch, darauf könnt ihr euch verlassen“, seufzte Elisabeth. „Lieber Gott, lass mich vor diesem Tag sterben!“

„Auch das kommt noch, so wahr ich lebe“, sagte Luarsab tiefbetrübt. „Das Blut taugt einfach nichts mehr. Verkommen und verdorben ist es.“

„Wahrhaftig, verkommen und verdorben“, bekräftigte Daredschan.

„Ja, was sich zum Beispiel gestern die Frau von Sakaria geleistet hat!“, rief die geschwätzige Elisabeth. „Könnt ihr euch das vorstellen? Ein Junge hat sie in Wut gebracht … Ihr wisst, Sakarias Frau ist so leicht reizbar.“

„Und wie reizbar!“, pflichtete Daredschan bei.

„Ein Junge hat sie in Wut gebracht“, fing Elisabeth von neuem an. „Da kommt sie, zieht den Pantoffel vom Fuß und drischt bis zur Erschöpfung auf ihn ein.“

„Das kann wohl nicht wahr sein!“, rief Luarsab.

„So wahr, wie ihr lebt!“

„Nicht zu glauben. Sicherlich war es ein kleiner Junge, den sie geschlagen hat?“

„Eben nicht. Einen kleinen Jungen zu schlagen wäre nicht so schlimm, das mache ich auch“, erwiderte Elisabeth.

„Ich auch, ehrlich gesagt“, warf Daredschan dazwischen, „bei Kindern spielt es keine Rolle, ob Junge oder Mädchen. Wenn eine Hausherrin ein Mädchen zurechtweist, ist daran nichts auszusetzen, genauso ist es bei einem kleinen Jungen.“

„Selbstverständlich“, nahm Elisabeth wieder das Wort.

„Wer macht einer Frau zum Vorwurf, wenn sie einem Kind auf die Finger klopft, aber der dort war schon ein ausgewachsener Mann, und wenn eine Frau auf einen Kerl losgeht, na, das ist doch die Höhe, meine ich.“

„Oh, du großer Gott“, stöhnte Luarsab, sich bekreuzigend.

„Was muss ich hören: dass sich eine Frau vergisst und einen erwachsenen Burschen prügelt? Wenn die Herrschaft mal zuschlägt, ist das ihr gutes Recht, dazu ist man die Herrschaft – man schlägt zu oder man lässt es, ganz nach Belieben – aber einen Mann soll ein Mann schlagen, was geht die Frau das an! Unglaublich. Ein Mädchen, das soll sie züchtigen, soviel sie Lust hat, das verübelt ihr keiner, aber einen Mann … O Gott, erlöse mich von den Sünden dieser Welt.“

„Ja, und wisst ihr schon“, wollte Elisabeth zu neuer Klatscherei ansetzen, aber da wurde der Tee gebracht.

„Vergiss nicht, was du uns sagen willst, Schwägerin“, unterbrach sie Daredschan, „aber nimm dir bitte zuerst Tee.“

„Nehmt ihr doch zuerst“, antwortete Elisabeth, griff aber gleich nach einem Glas.

Der Tee wurde herumgereicht. Elisabeth nippte an ihrem Glas und fuhr in ihrer Rede fort: „Was ich euch noch erzählen muss: Wisst ihr, was dieser Halunke Nikolos treibt? Der ist hinter dem Dienstmädchen her. Neulich in der Dämmerung“ – Elisabeth flüsterte jetzt Daredschan ins Ohr – „haben die Burschen ihn entdeckt, seine Frau benachrichtigt, und die Ärmste ging hin und fiel in Ohnmacht. Ich sag euch …“

„Ist das wahr?“

„Wenn nicht, soll euch die Erde nicht zudecken!“, beteuerte die Schwätzerin, und mit gespieltem Mitleid barmte sie:

„Ach, die Bedauernswerte, dieser Nikolos hätte es verdient, dass sie ihm einen Stein auf den Schädel haut.“

„Schlimme Zeiten müssen wir erleben, weiß Gott!“, klagte Luarsab aus reinem Herzen. „Das ist der Weltuntergang: Wenn eine Frau keine Frau mehr ist und ein Mann kein Mann. Nicht ohne Grund erscheinen immerzu diese Kometen, da kommt Gottes Zorn über uns. Wo hat man je gehört, dass eine Frau einen Mann verprügelt und ein Ehemann sich vor allen Leuten solche Dinge erlaubt. Die Menschen haben keine Scham mehr heutzutage. Keine Scham und kein Gewissen.“

„Hätte dieser Schuft es noch heimlich getan, dann würde keiner etwas sagen“, bemerkte Daredschan.

„Richtig, meine Liebe, hätte er es noch heimlich getan!“, fiel Luarsab ihr ins Wort. „Schließlich, früher hat es auch so was gegeben, wir sind doch alle nur Menschen. Aber früher, da wurde das im Verborgenen erledigt, und keine Seele erfuhr davon, natürlich, oft kam das vor, aber wusste gleich alle Welt Bescheid? Die Menschen früher haben das alles heimlich und mit Verstand gemacht, eben weil sie noch ein Gewissen hatten. Ach, heutzutage ist alle Scham zum Teufel. Ja, die Welt ist weit heruntergekommen.“

„Alles das sind Anzeichen für ihren Untergang“, bekräftigte Daredschan.

„So ist es, genau so. Ach, da habe ich noch etwas gehört. Wenn ihr eure Bediensteten wegschickt, erzähle ich es euch“, sagte Elisabeth.

Das Hausmädchen und der Junge, der den Samowar bediente, wurden weggeschickt. Elisabeth sah prüfend in die Runde, ob niemand lauschte, und setzte sich näher zu den Gastgebern. Auch Luarsab rückte heran und spitzte die Ohren. Daredschan schlug sogar den Kopfschleier zurück, um besser zu hören.

Mit leiser Stimme begann Elisabeth: „Dass vor kurzem ein Schweifstern erschienen ist, das wisst ihr doch?“

„Ja“, antworteten einstimmig die Eheleute.

„Dass an jenem Tag der Drache der Sonne nachgesetzt ist, habt ihr auch gehört?“

„Haben wir, ja!“, riefen schaudernd die Gefragten.

„Wegen des Schweifsterns und des Drachens nun haben die armenischen Priester im Buch der Astrologie nachgeschlagen, und sie sagen, dass" – hier senkte Elisabeth noch mehr die Stimme – „man den Fürsten die leibeigenen Bauern wegnehmen wird."

„Gott steh mir bei!", rief Luarsab, jäh erblasst. „Was sagst du da? Habe ich euch nicht die Sintflut prophezeit? Fürwahr, Gottes Zorn wird über uns kommen. Und alles wegen unserer Sünden. Bei meinem seligen Vater Saal, ich will losgehen und die Frauen von Sakaria, Lewan und Nikolos mit der Knute züchtigen, denn alles das verdanken wir ihnen. Die werden mir noch Wagenverleih betreiben!"

„Was regst du dich so auf, mein Lieber", suchte Daredschan ihren Gatten zu beschwichtigen. „Wieso glaubst du dem Buch der Armenier? Hat es vorvoriges Jahr nicht geheißen, dass unsere Erde auf Stierhörnern stehe, dass eines der Hörner zerbrechen und die Welt umstürzen werde? Das erwies sich als purer Unsinn. Die Welt steht noch, und eine Wahrsagerin aus Garedschi sagte, dass weder das Horn zerbrochen noch sonst etwas passiert sei."

„Richtig, daran habe ich gar nicht gedacht!" Luarsab war sogleich beruhigt. „Das ist sicherlich nichts als Geschwätz. Wer kann mir das, was König Erekle mir geschenkt hat, durch eine Weissagung aus dem Buch der Armenier wegnehmen, meine Liebe? Und außerdem, was für Fürsten sollen wir sein, wenn wir keine Leibeigenen haben. Nein, ich glaube nicht dran, sogar wenn's beim weisen Salomon stünde, würde ich's nicht glauben."

„Natürlich ist das Unsinn, aber unter den Bauern geht es um, und das ist das Übel!", sagte Elisabeth.

„Ja, ja, es geht um, das Gerücht, dass ich kein Tatkaridse mehr sein soll. Hat's aber voriges Jahr nicht auch geheißen, dass drüben im Jenseits die Herren zu Bauern werden und die Bauern zu Herren? Gott sei's gedankt, die Herren sind dort Herren geblieben und die Bauern Bauern, nicht anders als hier. Der König von England hat dem französischen Herrscher von dort aus mitteilen lassen, alle Furcht sei unnötig, ihm und seiner Aristokratie gehe es drüben noch blendender als hüben, er solle auf das Geschwätz nichts geben."

„Aber natürlich, der Herrgott selbst hat die einen zu Herren bestimmt und die andern zu Bauern, warum sollte er seine Ordnung abschaffen? Ruhm unserem Schöpfer!", versetzte Daredschan.

„Dem Herrgott, was des Herrgotts, und dem Kaiser, was des Kaisers ist, so steht's im Evangelium geschrieben, und die Kaiser, die sind wir", fügte Elisabeth hinzu.

„Das nenne ich wahr gesprochen, liebe Schwägerin! Wer kann dem Wort des Evangeliums entrinnen?", bekräftigte Daredschan.

„Niemand, bei Gott!"; bekräftigte ihrerseits Elisabeth und erhob sich zum Aufbruch. „Alles Gute für euch!"

„Auch für euch alles Gute, liebe Schwägerin! Bringt es unter die Bauern, dass alles Hirngespinste sind", gab Luarsab ihr den Rat mit auf den Weg.

„Wenn ihr dasselbe tut, kann's nicht schaden! Dieses Bauernvolk ist leichtgläubig der Wahrheit wie der Lüge gegenüber. Auf Wiedersehen." Elisabeth verabschiedete sich und ging. Ihr armes, geplündertes Hausmädchen begleitete sie.

„Oh, diese Schwätzerin! Was für ein Klatschmaul!", stöhnte Daredschan, als sie weg war.

„Was für Ideen – die Leibeigenen sollen uns weggenommen werden!", brummte Luarsab.

„Du hast aber gleich dran geglaubt!"

„Wo es doch im Wahrsagebuch steht, wie sollte ich nicht dran glauben! Freilich, ich hatte nicht bedacht, dass die Wahrsagerin aus Garedschi das Buch der Armenier schon öfters der Lüge überführt hat."

„Wo hattest du deinen Verstand?"

„Hier im Kopf, meine Teure, trotzdem fiel es mir nicht ein. Wenn ich mich immer an alles erinnern würde, was ich gehört habe, wäre ich der weise Salomon. Außerdem, gibt's auf der Welt nicht genug teuflische Machenschaften? Junge, was geschieht auf der sündigen Erde nicht alles wegen unserer Sünde? Allerdings, der Vorsichtige hat weniger Nachsehen. Wir werden den Leuten einreden, dass alles Schwindel ist."

„Und ob, zu unserm Schaden kann es nicht sein."

„Keineswegs, meine Liebe. Ich werde sofort Dato rufen. He, Dato! Dato!", rief der Fürst seinen Verwalter.

„Ja, Herr!", meldete sich Dato von fern. „Ich komme!" Wenig später war Dato zur Stelle und fragte seinen Herrn, was er wünsche.

„Dieses Gerede, dass man uns die Bauern wegnehmen wird, ist Lug und Trug. Verstanden? Sag das allen: Lug und Trug. Der Zar schreibt, dass er alle hängen wird, die behaupten, dass das stimmt, sogar die, die es insgeheim denken. Verstanden?"

„Wie sollte ich nicht verstehen, Herr!", antwortete Dato.

„Wer denkt denn auch so was. Irgendwelche grünen Jungen und Mädchen faseln dummes Zeug, Herr, wer nimmt das Kindergeplapper ernst? Sie schwatzen sich eins und werden auch wieder still."

„Ganz recht, Dato, sag das überall so. Was bringt es euch für Nutzen, wenn ihr uns nicht mehr habt?"

„Nur unser Feind möge Sie verlieren, Herr."

„Wie dem auch sei, wir sind wie Väter zu euch."

„Jawohl, Herr! Sie sind der Vater und wir die Kinder, und wenn Sie manchmal böse auf uns sind, geben Sie uns eins drauf und nehmen uns was weg – na und? Geschieht doch nur zu unserm Guten, kommt es denn nicht vor, dass ein Vater seinen Kindern zürnt?"

„Richtig, manchmal zürnt er ihnen, aber Kind bleibt darum Kind, und Vater bleibt Vater."

„Das ist wahr gesagt. Manch einer versteht das nicht, der sagt – was mein ist, soll auch mein bleiben, warum nimmt es der Herr uns weg? Diese Leute wissen nicht, dass, wenn einem der Herr etwas wegnimmt, es zum eigenen Guten geschieht. Sie wissen ja, der Bauer ist nun mal töricht."

„Eben, das ist der Bauer, töricht", schaltete sich Daredschan ein. „Wozu ist der Herr der Herr, wenn er dem Bauern nicht Bescheid stößt und ihm etwas wegnimmt? Außerdem – da nimmt ihm kein Fremder etwas weg, sondern der eigene Herr."

„Stimmt. Wie kann ein Vater ein Fremder sein?", setzte der schlaue Dato noch hinzu.

„Große und Kleine gibt es schließlich überall", erläuterte Luarsab. „Hier, sieh dir bloß die Finger an, einer ist groß, der andere klein. Und der Grund? Der Grund ist der, dass der Herrgott sie so geschaffen hat. Groß und klein – das muss es überall geben. Sieh her!"

„Aber ich sehe, Herr! Da gibt es groß und gibt es klein. Jedoch – ein Segen ist Gottes Gerechtigkeit – beides ist so geschaffen, dass es einander nicht stört", versetzte Dato listig.

„Genau! Überall gibt es groß und klein, warum sollte das bei uns nicht so sein? Wer glaubt diesen Lügenmärchen?", spann Luarsab seinen Faden weiter, ohne Datos Verschlagenheit zu bemerken.

„Wer ein Gehirn im Kopf hat, der glaubt auch nicht dran, Herr, aber die, die keins haben, die behaupten eben, es stimmt."

„Was kann daran stimmen?", mischte sich Daredschan abermals ein. „Was sollten wir dem Zaren angetan haben, dass er uns die Leibeigenen wegnimmt, und womit hättet ihr verdient, dass wir euch aus der Hörigkeit befreien? Wie kommt ihr darauf?"

„Es wird geredet, Herrin, kluge Leute hätten geschrieben, dass es für das Land gut wäre. Aber es ist sicher gelogen."

„Ganz sicher ist es gelogen!", schrie Luarsab. „Welcher kluge Mann sagt so was, höchstens doch ein Judas, ein Verräter!"

„Soll der Blitz solch klugen Leute treffen!", fluchte Daredschan.

„Weißt du, was die Wahrsagerin von Garedschi sagt?", fragte Luarsab seinen Verwalter.

„Nein, Herr, was denn?"

„Dass alles Lüge ist."

„Einer solchen Hellseherin muss man einfach glauben", betonte Daredschan.

„Das habe ich schon immer gewusst, Herr, dass alles Lüge ist, denn was hätten wir Gutes ohne Herrn? Ein beschützerloses Gotteshaus nehmen die Teufel in Besitz, heißt es bei den Bauern. Genauso wird es uns gehen. Jetzt wollen sie uns weismachen, den Fürsten und den Bauern, dass es für das Land gut sein soll. Kann das einer glauben?"

„Wenn es mich nicht gibt, wird das Unterste zuoberst gekehrt oder auch, wie der heilige Vater von Bodbi immer sagt ‹kein Stein auf dem andern bleiben›, aber fürs Land soll's gut sein!", zweifelte Luarsab. „Wenn ich und du nicht mehr da sind, was soll uns dann das Land? Zum Teufel mit dem Quatsch, was, mein Dato?"

„Jawohl, Herr! Es ist alles Unsinn. Ich hab's schon vielen gesagt, aber wer glaubt mir!"

„Sag denen, du weißt es vom Herrn höchstselbst; dann werden sie dir wohl glauben“, riet Luarsab.

„Was können sie dann noch einwenden, Herr!“

„Also gut, mein Dato, sag allen Bescheid.“

„Sehr wohl, Herr.“

„Jetzt geh.“

Dato entfernte sich. Wie sehr sich der Heuchler wohl insgeheim vergnügte!

„Der hat begriffen, dass alles Unsinn ist“, stellte Daredschan befriedigt fest.

„Ein gescheiter Mann, darum“, erklärte Luarsab.

V

„Alles schön und gut, aber was haben wir heute zum Abendessen, meine Liebe?“, fragte Luarsab eines Tages seine Ehegattin zu der Stunde, da die Hühner sich ins Nest begeben. „Hörst du nicht, Frau? Was essen wir heute abend?“

„Aber was sorgst du dich, mein Lieber. Gott sei's gedankt, es sieht bei uns nicht ärmlich aus“, tröstete Daredschan ihren Gemahl.

„Was also wird es geben?“

„Vom Mittag ist noch kaltes Rindfleisch da, feines Schweinslendchen, vorzüglicher …“

Luarsab, entzückt von der Vorstellung der Schweinslendchen, unterbrach seine Fürstin: „Oh, oh! Schweinslendchen, sehr gut, meine Liebe. Und außer Schweinslendchen? Irgendwie bin ich heute bei Appetit.“

„Wir haben noch gedörrten Störrücken, ein Geschenk vom Weinverkäufer. Ein saftiges Stück, das Fett tropft nur so heraus.“

„Großartig, und sonst?“

„Käse, Brot und Abendrot.“

„Auch das ist, bei Gott, nicht übel. Nicht mal der Zar speist so üppig wie wir.“

In genussvoller Erwartung stopfte sich unser Fürst die Pfeife, und bis das ersehnte Essen aufgetragen wurde, schritt er in dem nicht sehr geräumigen Zimmer ungeduldig auf und ab. Aus tiefen Gedanken heraus erscholl dann und wann sein Ruf: „Schweinslendchen? Bei Gott, köstlich!“

Wie allem in diesem vergänglichen Erdenleben war auch dem Abendessen ein Ende beschieden. Satt lag Luarsab auf der Liege und sorgte sich bereits um den morgigen Tag. Ein tüchtiger Hausvater!

„So haben wir mit Gottes Hilfe dieses Abendessen bewerkstelligt“, sagte er, „nun aber heißt es an morgen denken. Auch morgen werden wir hungrig sein, denn so hat uns der Himmel geschaffen. Was hätten wir morgen zu essen, Daredschan?“

„Morgen?“, sagte Daredschan nachdenklich, als habe man sie mit einer kaum lösbaren Aufgabe betraut. „Morgen? Warte … Ja, morgen … Wie denkst du über Haxe, mein Lieber?“

„Wunderbar. Welch prächtiger Einfall. Haxe!", jubelte vor lüsterner Gefräßigkeit Luarsab. „Gelobt sei unsere Hausfrau! Eine schöne, fette Haxe, von unserem Tedo zubereitet, mit Knoblauch – dafür gäbe ich ein ganzes Königreich, fürwahr! Sehr gut, und außerdem? Das allein wird uns doch nicht genügen?"

„Wie wäre vorher eine gute Hühnerbrühe?", fragte mit verführerischem Lächeln die Fürstin.

„Hühnerbrühe? Hühnerbrühe? Nein, meine Liebe, Hammelsuppe ist besser", sagte nach kurzem Überlegen Luarsab.

„Das denkst du dir! Wieso ist Hammelsuppe besser?"

„Aber ja – Hammelsuppe, mit saurer Pflaumensoße versetzt!", rief Luarsab gleichsam verwundert, denn wie konnte eine gescheite Frau wie seine Daredschan eine so schlichte Wahrheit nicht wissen?

„Ich bitte dich, lieber Mann, was geht über eine gut zubereitete Hühnerbrühe?"

„Was denn!", staunte der Fürst noch mehr. „Hühnerbrühe sollte Hammelsuppe mit Pflaumensoße übertreffen? Du bist ja nicht bei Verstand, Frau! Allein schon die Hammelsuppe, und dann noch mit Pflaumensoße versetzt! Wie kannst du nur, meine Liebe! Ein Happen Brot, in fette Hammelsuppe getunkt, ist mir lieber als ein ganzer Kessel Hühnerbrühe. Habe ich dich überzeugt, dass Hammelsuppe besser ist als Hühnerbrühe? Als ob ich nicht ein Mann wäre, ein Mann, auf den man hört."

„Ein Starrkopf bist du: Was du sagst, ist richtig, und keiner kann dich umstimmen", schmollte Daredschan.

„Ganz recht, so gehört sich das für einen Mann. Soll er vielleicht heute das eine behaupten, und morgen etwas anderes?" Luarsabs energischer Ton duldete keinen Widerspruch. Daredschan erkannte die Schlagkraft des Argumentes, und gedämpften Mutes lenkte sie das Thema um: „Du findest also Hammelsuppe besser?"

„Ja, mein Schatz."

„Dann hast du aber gar keinen Geschmack", konstatierte Daredschan ärgerlich.

In Luarsab stieg Wut auf, zwar beherrschte er sich, antwortete jedoch mit leiser Kränkung in der Stimme: „Du bist es, die keinen Geschmack hat, wenn du Hühnerbrühe besser findest. Ich für mein Teil bevorzuge Hammelsuppe."

„Was du doch für Unsinn faselst!" Daredschan kochte fast vor Zorn. „Wie kannst du Hammelsuppe bevorzugen, nämlich, wenn ich hungrig bin und bloß an Hühnersuppe denke, läuft mir schon das Wasser im Munde zusammen, bei Hammelsuppe indessen geschieht nichts. Da siehst du's, Hühnerbrühe ist viel besser. Glaubst du mir jetzt?"

Die Fürstin sprach mit größter Gewissheit und mit einem solchen Hohn in der Stimme, dass sie gleichsam zu sagen schien: Hör dir nur an, du Dummkopf, was für einen Trumpf ich hier ausspiele, willst du dich immer noch bockbeinig stellen?

Ihr Widersacher indessen war auch nicht auf den Kopf gefallen und konnte eine noch stärkere Waffe gebrauchen. Sofort freilich hatte er sie nicht parat, er musste zuerst kräftig überlegen, schließlich aber – Gott sei's gelobt – wehrte Luarsab sich mit Bravour.

„Du bestehst also darauf?", fragte er und erhob sich drohend von der Liege.

„Das tue ich."

„Na gut denn. Während dir im hungrigen Zustand bei dem Gedanken an Hühnerbrühe das Wasser im Munde zusammenläuft, passiert mir dasselbe bei Hammelsuppe, sogar wenn ich satt bin. Zum Beispiel jetzt: Ich habe heute abend viel mehr gegessen als du, aber wenn ich bloß an einen randvoll mit Brotstücken gefüllten Teller Hammelsuppe denke, ha! Und quer auf dem Teller liegt noch ein schönes Unterschenkelchen … Na, was sagst du, Frau? Ich würde auf der Stelle tot umfallen wollen, wenn du begreifen könntest, dass Hammelsuppe die Königin aller Suppen ist so wie der Stör der König der Fische. Aber wie sollst du mit deinem Weiberverstand das verstehen."

„Und wie soll dich einer ernst nehmen, wo du nicht einmal weißt, dass der Lachs der König der Fische ist und nicht der Stör? Immerfort musst du schwindeln!", zeterte die Fürstin schadenfroh, weil sie ihren Gatten bei einem schwachen Punkt ertappt hatte.

Luarsab, leicht verwirrt, ließ sich jedoch nichts anmerken und sann nur darauf, koste es, was es wolle, um seiner Ehre willen zu beweisen, dass der Stör der König der Fische war.

„Ach, jetzt bist du eigensinnig", sagte er. „Der Stör ist der König."

„Der Lachs."

„Der Stör. Hier auf der Stelle will ich sterben, glaubst du mir jetzt?"

„Der Lachs, der Lachs!", rief die Fürstin.

„Woher weißt du das?"

„Woher weißt du, dass es der Stör ist?"

Mit dieser Frage saß Luarsab in der Falle. Er saß rettungslos fest! Ach, wäre ihm doch eine Erwiderung eingefallen – schon wollte er behaupten, dass es im Wahrsagebuch der Armenier stehe, aber da fiel ihm ein, dass Daredschan immerhin belesener war als er, und scheute davor zurück.

Daredschan, ein gescheites Frauenzimmer, wie der Leser bereits weiß – sie spürte, dass ihr Luarsab um eine Antwort verlegen war, und um so selbstsicherer attackierte sie jetzt:

„Na, sag doch, woher du es weißt? Also bitteschön! Dann behaupte nicht, was du nicht weißt. Gibst du mir nun recht, dass Hühnerbrühe besser ist?"

Daredschan wusste, wenn sie Luarsab ein solches Geständnis abringen konnte, dann nur in diesem Augenblick. Nur in dieser höchsten Not war Luarsab zu bewegen anzuerkennen, dass Hühnerbrühe jede Hammelsuppe übertraf. Nur darum hatte sie unverhofft erneut die Hühnerbrühe ins Gespräch gebracht.

Ach, in welcher Bedrängnis sah sich unser Luarsab, mein Leser! Er stand da und ließ den Kopf hängen wie ein beim Zuckerstibitzen ertapptes Kind. Er wusste nicht, was tun.

Sein Eheweib hatte ihn besiegt, aber durfte er das dulden? Zu anderer Zeit hätte er womöglich darüber hinweggesehen, jetzt aber, da er sich einmal auf den Streit eingelassen hatte und die Dinge schlecht für ihn standen, jetzt erschien ihm eine Hinnahme der Schlappe doch ehrenrührig. In einem Augenblick des Kleinmuts wiederum wollte er sich fast geschlagen geben und den Vorrang der Hühnerbrühe anerkennen, aber da rief er sich das Bild eines Tellers mit dampfender Hammelsuppe ins Gedächtnis, vollgesogene Brot stücke schwammen darin, und quer über dem Teller lag ein Lammunterschenkel – die Vorstellung belebte Luarsab, er schöpfte neuen Mut und neue Seelenkraft, vergaß die Schmach der Niederlage und sagte energisch: „Was weiß ich, vielleicht ist in der Tat der Lachs der König der Fische, jedoch übertrifft Hammelsuppe bei weitem jede Hühnerbrühe."

„Hühnerbrühe ist besser, Mann!"

„Nein, Hammelsuppe, Frau!"

„Ei, wie vordem bist du im Unrecht und willst es nicht zugeben", sagte vorwurfsvoll Daredschan.

„Nein, du bist im Unrecht."

„Sieh einer an, wolltest du mir nicht weismachen, der König der Fische sei der Stör?"

„Das war nicht ich, du selbst hast es gesagt", log Luarsab und wälzte damit seine Behauptungen auf die Ehehälfte ab.

„Ich habe gesagt, der Lachs."

„Sieh an, sieh an, mein Bester, was dir nicht einfällt!", rief Daredschan, nunmehr wahrhaft aufgebracht.

„Schrei, soviel du willst", versetzte Luarsab leise und ging, um das Zimmer zu verlassen. An der Tür hielt er noch einmal inne und bekräftigte: „Ich habe Lachs gesagt." Mit diesen Worten entfernte er sich.

„Verdammter Lügner, du!" Daredschan erstickte fast vor Wut über die neuerliche Unverschämtheit. „Dass dich der heilige Georg und die Gottesmutter von Nekressi mit ihrem Zorn überschütten!"

Ob Luarsab den Fluch nicht hören konnte oder nicht hören wollte – so oder so, Daredschan bekam ihn nicht heimgezahlt.

Oftmals bis tief in die Nacht hinein boten sich die Eheleute, vor Erregung flammend wie rote Rüben, solcherlei tiefsinnige Wortgefechte. „Was essen wir heute?", fragten sie einander in der Frühe. „Was kommt morgen auf den Tisch?", sorgten sie sich am Abend. Dieses war ihre Seelennahrung, dieses war ihre Geistesübung, dieses war ihr Gedankenaustausch.

Woher sollten sie wissen, dass sie mit solchem Betragen und mit solcher Art Leben den Zorn des Herrgotts auf sich herabbeschworen, der ihnen doch seine Seele eingehaucht hatte?

Wie denn, ich sollte den Herrgott erzürnen?, würde Luarsab sich verwundern, ich versäume weder Kirchgang noch Gebet, ich habe nicht getötet und nicht gestohlen – womit sollte ich den Herrgott erzürnen?

Was wahr ist, ist wahr, mein Luarsab, du hast nicht getötet und nicht gestohlen, mit einem Wort – was du nicht tun sollst, hast du nicht getan, immerhin, das ist besser als nichts. Doch frage ich dich: Hast du getan, was du tun sollst?

Jawohl, würdest du mir antworten, mein Luarsab, ich habe gegessen und getrunken und bin keinen Tag hungrig gewesen.

Das ist deine Antwort? Du sagst, du versäumst weder Kirchgang noch Gebet. Und was folgt daraus? Hast du nicht jedesmal im Hause Gottes die Worte des um unsertwillen gekreuzigten Jesus Christus vernommen: „Du sollst vollkommen sein wie unser himmlischer Vater"? Hast du auch nur einen Augenblick deines Lebens lang danach gestrebt? Nein, denn du lebst nicht dafür. Du lebst, um zu essen und zu trinken, das heißt – du isst und trinkst nicht, um zu leben, will sagen, um danach zu streben, vollkommen zu sein wie unser himmlischer Vater.

VI

Zwanzig Jahre mochte es inzwischen her sein, dass Luarsab und Daredschan sich in ein Joch gespannt und unter eines Schicksals Schirm geborgen hatten. Die Hochzeit der beiden war auf wundersame Weise zustande gekommen. Lange Zeit klettete Luarsab unzertrennlich an seinem Bruder David, jedoch als er zwanzig wurde, erwachte jäh in ihm der Wunsch zu heiraten. Sein Verlangen war heftig, nur wusste er vorerst nicht, welches Mädchen er heiraten sollte, denn – reich sollte die Auserwählte sein, aus gutem Hause und zudem hold und schön. Solche Mädchen aber sind bei uns zulande rar. Luarsab jedoch hielt die Augen offen – vielleicht führte ihm der Zufall die Richtige zu? Da sich im Umkreis aber keine fand, fasste er den Entschluss, sich eine mit breiten Borten besetzte Tschocha* sowie bunt betresste weite Tuchhosen schneidern zu lassen, zweihundert Silberrubel einzustecken und in die Stadt** zu fahren – dort genügte es sicherlich, ein paar mal in der Droschke durch die Straßen zu jagen, und schon ginge ihm ein reiches Kind aus guter Familie ins Netz, schlimmstenfalls fanden sich dort Armeniertöchter, und bei solch einer bekäme er noch zehntausend Silberrubel obendrauf. Schließlich entdeckte Luarsab, dass er keineswegs in die Feme zu schweifen brauchte: Fürst Gdseladse nämlich, ein Mann von ehrenwertem Namen, hatte in seinem Hause eine heiratsfähige Schöne, so hieß es, welche überdies zweitausend bare Silberrubel mitbekommen sollte. Bei der Nachricht erbebte Luarsab das Herz, der Gedanke an das Mädchen setzte sich in Kopf und Lenden und verursachte ein wohltuendes Prickeln. Leider wusste Luarsab nicht, wie er sich den Weg zu seinem Glück bahnen sollte, aber da half der liebe Gott und schickte eines Tages eine Kupplerin zu ihm.

Die Kupplerin, Abgesandte der Gdseladses, war eine betagte, würdevolle arme Witwe, welche sich seit dem Tode ihres Gatten mit diesem ehrenwerten Gewerbe das Brot verdiente. Man nannte sie die „falsche Fürstin" – ihr unglückseliger Mann nämlich war sein Leben lang einem Adelsbrief nachgejagt, ohne ihn je zu erlangen – wollen wir sie darum gleichfalls so nennen. Unter den Adelsleuten galt sie als eine Person von schlauer Beredsamkeit. Dem Vernehmen nach gab es auf der Welt keine

* Georgischer Männerrock.

** *Kalaki* (georg.) bedeutet durchaus neutral „Stadt", darüber hinaus aber, wie auch in dieser Geschichte, ist es das Synonym für die Stadt Tiflis.

zweite so erfahrene Mittlerin wie diese. Daher ward ihr reichlich Botenlohn zuteil, zu ihren Gunsten sei aber gesagt, dass sie jeden Auftrag, den sie übernahm, auch zu einem Ende führte. Gdseladse wählte also sie, zahlte ihr fünfzig Silberrubel auf die Hand und versprach weiterehundertfünfzig, sobald dieAngelegenheit ins reine gebracht wäre. Obgleich von Gdseladse geschickt, benahm sich die gewiefte falsche Fürstin Luarsab gegenüber so, als käme sie von selbst zu ihm, wodurch sie Luarsab zu Dank verpflichtete und eine Gelegenheit schuf, ihm manches abzugaunern.

Zu der Begegnung kam es im Hause eines Adligen, der soeben Hochzeit feierte und neben vielen anderen auch Luarsab zu Gast geladen hatte. Die falsche Fürstin war eine Tante des Bräutigams. Am zweiten Tag der Hochzeitsfeier, nach dem Mittagsmahl, suchte unser bezechter Luarsab ein Ruheplätzchen und legte sich in einer Gartenlaube nieder. Die Sonne sank bereits, als ihm jemand einen Klaps versetzte. Erwachend riss Luarsab die Augen auf, und als er eine würdevolle, bejahrte Frau vor sich erblickte, sprang er unverzüglich auf die Beine.

„Nehmen Sie wieder Platz, Fürst, ich bitte Sie“, sagte die falsche Fürstin. „Verzeihen Sie die Störung, aber ich musste zu Ihnen kommen, denn wissen Sie, wenn ich nur an die Freundschaft mit Ihrer Frau Mutter denke, an die Liebe und Achtung, die uns beide verband, presst es mir Ihretwegen einfach das Herz ab … Als Sie so klein waren – die falsche Fürstin hielt die Hand tief nach unten – habe ich Sie auf dem Arm getragen und geherzt. Ihre Mutter und ich waren engste Freundinnen, keine konnte ohne die andere sein, so innig lieben sich nicht einmal Schwestern. Sie erinnern sich doch noch an Ihre Frau Mutter?“

„Nein, ich war kaum zwei Jahre alt, als sie starb“, erwiderte Luarsab, nachdenklich darüber, was die Besucherin wohl zu ihm führte.

„Natürlich, wie sollen Sie sich erinnern. Als die Unglückselige dem Herrgott ihre Seele empfahl – oh, wie konnte ich den Verlust nur lebend überstehen, ach, gedankt sei's dem himmlischen Vater, denn alles geschieht nach seinem Willen – ja, als sie Gott ihre unschuldige Seele empfahl, saß ich an ihrem Bett. Alle anderen hatte sie fortgeschickt. Ihr Herr Vater war damals wohl schon verstorben.“

„Nein, er hat meine Mutter ungefähr um sechs Jahre überlebt“, sagte Luarsab.

„Ja richtig, wie konnte ich das vergessen?“, wunderte sich die falsche Fürstin so ausdrücklich, als sei es ihr in der Tat entfallen. „Da sieht man's, das Alter macht sich bemerkbar, das Gedächtnis lässt einen im Stich. Richtig, er lebte noch. Er selbst sagte schließlich zu mir: ‹Schwester Choreschan! Ich weiß, welche Liebe dich und meine Frau verbindet, geh und setz dich zu ihr, dein Beistand wird wohltuender für sie sein als der meine.› Ihr Herr Vater war ein würdiger Mann, allerorts hochangesehen und verehrt. Nicht nur in der christlichen Welt genoss er Respekt, nein, auch bei den Lesghiern in Dagestan, sogar bis nach Russland drang sein Ruf. Aber wie sollen Sie sich daran erinnern, wo Sie damals noch so klein waren. Ja, wovon sprach ich doch gleich?“ Die falsche Fürstin suchte sich gleichsam zu besinnen.

„Davon, dass mein Vater auch in Dagestan Respekt genoss und sein Ruf sogar bis nach Russland drang“, half ihr Luarsab.

„Ach, das weiß ich selbst. Der Grund, weshalb ich meine Rede begonnen habe, fällt mir nicht ein. Bei Gott, das Alter ist ein Kreuz: Ich vergesse, was ich soeben gesagt habe. Kein Wunder, dass ich mich nicht erinnere, wann Ihr Herr Vater gestorben ist, schließlich ist das zwanzig Jahre her."

„Zwölf Jahre", berichtigte Luarsab.

„Meinetwegen zwölf Jahre, aber ein Wunder ist es nicht. Ja, weshalb habe ich meine Rede begonnen?", sagte die falsche Fürstin nachdenklich, als wüsste sie nicht, worauf sie hinaus wollte. Sie wusste es sehr wohl, doch erwog sie sorgfältig, wie sie es anstellen sollte, damit Luarsab sie nicht abermals beim Schwindeln ertappte, so wie es ihr mit dem Tod des Vaters ergangen war. Luarsab stand in starrer Verblüffung da und konnte nicht enträtseln, mit welcher Absicht ihn die falsche Fürstin beehrte.

„Ja, richtig!", rief sie endlich. „Das wollte ich sagen: Als Ihre selige Frau Mutter im Begriff war, dem himmlischen Vater ihre reine Seele zu empfehlen, schickte sie alle fort außer mir, und als wir allein blieben, sagte sie mit ihrer Engelsstimme zu mir: ‹Meine Herzensfreundin Choreschan, ich werde nicht mehr lange leben. Ich weiß, dass du mich sehr lieb hast. Nimm du dich meiner Waisenkinder an und sei ihnen die Mutter.› Und als sie das ausgesprochen hatte – wehe, wer solches Unglück mitansehen muss! -, brach sie in Schluchzen aus. Auch mir rollten die Tränern aus den Augen, wir beide weinten viel. Darauf entfloh die Seele dieses Engels. Im tiefsten Innern erschüttert, wusste ich nicht ein noch aus, ich glaubte den Verstand zu verlieren unter der Last des Kummers, hatten wir uns doch geliebt, als wären wir ein Leib und eine Seele. Ihre Frau Mutter – der Herrgott schenke ihr das Himmelreich – war ein Mensch, den alle wie eine Ikone anbeteten. Jawohl, solch ein Mensch war sie. Wo findet man heute noch dergleichen Frauen? Was sind wir dagegen! … Am dritten Tage senkten wir nach Christenbrauch ihren lichten Leib in die Erde. Hohe Geistlichkeit war geladen. Wissen Sie, Ihr Herr Vater wollte zur ehrenvollen Bestattung sogar den Bischof herbeiholen lassen, doch es waren keine Pferde zu finden, um eine Droschke zu ihm zu schicken … Sie und Ihr Bruder David, Sie beide waren so winzig kleine Waisen, ich habe Sie damals sogleich liebgewonnen und in mein Herz geschlossen. Wiederum weiß ich nicht, wieso – David war schließlich auch Ihrer Mutter leibliches Kind – aber Sie waren mir stets näher. Sie erinnern sich doch an mich?"

„Nein", sagte Luarsab.

„Natürlich, du erinnerst dich nicht, du warst ja erst drei Jahre alt, als der Tod mir meinen Mann entriss – wehe der Frau, welcher solches widerfährt! – und seither habe ich keinen Fuß mehr aus dem Hause gesetzt, ich untröstliche, schutzlose Witwe. Nichts kann mich mehr freuen, für mich ist die Welt nur in Schwarz gehüllt. Verzeihen Sie meine Zudringlichkeit, womöglich falle ich Ihnen lästig? Doch was tun? Ich bin eine vom Schicksal Gepeinigte, und so überkommt mich immer wieder der Jammer. Aber wozu in die Länge ziehen, ich will es kurz machen: Drei Jahre waren Sie alt, als ich meinen Mann verlor. Unsere Wege trennten sich, ich bekam Sie nicht mehr zu Gesicht, doch mit dem Herzen war ich stets bei Ihnen. Sooft ich jemandem von Ihrer Familie begegnete, erkundigte ich mich nach Ihnen. Eines Nachts – es mag jetzt drei Monate her sein – erschien mir ein wundervoller Engel im Traum, voller Glanz, in strahlendem Weiß stand er mir vor Augen. Gewiss, es war ein Traum, aber ein Traum, der mir bis heute wie Wirklichkeit dünkt.

„Choreschan!", rief mich der lebendige Geist.

„Ich bin deiner Herzensfreundin Seele, geläutert und verklärt." Sofort umschlang ich die Knie Ihrer Mutter – es war nämlich Ihre Mutter, die mir erschien. „Umschlinge nicht meine Knie", sprach der Geist erneut zu mir, „denn du bereitest mir Herzeleid. Warum ließest du meine Söhne David und Luarsab im Stich? Bei David ist es halb so schlimm, er hat eine Frau gefunden und sich ein Nest gebaut, doch warum sorgst du nicht für Luarsab?" Drei Nächte nacheinander erschien mir der Geist, und immer sprach er dasselbe zu mir. Genau so ist es gewesen, dass ich auf der Stelle sterbe und Sie mich nicht betrauern, wenn es nicht wahr sein sollte! Außerdem, wie schon gesagt, habe ich vor dem Herrn das Gelübde getan, bei Ihnen Mutterstelle zu vertreten, und dafür ist heute der Tag gekommen. Sie sind ein erwachsener junger Mann. Sogleich, als ich Sie sah, begriff ich, was jenes arme Mädchen so sehr in Aufregung versetzt hat. Was sind vor deinem Bilde Qaramans Wuchs und Schulterbreite, die Schönheit Tariels, Gardankeschans* Verstandeskraft! Ein flüchtiger Blick schon erklärte mir, was des unglückseligen Mädchens Herz entflammen machte. Unglückselig sage ich darum, weil Sie womöglich nicht einmal an sie denken, indessen sie sich dort verzehrt."

Luarsab durchströmte Freude, unwillkürlich drückte er eine noch tiefere Delle in seine Mütze, richtete sich hoch auf, reckte stolz Hals und Schultern und strich sich über das soeben sprießende schmale Schnurrbärtchen. Das Wohlgefühl war so mächtig, dass er nicht gleich Worte der Erwiderung fand. Noch wusste er freilich nicht, um wessen Tochter es sich handelte, aber wie gern hörte er zu!

„Auch das Mädchen ist nicht übel", fuhr die falsche Fürstin fort. „So wie du Qaraman nicht nachstehst, kann sie es mit Salbichuraman aufnehmen. Ihr wäret ein Paar wie Tariel und Nestan Daredschan**, könnte man euch zusammenbringen. Zudem ist es ein Mädchen von gutem Stamm und Namen. Die Familie steht mit Fürst Muchran-Baton auf einem Blatt vermerkt. Ein feines Mädchen aus gutem Hause und dazu eine ruhmreiche Verwandtschaft – ein Onkel ist Major, ein anderer Richter bei den Tataren, bares Geld ist auch vorhanden, was will man mehr? Überdies ist es der Wunsch Ihrer seligen Mutter. Gestern nacht erschien mir der Engel abermals und sprach zu mir: „Bringe das unbedingt zuwege!"

„Wieviel Geld hat sie gleich?", fragte Luarsab.

„An die zweitausend Rubel."

„Bares Geld?"

„Reines Dukatengold. Sie verwahrt es zu Hause, in einem Säckchen."

„Ist es die Tochter der Gdseladses?"

„Wer hat Ihnen das gesagt?"

„Ich weiß es."

---

* Figuren aus der georgischen und altpersischen Literatur.

** Eines der Liebespaare aus „Der Recke im Tigerfell" von Schota Rusthaweli.

„Woher?“

„Ich weiß, sie ist es. Als trüge ich das Bild des Mädchens nicht schon im Herzen.“ Luarsab lächelte scheu.

„Wie ist das möglich? Haben Sie sie gesehen?“

„Mit eigenen Augen? Nein, trotzdem weiß ich Bescheid.“

„Dann erlauben Sie mir also, in Ihrem Namen mit ihr zu sprechen? Wie wird sich das Mädchen freuen!“

„Der Vater wohl nicht“, sagte, durch die Lobesworte der Kupplerin übermütig gemacht, Luarsab.

„Das ist es, wahrhaftig, der Vater wird sich nicht freuen!“ Die falsche Fürstin errichtete rasch ein Hindernis.

„Ja, sind Sie denn nicht von ihm geschickt?“

„Aber nein! Käme ich von ihm, wäre die Sache beschlossen, da auch Sie es wünschen. Leider ist gerade der Vater strikt dagegen.“

„Dagegen!“, rief Luarsab gekränkt. „Wieso? Mein Name ist nicht schlechter als der seine. Was also hat er an mir auszusetzen?“

„Nun, er ist eben ein hochmütiger Mensch.“

„Sie meinen, er willigt nicht ein?“

„Das ist nicht gesagt, doch sind Erfahrung und Geschick vonnöten, um ihn umzustimmen.“

„Er ließe sich also vielleicht überreden?“

„Das ist ganz und gar eine Frage des Geschicks, aber Gott weiß, er ist ein eigensinniger Mensch.“

„Das Geschick ist Ihre Sache.“

„Gewiss doch, aber was vermag allein mein Geschick auszurichten?“

„Wessen bedarf es sonst noch? Was ich kann, will ich gern dazutun. Auch unsereins weiß sich dankbar zu erweisen.“

„Oje, mein Lieber, ich bitte dich! Wer spricht davon? Euer Geschlecht ist von jeher für seine Freigebigkeit berühmt – als ob ich das nicht wüsste. Außerdem, wie könnte ich vom Sohn deiner Mutter etwas annehmen, das müßte mir doch im Hals steckenbleiben! Nein, mein Lieber, so etwas tue ich nicht, damit du's weißt. Eins steht jedoch fest: Bakschisch macht selbst die Hölle hell. Man brauchte wohl zweihundert Rubel, um die Nächststehenden zu gewinnen. Es gibt da einen Mann, dessen Wort hat für Mosse Gdseladse Gewicht, das ist wie ein Gebot für ihn. Diesen Mann muss man schmieren.“

„Woher nehme ich auf einmal zweihundert Rubel?“, seufzte Luarsab mit düsterer Miene.

„Bekümmere dich darum nicht: Gib mir einen Wechsel, das Geld will ich schon beschaffen.“

„Einverstanden. Den Wechsel kann ich gleich geben“, sagte Luarsab voll freudigen Eifers.

Als die falsche Fürstin sah, welch leichtes Spiel sie bei Luarsab hatte, schalt sie sich im stillen dumm und töricht – warum hatte sie nicht eine höhere Summe genannt? Und um den Fehler wettzumachen, erfand sie eine neue Schwierigkeit: „Du musst wissen, mein Sohn, man wird dir hohe Zinsen abverlangen."

„Hohe Zinsen? Wieviel?"

„Für zehn Rubel fünfunddreißig Kopeken."

„Was tun, ich zahle. ‚Wie man dich bedrängt, so lass es dir wert sein', heißt es."

„Dann höre, was ich dir sage: Zuerst weigere dich entschieden, geh auf keinen Vorschlag ein, sträube dich, vielleicht können wir dem alten Hund, sollte er doch einwilligen, die Schrauben anziehen und mehr aus ihm herauspressen, verstehst du? Ich sage das nur um deinetwillen, denn mir erwächst daraus kein Vorteil. Klar?"

„Klar, natürlich. Ich werde mich sträuben."

„Das Weitere ist meine Sache. Morgen am Vormittag lasse ich den Wechsel ausstellen, du unterschreibst, und alles andere besorge ich."

„Den Wechsel muss ich im Voraus liefern?"

„Selbstverständlich! Wer gibt einem ohne Sicherheit Geld in die Hand! Hätte ich welches, ich würde es dir nicht vorenthalten, wie könnte ich dem Sohn deiner Mutter solches antun? Aber woher soll ich arme Witwe Geld haben, darum muss ich mich an einen Armenier wenden. Du weißt, was solch Armenier für ein Halsabschneider ist."

„Ich weiß, ich weiß!"

„Sobald dann alles geregelt ist – schließlich bin ich eine arme Witwe – könntest du mich ein- oder zweimal bewirten", sagte die falsche Fürstin in Mitleid heischendem Ton.

„Deine Familie ist als freigebig und gastlich bekannt." Luarsab tat es stets wohl, wenn jemand so über seine Familie sprach, für solche Worte hätte er seine Tschocha ausgezogen und weggeschenkt.

„Sagen Sie bitte, wie ist das Mädchen? Über allem anderen habe ich ganz vergessen, danach zu fragen", fiel es Luarsab ein.

„Sie ist vorzüglich ausgebildet, kann lesen und schreiben und versteht sich auf Handarbeiten. Was will man mehr?", antwortete die Kupplerin.

„Wozu muss sie lesen und schreiben? Ich will keine Gelehrte einstellen … Sagen Sie, ist sie hübsch anzusehen? Hat sie frische Farbe?"

„Wenn du so fragst – sie ist bildschön."

„Also, dann soll ich mich sträuben?", fragte Luarsab noch einmal, und Freude und Verlangen durchströmtenangenehm seinen Körper.

„Jawohl, sträube dich. Ich will nur dein Bestes, denn du bist für mich wie ein Sohn, und du weißt ja – ich selbst habe keinen Nutzen davon. Allein für meinen Seelenfrieden will ich die Sache bewerkstelligen, von Mosse Gdseladse bekomme ich nichts. Ich wünschte, ich könnte ihn überreden und damit dein Glück besiegeln – wer denkt dabei an Eigennutz!"

„Überlassen Sie das nur mir. Sie ist also schön?", fragte Luarsab erneut mit einem Lächeln.

„Ich sage ja – bildschön."

„Und die Mitgift beträgt zweitausend Rubel?"

„Vielleicht sogar mehr! Das hängt von uns beiden ab."

„Vielleicht sogar mehr! Sieh einer an, das wäre nicht schlecht", sagte Luarsab in einem Ton, als wolle er die Sache wägen.

„Du bist dir im Herzen noch nicht schlüssig, scheint mir", sagte listig die falsche Fürstin, um zu prüfen, ob ihr Angebot auf fruchtbaren Boden gefallen war – wenn ja, konnte sie getrost noch mehr aus dem Geschäft herausholen.

„Wieso, was soll das heißen?", protestierte Luarsab.

„Was das heißen soll? Wenn du es nicht ehrlich meinst, dann bereite mir keine Schande, lass gleich von allem ab."

„Aber wie könnte ich, wo mir die Liebe zu dem Mädchen schon jetzt wie Kohlenglut das Herz verbrennt? Ich habe doch nichts auszusetzen!"

„Dann ist es abgemacht?"

„Abgemacht."

„Oh, wie bin ich glücklich! Da hätte ich den Willen deiner Mutter und mein Versprechen vor dem Herrgott so gut wie erfüllt, wenn sich nur Mosse Gdseladse uns nicht in den Weg stellt."

„Bestechen Sie jenen Mann, von dem Sie sprachen, und ich meinerseits werde mich sträuben."

„Wenn sich nur unsere Ausgaben nicht vergrößern – vielleicht möchte noch ein anderer etwas bekommen."

„Teilen Sie die zweihundert Rubel in zwei Teile."

„Dass mir die Augen erblinden! Wo denkst du hin? Das sind keine gewöhnlichen Leute, die sich für hundert Rubel die Hände beschmutzen, sondern namhafte Fürsten, sie zu bestechen ist nicht leicht. Da sieht man's dir an – du bist doch noch ein grüner Junge."

„Ich bin erst knapp zwanzig", schwindelte Luarsab, denn er war volle zwanzig Jahre alt.

„Das Mädchen ist siebzehn. Ihr wäret ein richtiges Turteltaubenpaar. Oh, dass ich bald den glücklichen Tag erlebe, da ich euch als Brautleute nebeneinander sitzen sehe! Wieviele werden euch beneiden!"

„Beeilen Sie sich, wenn alles so ist, ich flehe Sie an!", drängte Luarsab voller Ungeduld.

„Wenn es nur von meiner Eile abhinge – soll doch dein Feind verbleichen! – ich würde es bald zum Ende bringen, aber da ist der verflixte Vater des Mädchens. Jedoch Gott ist barmherzig, hab keine Angst."

Dergestalt endete die erste Verhandlung mit der berühmten Kupplerin. Von dem Tage an hatte Luarsab im Wachen wie im Traum nur das bildschöne Mädchen und das Säckchen mit den zweitausend Rubeln vor Augen. Große Lust befiel ihn, er wallte vor Begehren, und voller Vorfreude reckte er sich im Bett und sprach, sich gierig die Lippen leckend:

„Das Mädchen bildschön, zweitausend Rubel in Dukatengold und vielleicht sogar mehr … Ha, was sagst du, Luarsab, nicht übel, wie? Du kennst doch das Sprichwort: Zuviel Glück ist kaum zu ertragen!"

VII

Zwar dehnte die falsche Fürstin um ihres Vorteils willen das Geschäft ein wenig in die Länge, doch musste sie dem Ganzen bald ein Ende machen, da beide Parteien im Grunde zustimmten. Nun drohte aber noch eine andere Gefahr: Erstens war die Braut schon zwanzig Jahre alt, einundzwanzig, hieß es sogar hier und da, worüber etwas Geschick noch leicht hinweggetäuscht hätte, schließlich ist eine Frau kein Pferd, bei welchem das Gebiss den Ausschlag gibt – nein, das Elend war ihre Hässlichkeit. Wie half man sich da? Sollte man dem Bräutigam die Augen verbinden? Freilich, man konnte bei der Brautschau ein anderes Mädchen vorführen und den Bräutigam, wenn er danach zur Hochzeit erschien, gewaltsam verheiraten, aber die falsche Fürstin hegte Bedenken: Was, wenn man sie zuguterletzt bei den Haaren schleifte? Sogar diese Schmach hätte sie geduldet, wäre nur der Gewinn einträglich gewesen, doch zweihundert Rubel – was für ein lächerlicher Betrag! Schön, sie besaß außerdem Luarsabs Wechsel, wo sie aber den Ärmsten so übel in die Falle lockte, wie konnte sie nachher vor ihn treten und auf Zahlung hoffen? Etwas husten würde er ihr. Sollte sie dann zum Richter gehen und klagen? Was käme dabei heraus? Selbst wenn Luarsab zahlen musste, die Hälfte striche der Richter ein! Gott mit ihr, mit der Hälfte, aber wie leicht konnten die dunklen Machenschaften der falschen Fürstin an den Tag kommen, und dann war sie verloren. Das Gefängnis wäre ihr sicher. Nein, beschloss die falsche Fürstin, an den Wechsel wollte sie vorerst nicht rühren, später konnte sie ihn Luarsab vor die Nase halten: Wenn er zahlte, war es gut, wenn nicht, zum Teufel damit – kurz, der Wechsel konnte Nutzen bringen oder auch nicht, er war ein ungewisses Ding. Jedoch der kluge Mann baut vor, und so befreundete sich die falsche Fürstin mit dem Gedanken, Mosse Gdseladse eine Zugabe von hundert Rubeln abzulisten – da war sie in ihrem Element! – und Luarsab kühn hinters Licht zu führen.

Eine Klage an den Richter schied aus, wenn dabei ihr Wirken ruchbar würde, hängte man ihr womöglich noch tausend andere Schurkenstreiche an, und die Scherereien nähmen kein Ende. Wozu? Nein, das war nicht nach der falschen Fürstin Geschmack, sie liebte es, ihre Geschäfte „sauber" abzuwickeln.

Solchermaßen im Innern gerüstet, fuhr die Kupplerin auf ihrem Ochsenkarren in das Dorf der Gdseladses ein, um in dem alten Kirchlein am Ort die Nacht beim Gebet zu verbringen. Am andern Morgen erschien Mosse Gdseladse in eigener Person und lud sie zu sich nach Hause ein.

„Sag mir, meine gute Schwester", erkundigte sich Mosse Gdseladse, „ist es Junge oder Mädchen?"

„Weh mir, ein Mädchen", seufzte tiefbetrübt die falsche Fürstin.

„Wie denn, er will nicht?"

„Nein.".

„Aus welchem Grund?"

„Deine Tochter gefällt ihm nicht. Er bittet sehr um Verzeihung, aber sie ist ihm zu hässlich."

„Um Himmels willen, hat er sie irgendwo gesehen?"

„Das nicht, aber er weiß es."

„Wenn er sie nicht gesehen hat, lässt sich das noch regeln."

„Ja, wie denn?"

„Wenn du mir hilfst, meine Schwester, und mir meine Gastfreundschaft nicht vergisst, kriegen wir das schon hin."

„Du weißt doch, mein Lieber, mich brauchst du nicht zu bitten, ich stehe dir mit aller Kraft zu Diensten", erwiderte die falsche Fürstin.

„Also, ans Werk!"

Mosse verließ das Zimmer, und nach einer kurzen Weile führte er ein entzückendes junges Mädchen herein, stellte es vor die Fürstin hin, wendete es zur einen und zur anderen Seite und hieß es darauf wieder verschwinden.

Die falsche Fürstin roch natürlich den Braten, aber als Mosse Gdseladse sie fragte, wie ihr das Mädchen gefalle, spielte sie die reine Unschuld und äußerte lediglich: „Ein schönes Kind!"

„In den Kleidern meiner Tochter sähe das Kind bestimmt noch schöner aus, nicht wahr?"

„Aber gewiss, doppelt so schön."

„Was meinst du dazu, wenn wir dem Überbringer des Verlobungsgeschenks statt meiner Tochter dieses Mädchen vorführen?", fragte Mosse und blickte der Kupplerin starr in die Augen, um darin die Antwort zu lesen.

„Aber was ist, wenn der Bräutigam nach der Verlobung zu Besuch kommt?"

„Wer wird ihm dazu Gelegenheit geben? Auf den dritten Tag nach der Verlobung setzen wir die Hochzeit fest. Er wird keine Zeit haben, seine Braut zu besuchen."

„Aber zur Hochzeit erscheint er doch."

„Das besorge ich schon. Hilf mir bis dahin die Sache deichseln, alles weitere überlasse mir. Ich werde ihn zur Heirat zwingen."

„Nein, mein Lieber, das sage ich dir gleich: Ich wasche meine Hände in Unschuld, da mache ich nicht mit."

„Warum nicht?"

„Er hat sicher gehört, dass deine Tochter hässlich ist."

„Na und?", fiel ihr Mosse in die Rede. „Der Überbringer des Verlobungsgeschenks sieht das Mädchen und wird behaupten, dass alles dummes Gerede ist, dass er sein Lebtag keine solche Schönheit zu Gesicht bekommen hat. Außerdem, fünfzig Rubel könnten das Ihre tun und zur Schwärmerei verführen ..."

„Was, wenn er den Bruder schickt?"

„Um so besser. Der wird schließlich berichten, was er mit eigenen Augen gesehen hat, oder nicht? Sogar ohne Bakschisch – obwohl, das Geld soll's mich nicht reuen."

„O nein, nein, ich will mich nicht versündigen. Hier sind meine fünfzig Rubel Anzahlung, ich wasche meine Hände in Unschuld."

Die falsche Fürstin holte zwei Fünfundzwanzigerscheine hervor und reichte sie Mosse Gdseladse.

„Wie, du lässt mich im Stich?", barmte Mosse herzergreifend. „Willst du meine Familie zugrunderichten? Hast du kein Mitleid mit meiner armen Tochter? Ach, diese schnöde Welt! Alles war umsonst: meine Gastfreundschaft, meine Liebe und Ehrerbietung! Ja dann, wie du willst, aber wisse, dass du mir einen giftigen Pfeil ins Herz gebohrt, mich mit einer kupfernen Kugel getroffen und wie ein gottloser Muselmann meine christliche Seele der Hölle geweiht hast."

Mit solchen Worten gedachte Mosse die falsche Fürstin zu erweichen, aber da kannte er sie schlecht – die falsche Fürstin ging keinen Worten auf den Leim! Ihr lachte das Herz, die finstere Miene jedoch, die sie zur Schau trug, besagte, dass sie trotz größten Bedauerns nicht helfen könne.

„Gott schenke dir ein langes Leben, Mosse", erklärte sie fast weinerlich. „Bewahre mich davor, im Jenseits meinem unglückseligen Mann bekennen zu müssen, ich hätte treulos an dir gehandelt. Meine letzte Kraft will ich aufbieten, um deiner Familie zu dienen, aber es gibt Dienste und Dienste."

„Und was muss ich tun, damit es sie gibt?", erwiderte Mosse voll leiser Hoffnung, schien ihm jetzt doch, dass die falsche Fürstin überredet werden wollte. „Was muss ich tun? Weiß unsereins etwa nicht, Dienste zu vergelten? Bin ich je undankbar gewesen? Habe ich dir nicht zweihundert Rubel versprochen? Mögen es zweihundertfünfzig sein, meinetwegen!"

„Nein, mein Lieber, nicht um die Rubel geht es. Die Sünde wiegt zu schwer. Man wird mich auf meine alten Tage bei den Haaren durch den Schmutz schleifen."

„Zweihundertsiebzig."

„Oh, bitte, sprich nicht vom Geld. Du weißt, die Sache ist kreuzgefährlich."

„Aber doch zu bewerkstelligen? Zweihundertachtzig Rubel."

„Zu bewerkstelligen schon, aber wer soll sich dafür opfern?"

„Zweihundertneunzig." Mosse, dessen Gebote in die Höhe kletterten, sah die falsche Fürstin weicher und weicher werden.

„Vielleicht, vielleicht gibt es eine Möglichkeit, aber das ist schiere Selbstaufopferung."

Letzteres bemerkte die Meisterkupplerin voller Hinterlist, so als schenke sie Mosses steigendem Gebot gar kein Gehör, sondern sinne nur angestrengt darüber nach, ob es eine Möglichkeit gab oder nicht. Eine Möglichkeit wusste die falsche Fürstin längst, aber wenn sie schon in den Topf griff, wollte sie einen fetten Bissen fischen. Wäre Mosse ihr nicht zuvorgekommen, hätte sie den gleichen Vorschlag gemacht, um den Bräutigam zu überlisten. Sie hatte die Braut bildschön gepriesen, wie also konnte man eine Hässliche zeigen? Eben deshalb war sie hier, und natürlich auch, um ihren Preis in die Höhe zu treiben. Nun war Mosse ihr zuvorgekommen und die Hälfte des Werks schon getan. Die falsche Fürstin lachte sich ins Fäustchen. Sie musste sich nur ein wenig sperren, denn wenn sie etwas gewinnen konnte, dann an dieser Stelle.

„Dreihundert Rubel zum Letzten", erklärte Mosse, der sich auf dem richtigen Weg sah. „Mehr kann ich nicht geben."

„Warum eigentlich nicht?“, meinte mit nachdenklichem Zögern die falsche Fürstin. „Warum sollte es nicht möglich sein? Ja, aber dann müsste ich der Verlobung beiwohnen, denn wenn man ein Ding tut, muss man es ganz tun. Das Elend ist nur – in diesem Kleid kann ich nicht gehen.“

„Das Kleid lass meine Sorge sein“, zerstreute Mosse rasch die Bedenken der Kupplerin, erfreut, dass seine Überredungskünste gefruchtet hatten.

„Dann höre, was ich dir sage: Ich werde es so einrichten, dass der Bräutigam seinen Bruder schickt, um das Verlobungsgeschenk zu überbringen. Du staffiere jenes Mädchen hübsch aus, sieh zu, dass dich niemand verrät, und drei Tage nach der Verlobung hat unbedingt die Hochzeit zu folgen. Denk dir etwas aus, damit der junge Mann deine Tochter nicht zu Gesicht kriegt. Mein Werk ist damit getan, das Weitere ist deine Sache.“

„Am Abend der Verlobung übergebe ich dir den vollen Betrag. Hier, wenn du willst, nimm die fünfzig Rubel Anzahlung wieder hin.“

„Nein, gib mir hundert. Wer weiß, vielleicht brauche ich Geld, dann kann ich deswegen nicht hergelaufen kommen.“

„Fünfundsiebzig, meinetwegen.“

„Hundert. Falls ich das Geld brauche, dann eben wieder deinetwegen. Ich bitte nicht für mich.“

„Wie, du verlangst die hundert Rubel noch über die dreihundert hinaus?“

„Aber nicht doch!“ Die falsche Fürstin lachte amüsiert.

„Jetzt habe ich dir wirklich zugetraut, dass du das Geld noch extra verlangst“, sagte Mosse erleichtert.

„Keineswegs, mein Lieber, dreihundert Rubel insgesamt. Und kümmere dich alsbald um Kleiderstoff, damit ich das Schneidern schaffe.“

„Hier sind hundert Rubel, erledige davon das Schneidern, und später rechnen wir ab.“

Die falsche Fürstin willigte ein und grub sich selbst ihr Grab. Um es kurz zu machen: Mosse und die falsche Fürstin taten wie beredet, sie legten für Luarsab ein Fangnetz aus und wickelten ihn fest in Stricke.

Nach zwei Wochen sandte Luarsab, überglücklich, weil die Heirat bald zustande kommen sollte, seinen Bruder David mit einem feinen Verlobungsgeschenk zum Haus der künftigen Braut. David wurde höchst ehrenvoll empfangen, zu Gast aber erschien niemand sonst, buchstäblich niemand war geladen, denn wie leicht hätte der Streich entdeckt werden können! Auch hatte Mosse ja in seinem Brief an Luarsab gebeten, dieser möge keinem von dem Ereignis etwas mitteilen. Übrigens sei Mosse Gdseladses Brief, mit all seinen Vorzügen und Mängeln, dem Leser hier nicht vorenthalten:

„Mein lieber vortrefflicher und glücklicher hochwohlgeborener Schwiegersohn!

Obwohl hochbeglückt heute Ihretwegen ich alter Mann und mein Herz voller Freude über die gute Nachricht glückseliger Heirat machen Sie mich doch den Frühling wieder sehen auf dieser arglistigen Welt wie überaus froh bin ich welchselbiger jetzt mein lieber vortrefflicher hochwohlgeborener Schwiegersohn welchselbigen ich hiermit bitte das Verlobungsgeschenk zu schicken um die Angelegenheit nicht zu verzögern viele Leute mögen Sie nicht senden dieweil ich schon ein alter Mann bin krank und leidend und für große Tischgesellschaften reicht meine Kraft nicht mehr aus heutzutage zur Hochzeit bei welchselbiger Sie in meinem Hause Gastgeber sein werden jawohl zur Hochzeit wollen wir viele Gäste laden von Ihrer zahlreichen und ehrenvollen Verwandtschaft die Sie haben und von welchselbiger auch ich reichlich mein eigen nenne viele Gäste werden wir versammeln wie es Ihrem edlen Namen gebührt ebenso wie dem Hause meiner Familie …

Im ürigen verbleiben Sie wohl zu Jesus Christus Gottes Sohn will ich für Sie beten welchselbiger ich innigst wünsche Sie zu sehen Ihr künftiger Schwiegervater erlauchter Fürst Mosse Gdseladse."

Es versteht sich, dass unser höflicher und artiger Luarsab nach diesem Brief nicht viele Leute sandte. Lediglich Bruder David und mit ihm noch einen Freund, schließlich wollte er seinem künftigen Schwiegervater, welcher leidend war, nicht lästig fallen. David indessen trug er auf, genauestens die Frage der Mitgift zu erkunden, wann das Geld übergeben werden würde, und außerdem das Mädchen eingehend zu betrachten.

Mosse Gdseladse empfing David, wie schon gesagt, mit großen Ehren. Statt seiner Tochter ließ er jenes hübsche Mädchen in Staat kleiden und führte es vor. David war entzückt, in seinem Herzen regte sich fast ein wenig Neid, besonders wenn er an seine dürre Ehehälfte zu Hause dachte. Beim Abendessen saßen die Männer nur zu viert – David mit dem Geleitsmann und Mosse Gdseladse mit seinem Ungetüm von Sohn. Die falsche Fürstin, obgleich im Hause zugegen, aß bei der Tochter zu Abend. Mosse bat um Verzeihung, weil er zu Ehren des erlauchten Gastes nicht die Verwandtschaft zusammengerufen hatte.

„Was tun, mein Lieber, mein neuer Verwandter!", sagte er zu David. „Ich bin ein kranker Mann, wie kann ich große Gastmähler geben? Halten Sie es nur nicht für Geiz, mein Herr! Schon allein krank zu sein ist keine Freude, wie soll man da noch den Gastgeber spielen? Verwandtschaft und Freunde hätte ich wahrlich genug, solchen Segen wünschte ich Ihnen, aber macht es Vergnügen, zu trinken und zu feiern, wenn man mich kranken Mann dabei ansehen muss? So habe ich denn vorgezogen, niemanden einzuladen. Wir wollen diese Verlobung in häuslicher Stille begehen, für die Hochzeitsfeier will ich schon sorgen. Wann wünscht mein Schwiegersohn die Hochzeit?"

„Je rascher, desto besser", erwiderte David. „Bitte glauben Sie nicht, ich wollte Ihnen schmeicheln, aber hätte mein Bruder das Mädchen gesehen, würde er die Hochzeit auf der Stelle wünschen, bei Gott!"

„Ein wunderschönes Mädchen", warf Davids Geleitsmann ein.

„Nun ja, dem himmlischen Vater sei's gedankt, dies ist seine Gabe, und auch alles sonst hängt von seinem Willen ab", sagte Mosse bescheiden. „Ich freue mich, dass Ihnen das Mädchen gefällt."

„Gott schenke der Braut ein langes Leben!", rief David und hob die Weinschale. „Möge das Paar in Freuden alt werden!"

„Danke, meine Herren, ergebensten Dank!" Mosse nickte seinen Gästen zu. „Die Hochzeit soll demnach so bald wie möglich sein."

„Ehrlich gesagt", erwiderte David, „ich werde es selbst meinem Bruder raten. Warum die Sache hinauszögern?"

„Ich halte es gleichfalls so für richtig", sagte Mosse. „Mein Töchterchen verzehrt sich hier. Als Vater sollte ich davon nicht sprechen, aber Sie sind schließlich kein Fremder, warum es also verhehlen? Ja, mein Töchterchen verzehrt sich hier …"

„Mein Bruder dort ebenso!", rief David aus.

„Nun, dann machen wir Hochzeit, sobald Sie es bestimmen", schloss Mosse.

Kurzum, man besprach sich, dass Schwiegersohn Luarsab am Sonnabend zum Tagesende eintreffen und noch in derselben Nacht die Vermählung stattfinden sollte. Am nächsten Tag seines Besuches lenkte David das Gespräch auf die Mitgift. Mosse versicherte, dass er das Geld am zweiten Tag der Hochzeitsfeier eigenhändig überreichen würde, zweitausend Rubel Dukatengold. Die Abmachung wurde durch Handschlag bekräftigt, und David begab sich, ohne die Braut noch einmal zu Gesicht bekommen zu haben, auf den Heimweg. Mosse half seinem Gast höflich in den Sattel, verabschiedete sich von ihm, und, endlich allein geblieben, rieb er sich vor übergroßer Freude die Hände und schmunzelte. Das hatte er fein hingekriegt! Jetzt brauchte er nur noch eine List, um der falschen Fürstin nicht mehr Geld zahlen zu müssen, als er bereits gezahlt hatte, denn es war doch glatt eine Schande, sich von diesem Weibsbild drangsalieren zu lassen!

Mosse war in seine Grübeleien versunken, als ihm die falsche Fürstin in den Weg trat. Mosse war verwitwet, darum nahm sich die falsche Fürstin während ihrer Anwesenheit bei ihm der Hauswirtschaft an.

„Bravo, das ist gut gegangen!", freute sich die Kupplerin. „Ich gratuliere zu des Töchterchens Glück. Blut und Wasser habe ich geschwitzt – glaub mir, oder dich soll keine Erde bedecken – Blut und Wasser habe ich geschwitzt vor Angst, dass gleich im nächsten Augenblick alles entdeckt werden könnte und ich verloren wäre, aber der Herrgott hat mir beigestanden, sie haben nichts gemerkt."

„Hört, hört!", entgegnete ihr Mosse. „Blut und Wasser hat sie geschwitzt. Als ob du zum erstenmal solch ein Ding gedeichselt hättest. Blut und Wasser! Was sonst ist dein Gewerbe?"

Die falsche Fürstin zuckte zusammen und horchte auf.

„Du scherzt wohl mit mir?", argwöhnte sie.

„Wie sollte ich!"

„Du machst dich über mich lustig?"

„Niemals."

„Schön, sei's drum. Gib mir jetzt mein Geld, und ich gehe."

„Verschwinde, wohin du willst, niemand hält dich fest."

„Natürlich, niemand hält mich fest.Jedoch bitte ich dich, mir das Versprochene zu geben, danach rede meinetwegen schlecht über mich, soviel du willst, es kratzt mich nicht."

„Das Versprochene will sie haben! Mir tut schon leid, was ich dir gegeben habe, nun verlangst du noch mehr?“

„Wie, du Gewissenloser? Du hetzt mich alte Frau wie einen Postgaul umher, vor der Welt habe ich mich in Schande gestürzt, habe dir eine höchst knifflige Angelegenheit geregelt, und was höre ich jetzt?“

„Sei still, sonst …“

„Von wegen, wo hast du dein Gewissen, frage ich?“

„Nennst du das ein Gewissen haben, wenn du über die Dörfer ziehst und deine Kuppeleien betreibst, ha? Hast du nicht voriges Jahr für hundert Rubel deine junge Nichte dem Richter zugeführt, und als sie schwanger wurde, ihr ein Mittelchen eingeflößt, damit sie abtreiben konnte? Nennst du das ein Gewissen haben?“

Die falsche Fürstin verschluckte sich fast vor Wut, alle ihre kluge Vorsicht und kühle Überlegenheit in derlei Dingen waren dahin.

„Ach, wenn das so ist“, kreischte sie wie wild, „dann werde ich dir das Spiel noch verderben, da kannst du Gift drauf nehmen!“

„Du denkst, ich lasse das einfach geschehen?“, antwortete Mosse seelenruhig auf die Drohung. „Hier in den Viehstall sperre ich dich, bis die Hochzeit vorbei ist. Was wirst du tun? Mich verklagen? Ich glaube kaum, dass du dich selbst dem Richter auslieferst, wo du so allerlei auf dem Kerbholz hast. Wenn man deine Sünden zusammenzählt, ist Sibirien noch das Mindeste, du verlogene Fürstin, du! Das ist nicht mehr der Richter von damals, mit dem du dank deines Nichtchens nach Belieben umspringen konntest, die Zeiten sind vorbei!“

Selbst diese Worte vermochten die erbitterte Kupplerin nicht zur Besinnung zu bringen. Sie war außer sich, denn sonst hätte sie, anstatt zu wüten und zu drohen, schmeichlerisch um Mitleid gebuhlt und allen Streit als nichtig hingestellt, um doch noch ihr Ziel zu erreichen. Aber der Zorn hatte ihr den Verstand geraubt, und sie schrie: „Einsperren will er mich! Oh, dass der Blitz dich schlechten Menschen treffen möge! Wer bin ich denn? Deine Bedienstete oder deine hässliche Kröte von Tochter?“

„Na, wenn du bloß nicht hässlicher bist als das Mädchen. Ich werde dir gleich zeigen, wie ich dich in den Stall sperre“, drohte Mosse tiefernst. „Sogar wenn ich dich hier abmurkse, merkt keiner was. Jedoch, Vorsicht ist besser als Nachsicht – für alle Fälle zeig mir, was du in der Tasche hast.“ Mosse, der echte Fürst, packte die falsche Fürstin beim Rock. Die falsche Fürstin leistete wohl Widerstand, am Ende aber musste sie ihr blaues Tuch hergeben, in welches etwas eingewickelt war. Bleich und sprachlos stand sie da. Mosse wickelte das Tuch auf, fand darin unversehrt seine hundert Rubel und nahm das Geld an sich. Außerdem fiel ihm noch ein Schriftstück in die Hand. Er faltete es auseinander und sah, dass es sich um einen Wechsel handelte – um jenen Wechsel, den die falsche Fürstin Luarsab abgeschwindelt hatte. Doch während Mosse das Papier genauer in Augenschein nahm, erlangte die falsche Fürstin ihre gewohnte Schläue und Findigkeit zurück. Sie begriff: Mit Gezeter und Drohungen erreichte sie nichts, allerhöchstens dies, dass Mosse sie wahrhaftig einsperrte . Ja, selbst wenn er das tat – die fünf, sechs Tage bis zur Hochzeit würden wie im Fluge vergehen, und nach Hause könnte sie schreiben, dass sie an der Mitgift arbeite und vor dem Fest schwerlich heimkehren würde. Kein Mensch käme dahinter, wo sie sich befand, es fragte sich nur, wie sie die hundert Rubel wiederbekam! Die wollte sie keinesfalls einbüßen! Alles dies schoss ihr in Windeseile durch den Kopf, der falschen, aber gewieften Fürstin.

„Von wem hast du das?" Mosse Gdseladse und hielt ihr den Wechsel vor die Nase, doch die Kupplerin war um die Antwort nicht verlegen.

„Nun wirst du mir wieder nicht glauben", sagte sie. „Der Wechsel wurde zu deinem Nutzen ausgestellt. Für den Fall nämlich, dass unser Schwindel ans Licht kommen und der Bräutigam die Heirat verweigern sollte. Dann könnten wir ihm den Wechsel hinhalten und ihn wählen lassen: Entweder du heiratest, oder aber wir bringen dich vor den Richter und schröpfen dich. Ach, mein lieber Mosse, in deinem Zorn wirst du mir nicht glauben, ich hingegen, wie sorge ich für dich?"

„Wenn es stimmt, warum hast du mir den Wechsel nicht früher gezeigt?"

„Ei, dachte ich mir, das tue ich lieber nicht, sonst läßt er es im Vertrauen darauf an nötigem Eifer fehlen. Wer weiß, der Mensch ist ein schwaches Geschöpf."

„Und das soll ich dir abkaufen?"

„Ich sagte ja, du wirst mir nicht glauben. Ein einziger Fehltritt genügt, und schon hat man jegliches Vertrauen verspielt. Du denkst, ich belüge dich? Nimm den Wechsel hin, lass dir die zweitausend Rubel auszahlen, und ich begnüge mich mit deinen hundert, mein Guter."

„Nein, mich führst du nicht hinters Licht. Ich behalte sowohl den Wechsel als auch die hundert Rubel, und dich sperre ich nicht zum Vieh, sondern in den Kornspeicher, damit du mich bis zur Hochzeit nicht verpetzt. Danach tu, was du willst … He, Bursche!", rief Mosse.

Als der junge Leibeigene herbeikam, trug Mosse ihm auf:

„Hier, die falsche Fürstin bring in den Kornspeicher, gib ihr einen Teppich, eine Schlummerrolle und Bettzeug. Lass es an Brot und Wein nicht fehlen. Und noch eins: Schließ den Speicher von außen zu und bring mir den Schlüssel. Aber wehe, wenn einer was merkt!"

Der Bursche rührte sich nicht, er hielt den Auftrag wohl für einen Scherz.

„Hast du nicht gehört, verdammter Kerl!", schrie Mosse. Als der Bursche sah, es war ernst gemeint, griff er die falsche Fürstin und zerrte sie von der Stelle. Die Ärmste krümmte und duckte sich und versuchte, sich ganz klein zu machen – trotz allem verlor sie die Hoffnung nicht, die Schmach doch noch abzuwenden und heil zu entkommen. Vor allem verlor sie nicht die Sprache, und listig, als ob nichts wäre, sagte sie zu Mosse: „Oh, du mein Allerbester, was regst du dich doch gerne auf! Der dumme Lümmel nimmt das ernst und denkt wirklich, er soll mich einsperren. Ein Bauertölpel eben, ein törichter, ärgere dich nicht über ihn, sei nachsichtig!"

Fast hätte Mosse lachen müssen über das Schaustück der falschen Fürstin. Der Bursche blieb verdattert stehen. Doch obwohl das Kuppelweib noch viele Mätzchen machte, half ihr am Ende nichts, sie wurde in den Kornspeicher gesperrt. Den Brief, den sie nach Hause schrieb, las Mosse, und es stand darin, dass sie an der Mitgift arbeite und mit Näharbeiten beschäftigt sei und dass man sie vor Mittwoch schwerlich erwarten könne. Als der Brief geschrieben war, setzte sich die falsche Fürstin im Kornspeicher auf den herbeigebrachten Teppich und drehte ihr Spinnrad, das sie überall mit hin zu nehmen pflegte. Kurz, sie tat, als sei nichts geschehen.

VIII

David kehrte zur Abendstunde heim. Seine Frau Elisabeth und Bruder Luarsab saßen im Hof des Hauses, im kühlen Schatten des Zauns. Als Luarsab den Heimkehrenden erblickte, sprang er auf und eilte ihm entgegen, stellte jedoch aus Scheu keinerlei Fragen. David saß vom Pferd ab, richtete das gelockerte Knieband, kam herbei, und ohne seine Frau eines Grußes zu würdigen, ließ er sich auf den Teppich nieder.

„Wie gefällt dir die Braut?", fragte schließlich Elisabeth, und Luarsab spitzte die Ohren .

„Sie ist wunderschön", erwiderte David. „Ein so schönes Mädchen habe ich noch nie gesehen."

Luarsab durchströmte Freude, Elisabeth indessen verspürte Ärgernis, weil die Schwägerin ihr überlegen sein würde.

„Ist es wirklich so, mein Bruder?", erkundigte sich Luarsab.

„Du kannst mir glauben, sie ist die Schönste, die ich je gesehen habe." Nach einem Blick auf seine Frau fügte David neidvoll hinzu: „Hätte ich noch abgewartet, sähe mein Leben heute ganz anders aus."

„Was denn, würdest du sie etwa heiraten wollen?" Elisabeth fuhr wütend auf. „Dass dir doch die Augen erblinden! Als ob ich mich freiwillig für dich geopfert hätte! Solche Freier wie dich gab's in Hülle und Fülle, aber mein Vater hat sie allesamt abgewiesen!"

„Ich weiß, ich weiß. Am liebsten hätte er dich mit dem russischen Zarewitsch verheiratet. Dabei solltest du dankbar sein, dass ich so dumm war, dich mir andrehen zu lassen."

Kurz, ein Wort gab das andere, und bald tobte der schönste Streit zwischen den Eheleuten. Von Stund an fraß an Elisabeths Herzen die Eifersucht, und sie hasste die Schwägerin bereits, ohne sie je gesehen zu haben.

Der wollte sie's zeigen, der Bildschönen, schwor sich Elisabeth insgeheim, in diesem Hause duldete sie niemandes Überlegenheit! Sollte ihr der Mann vielleicht die Schönheit der anderen vorwerfen? Ha, eher sollte dieser anderen der Tag verlöschen. Der wollte sie solche Dornen ins Auge schleudern, dass sie ihr Dasein verfluchte!

Zur Hochzeit fuhr Elisabeth nicht.

An dem Abend, an dem die Hochzeit stattfinden sollte, geschah so allerlei. Wie verabredet, traf am Samstag der Schwiegersohn ein, mit großem Geleit an Brautführern sowie mit Bruder David. Mosse hatte gleichfalls viele Leute versammelt, und das nicht ohne Absicht. Als alles zur Trauung vorbereitet und auch die Braut – diesmal die wahre – schon in die Kirche geführt worden war, bat man den Bräutigam ins

Gotteshaus. Der trat ein, erblickte seine Zukünftige, und ein Schreck durchfuhr ihn. Höflichkeit und Anstand vergessend, drehte er sich zu seinem Bruder David um und fragte laut: „Soll dies das wunderschöne Mädchen sein?"

Die Leute in der Kirche lachten, die arme Braut hingegen wurde flammendrot und brach in Tränen aus. David trat nach vorn, und als er die hässliche Braut sah, fragte er den Priester: „Was ist los, Vater, findet heute noch eine andere Hochzeit statt?"

„Heute heiraten hier Fürst Luarsab Tatkaridse und Mosse Gdseladses Tochter Daredschan", erwiderte der Geistliche.

„Und wo ist die Braut?"

„Aber dort steht sie."

„Luarsab!", rief David. „Wir werden betrogen, das ist die Falsche, heirate nicht."

Die Menge ringsum raunte verblüfft. Luarsab, bleich und bekümmert, verließ die Kirche, gefolgt von seiner Brautführerschar. Die Männer verlangten ihre Pferde, um aufzubrechen, aber die Pferde hatte man versteckt. Als Mosse erfuhr, dass der Schwiegersohn die Heirat verweigerte, kam er herbei und brachte zahlreiche Begleitung mit.

„Fürst David, was bedeutet das?", donnerte Mosse verärgert. „Meine Tochter steht schon in der Kirche bereit, und der Bräutigam mag nun auf einmal nicht heiraten? Sie waren es doch, der meine Tochter wollte, kein Mensch hat Sie angefleht! Wieviele Söhne aus guter Familie haben um ihre Hand angehalten, aber alle wurden von mir abgewiesen!"

„Bitte, mein Herr, dort ist ihre Tochter, geben Sie sie, wem Sie wünschen", erwiderte David großzügig. „Mein Bruder jedenfalls wird sie nicht nehmen."

„Er tritt plötzlich zurück? Wo alle Welt von der Hochzeit weiß, wo er meine Tochter bereits zum Altar geführt hat? Nein ich lasse meinen Namen nicht besudeln! Entweder dein Bruder heiratet, oder aber ihr kommt mir hier nicht lebend davon. Unerhört! Da schneit ein Schwiegersohn ins Haus, schleppt meine Tochter vor den Altar, und nun will er nicht heiraten!"

„Unerhört ist, dass ihr die Braut vertauscht habt! Die dort ist nicht deine Tochter."

„Seht euch das an, Leute! Weil ihnen nichts Besseres einfällt, behaupten sie, die Braut sei nicht die richtige", wandte sich Mosse an die Umstehenden.

„Aber natürlich ist sie seine Tochter, wessen sonst!", lärmten Mosses Begleiter durcheinander. „Wir können es beschwören."

„Nein, meine Herren, mein Bruder heiratet nicht. Sollten Sie Gewalt anwenden – wir sind auch keine Feiglinge", sagte David und zückte seinen Dolch.

Die Frauen suchten kreischend das Weite, Mosse aber passte auf, dass die Braut sowie ein paar alte Frauen in der Kirche blieben, hoffte er doch, die Trauung möge noch zustande kommen.

„Schande wollen Sie über mein Haus bringen, ha, als ob ich kein Fürst mehr wäre!", rief Mosse. „Solange ich lebe, werde ich nicht dulden, dass ein Tatkaridse meine Tochter vor dem Altar schmäht – er muss heiraten!"

„Er wird nicht“, sagte David.

„Ist das euer letztes Wort?“

„Jawohl.“

„David!“ Mosse wechselte plötzlich den Ton und sagte weicher: „Komm mal her zu mir.“

David ging zu Mosse, der sich abseits hingestellt hatte. Mosse zog fünfzig Rubel aus der Tasche und brummte: „Nimm hin und sei still, was geht's dich an? Nicht du musst heiraten.“

David, milder gestimmt, wandte dennoch ein: „Wie, für fünfzig Rubel soll ich meinen Bruder verraten?“

„Nimm siebzig.“

„Auch nicht für siebzig.“

„Achtzig.“

„Auch nicht für achtzig.“

„Wieviel willst du dann?“

„Wenigstens hundert.“

„Was sagst du zu neunzig?“

„Hundert!“

„Also dann hundert, was bleibt mir übrig“, seufzte Mosse, gab hundert Rubel hin, und David steckte das Geld ein.

„Ich für mein Teil werde schweigen, aber mit meinem Bruder musst du selbst fertig werden“, versetzte er schmunzelnd.

„Wenn du nur still bist und auch die Brautführer zurückhältst, bringe ich Luarsab schon dahin.“

„Bitte sehr, das kann ich versprechen.“

„Hier, schlag ein.“

Ein kräftiger Händedruck besiegelte das Geschäft, und noch am selben Abend wurde Luarsab zwangsweise vermählt. Nicht im Traum dachte Mosse daran, die versprochenen zweitausend Rubel Mitgift auszuzahlen, stattdessen hielt er seinem Schwiegersohn jenen Wechsel vor die Nase, den er der falschen Fürstin abgenommen hatte.

Luarsab sträubte sich, seine Angetraute heimzuführen, bevor die Rechnung beglichen war, am Ende aber blieb ihm keine andere Wahl, er schickte sich in sein Los und fuhr mit Daredschan nach Hause.

Elisabeth jubelte und frohlockte, als Luarsab statt einer Schönen eine hässliche Ehefrau mitbrachte. „Gott sei's gedankt!“, rief sie. „Da wollte Luarsab eine Schönere heiraten und mich übertrumpfen, von wegen!“ Schließlich jedoch, wie der Leser schon weiß, kam es dahin, dass sich die Brüder dank ihrer Ehefrauen verzankten und den Hausstand trennten.

IX

So also heiratete unser Luarsab. Und wenn es auch unter Zwang geschah, er überdies um die Mitgift betrogen wurde und obendrein statt eines bildschönen Mädchens die hässliche Daredschan erhielt, so sagte er sich, dies alles sei ihm wohl vorbestimmt, und ergab sich in sein Schicksal. Am Ende – der Leser weiß es bereits – gewannen die beiden einander sogar lieb. Jedenfalls glaubten sie, einander zu lieben, wie andere Leute darüber denken mögen, wer weiß. Gleich und gleich gesellt sich gern, lautet das Sprichwort, hier fanden sich Farbe und Ton, und es bedurfte nur noch weniger Anpassung. Gibt es nicht etliche Menschen bei uns zulande, die Anpassung und Gewöhnung für Liebe nehmen? Das ist das Gute am Georgier, dass er sich dem Glück wie dem Unglück gleicherweise willig fügt. Weder zerbricht er sich über das eine den Kopf, noch kämpft er gegen das andere an – gleichmütig und unerschütterlich nimmt er beides hin. Dieser Gleichmut und diese Unerschütterlichkeit werden als Zufriedenheit gepriesen, Zufriedenheit wiederum, so hat jemand gesagt, heiße Glück. Wie oft hörte ich von ehrwürdigen Greisen, dass sie immerhin dadurch besser seien als die junge Generation, weil sie ein wenig Zufriedenheit kennen. Ich schwieg allemal dazu und dachte im Stillen: Zufriedenheit ist die tödliche Krankheit des Menschen – ein Glück für die junge Generation, wenn sie tatsächlich nicht diese Zufriedenheit hat, denn falls überhaupt Hoffnung vorhanden ist, dann hier! Unbedarfte nämlich begnügen sich mit dem Bestehenden, daher sind unter ihnen weitaus mehr glückliche Menschen, die Begnadeten hingegen tun dies schwerlich, sie streben stets nach Besserem, denn neben Gutem ist immer Vollkommeneres möglich – für alles gibt es noch eine Steigerung.

Unser Paar jedoch gehörte nicht zu Letzteren, Luarsab und Daredschan konnten sich auf der Welt kein besseres Leben vorstellen als ihres. Sie waren zufriedene Leute – weder Schulden noch Wucherzinsen bedrückten sie, sie lebten mit niemandem in Streit und Zwist, nur ein einziger Kummer nagte an ihrem Herzen: der nämlich, dass sie kinderlos waren. Luarsab zählte bereits vierzig Jahre, Daredschan einundvierzig, aber der Herrgott hatte ihnen noch immer keinen Nachkommen beschert. Unzählige Male hatte die Fürstin im Heilkundebuch geblättert, vielerlei Kräuteraufgüsse geschluckt und auch Luarsab eingeflößt, leider aber hatte nichts davon geholfen. „Warum zermartern die sich unnütz?", hechelte die boshafte Elisabeth über sie. „Wozu all die Liebesmüh? Wenn man nach Salomons weisen Büchern zaubert und wahrsagt – was Wunder, wenn's dann auf einen zurückschlägt? Der Herrgott hat sich von ihnen abgekehrt, da hilft alles nichts!"

Unsere Eheleute indessen verloren die Zuversicht nicht. Sie erfuhren von einer Wahrsagerin in der Stadt, welche zweifellos die Ursache für ihre Kinderlosigkeit herausfinden würde, und obwohl die Zeit, da man Kinder in die Welt setzt, für sie längst vorüber war, sandten sie eilends einen Mann in die Stadt und gaben ihm ein hübsches Seidentuch mit, auf welchem eine Wahrsagerin demjenigen wahrsagt, der selbst nicht zu ihr kommen kann, und welches, versteht sich, die Wahrsagerin nachher als Geschenk behält. Wenige Tage später brachte der ausgesandte Bote die

Antwort: Die Ikone zürnte dem Paar. Und zwar welche Ikone? Die von Teleti, hatte die Wahrsagerin verkündet. Als Luarsab und Daredschan dies hörten, bekreuzigten sie sich und riefen wie aus einen Munde : „Wie kann das sein, großer Gott!" Worauf sie sich abermals bekreuzigten.

„Gott verdammt, wie kann sie uns so etwas wahrsagen!", stöhnte Luarsab erneut.

„Aber du darfst die Ikone nicht verfluchen!", rief Daredschan erschrocken.

„Verzeih mir, o Gott, verzeih mir!" Luarsab schlug ein paarmal hastig das Kreuz. „Verdammt, ich bin so dran gewöhnt, dass es einem von ganz allein auf die Zunge kommt, verzeih mir, oh Gott!"

„Was meinst du, Luarsab, ob wir dort hinfahren?"

„Aber das ist weit."

„Was tun? Es scheint des Herrgotts Wille zu sein."

„Vielleicht beten wir hier in der Nähe zur Gottesmutter von Nekressi?"

„Das nimmt uns die Ikone von Teleti übel, wenn sie uns zu sich ruft, wir aber woandershin gehen."

„Richtig, das kränkt sie. Ich als Mensch wäre darüber schon ärgerlich, und sie ist eine Ikone – gesegnet sei sie! -, da muß sie noch zorniger werden!"

„Das meine ich."

„Was sollen wir also tun?"

„Wir müssen fahren."

„Aber weit ist es, meine Liebe, sei ehrlich."

„Wenn wir schon hinfahren, laß die Vorwürfe."

„Du hast recht, Daredschan. Verzeih mir, Ikone von Teleti, Ruhm sei dir und Heil! Ich werde zu dir kommen und dir Ehre erweisen." So schenkten die beiden der Wahrsagerin Gehör. Tedo, der Bursche, musste die Ochsen vor den Karren spannen, den Wagenkorb mit einem Teppich polstern, ein stattliches Schaf hinten an den Karren binden, und nach frommem Gebet ging es eines schönen Sommermorgens auf die nach Tiflis führende Landstraße hinaus. Im Karren saß die Fürstin Daredschan mit ihrem Dienstmädchen Lamasisseuli. Tedo sowie Luarsab, auf seinem Fuchshengst reitend, folgten gemächlich dem behäbigen Gefährt. Unser ohnehin liebenswerter Fürst war, obgleich er wie ein Wattesack auf dem Pferd hing, um ein schneidiges Aussehen bemüht: Seitlich am Gürtel baumelten ein georgischer Säbel und ein langer Lesghierdolch, hinten prangte eine mit Niello verzierte Pistole. Die Schöße der Tschocha aus schwarzem Wollstoff, keck emporgeschlagen, steckten in den Taschen des Rockes. Die Hosenbeine waren in Falten gelegt und in die langschäftigen weißen Karabachstiefel gestopft, um die Waden schlangen sich, wie man es bei Weinhändlern sehen kann, Kniebänder mit langen Quasten. Den Kopf bedeckte eine schwarzblaue Lammfellmütze, nach Art der Kachetier eingedellt und über der Stirn nach innen geschlagen, der Hitze wegen – kurz, hätte Luarsab zu allem noch den Säbel mit einem daraufgespießten Apfel emporgereckt, er hätte von Kopf bis Fuß der Possenfigur eines Khans beim Tifliser Volksfest geglichen.

In dieser Aufmachung erreichten Fürst und Fürstin am fünften Tage Teleti, wo sie ihr Bittgebet verrichteten, und gleich am nächsten Morgen machten sie sich auf den Heimweg. Als sie an Tiflis vorüberfuhren und schon auf die Landstraße nach Kachetien gelangten, kehrte Daredschan dem Kutschbock den Rücken zu, richtete sich im Karren auf, blickte zu der hinter ihnen liegenden Stadt und weckte schließlich Luarsab, der neben ihr lag und schlief.

„Sieh doch bloß! Großer Gott und Herr, so viele Häuser an einem Fleck, und anscheinend alle aus Stein!"

Die Fürstin hatte noch nie die große Stadt gesehen.

„Dachtest du, es sind Hütten aus Flechtwerk?", brummte Luarsab.

„Guck, da – die vielen Kirchen!"

„Aber ich kenne das. Als ob ich nicht früher hiergewesen wäre."

„Musstest du damals auch Steinchen verschlucken, als du zum erstenmal hinkamst?"*

„Na klar. Drei große Steine, die kriegte ich kaum verdaut."

„Und danach konnte dir die Stadt nichts mehr anhaben?"

„Wieso, wo ich doch die Steinchen verschluckt hatte? Ohne das wäre es was anderes gewesen."

„Tja, das stimmt. Ach, in so einer Stadt muss es was zu sehen geben!"

„Natürlich. Da treibt sich Volk aus aller Herren Länder herum: Tataren, Türken, Perser, Juden, Osseten, Armenier, na, und Russen wie Fliegenschwärme."

„Ist es wahr, dass sie dort einem Menschen den Kopf abschlagen und ihn gleich wieder drauf setzen und ihn lebendig machen?"

„Es ist wahr, meine Liebe! Aber das ist noch gar nichts. Die haben ein Ding erfunden, das von allein Bretter zersägt."

„Na, jetzt schwindelst du."

„Bei meinem Leben."

„Wie denn das? Von allein?"

„Ganz von allein."

„Kein einziger Mensch ist dabei?"

„Kein einziger."

„Und wer hält die Säge?"

„Der Teufel oder der böse Geist. Kenne einer diese Russen."

„Haben die Russen das Ding erfunden?"

„Meinst du vielleicht, dein Schwager David?"

„Herr im Himmel! Sag, hast du auch Kunststücke gesehen?"

„Was für Kunststücke?"

„Na, wie ein Mann stehend auf einem galoppierenden Pferd reitet, auf den Mann klettert ein zweiter Mann, auf den zweiten ein dritter und immer so weiter."

„Was ist das schon! Als kleiner Junge bin ich oft genug stehend auf einem galoppierenden Gaul geritten!", prahlte Luarsab.

„Nana, mein Lieber, so siehst du mir aus!"

---

* Bei uns zulande herrscht vielfach der Glaube, dass jemand, der zum ersten Mal nach Tiflis kommt, Steinchen verschlucken muß, damit ihm die Stadt nichts anhaben kann. Auch der Verfasser musste sich einstmals diesem Glauben beugen (Anm. d. Verf.).

„Ich schwör's! Heutzutage fehlt's an Kraft und Geschicklichkeit, sonst würde ich's dir gleich vorführen."

„Ach, schneide nicht so auf, mein Guter, ich kenne dich doch."

„Als ob ich aufschneiden will. Das soll bloß heißen, dass das keine Kunststücke sind. Da gibt's noch ganz andere Sachen ..."

„Ja, was für welche?"

„Was weiß ich, da gibt's so allerlei."

„Sag schon, ich wüsste es auch gern."

„So allerlei eben."

„Was denn, sag mir's."

„Herrje, dies und das ..."

„Sag doch."

„Ach, wer zählt das alles auf? Eben allerlei, meine Liebe. Uff, was für eine Hitze das heute wieder ist!"

Unser argloser Luarsab – weil er nichts zu sagen wusste, wechselte er rasch das Gesprächsthema. Er nahm die Lammfellmütze vom Kopf und wischte sich damit den Schweiß von Stirn und Gesicht. Dann ließ er sich die Tabakspfeife stopfen, und noch während er sie genüsslich schmauchte, ertönte wiederum sein Schnarchen, ein solch gewaltiges, als hätte er den Schlaf mehrerer Nächte versäumt.

X

Am fünften Tag traf unser glückliches Paar wohlbehalten zu Hause ein, mitsamt der Hoffnung natürlich, dass ihm bald ein Kind geboren werde. Doch es gingen drei Monate hin, und kein Spross regte sich im Schoß, auch nach sechs Monaten wurde Daredschan das Kleid nicht zu eng, und es vergingen neun Monate, ohne dass sie Wehen bekam. Die Fürstin indessen verlor nicht ihre Zuversicht, sie verknüpfte bunte Steinchen, von welchen jedes einen Zauberspruch erhielt, und steckte sie sich an den Ausschnitt, so dass sie wahrhaft guter Hoffnung sein konnte. Denn wenn sie bisher nicht schwanger geworden war, dann nur darum, weil Luarsab gemurrt und der Ikone die weite Reise vorgeworfen hatte. Ohne diese Unbedachtheit trüge Daredschan längst ein Kind im Leib! Luarsab war äußerst schlechter Laune. Nicht einmal sosehr deshalb, weil er noch immer keinen Sohn hatte und sich von der Ikone betrogen fühlte, die sie zwar zu sich bestellt, ihnen aber kein Kind beschert hatte. Nein, mehr noch verdrossen ihn die von Nachbarn hinterbrachten hämischen Worte seines Bruders David: „Sobald dieser Nichtsnutz krepiert, werde ich mich auf seinem Besitztum breitmachen." Diese Drohung war es, die Luarsab schier umbrachte, und weit weniger das Unglück, noch kein Kind zu haben.

Eines Tages lag der Fürst in kummervoller Stimmung auf der Liege, während ihm gegenüber, auf der anderen Liege, die Fürstin saß und an einem Socken strickte. Aufs äußerste bedrückt lag unser Luarsab da, starrte stumm zur Decke und sann nach.

Sein einziger Gedanke war, wie er es anstellen sollte, damit sie ein Kind bekamen. Als ob es ihm nur um ein Kind ginge! Bei seinem Leben, er wollte das Kind David zum Trotz, damit der sich nicht auf seinem Besitztum breitmachte. Nein, das gönnte er ihm nicht, und wäre nicht diese Rivalität gewesen, hätte ihn seine Kinderlosigkeit nicht so unendlich gegrämt. Schließlich gab es noch mehr Menschen auf der Welt, die ohne Kinder waren, ihm jedoch, Luarsab, lag vor allem daran, es David zu zeigen, nur daran!

Luarsab drehte sich zu Daredschan herum und sagte voll Trauer und Leid in der Stimme: „Sollen wir David etwa nachsehen, was er über uns gesagt hat? Auf unserem Besitztum will er sich breitmachen! Daredschan, wenn du mich liebst, ich flehe dich an, schenke mir einen Sohn, und wenn es nur David zum Trotz ist und es sonst keinen anderen Grund gibt. Lass mich Rache üben, danach töte mich, wenn du willst. Ich flehe dich an, tue es, wenn du mich liebst!“

„Ich tue es, aber ja, mein Lieber, dass du mir noch lange leben mögest, ich tue es, wenn es so ist“, erwiderte die Fürstin, als läge es in ihrer Hand, ein Kind zur Welt zu bringen.

„Heute Nacht träumte ich von einem alten Mann, sein schlohweißer Bart reichte bis zu den Füßen. Er gab mir eine Arznei zu trinken und sagte: ‚Mehre dich, so wie Jakob!‘ Ich stürzte zu Boden und küsste seine Knie, auch in deinem Namen habe ich ihm gedankt.“

„Ist das wahr?“, rief Luarsab, Hoffnung schöpfend. „Du hast ihn mit eigenen Augen gesehen?“

„So wie jetzt dich.“

„Was du nicht sagst, dann können wir zuversichtlich sein, Daredschan, meine Liebe?“

„Ja, und ob!“

„Wie wunderbar!“ Luarsab lächelte gutgläubig und fragte noch einmal: „Was hat der Alte gesagt?“

‹Mehre dich, so wie Jakob.›

„Jakob? Wer war das?“

Diese Frage konnte Daredschan nicht beantworten, irgendwo hatte sie den Namen gehört, in der Kirche wahrscheinlich, aber Näheres wusste sie nicht zu sagen. Doch ehe sie ihre Unwissenheit zugab, wollte sie lieber Lügenmärchen erfinden – so wie es alle Georgier im ähnlichen Fall gern tun.

„Wer das war?“, erwiderte sie. „Ja, hast du's nicht im Gottesdienst gehört? Das war doch der Sohn des Gevatters von Abrahams Schwiegersohn!“

„Und was heißt ‚Mehre dich, so wie Jakob‘?“

„Es heißt, dass wir uns vermehren sollen“, erläuterte Daredschan.

„Oh, gesegnet sei seine Zunge, wir dürfen also hoffen?“

„Was redest du immer wieder, versündige dich nicht durch deinen Unglauben.“

„Schon gut, schon gut. Hauptsache, du bringst das Kind zur Welt. Ich werde mir auf die Zunge beißen, nur damit David nicht triumphiert.“

„Gott ist barmherzig, das wird er nicht.“

„Wenn doch das Kind wirklich käme!"

„Lass deinen Eigensinn, wie kannst du den Worten des heiligen Mannes misstrauen!"

„Verdammt, Herrgott noch mal, musste mir das wieder ... Und nur, weil ich so gern ... Tja, ich will mich lieber umdrehen und schlafen, sonst faselt meine Zunge noch mehr Unsinn und erzürnt den himmlischen Vater."

„Genauso wie die Ikone von Teleti! Der hast du auch die weite Reise vorgeworfen, darum ist sie uns böse und hat uns noch immer kein Kind beschert."

„Dabei habe ich sie sofort um Verzeihung gebeten. War um hat sie mir nicht verziehen? Was ist schon dabei, wenn einem das herausrutscht? Jeder Priester singt auch mal falsch in der Kirche, das kommt vor."

„Lass gut sein, was war, ist gewesen. Nimm dich jetzt zusammen."

„Ja, dann schlafe ich jetzt."

„Tu, was du möchtest."

Luarsab wälzte sich auf die andere Seite, und bald ertönte das ihm eigene satte Schnarchen.

Ach, wäre er nicht entschlummert! Er hätte dann nicht diesen schrecklichen Traum gehabt:

Sein Bruder David ging ausgelassen vor Freude, weil Luarsab keinen Sohn hatte, überall umher und rief: „Sobald der Nichtsnutz krepiert, werde ich mich auf seinem Besitz tum breitmachen!" Luarsab krampfte sich das Herz zusammen, Zorn stieg in ihm auf, würgender Zorn. „Herr und Vater!", rief er gekränkt . „Was habe ich verbrochen, dass du mir den Sohn versagst? Ich bin zur Ikone nach Teleti gereist und habe zu ihr gebetet, ich habe ein Schaf für dich geopfert, das gut seine zwei Rubel wert war, und für vierzig Kopeken habe ich dir Kerzen in der Kirche entzündet. Was soll ich noch tun? Außerdem habe ich niemals den Gottesdienst versäumt und immer die Fasten eingehalten, und jedes Jahr habe ich das heilige Abendmahl empfangen und die Beichte abgelegt. Frage unseren Priester, ob ich irgendeine Sünde begangen habe! Und nun soll ich David zum Opfer fallen? Wer auf der Welt zählt seine Sünden? Voriges Jahr, da hat er am Tag der Enthauptung von Johannes dem Täufer Fleisch gegessen. Ein Stück Brot, das er auf dem Boden liegen sieht, hebt er nicht auf und küsst es, sondern tritt noch darauf und zerquetscht es. Weintrauben isst er ungeweiht, ohne bis Christi Verklärung zu warten, und zu Ostern wartet er nicht auf den Priester, dass dieser die Tafel segnet, sondern stürzt sich auf die Fleischspeisen mit der Gier eines Bären. Das Abendmahl empfängt er freilich, aber wie? Ganze drei Tage bereitet er sich darauf vor, und das nennt sich Abendmahl! Lieber Herrgott und Vater, der du dies alles weißt, warum hältst du ausgerechnet zu ihm? Gesegnet sei deine Gerechtigkeit! Ja, eins habe ich noch vergessen: David hat einen Windhund, den lässt er von seinem eigenen Teller fressen, er als Christenmensch! Sieh mich hier, ich begehe solche Sünden nicht, weshalb zürnst du mir? Alle kommen ihm zuvor und besiegen ihn – ob das die Schwalbe ist oder der Wiedehopf, der Kuckuck oder das

Fohlen*. Er ist einfach durch und durch sündig. Auf mir, lieber Gott und Vater, du weißt es, lastet nichts dergleichen, warum bloß zürnst du mir dann? Etwa deswegen, weil ich gezaudert habe, nach Teleti zu fahren? Aber ich habe doch sofort bereut ..."

So beklagte sich Luarsab im Traum beim Herrgott. Dann sah er, dass der Herrgott seine Klagen erhört und sich ihm wieder zugewandt hatte, denn Daredschan war im achten Monat schwanger. Ein einziger Monat noch, und Luarsab würde ein Kind haben und Bruder David vor Grimm erblinden! Luarsab war im Traum so sehr voller Freude und Jubel über den Erfolg seiner Klagen, dass er sich kaum zu lassen wusste. David und Elisabeth hingegen schäumten vor Wut. Dies freute Luarsab fast noch mehr als die Aussicht auf das Kind. Zwei Wochen vergingen, und zwei Wochen blieben noch bis zu Daredschans Niederkunft. Luarsabs Glück kannte keine Grenzen, aber da – welch unseliges Geschick! – erkrankte er unversehens und erkrankte so schwer, dass er starb. Doch starb er so, dass er trotzdem alles hören und wahrnehmen konnte. Er hörte, wie Daredschan jämmerlich weinte und wie die alten Klageweiber aus dem Dorf wehmütig zu singen anschlugen. Irgendwo aus einem Winkel hörte Luarsab Davids und Elisabeths Lachen, er sah sie froh umherspringen und seine Möbel in ihr Haus hinübertragen. In Luarsab wallte Wut auf, er wollte sich erheben, doch weil er wusste, dass er tot war, hielt er sich zurück.

„Morgen nehme ich sein Land an mich!", krakeelte David, und Luarsab brach der Schweiß aus, als er dies hörte, in seiner Qual wollte er einwenden, dass das nicht gehe, weil Daredschan schwanger sei und ein Kind haben würde, doch bedachte er wiederum, dass er tot war, und schwieg. Ach, wie litt unser Luarsab unter diesem Weder-lebendig-noch-tot-Sein, doch was sollte der Ärmste tun? Wie hatte er nur jetzt sterben können, zu einer Zeit, da der Herrgott ihm endlich ein Kind bescherte? Im Traum murmelte Luarsab vor sich hin und wünschte sich, zu neuem Leben aufzuerstehen.

Doch Auferstehung? Kein Gedanke! Da brachten sie schon den Sarg, legten ihn hinein, richteten ihn her und bahrten ihn auf. Am dritten Tag kamen die Geistlichen, hoben den Sarg hoch und trugen ihn unter Gesängen und Wehklagen aus dem Haus. In das Singen und Wehklagen mischten sich die vergnügt klingenden Stimmen Davids und Elisabeths. Luarsab nahm alles um sich her wahr – wie die Totenmesse für ihn gelesen wurde und wie man ihn zum Friedhof brachte, und er wollte sagen, man solle ihn nicht begraben, weil er aber wusste, dass er tot war, blieb er stumm. Da, jetzt hatten sie den armen Luarsab in die Erde gesenkt, jedoch hörte er, wie David, der am Rand der Grube stand, zum Landrichter sagte: „Morgen musst du mir den Besitz übergeben!" – „Was für Geschwätz!", schimpfte Elisabeth ärgerlich. „Wieso morgen, als ob wir den nicht heute übernehmen könnten!" Luarsab hörte alles, er stöhnte und litt, schwitzte kalten Schweiß und zitterte, zitterte – teils

* Bei uns zulande gibt es einen Aberglauben, nach dem jemand, der Wein getrunken hat, als erster die Schwalbe sehen muss, sonst besiegt sie ihn, wenn er ein Fohlen sieht, muss er sofort auf einen Stein treten, dem Wiedehopf muss er mit gekämmtem Haar begegnen usw., um nicht besiegt zu werden. Wie viele andere Leute hält auch Luarsab ein solches Besiegtwerden für Sünde, darum verleumdet er David so eifrig (Anm. d. Verf.).

vor Angst, teils vor Wut, weil David nun ungehindertes Spiel hatte. Ach, rief er im stillen aus, könnte ich doch jetzt auferstehen!

Wie aber sollte er auferstehen? Schon warfen sie Erde auf ihn, zuerst polterten einige Handvoll auf den Sargdeckel, dann waren wohl Schaufeln am Werk. Luarsab presste es das Herz ab, die Luft ging ihm aus – noch ein Augenblick, und alles wäre aus und vorbei. Wer sollte ihm helfen? Die Geräusche verhallten allmählich, die Menschen gingen weg von Luarsab und ließen ihn in seinem Grab allein. Das Herz brach ihm schier, denn auch Daredschan, seine inniggeliebte Daredschan, ließ ihn wie alle anderen im Stich und dachte nicht daran, sich neben ihn ins Grab zu legen. Luarsab brach in Weinen aus: Gerade auf sie hatte er gezählt! Na warte, dachte er, auch du kommst ins Jenseits, dann werde ich dich erinnern! Auf einmal hörte Luarsab Tanzschritte auf dem Grab, er lauschte und gewahrte, dass David und Elisabeth auf dem noch feuchten Hügel einen Freudentanz aufführten. „Er ist krepiert, krepiert!“, jauchzten sie. Jetzt hielt Luarsab es nicht mehr aus, er kochte vor Wut, sein Körper spannte sich furchtbar, er wollte sich aufrichten, den Sargdeckel aufstemmen und die Erde wegstoßen, um aus dem Grab zu steigen und diese Ungeheuer anzubrüllen und sie mit Unflat zu überschütten. Er machte einen heftigen Ruck, sprang gleichsam aus dem Grab, aber da stürzte er krachend von der Liege hinunter auf die Fliesen. Er riss die Augen auf, sein Schädel brummte von dem schrecklichen Traumerlebnis, so dass er offenen Mundes wie ein Blödian vor sich hin starrte, während er längelang auf dem Boden lag – ein gottvoller Anblick. Er war dermaßen verwirrt, dass er einfach nicht zu sich kommen konnte, er dachte nicht daran, aufzustehen, ja, überhaupt irgendeine Regung zu tun. Erstarrt vor Schreck lag er da, Totenblässe auf dem schweißnassen Gesicht. Sein Sturz hatte natürlich das Zimmer erschüttert, Daredschan, die auf der Liege gegenüber eingeschlummert war, wurde aus dem Schlaf geschreckt, und da sie nicht im leisesten ahnte, was mit ihrem Mann vorging, rief sie:

„Luarsab! Hast du's gemerkt, ein Erdbeben!“

Luarsab, noch immer traumbenommen, gab keinen Laut von sich. Daredschan setzte sich auf und sah erst jetzt, dass ihr Ehemann bleich und reglos am Boden lag und aus großen Augen töricht zur Decke starrte. Daredschan wich alle Farbe aus dem Gesicht.

„Weh, ich Ärmste, was ist dir zugestoßen, Lieber?“

Luarsab hörte nicht, dass Daredschan mit ihm sprach, der Schrecken des Traums hielt ihn noch im Bann, alles dünkte ihn eine Fortsetzung desselben, darum hörte und sah er nichts, obgleich seine Augen offen waren. Doch wenn er sich auch im Traum wähnte, erstaunte ihn eins, nämlich dass er, obwohl er soeben begraben worden war, auf einmal in seinem Hause zu sein schien. Wie war das möglich?

Nur dieser eine Gedanke beschäftigte sein Hirn, darum richtete er statt einer Antwort allein seine angstgeweiteten Augen auf Daredschan, unfähig zu glauben, dass sie es wirklich war. Daredschan dachte voll Ensetzen, dass Luarsab verrückt geworden sei, sie sprang auf die Beine und beugte sich über ihn, der ausgestreckt auf den Fliesen lag.

„Sag, was ist mit dir?“, rief sie. „Lass mich deine Stimme hören, sonst ängstige ich mich zu Tode!“

„Lass mich“, hauchte Luarsab und machte eine Handbewegung, als ob sie sich entfernen sollte, damit er seine Ruhe hätte.

Mehr sagte er nicht, stumm blieb er liegen, mit großen Augen und offenem Mund, und versuchte sich auf das Geschehene zu besinnen. Er war so jäh erwacht, dass ihm der Inhalt des Traums entglitten war, den aber wollte er jetzt mit aller Anspannung zurückholen.

„Luarsab, schnell, sag etwas, sonst sterbe ich vor Angst!“, drohte Daredschan.

Luarsab hörte nicht auf sie, in seine Traumerinnerung versunken, murmelte er vor sich hin: „Ich bin gestorben. Daredschan hat mich beweint, aber dann, als ich im Grabe lag und alle weggingen, ließ sie mich auch im Stich. Wie konnte ich bloss auf sie zählen? Sie ließ mich im Stich, anstatt sich neben mich ins Grab zu legen! So sehr hat sie mich geliebt, na warte! Und dann dieser Hund David! Dieses Miststück von Schwägerin! Einen Freudentanz haben sie auf meinem Grab aufgeführt. Wenn ich nicht tot gewesen wäre, ich hätte es ihnen gezeigt! Aber was tun, ich war eben tot …“ Noch allerlei faselte Luarsab, während die arme Daredschan fassungslos neben ihm stand und nichts begriff.

„Um Gottes willen, Luarsab!“, rief sie zitternd. „Träumst du oder wachst du? Sag mir's, ich vergehe vor Sorge!“

„Ach, auf einmal? Und was war vorhin, als sie mich in die schwarze Erde gesenkt und das Grab zugeschaufelt haben?“

„Wovon redest du, mein Lieber, ich flehe dich an!“

„Wovon ich rede? Davon, dass Heulen und Schluchzen nicht genug sind, du hättest mir ins Grab folgen müssen. Schämst du dich nicht, wie kannst du mir überhaupt ins Gesicht sehen?“

„Oh, dass mir die Augen erblinden!“, kreischte Daredschan und stürzte auf den Balkon hinaus, um Hilfe zu rufen, denn sie war fest davon überzeugt, dass Luarsab den Verstand verloren hatte und von irgendwelchen Teufeln besessen war.

„Zu Hilfe, zu Hilfe!“, schrie sie, über das Geländer gebeugt und sich wie eine Furie aufs Haupt schlagend, dass das Tuch verrutschte und das Haar aufgelöst herunterhing. „Zu Hilfe, warum muss ich Ärmste das erleben!“

Ihr Geschrei brachte Luarsab endlich zur Besinnung. Er erhob sich von den Steinfliesen, und wie er war, im offenen Hemd, rannte er ebenfalls auf den Balkon hinaus, um nun seinerseits nachzusehen, was mit Daredschan geschehen war. Daredschan jedoch, als sie den Herbeijagenden sah, glaubte, er wolle ihr etwas antun, und raste zur Treppe. Dort glitt sie aus und schoss polternd sämtliche Stufen hinunter. Auf den Lärm und das Geschrei hin lief das gesamte Gesinde herbei.

„Haltet ihn fest, bindet ihn!“, wimmerte Daredschan und rieb sich den schmerzenden Körper. „Haltet ihn fest, sonst erschlägt er uns alle. Was für ein Unheil, muss der eigene Mann noch verrückt werden!“

Erneut schlug sich die Fürstin wie wild aufs Haupt, als wäre ihr armer Kopf schuld daran, dass Luarsab den Verstand verloren hatte. Luarsab begriff gar nichts mehr, er glaubte jetzt, Daredschan sei verrückt geworden. Das neue Unglück gab ihm seine Ruhe und seine Fassung wieder, und da er von Natur aus weichherzig war, stöhnte er weh mütig und unter Tränen: „Was schreist du, meine Ärmste, wer soll denn verrückt geworden sein? Ich bin ganz bei Verstand."

Daredschan blickte vorsichtig hinauf zu ihrem Mann, erkannte ihren Luarsab wieder, so wie er war – weder verrückt noch gescheit, jedoch ein letzter Zweifel beunruhigte sie, schließlich pflegen auch Verrückte lichte Augenblicke zu haben.

„Sieh mich mal richtig an!", verlangte sie von unten und starrte eindringlich zu ihm hinauf.

„Aber gern, meine Liebe."

„Was hast du vorhin gefaselt, mein Guter?"

„Wann meinst du?"

„Als du auf dem Fußboden gelegen hast."

„Ach, ich hatte geträumt und musste daran denken."

„Und warum hast du längelang auf den Fliesen gelegen?"

„Es war so ein schrecklicher Traum. Man hatte mich begraben, da wollte ich aus dem Grab springen und bin von der Liege gestürzt."

„Ist das wahr, mein Lieber?", sagte Daredschan mitfühlend und mit Wärme. „Und ich Dumme habe alle Leute zusammengetrommelt, weil ich glaubte, du bist verrückt geworden!"

Daredschan stieg die Treppe nach oben und lächelte ihrem Mann entgegen. Auch Luarsab bleckte die Zähne.

„Hast du mich wirklich für verrückt gehalten?", fragte er zärtlich.

„Ja, wirklich, ich sage es dir."

„Gott verdammt, dabei dachte ich, du hättest den Verstand verloren. Dem Herrn sei's gedankt, dass uns beiden nichts fehlt. Hast du dir auf der Treppe weh getan?"

„Was ist das schon? Das ist alles vergessen, wo ich dich jetzt heil und bei Verstand sehe."

„Mir geht's genauso."

„Oh, mein Lieber, was hätte ich bloß getan, wenn du wirklich verrückt geworden wärst?", sagte Daredschan, und überglücklich, weil Luarsab nichts zugestoßen war, kniff sie ihm in die Wange.

Luarsab genoss die Liebkosung, und da er nicht zurückstehen wollte, zwickte er seinerseits Daredschan und grunzte zärtlich dazu. So begab sich diese Geschichte.

XI

Stockend und in Bruchstücken, nach mühseliger Erinnerung, berichtete Luarsab Daredschan seinen Traum. Diese deutete ihn so, dass sie nach genau neun Monaten ein Kind haben würden.

„Wieso meinst du das?", fragte Luarsab.

„Du hast doch im Traum geweint, nicht wahr?“

„Ja.“

„Und ich auch?“

„Auch du hast geweint.“

„Weinen wiederum bedeutet Freude, und was könnte es für uns beide für eine andere Freude geben als die, ein Kind zu bekommen? Also wird sich dieser Wunsch erfüllen.“

„Richtig, Weinen bedeutet Freude, und so wird sich unser Wunsch unbedingt erfüllen. Gesegnet sei mein Traum! Ha, mein Bruder David soll vor Zorn erblinden! Der wird noch mal Freudentänze aufführen!“

In diesem Augenblick öffnete sich die Tür, und die Bedienstete, Lamasisseuli, stürzte freudig erregt herein.

„Gnädige Frau, gnädige Frau!“, rief sie. „Bei den Tschamtschischwilis hat ein tollwütiger Hund das Kind gebissen, sie haben eine Doktorsche gerufen, nämlich, und die soll auch wahrsagen können. Möchten Sie sich nicht wahrsagen lassen? Wie es heißt, sieht die Frau gleich alles, was einer auf dem Herzen hat und was ihm vom Schicksal bestimmt ist.“

„Dank dir für deine gute Nachricht, Lamasisseuli“, erwiderte Daredschan ihrerseits erfreut. „Geh gleich hin und hole die Frau zu uns, sag, wir schenken ihr Geld.“

Die Bedienstete machte auf der Ferse kehrt und verschwand.

„Daredschan, siehst du, Daredschan, unser Traum geht in Erfüllung!“, jubelte, dümmliche Freude auf dem Gesicht, Luarsab. „Was wollen wir mehr, der Herrgott selbst schickt uns eine Wahrsagerin ins Haus. Was, meinst du, bedeutet das?“

„Ich hab dir ja gesagt, dass wir ein Kind bekommen wer den, bloß mir wolltest du's nicht glauben. Dabei sagt mir das mein Herz schon lange.“

„Auch mein Herz sagt es mir schon lange, doch, doch, so ist es. Na warte, David, jetzt kommt meine Rache!“

„Was für Kummer gibt es denn bei euch, dass ihr mich Hals über Kopf von einem Kranken wegholt?“, fragte das krumme und hutzlige alte Weiblein, während es neben Lamasisseuli herlief.

„Na ja, meine Herrschaft ist kinderlos …“

„Das weiß ich auch ohne dich, dass deine Herrschaft kinderlos ist“, fiel die gewiefte Alte dem Dienstmädchen ins Wort. Wie aber staunte über dieses Wissen die dumme Lamasisseuli!

„Und dass meine Herrschaft in die Stadt geschickt hat, um sich wahrsagen zu lassen, wissen Sie das auch? Und dass sie zur Ikone von Teleti beten sollte?“ Lamasisseuli blickte die Alte prüfend an. Mal sehen, was die jetzt sagte!

„Aber das ist mein Gewerbe, Beste. Wie könnte ich das nicht wissen, davon lebe ich“, erwiderte die verschlagene Meisterin so unverfroren, dass es glaubhaft klang.

„Und dass die Herrschaft in Teleti gewesen ist, wissen Sie auch?“

„Ich sage dir ja, mein Kind, das ist mein Gewerbe, so etwas weiß ich eben.“

Die Wahrsagerin lachte sich eins ins Fäustchen – wie leicht ließ sich das dumme Ding aushorchen! Das dumme Ding aber sperrte nur verständnislos Mund und Nase auf, weil die Frau so vieles wusste, und kam nicht auf den Gedanken, dass es selbst alles ausplauderte.

Lamasisseuli führte die Alte von hinten her zum Haus der Tatkaridses. Während sie am Pferdestall vorbeigingen, sah sich die Alte prüfend um, und als sie eine kleine Grube entdeckte, brummte sie zufrieden.

Unsere Eheleute warteten voller Ungeduld auf die Wahrsagerin. Als sie endlich im Haus erschien, nickte sie nur flüchtig einen Gruß und brach sofort mit einem wohlüberlegten Wortschwall über die Wartenden herein: „Den Milan hat man gefragt – willst du kinderlos sein oder lieber zwei Tage lang dürsten? Zwei Tage lang dürsten, sagte der Milan. Da hat man das Maultier gefragt, und es wollte lieber kinderlos sein. Ja, und euch, hat euch einer gefragt, hat euch einer verflucht, dass ihr keine Kinder habt?"

Unser Paar sah sich verwirrt an: Woher wusste die Alte so rasch Bescheid? Luarsab blieb vor Schreck der Mund offen stehen, endlich bekreuzigte er sich und sagte mit einer Stimme, als müsse er einen rollenden Donner übertönen: „Gepriesen sei der Name des Herrn! Was höre ich? Wie hast du uns so tief ins Herz geblickt, Frau?"

Die Wahrsagerin überging wortlos das ihr gespendete Lob, geschäftig wandte sie sich der Bediensteten zu und trug ihr auf: „Bring mir eine Schüssel mit klarem Wasser, ein Messer mit schwarzem Griff sowie Kohlestücke und frischen Weizen."

Luarsab und Daredschan hatte es die Sprache verschlagen. Stumm saßen sie da, im festen Glauben, diese Hellseherkunst könne nur Teufelswerk sein. Wie sollte es einem beim Gedanken an den Teufel nicht die Sprache verschlagen?

Lamasisseuli brachte alles Aufgetragene herbei. Die Alte setzte sich, warf ein Weizenkorn ins Wasser, nahm das Messer und ein Kohlestück zur Hand und bewegte leise die Lippen, als spreche sie Beschwörungsformeln. Danach starrte sie wortlos in die Schüssel, während unsere Eheleute ängstlich und scheu auf ihren Schicksalsspruch warteten.

„In der Stadt habt ihr eine Wahrsagerin befragt. Daran habt ihr gut getan", begann schließlich das Hexenweib. „Und ihr seid auf eine gute Wahrsagerin gestoßen, sie hat euch richtig geraten, dass ihr zur Ikone von Teleti beten sollt."

Luarsab und Daredschan erschauerten und starrten einander an. In ihrem Leben war ihnen keine solche Allwissenheit vorgekommen!

Die gewiefte Alte tat, als bemerke sie nichts, sie murmelte nach Kräften vor sich hin und warf dann und wann wieder ein Weizenkorn ins Wasser.

„Daran habt ihr gut getan", sprach sie nach einer Pause weiter. „Ihr habt gut daran getan, auf die Wahrsagerin zu hören und nach Teleti zu fahren und zur Ikone zu beten. Möge euch die Gnade der Gottesmutter zuteil werden. Es ist bloß …"

An dieser Stelle unterbrach sich die Alte, sie starrte in das Wasser, als müsse sie daraus lesen.

„Was ist bloß?", riefen Mann und Frau wie aus einem Munde.

„Es ist dies, dass die Wahrsagerin nicht alles gesehen hat, die Ikone von Teleti hätte euch zweifellos geholfen, nur fehlt noch etwas, aber das hat sie nicht herausgefunden."

„Und du, Daredschan, hast behauptet, dass ich schuld bin. Dabei bin ich gar nicht schuld", verteidigte sich Luarsab seiner Frau gegenüber, ohne die furchtsam geweiteten Augen von der Alten abzuwenden.

„Um Gottes willen, lass das jetzt. Ich sterbe vor Angst, was ist das nur für eine Frau", raunte Daredschan.

„Jawohl, die Wahrsagerin ist schuld", fuhr das Hexenweib fort. „Sie ist schuld. Ihr hat es an Spürsinn gefehlt, sonst säße das Kind schon auf deinem Schoß. Nämlich wenn …"

Wiederum unterbrach sich die gewiefte Alte und blickte angestrengt in die Schüssel. Luarsab und Daredschan wagten nicht zu atmen.

„Ja, die Ikone von Teleti hätte euch geholfen", fuhr die Alte ohne aufzusehen fort, „wäre nicht der Zauber in eurem Hause."

Luarsab und Daredschan riefen zitternd: „Weh uns, dann ist es bald um uns geschehen!"

„Fürchtet nichts, der Zauber ist nicht gefährlich, ich habe ihn in der Hand."

„Dann zeig ihn uns", sagte Luarsab. Weil er aber selbst zu große Angst hatte hinzusehen, bat er Daredschan: „Sieh du hin, ich kneife die Augen zu."

Daredschan, blass vor Furcht, hauchte flehentlich: „Nein, sieh du hin, ich kann nicht, ich kneife die Augen zu."

„Keine Angst", versuchte die Wahrsagerin die beiden zu beschwichtigen. „Ich habe ihn nicht wirklich hier in der Hand. Der Zauber befindet sich draußen auf dem Hof."

„Wo, Verehrteste, wo? Hierher, Leute, zu Hilfe!", schrie der Fürst.

„Hinter dem Pferdestall ist eine Grube, dort liegt der Zauber", fügte die Alte seelenruhig hinzu.

„Leute, hierher, Leute! Meine guten Leute, wollt ihr euch die Gunst eures Herrn verdienen? Jeder soll eine neue Tschocha haben, wenn ihr mir die Grube hinterm Pferdestall sucht! He, hierher, Leute!" Alles dies schrie der entsetzte Luarsab im Zimmer, während Daredschan, selbst zitternd und mit blau verfärbten Lippen, immerhin soweit klaren Kopf behielt, dass sie ihm riet: „Wer kann dich hier hören, Mann, geh nach draußen, dort ruf die Leute zusammen und schick sie zur Grube."

„I wo, meine Liebe, geh du nach draußen, danach gehe ich hinaus, sooft du willst."

„Geh, wovor hast du Angst, der Zauber wird dich nicht erwürgen", versuchte die Fürstin ihren Mann zu ermuntern.

„Um Gottes willen, geh du, wenn du mich liebst, geh du die Leute rufen."

„Schämst du dich nicht, eine Frau zu schicken, nennst du das Mannesmut?"

„Was schert mich Mannesmut, wo ein Zauber im Hause ist?"

„Also, dann werde ich die Leute rufen", mischte die Alte sich ein. „Macht euch keine Sorgen."

„Oh, bitte, tu das, Verehrteste, du siehst, wie bekümmert wir sind", flehte Luarsab. „Aber können wir denn hier im Zimmer allein bleiben, geschieht uns nichts?"

„Gar nichts geschieht euch“, beteuerte die Wahrsagerin, ging auf den Hof und schickte die Leute den Zauber holen. Die Bauern suchten rings um den Pferdestall, da sie jedoch keine Grube fanden, kamen sie zu ihrem Herrn gelaufen und fragten, wo denn die Grube sein solle.

„Lieber Gott, sei uns gnädig!“, rief Luarsab. „Der Zauber verbirgt sich vor uns, was kann uns noch retten?“

Die Alte schmunzelte.

„Ich gehe selbst“, erbot sie sich. „Vor mir gibt es für ihn kein Verbergen. Kommt mit mir, damit ihr ihn mit eigenen Augen seht.“

„Nein, lieber nicht. Wir glauben dir auch so“, wehrte Luarsab schaudernd ab. „Geh ohne uns, aber tu so, als wären wir dabei.“

Die Alte ging hinaus, nahm die Bauern mit, und bald darauf kam sie mit einem Lumpenstück wieder.

„Nicht hier herein!“, kreischte Luarsab und verkroch sich in einen Winkel des Zimmers. „Verbrennt das Zeug draußen!“

Der Zauber wurde durch Feuer vernichtet.

XII

Am nächsten Tag rief Luarsab die Leute, die mit der Wahrsagerin am Pferdestall gewesen waren, zu sich und fragte sie, ob sie wirklich eine Grube gesehen hätten.

„Habt ihr sie mit euren eigenen Augen gesehen?“

„So wie wir jetzt Sie sehen, Herr.“

„Großer Gott und Vater, da lebe ich hier die vielen Jahre und habe noch nie eine Grube gesehen! Wie ist die Alte darauf gekommen? Was für eine Hellsehergabe!“

„Das ist eben ihr Gewerbe, Herr, darum“, sagten die Bauern.

„So wird es wohl sein … Ja, verdammt, hat denn keiner von euch die Grube vorher gesehen oder davon gehört?“

„Wie soll man sehen, was nicht da ist“, brummte hochnäsig ein junger Bursche, der ein wenig abseits stand, die Hand stolz am Dolchgriff haltend. „Wo Kinder gespielt und die Erde aufgestochert haben, das nennt die Hexe gleich eine Grube!“

Natürlich brummte er so leise, dass Luarsab es nicht hören konnte.

„Was scherst du dich drum, Kleiner?“, zischte ein bejahrter Bauer, der gewitzter und erfahrener war. „Du siehst, den Herrn freut es, dass da eine Grube ist. Lass es ihn doch glauben.“ Darauf wandte er sich an seinen Herrn: „Dass Sie mir bloß nicht zürnen, aber ich habe bis zum heutigen Tag keine Grube gesehen und auch nie davon gehört, obwohl ich hier abgenabelt bin und mir bis zum Grab nicht mehr viel fehlt. Ich sage Ihnen, Herr, das mit der Grube ist Hexenwerk.“

„Ja, war das etwa eine Hexe?“

„Gewiss, Herr. In der Hexennacht nämlich, da besteigt jede von ihnen – zum Teufel mit denen allen! – einen Besen und fliegt zu deren Herrin. Die Leute erzählen sich, dass Tschituraschwilis Mutter jedesmal heimlich zum Kamin hinausfährt, sich auf einen Besen schwingt wie auf ein Pferd, und – heidi! – saust sie davon."

„Davon habe ich auch gehört. Himmlischer Vater, was für Wunder es auf der Welt gibt!" Luarsab bekreuzigte sich.

„Dann kann wohl auch Tschituraschwilis Mutter wahrsagen?"

„Als ob das alle könnten. Nein, Herr, die Oberste bei denen, zu der jede in der Hexennacht mit einem Geschenk geflogen kommt, die vergibt an die eine die Wahrsagekunst, an eine andere die Heilkunst und so weiter."

„Ja, wie sonst hätte die hier das mit der Grube herauskriegen können? Die Oberste muss sehr klug sein."

„Es heißt, sie ist noch klüger als der weise Salomon."

„Das sieht man, Gott sei's gepriesen." Luarsab bekreuzigte sich abermals und ging ins Haus zu Daredschan.

„Hast du gehört, Frau, was es mit dieser hässlichen, zahnlosen Alten auf sich hat?", fragte er. „Die haben eine Oberste, bei der muss sie gleich an erster Stelle stehen, ihre rechte Hand ist sie sozusagen. Gott verdammt, was ich noch alles erlebe."

„Erinnere mich bloß nicht dran, mir laufen jetzt noch Schauer aber den Rücken."

„War das eine Hellseherin! Soviel Volk lebt hier auf dem Hof, und bis heute hat keiner von der Grube gewusst. Wie sie das gemacht hat, unglaublich."

„Wenn die man nicht den Teufel im Leibe hatte."

Bei der Erwähnung des Teufels schlugen beide Eheleute rasch das Kreuz und spuckten dreimal aus.

„Sollten wir jetzt kein Kind bekommen, müsste der Herrgott besonders zornig auf uns sein", versetzte Luarsab.

„Du mit deinen ewigen Zweifeln. Ich bin so felsenfest überzeugt, dass mir vorkommt, das Kind sitzt schon auf meinem Schoß. Wo die Frau das alles herausgefunden hat, wie kann man da nicht glauben?"

„Das meine ich ja. Hätte der Herrgott die Wahrsagerei nicht erschaffen – gepriesen sei seine Weisheit! – wer um alles in der Welt hätte uns geholfen und den Zauber entdeckt?"

Die Eheleute verstummten und hingen voll Staunen den Wunderdingen des gestrigen Tages nach. Schließlich ergriff Luarsab wieder das Wort. „Daredschan, was meinst du, hat sie das wirklich alles im Wasser gesehen?"

„Schon möglich. Sogar ganz gewiss, mein Lieber, dass du mir noch lange leben mögest."

„Tja, fast glaube ich es auch."

„Gott allein weiß, vielleicht war es wirklich so."

„Soll man noch daran zweifeln?"

„Es steht einfach fest."

„Eigentlich hat mir's mein Verstand gleich gesagt."

„Auch mit dem Herzen hab ich's gefühlt, mein Lieber."

„Als die Alte die Weizenkörner ins Wasser geworfen hat und sich Ringe gebildet haben, meinst du, das war es?"

„Das könnte es gewesen sein."

„Was – ‹es›?"

„Aber du hast doch ‹es› gesagt."

„Ja, das hab ich", erwiderte Luarsab selbstgefällig, weil er als erster darauf gekommen war. „Bestimmt ist es das gewesen. Die Alte wird doch wohl keine Teufelin sein, wenn sie solche Wunder vollbringt!"

„Wohl nicht, aber ich – Gott verzeih mir die Sünde! – ich dachte schon, das alles sei Teufelswerk."

„Wo denkst du hin! Eine Teufelin hätte doch Hörner gehabt."

„Als ob ich nicht selber wüsste, dass Teufel Hörner haben, ich hab's mir nur so gedacht."

„So, das ist was anderes, meine Liebe."

Während des nun eintretenden tiefsinnigen Schweigens erlangten beide Eheleute die Gewissheit, dass das, was sie am Tage zuvor, als sie der Wahrsagerin zusahen, nicht verstanden hatten, ihnen heute erst so recht klar geworden war.

„Ich bin als erster drauf gekommen!", prahlte Luarsab. Jedoch Daredschan, obzwar sie ihren Mann liebte, galt selbst gern als diejenige, die zuerst eine Wahrheit herausfand – am Ehrgeiz krankt eben der Dumme genauso wie der Kluge.

„Meinst du, wenn ich gewollt hätte, wäre ich nicht drauf gekommen?", entgegnete sie schmollend. „Ich wollte es nur nicht, sonst wäre mir gestern schon alles klargewesen."

„Möchtest du mich wieder mal ausstechen?"

„Aber es ist wirklich so."

„Wem willst du das einreden? Sogar wenn der weise Salomon daherkäme, würdest du behaupten, schlauer zu sein als er. Lass mir wenigstens dieses eine Mal den Vortritt, wo ich kein Fremder für dich bin, sondern dein Mann."

Leider weiß der Verfasser nicht, wie Daredschan sich verhielt, er weiß nur, dass Luarsab es nicht ausstehen konnte, wenn seine Frau ihm den Platz streitig machte.

XIII

Die Wahrsagerin hatte in das Fürstenpaar den festen, durch keinen Zweifel zu erschütternden Glauben an einen Nachkommen gesetzt. Dieser Glaube ging soweit, dass Daredschan eines schönen Tages wähnte, das Kind rege sich in ihrem Schoß, und natürlich säumte sie nicht, Luarsab mit der Nachricht zu erfreuen.

„Wirklich, es hat sich geregt?", jubelte Luarsab, außer sich vor Freude.

„Was fragst du, mein Lieber! Ich als gesetzte Frau hätte fast einen Luftsprung vollführt, nur fiel mir eben noch ein, dass das dem Kind schadet, du aber – du glaubst mir mal wieder nicht."

„Oh, lass mich dich ans Herz drücken! Wie gut, dass du bei aller Freude keinen Luftsprung vollführt hast, wo das dem Kind geschadet hätte! Ich wäre bestimmt in die Luft gesprungen, so hoch, dass ich bei der Landung wie eine Gurke zerplatzt wäre. Na, jetzt wird David vor Wut erblinden! Der soll noch mal einen Freudentanz aufführen! Komm, heute feiern wir beide, wir lassen ein Fass guten Rotweins kommen und trinken auf das Wohl unseres Sohnes, hurraaa!", grölte Luarsab und streckte übermütig, während er wie gewohnt auf der Liege lag, ein Bein in die Höhe.

Da soeben Mittagessenszeit war, wurde auch gleich der Rotwein geöffnet, und die Eheleute, voller Gewissheit, dass ihnen der Nachkomme beschert und Bruder David vor Wut erblinden werde, setzten sich zu einem fröhlichen Mahl. Vor allem Luarsab sprach dem Wein munter zu. Wie Elisabeth gern zu hinterbringen wusste, trank auch Daredschan bisweilen ein Gläschen, ob dem so war, weiß der Verfasser nicht, jedoch bei dieser Mahlzeit nahm sie einige Schlucke. Luarsab leerte gleich drei Gläser hintereinander auf das Wohl des noch ungeborenen Sohnes und ging dann um den Tisch herum zu Daredschan, damit sie aus seinem Glas trank und den Trinkspruch bekräftigte. Jedoch Daredschan, obzwar schon leicht berauscht, hielt auf ihre weibliche Ehre, sie nahm das Glas entgegen, trank aber nicht.

„Trink, mein Schatz!", flötete der besäuselte Luarsab. „Sei kein Spaßverderber. Magst du nicht auf das Wohl unseres Sohnes trinken? Wenn wir beide es nicht tun, wer dann? Der Herrgott wird sich erbosen, da beschert er uns ein Kind, und wir trinken nicht darauf. Jetzt, wo er sich uns gerade wieder zugekehrt hat, solltest du ihn nicht verärgern. Verdirb mir nicht die Feier, mein Schatz, trink!"

Luarsab drängte seine Ehehälfte, das Glas zu leeren, sie ließ sich auch herbei, aber derart geziert, mit plinkernden Augen und plierigem Lächeln, dass man jetzt sah, die Fürstin war nicht nüchtern. Der Wein zeigte bei ihr allmählich seine Wirkung. Es röteten sich die Wangen, auf den Mund setzte sich ein Lächeln, und bald hing die Unterlippe herab, dass der Speichel zu tropfen begann, während der Blick trüb und trüber wurde und die Augen beinahe zufielen – mit einem Wort, Daredschan hatte einen Rausch. Auch Luarsab war bezecht, seine Zunge, vom Wein gelöst, faselte Unsinn, und Daredschan nickte dazu und lächelte.

„Gesegnet sei Kachetien!", stammelte der Fürst. „Ohne mein Kachetien gäbe es keinen Kachetinerwein. Aber wer wäre ich ohne Kachetinerwein? Wer würde meinen ruhmreichen Namen nennen? Wenn heute irgendwo einer von Luarsab spricht, verdanken wir das dem Wein, und wenn ich heute ein geachteter Mann bin, nur durch den Saft der dunklen Trauben. Ihr findet in ganz Georgien keinen Zweiten, der so viel Wein verträgt wie ich. Wenn ich dazu noch singen könnte, würde mir sämtlicher Wein Kachetiens nichts anhaben, singen nämlich schwächt die Kraft des Weines, bloß leider kann ich's nicht. Was macht das schon? Hier, mein Bauch, der ist schließlich nicht übel, der fasst seine fünfzig Literchen. He, Daredschan, erinnerst du dich an den Imeretier? An den, der hier ankam und behauptete, Fürst Dadianis* Vertrauter zu sein? Von wegen Vertrauter, ich schwör's dir, den hatten sie extra geschickt und ihm einen Floh ins Ohr gesetzt: Pass auf, in Kachetien, da gibt's so einen Mordskerl, Luarsab Tatkaridse mit Namen – wenn du den unter den Tisch trinkst, soll dir das

* Herrscherfamilie in Imeretien, dem westlichen Teil Georgiens.

halbe Imeretien gehören. Na, als der Mann mich gesehen hat, wusste er gleich, wer vor ihm steht, darum hat er sich für Dadianis Vertrauten ausgegeben, bloß um wichtig zu tun. Denk ja nicht, ich prahle, aber mich kennen die Leute bis ins Tatarenland, und in Imeretien werde ich genauso gerühmt. Ha, dein Taugenichts von Luarsab hat den übermütigen Imeretier schön aufs Kreuz gelegt. Meine Liebe, der hat klein beigegeben. Weißt du, was der gesagt hat? Ein Mordskerl bist du, hat er gesagt und mir ins Ohr geflüstert: Du hast das Spiel gewonnen, jetzt gehört dir das halbe Imeretien. Wäre ich zum Richter gegangen, ich hätte das Land natürlich gekriegt, aber damals hatten wir ja nicht mal einen Erben für den von unsern Vätern überkommenen Boden, was also sollte ich mit Imeretien? Jetzt sieht's anders aus, meine Liebe, gesegnet sei dein Schoß! Jetzt trägst du einen kleinen Tatkaridse da drin, und der plantscht bestimmt im roten Wein. Komm, Daredschan, lass mich dein zartes Mündchen küssen … Weißt du, jetzt, wo unser Sohn geboren wird, sollten wir auch schon an seine Hochzeit denken. Du bist doch eine kluge Frau, und ich – Gott sei's gedankt – bin auch nicht dumm. Wenn der Junge vierzehn Jahre alt wird – rechne nach, meine Daredschan, wann das ist, ich meine, das dauert nicht mehr lange – wenn er also vierzehn wird, wollen wir ihn gleich verheiraten. Wozu das auf die lange Bank schieben? Bestimmt tanzt du auf seiner Hochzeit einen feurigen Lekuri, und ich, wenn Gott will, wirbele im Hocktanz umher, dass der Staub bloß so fliegt … Ha, weißt du, was ich diesem Imeretier, der hier bei mir klein beigeben musste, gesagt habe? Zieh los, und da, wo du von dir redest, sprich auch von uns! Und dann hab ich ihm noch gesagt, dass all der Saft, den sie aus ihren wilden Trauben pressen, mir gerade für den hohlen Zahn reicht und dass sie mir einen richtigen Schluck noch schuldig bleiben – ja, solche Kerle sind wir hier in Kachetien. Ich frage dich, wie hab ich das gesagt?"

„Sehr gut und ehrenvoll, mein Lieber."

„Dann komm, lass mich noch mal deine erdbeerroten Wangen küssen. Daredschan, was meinst du, ob du auf der Hochzeit unseres Sohnes einen Lekuri tanzt?"

„Warum sollte ich nicht?"

„Tja, dann! Weißt du was? Wir tun einfach so, als wäre die Hochzeit schon jetzt. Los, tanz einen Didouri … Ich gehe herum und rufe dir zu! Wie bei der Hochzeit, ganz so! Es kann auch ein Lekuri sein, hehe! Ich singe das Lied vom kleinen Nussbaumzweig. Los geht's: „Kleiner, kleiner Nussbaumzweig! Kleiner, kleiner Nussbaumzweig, hoppla, hoppla, heiheihei … Hurra, hurra, Daredschan … Die Mützen fliegen an die Decke … Des Kachetiers Kümmer … nis stillt der … Wein, he! … wenn er … fließt … Oh, dem Imeretier, dem hab… ich's gege… und Davi… der wird Aug… mach… Hurra!".

Unser berauschter Luarsab grölte noch dies und das zur Liedmelodie, lallte dann leiser und sank in Schlaf.

XIV

Der verdrossene Leser wird mich fragen, ob ich nicht endlich schließen will? Aber ja, doch wird meine Geschichte damit enden, dass Luarsabs Glück der Zerstörung anheimfällt. Wenn aber ein solch festgefügtes Glück zerbricht, was gibt es dann Bleibendes auf der Welt?, fragt mich mein Leser gewiss besorgt.

Nur die Welt selbst, sage ich darauf, ist unzerstörbar, und bleibend ist auch der schöne georgische Sinnspruch: „Wo den Vater übertrifft der Sohn, ist dem Vaterland Lohn." Hingegen kommt der Spruch: „Weiche nie von alten Wegen" aus China zu uns, und unverkennbar Chinesisches haftet ihm an. Selbstverständlich wird er widerlegt werden, mit Gottes und mit deiner Hilfe, du, mein Freund der alten Wege, aber ach so liebenswerter Georgier!

Noch einige Zeit ging hin, und wie die Welt sich drehte, veränderte sich manches auf ihrem Gesicht. Unserm Fürstenpaar ward trotz allem kein Kind beschert. Daredschan fand eine Heilkünstlerin und ließ sich von ihr behandeln. Die Quacksalberin verabreichte ihr zwei Wochen lang eine Arznei, woraufhin Daredschan in der dritten Woche verschied und Luarsab, der Ärmste, verwitwete. Er ließ den Bart wachsen, kleidete sich in Schwarz, und mit Daredschan begrub er all sein Lebensglück. Zwei Annehmlichkeiten nur blieben ihm noch auf der Welt: Die Esslust sowie das Streicheln der Fußsohlen und Waden, welches die Bedienstete Lamasisseuli, am Fußende des Bettes sitzend, ihrem Herrn besorgte, wenn er des Abends einschlafen wollte. Dies tröstete ihn, denn der ehrenwerte fürstliche Dickbauch war eingefallen, die einst roten Wangen waren vergilbt, die großen Stieraugen matt und trüb, das wallende Dreifachkinn war zur Dörrfeige geschrumpft und das so kennzeichnende, allgegenwärtige Lächeln aus dem Gesicht gewichen – kurz, Kummer und Einsamkeit hatten den Mann gefällt, wie es häufig vorkommt. Schließlich, am Tag von Christi Verklärung, wollte es der Teufel, dass ein Gevatter unserem Luarsab einen ganzen Berg Forellen ins Haus trug, und voll wütiger Gier verschlang der Fürst die Fischmahlzeit, erlitt eine Magenentzündung und starb. Luarsab verschwand aus dem Dasein wie so viele von uns, deren Leben die Welt nicht bereichert und deren Tod sie nicht ärmer macht.

Die Spur des Lebens zweier Leichname war von der Erde getilgt. Was bedeutete ihr Kommen und ihr Gehen? Hatten sie ein halbes Jahrhundert lang gelebt, um am Ende vier Bretter aus Kiefernholz und dreimal einen Meter Erde einzunehmen? Damit auf einen Stein geschrieben werde, dass bis dann und dann Fürst Luarsab Tatkaridse und seine Frau Daredschan lebendig gewesen und danach gestorben sind? Nichts sonst vermerkt ihr Dasein auf dieser Welt.

„Vorübergehender, der du dies liest, verzeih uns", lautet die Inschrift auf ihrem Stein. Da hatten sie ein halbes Jahrhundert auf Erden gelebt, um schließlich Vergebung zu erbitten? Heute verstehe ich, warum die Georgier in früherer Zeit dies auf die Grabplatten schrieben. Der Brauch, um Nachsicht zu bitten, hat sehr wohl Sinn und Ursache, doch werde ich dir mehr nicht erläutern, mein Leser! Wenn du ein gutes Herz hast und einen scharfen Verstand, begreifst du allein und noch besser als ich – wenn nicht, ist ohnehin alles Reden vergeblich. Damit reize ich dich unnötig, erzürne dich gar, und vor Zorn blind, wirst du nicht sehen, dass einer um deinetwillen leidet, und seine bitteren Worte für Verrätertum halten.

Ich bin am Ende, mein Leser, tu du jetzt, – was dir beliebt. Lache oder weine über die Geschichte, zu beidem ist Anlass gegeben. Sollten dir eines Tages die Augen aufgehen und dein Verstand sich dessen annehmen, was du rings um dich siehst, wirst du bemerken, dass oftmals ein und dasselbe Ding dem einen lächerlich erscheint und dem an deren beweinenswert. Ich erlebte einmal eine arme alte Frau, zerfetzte Lumpen auf dem Leib und die nackten Füße voller Risse. Wer weiß, welches Unglück sie zur Trunksucht getrieben und sie darüber ihr menschliches Antlitz hatte einbüßen lassen. Ich war Zeuge, wie die Stadtjungen das armselige Wesen fingen und es zwangen, für fünf Groschen eine Stunde lang wie ein Hampelmann zu hüpfen. Dabei sah ich viele der Jungen von Herzen lachen, hingegen schien mir, dass manch einen das Los der Verspotteten dauerte. Wer empfand richtig, diejenigen, die lachten, oder diejenigen, die weinten? Ich meine, beide, denn die einen sahen nur mit den Augen, und fürs Auge war der Anblick in der Tat lächerlich. Die anderen hingegen sahen mit den Augen und dem Verstand, und der Verstand lässt sich schwer zum lachen bringen. Offenbar vermag ein und dasselbe Ding zugleich beklagenswert und komisch zu sein – je nach der Veranlagung des Betrachters. Wenn einer solche Verstandeskraft besitzt, dass er jeglicher Wahrheit, so bitter sie auch sein mag, unerschrocken begegnet, und dazu so viel Herz, dass er für einen Unglücklichen und Verirrten Mitleid empfinden kann, dann sollte ihn ein solcher Spaß eher zum Weinen bringen. Wem dies nicht gegeben ist, der mag nach Herzenslust lachen, sich vielleicht auch ärgern und schlecht über den Verfasser dieser Erzählung reden – schließlich liebt solch einer übles Geschwätz, der Art etwa, dass ich ein Verräter Georgiens wäre, weil ich Lächerliches über meine Landsleute berichte, anstatt es zu verbergen, wie so mancher engstirnige Patriot. Leider weiß ich, mein Leser, dass sich bei uns zulande kaum jemand findet, der seinen Verstand nach dem wahren Wort ausrichtet, dennoch sage ich es dir – als dein Freund – ins Gesicht: Luarsab und Daredschan sind Ausgeburten deines Schoßes, und an deiner Brust wurden sie genährt. Nimm es mir übel oder nicht. Falls du aber über die bei den spottest, spottest du gleichsam über dich selbst, sollte ihre Geschichte dich aber betrüben, sähe ich dies als gutes Zeichen, denn es betrübt dich wohl, dass wir so sind, und es scheint, als beflügele dich die Absicht, dich zu bessern. Gebe Gott, dass es so sei.

Meine Liebe zu dir, mein Leser, gründet sich auf die Hoffnung, dass die Absicht zur Besserung heute oder morgen in dir erwache. Nimm mir nicht diese Hoffnung. Glaube nicht, meine Erzählung sei dir zum Ärgernis geschrieben; sie soll dir lediglich zeigen – soweit sie dies vermag – , was schlecht und übel an dir ist, damit du weißt, was es zu korrigieren gilt. Solange du in keinen Spiegel schaust oder niemand dir etwas sagt, wie willst du erkennen, was in deinem Gesicht nicht stimmt? Die Erzählung soll dir Spiegel sein, und ich bin – wenn man so will – derjenige, der dich auf den Makel lenkt. Sieh hin, damit er dir auffällt. Wisse auch, dass nur dein Feind dir einen Missstand vor enthält, ein Freund bringt dir sogleich den Spiegel herbei, damit du den Missstand beseitigst und dich vor den Leuten nicht blamierst. Ich halte dir als Freund den Spiegel hin. Wie kannst du mir das verübeln? Was tun, wenn der Spiegel Sprünge hat und auch Flecken hier und da? Ich habe dir gegeben, was ich konnte, und dir nach Vermögen zu helfen versucht, solltest du dennoch von deinem Zorn nicht lassen, bitte sehr. Ich fürchte nicht deinen Zorn, es würde mich nur betrüben, mich in dir getäuscht und nicht den gefunden zu haben, für den ich dich hielt. Dann bleibt mir nur, ratlos die Arme zu verschränken und zu sagen: Ich habe gekräht – ob es nun Tag wird oder nicht, weiß Gott allein! Ohne deinen Zorn wüssten wir indessen sehr wohl, dass es Zeit wäre zu tagen!

Im übrigen lebe wohl, mein Leser, und gedenke deines Dieners voll Nachsicht.

1858–1863

Am Galgen

Eine kleine Begebenheit

Es war Mittsommer. Unter der Hitze verdorrt und verfahlt lagen Felder, Wiesen, Bergketten. An jenem Tag, mit welchem wir unsere Erzählung beginnen, brannte eine solche glühende Sonne auf die Welt nieder, waltete eine solche Bruthitze, stieg ein solcher Dunst von der Erde auf, als wäre diese ein einziger glutheißer Tone-Backofen*. Der Mensch, erschlafft, vermochte kaum zu atmen. An einem solchen Tag standen aufgereiht am Rande der Schlucht von Lotschina mit Wein beladene Bauernwagen, sogenannte Uremis**, das Zugvieh hatte man ausgespannt. Der Fluss in der Schlucht war ausgetrocknet, nur noch wenig Wasser rieselte zwischen den Steinen dahin. Die Fuhrmänner, von der Glut erschöpft, lagen ausgestreckt unter den mithilfe der Stützvorrichtung angehobenen Wagen und schliefen. Lediglich ein paar Burschen standen, die Hemdschöße hochgeschürzt, an einer größeren Pfütze, schöpften Wasser in hölzerne Näpfe und übergossen damit die in dem spärlichen Nass liegenden kraftlosen, hitzegeplagten Büffel. Ein wenig weiter standen Ochsen am Rand der Pfütze beieinander, und die Augen geschlossen, käuten sie wieder, indessen ihr Schwanz die aufsässigen Fliegen zu verscheuchen suchte.

Die Sonne neigte sich bereits, die warme, gestaute Luft geriet in Bewegung, die bis dahin verstummte Gegend füllte sich mit Lauten. Die Fuhrmänner kamen zu sich, rieben sich die Augen, erfrischten das Gesicht mit Wasser und machten sich daran, die Zugtiere, die sich über das Gelände verstreut hatten und dort mühsam vertrocknetes Gras zupften, wieder zu den Wagen zu treiben, um sie einzuspannen. „Los, hü, ihr Verdammten!“ Derart und mit schlimmeren Ausdrücken schrien die Fuhrmänner die Tiere an. Dann war angespannt, und der voranfahrende erste Fuhrmann schwang schon die Peitsche, um dieselbe auf die Ochsen niedersausen zu lassen und den Uremi vom Fleck zu bewegen, als plötzlich aus einem Winkel der Schlucht heraus zwei junge Burschen am Weg auftauchten. Beide trugen aus derbem Stoff gewebte Soldaten„jacken“ am Leib. Einer von denen hatte auf dem Kopf eine viel zu große Tscherkessen-Papacha***. Die Mütze rutschte ihm tief über den Kopf und ins Gesicht, was klarmachte, der Träger derselben war nicht deren ursprünglicher Eigentümer. Der zweite Junge trug eine in die Jahre gekommene schirmlose Soldatenmütze.

---

* In die Erde eingelassener Brotbackofen, an dessen heißen Innenwänden das Fladenbrot gart.

** *Uremi* (georg.): zweirädriger Wagen mit einem Ochsen- oder Büffelgespann.

*** Eine hohe Pelzmütze; ursprünglich u. a. kaukasisch, wurde sie auch in der russischen Armee für die Winterbekleidung eingeführt.

Der mit der Tscherkessen-Papacha schien sechzehn oder siebzehn Jahre alt zu sein, der andere vierzehn oder fünfzehn. Das Gesicht des Älteren war nicht sonderlich ausdrucksvoll. Das weiche, flache Kinn, die flink umher huschenden kleinen Augen, die hastig zwinkernden Lider sprachen dafür, dass sich im Körper dieses Menschen ein stumpfes Herz verbarg. Der andere, Jüngere, ähnelte dem Älteren und doch wieder nicht: Gewisse Züge des Gesichts schienen etwas Verwandtes zu haben, jedoch war der Ausdruck stärker. Seine tiefen, schwarzen Augen blickten schroff. Die Brauen hatte er zusammengezogen, er wirkte verschlossen, man konnte meinen, er leide an etwas und beherrsche sich mit aller Macht, damit niemand seine innere Verwirrung bemerke. Das Äußere des Ersteren ließ eher vermuten, dass er, falls er den Weg eines guten Menschen ginge, unauffällig bliebe, nähme er indessen den Weg eines bösen Menschen, brächte er es nicht weiter als bis zu einem kleinen Langfinger. Der Zweite hingegen offenbarte eine andere Prägung.

„Guten Tag", begrüßte der Ältere die Fuhrmänner.

„Guten Tag", wurde ihm geantwortet.

„Ihr fahrt bestimmt in die Stadt*."

„Erraten, Schlaukopf!", erwiderte spöttisch einer der Fuhrmänner.

Der Ältere nahm den Spott lächelnd, ja, sogar liebedienerisch hin. Der Jüngere zog die Brauen noch enger zusammen, und Zorn blitzte über sein Gesicht, aber er war sogleich wieder beherrscht und hatte seine innere Aufwallung bezwungen.

„He, der Herrgott verfluche einen bösen Menschen!", rief der Ältere aus. „Wir kommen aus der Schule von Tukurmischa**, wir beide sind Brüder, Fürstensöhne ..."

„Beschan!", wies der Jüngere den Bruder ärgerlich zurecht und sah ihn scharf an, so dass der in seiner Rede innehielt. Dem Jüngeren missfiel augenscheinlich etwas an dessen Worten. Beschan, in seiner Rede kurz unterbrochen, kam rasch darauf zurück, ohne sich um den Bruder zu scheren.

„Wir beide sind Brüder, Fürstensöhne", wiederholte er. „Unser Vater hat uns aus der Stadt einen Goldrubel geschickt, damit sollten wir, wenn man uns in die Ferien entlässt, einen russischen Reisewagen mieten und damit nach Hause fahren. Also kamen wir mit einem Russen überein – möge der Herrgott seine Rasse mit Stumpf und Stiel ausrotten! -, haben ihm acht Rubel dafür gegeben, dass er uns in die Stadt bringt. Unterwegs aber hat er sich in einem Gasthaus betrunken, hat uns aus dem Wagen geworfen, kehrt gemacht und uns einfach stehen lassen. Unser Gepäck und die acht Rubel hat er mitgenommen, das Miststück."

Der Jüngere der Brüder war jetzt vollends verstört. Er wandte sich ab, kehrte den Fuhrmännern und seinem Bruder den Rücken zu, blickte starr in die Weite und auf die untergehende Sonne.

„Meine mit Borte besetzte Tschocha*** hat er mitgenommen, im Wert von bestimmt fünf Goldrubeln", fuhr der Ältere weiter fort. „Doch zum Teufel mit der

---

* *Kalaki* (georg.) bedeutet durchaus neutral „Stadt", darüber hinaus aber, wie auch in dieser Geschichte, ist es das Synonym für die Stadt Tiflis.

** Ein Dorf in Kachetien, in Ostgeorgien.

*** Kaukasischer Männerrock.

alten Tschocha, schließlich kann ich zehn neue dafür haben, unser Vater ist ein vermögender Mann ...“

Der jüngere Bruder wandte sich wieder dem älteren zu, noch aufgewühlter und zorniger als zuvor.

„Beschan, es reicht, lass es gut sein!“, sagte er, und es klang wütend und bittend zugleich.

Beschan jedoch hörte nicht auf ihn und fuhr in seiner Rede fort:

„Zwei Tage schon haben wir nichts gegessen. Eine schöne Geschichte hat uns dieser verfluchte Kerl beschert. Was sollen wir jetzt tun in dieser fremden Gegend?“

„Weh dem, der mich geboren hat!“, meldete sich nun ein bejahrter Fuhrmann zu Wort. „Was heißt fremde Gegend? Meinst du, ihr befindet euch unter Tataren? Dieses Land hier ist das christliche Georgien. Wir geben euch Brot zu essen und Wein zu trinken, ein gutes Mahl sollt ihr haben. Weh dem schlechten Menschen, der euch das angetan hat, aber was soll's, wir bringen euch so behütet in die Stadt, dass euch kein Lüftchen Schaden antut.“

Die Stirn des Jüngeren glättete sich, über sein finsteres Gesicht huschte ein heller Schimmer. Überhaupt drückte es jetzt Freude und Verwunderung aus, so als begegne er zum ersten Mal menschlicher Güte und staune darüber.

Jener bejahrte Fuhrmann öffnete seinen Quersack, reichte jedem der beiden ein langes Tone-Brot* und schenkte aus einem kleinen Weinschlauch Wein in einen Krug.

„Weh dir, Petre“, begann derselbe Bejahrte erneut. „In unserm gesegneten Land ist noch nicht mal ein Lesgier** hungers gestorben, weshalb seid ihr so verschreckt? Macht euch ans Essen, Kinder! Jetzt nehmt das trocken Brot und bezichtigt mich nicht der Ungastlichkeit, heute Abend bekommt ihr von mir ein Lamm-Schaschlik gebraten, danach würde sich selbst der Sultan die Finger lecken.“

Petre ließ die beiden auf seinem Uremi Platz nehmen, und dem Anführer wurde gesagt, es könne losgehen. Die Karawane setzte sich in Bewegung. Der trockene Weg hüllte sich in Staub.

Noch am selben Tag, zur Zeit der bäuerlichen Abendmahlzeit, spannten die Fuhrmänner kurz vor der Stadt die Zugtiere aus und lagerten hier, denn es war schon spät, und in der Nacht hätte man in der Stadt für das Vieh zahlen müssen. Die Fuhrmänner holten jeder aus ihrem Wagen ein Holzscheit, welches sie aus der Ferne mitgebracht hatten, und entzündeten ein Feuer. Petre briet für seine jungen Gäste das versprochene Schaschlik, bewirtete sie, so gut er es vermochte. Nach dem Abendessen legten sich die müden Fuhrmänner zum Schlafen nieder. Das Vieh verstreute sich im Gelände, um zu weiden. Die nächtlichen Treiber blieben dabei und hielten Wache. Petre breitete seinen Filzumhang auf dem Boden aus und sagte:

„Da ihr Fürstensöhne seid, dürfte es euch schwerfallen, auf der bloßen Erde zu liegen so wie wir.“

---

* Ein im Tone, dem Erdbackofen, gebackenes Brot, in runder oder länglicher Form.

** Ein Volk in der Kaukasusregion, seit dem 8 .Jh. Anhänger des Islam (Sunniten).

Die Burschen legten sich hin, Petre lagerte sich daneben und schlief alsbald wie ein Toter.

In hellem Blau brach der Morgen an. Die Fuhrmänner erhoben sich, unser Petre jedoch fand seine Gäste nicht mehr neben sich vor. Suchend schaute er sich nach allen Seiten um, vermochte sie aber nirgends zu entdecken.

„Weh mir!", rief der alte Petre aus, sagte ihm doch sein Inneres, dass sich die Burschen heimlich davongemacht hatten. „Sie haben mich betrogen, mich - einen alten Mann! Sind einfach fort! Haben bestimmt etwas mitgenommen!"

Er fasste in seine Taschen, die waren leer. Der gute Alte lachte bitter auf.

„Da haben doch diese Milchbärte einen alten Mann bestohlen", sagte er lächelnd und schmähend. „Bin selber schuld – hab so fest geschlafen, dass ich nichts gehört habe. Der Herrgott verfluche das Alter! Ja, es ist Zeit, die Waffen zu strecken. Nicht umsonst rät mir mein ältester Sohn: Vater, du wirst alt, so weite Fahrten mit dem Uremi sind nichts mehr für dich. Ich dagegen habe gedacht, ich schaffe es schon noch bis Aghsewan, um Salz zu transportieren*. Da sieht man's, ohoho … Ich bin alt und hinfällig. Wie komme ich bloß nach Hause mit dieser Schande? Ich, ein Fuhrmann, der Wein in die Stadt bringt, hab mich ausrauben lassen! Und von wem? Von halben Kindern! Die Taschen haben sie mir geleert, die Taschen! Weh mir!"

„Haben sie viel mitgenommen?", fragte jemand.

„Drei und einen halben Rubel", erwiderte Petre. „Aber darum geht's nicht, mein Bester, nicht darum klage ich. Wie nur soll ich mit der Schande leben! Halbe Kinder haben mich bestohlen. Wer das hört, verspottet mich doch, zu Hause lachen sie sich tot, die Nachbarn werden mir zusetzen, dass ich die Platze kriege. O Mann, im Schlaf hab ich mich ausrauben lassen! Ha, meine Lieben, wenn ein Georgier eine russische Mütze aufsetzt, ist es aus mit ihm. Pfui Teufel! Und was für welche waren das? Bei denen ist der Mund von der Muttermilch noch nicht trocken … Einen alten Mann wie mich … Och, och, och, möge der Herrgott es ihnen zum Wohl gereichen lassen, mir genügen Spott und Schande."

Petre schüttelte den Kopf und lächelte, wie wenn er die Angelegenheit für einen Scherz nähme, in Wahrheit empfand er tief im Herzen Scham.

II

Vier Jahre gingen ins Land. Es war zu Frühjahresbeginn. Petre, noch weiter gealtert, fuhr in die Stadt, um Mühlsteine zu kaufen. Jedoch wie stand es um ihn? Wie früher gab er sich stolz und selbstgefällig, nur gab es dafür jetzt einen anderen Grund. Seit jenem Missgeschick damals war er selbst nicht mehr als Fuhrmann unterwegs – er sehe ein, dafür nicht mehr zu taugen, hatte er seinem Sohn mit schmerzender Seele

* Aghsewan ist ein Gebiet nahe Baku in Aserbaidschan; von dort wurde Salz nach Georgien transportiert. Die Reise galt als gefährlich, darum schlossen sich die Fuhrmänner zu Gruppen zusammen.

bekannt. Nunmehr hielt sein ältester Sohn auf seinem Wein befördernden Uremi die Zügel in der Hand und lenkte Ochsen und Büffel, währenddessen Petre auf einen riesigen vollen Weinschlauch übergewechselt war und wichtig wie ein Khan darauf thronte. Den Reise-Hahn* hatte man auf den Uremi des Sohnes gesetzt und den Sohn auch zum Anführer der Karawane gemacht. Dass seinem Sohn diese Ehre zuteilwurde, welche ihn gegenüber seinen Altersgenossen heraushob, gefiel Petre überaus. Er dachte: Wenn ich nach Hause komme, will ich auch meine Alte mit diesem Erfolg unseres Sohnes erfreuen.

Petre blieb ein paar Tage länger in der Stadt als gedacht, und auch die Karawane wurde durch mehrere Dinge aufgehalten. Schließlich hieß es: Heute Abend bei Sonnenuntergang ist Aufbruch. Petre lud die gekauften Mühlsteine auf den Uremi und rollte den Wagen in die Umzäunung, den Standplatz der Karawane. Er sagte sich, da er nichts weiter zu tun habe, wolle er auf den Platz im Viertel Awlabar** gehen, dort sei immer etwas los und man könne allerlei erleben. Der Platz war wie stets voller Menschen. Überall standen sie zu Grüppchen beisammen, die lärmten und schrien durcheinander. Petre gesellte sich zu einer der Gruppen, um zu hören, worüber man sich dort ereiferte. Er erfuhr, dass, sobald ein Kanonenschuss ertönte, auf dem Berg Machata ein Mann gehenkt werden würde. So etwas hatte Petre sein Lebtag noch nicht gesehen. Es drängte ihn sehr, sich dorthin zu begeben.

Er sagte sich: So mancherlei habe ich in meinen Jahren schon erlebt, also will ich noch dieses anschauen.

So sagte er sich und folgte der auf den Machata-Berg strömenden Menge. Dort oben wimmelte es wie von Fliegenschwärmen. Etwas abseits war ein Galgen errichtet, drum herum standen Soldaten. Davor lag ein weiter Platz, niemand wurde näher herangelassen. Petre blickte sich nach allen Seiten um, unter den vielen Menschen waren Männer und auch Frauen, was ihn verwunderte.

Nun, dachte er, die Männer sind als Schaulustige gekommen so wie ich, aber was tun die Frauen an dieser Stelle? Was um des Himmels willen treibt sie hierher?

Am Ende meinte er, es werde wohl nur irgend so ein Gauklerstück vorgeführt, nichts Ernstes. Auch nicht übel, dachte er, das ist sogar viel besser, denn wie sollte man mit ansehen, wie sie einen Menschen aufknüpfen? Der ist doch keine Katze, die man packt und erwürgt. Immerhin ist ein Mensch ein Gottesgeschöpf. Darum sind so viele Frauen hier. Frauen sind begierig auf Belustigungen. Dieser Armenier vorhin, der hat mich belogen, von wegen - ein Mann wird gehenkt! Was hat er davon, mich zu belügen? Hat wohl gedacht, da kommt einer vom Dorf, der ist leicht zu verulken. Na, wenn schon, dann sehe ich mir den Spaß eben an … Mal ehrlich, vielleicht

* Wenn eine Uremi-Karawane zu längerer Fahrt aufbricht, wird auf einen der Wagen ein Hahn gesetzt, dessen Schrei der Karawane den Morgen ankündigt. Der Hahn ersetzt den Fuhrmännern unterwegs die Uhr. Zumeist setzt man den Hahn dem Anführer der Karawane auf den Uremi. Anführer der Karawane zu sein, bedeutet unter den Bauern etwas Ehrenvolles, denn nur einem zuverlässigen und besonnenen Kenner des Weges, der zudem über gutes Zugvieh verfügt, wird eine solche Aufgabe übertragen (Anm. d. Verf.).

** Awlabar ist ein vorwiegend von Armeniern bewohntes Stadtviertel von Tiflis auf dem linken Ufer des Mtkwari.

wäre ich gar nicht hergekommen, wenn ich gewusst hätte, dass sie hier nur eine Belustigung vorhaben. Eieiei, der Mensch ist doch sehr auf sündige Dinge begierig. Wie einen unvernünftigen Jungstier hat es mich hergetrieben, um zuzusehen, wie man einen Menschen aufhängt! Wie viel Sünde und wie viel Segen treibt sich um im kleinen Herzen des Menschen …

So manches noch dachte unser müßiger Petre bei sich, felsenfest davon überzeugt, es werde nur irgendein Spektakel fürs Volk geben, denn was hätten sonst all die Frauen hier zu suchen, wer hätte sie hier zugelassen?

Schließlich rief jemand laut: „Sie bringen ihn, sie bringen ihn!“ Petre drehte sich um und sah, wie Soldaten jemanden, der in einen russischen Uniformmantel gehüllt war, herbeiführten.

Von wegen, Petre, lass dich nicht für dumm verkaufen, wies er sich im Stillen an. Dass dich der Satan nicht verführe, trau dem nicht! Das ist alles nur Trug, die haben dich zum Besten, wollen einen Dörfler verulken.

Dennoch strebte er weiter nach vorn, wurstelte sich durch die Menge, um besser sehen zu können. Die Soldaten kamen seitlich vorüber, den in den Uniformmantel gehüllten Menschen führten sie in ihrer Mitte.

„Möge die der Herrgott verdammen!“, murmelte Petre vor sich hin. „Die sehen ja wirklich wie Soldaten aus, nach der Kleidung! Auch ein Gewehr zu tragen, hat man ihnen beigebracht. Was sich diese Städter nicht alles ausdenken! Sieh einer an, wie ähnlich die russischen Burschen sind.“

Mitten in seinen Selbstgesprächen warf Petre einen Blick auf den in den Uniformmantel Gehüllten. Das war ein junger Kerl von zwanzig, einundzwanzig Jahren. Bart und Schnurrbart sprossen gerade erst. Sein Gesicht war von safrangelber Farbe. Petre durchzuckte eine unbestimmte Erinnerung.

Großer Gott, der Junge kommt mir bekannt vor, sprach er wieder zu sich selbst. Wenn ich mich nur besinnen könnte, wo ich ihn schon gesehen habe! Doch es wollte ihm nicht einfallen.

Ach, bestimmt ist es ein Junge aus der Stadt, sagte er sich schließlich. An den Standplätzen für die Wagen gehen täglich tausend Leute ein und aus, bestimmt habe ich ihn dort gesehen, und er ist mir in Erinnerung geblieben, wer will das wissen? Aber der ist ja richtig kreidebleich, wie wenn man ihn wirklich aufhängen wollte. Der ist mir vielleicht ein Spaßmacher. Nein, meine Lieben, mich führt ihr nicht hinters Licht!

„Weh deiner armen Mutter!“, riefen die Frauen. „So ein junger Mensch!“

Petre verwunderten solche Rufe.

Frauen eben – lange Haare und kurzer Verstand, sagte sich Petre. Die fallen leicht drauf rein. Sind bestimmt selber alle Hexen und Zauberinnen und lassen sich trotzdem hinters Licht führen. Vielleicht auch wollen sie nur mich, den Dörfler, täuschen und zum Narren halten. Hab Acht, Petre. Pass auf, lass dich nicht übertölpeln! Bring dich alten Mann nicht in Schande. Mach dich nicht zum Gespött vor all den Leuten. Soll doch der Herrgott diese Städter verdammen, Mann wie Weib, weil sie so fix den Dörfler herausfinden, als stünde es unsereins auf der Stirn geschrieben.

„Was hat dich bloß verleitet, du an einem unseligen Tag Geborener", sagte eine in einen langen Kopfschleier gehüllte Frau. „Hättest du friedlich gelebt, wärst du nicht in diese Lage geraten. Armes Menschenkind du, weh deiner Mutter!"

Jawohl, schwatze du nur deinen Unsinn, sagte sich Petre im Stillen. Als ob ich dir glaube, ha! Und wenn ich zehn Mal ein Dörfler bin, mich täuschst du nicht, mich nicht!

„Du sagst es, wie wahr!", antwortete eine andere Frau. „Aber was einem Menschen vom Schicksal beschieden ist, das tritt ein. Trauriges hat ihm das Schicksal gebracht. Nun, der hier wird sterben und gehen, was aber ist mit den Eltern des Ärmsten, in welchem Feuer werden sie brennen, in welche Not geraten! Lieber Gott, erlöse du die Christenheit!"

Mann!, ärgerte sich Petre im Stillen. Die haben sich hier miteinander verschworen, was ist bloß in sie gefahren. Ich sollte von hier verschwinden, sonst bringen mich diese Hexen noch in Schande, weiß Gott.

Petre suchte sich eine andere Stelle, er mischte sich unter eine andere Menschengruppe, aber auch dort gab es reichlich Weibsvolk. Fast drängte es ihn nachzufragen, was hier eigentlich los sei, und doch hielt er sich lieber zurück, aus Angst, womöglich ausgelacht zu werden.

„Wie jung der Ärmste noch ist", bemerkte eine der Frauen. „Sein Morgen ist noch nicht richtig angebrochen, und wie bald schon wird für ihn die Sonne verlöschen."

„In welchem Ofen muss jetzt das Herz seiner Mutter brennen, lieber Gott, lass mich einen solchen Tag nie erleben!", fügte eine andere hinzu und schlug sich an die Brust.

Oho, nanu, weh mir!, sagte sich Petre wieder im Stillen, nun schon ein wenig verdrossen. Doch nicht wegen mir hat sich so viel Volk zusammengefunden, was hab ich damit zu schaffen? Und wie nur haben sich alle so flink miteinander abgesprochen? O großer Gott! Bloß gut, dass ich nicht gefragt habe. Die wären ja im Sturm über mich hergefallen. He, Petre, sei auf der Hut, lass dich nicht für dumm verkaufen, mach dich nicht zum Gespött der Menge. Diese Städter sind ein müßiges Volk, verdammt noch mal, die sind doch nicht alle wegen mir hier!

Noch immer meinte Petre bei sich, all das Volk sei seinetwegen hier, einen Dörfler wollte man verulken! Wieder ging Petre fort und suchte sich einen neuen Platz. Es ist nicht leicht, wenn einem die Laune den Verstand in die falsche Richtung lenkt so wie der Zaum das Pferd.

III

Unterdessen führten die Soldaten den in den Uniformmantel Gehüllten an den Galgen heran. Ein Priester stellte sich zur einen Seite neben ihn, zur anderen irgendein Beamter. Der Henker in einem roten Hemd stand hinter dem Burschen.

Der Priester muss wohl auch spinnen, sagte sich Petre. Bestimmt so ein Derder*, nämlich ein richtiger Priester würde sich auf so was nicht einlassen. Und wer soll der im roten Hemd sein? Das ist sicher der Oberschelm.

Der Beamte nahm ein Papier zur Hand und las etwas vor.

Sicherlich ein Gebet, meinte Petre für sich. Um den bösen Geist, die unreine Kraft zu vertreiben. Das sehen wir uns mal an. Das kann lustig werden.

Dann sprach der Geistliche etwas zu dem in den Uniformmantel Gehüllten. Petre jedoch, obgleich er sich auf die Zehenspitzen reckte und angestrengt lauschte, war zu weit weg und konnte darum nichts verstehen.

Dem in den Uniformmantel Gehüllten wurde der Mantel abgenommen und ein langes, vom Kopf bis zu den Füßen reichendes weißes Hemd übergezogen, so dass man sein Gesicht nicht mehr sah. Der Henker im roten Hemd rückte die Schlinge am Galgen zurecht und stellte eine Leiter gegen den Pfosten. Dann wandte er sich zu dem Ärmsten um, stieß ihn voran, die Leiter hinauf, und zog die Schlinge näher herbei. Die Menge verstummte, hielt gleichsam den Atem an, es war, als hätten die Herzen all der Menschen zu schlagen aufgehört.

Der Henker legte die Schlinge um den Hals des Burschen und stieß dann die Leiter unter seinen Füßen weg. Die Menge stöhnte einmal tief und dumpf auf wie jemand, den man unverhofft mit einem Schwall heißen Wassers übergießt.

Der Unglückselige hing am Galgen, begann zu schaukeln und zu zappeln. Lange noch zuckten seine Beine.

Und wenn du bis morgen früh zuckst, ich werde es nicht glauben, sprach Petre zu sich.

Die Menge ringsum, die soeben noch regungslos verharrt hatte, begann jäh wieder fröhlich zu plappern und zu flunkern. Allmählich löste sie sich auf, die Menschen verstreuten sich über das umgebende Gelände. Ein jeder strebte nach Haus, überaus zufrieden, weil er diese schändliche und herzerschütternde Belustigung mit angesehen hatte. Petre blickte um sich und sah: Keiner blieb mehr da. Auch die Soldaten brachen auf, lediglich zwei von ihnen blieben als Wache am Galgen zurück. Auch der Mann im roten Hemd hatte sich umgezogen und ging fort. Am Galgen hing reglos der arme Kerl. Petre konnte es nicht fassen.

Mann, was war denn das!, sprach er zu sich. Das hier ist gar kein Spiel. Vielleicht besteht der Schabernack darin, dass sie statt eines Menschen einen Sack aufgehängt haben – aber ein Sack, der mit den Beinen strampelt? An Drähten etwa? Mit Drähten kriegen sie sogar einen Lekuri** hin. Also, da ist nichts passiert, ich hab unnütz hier herumgestanden, mich täuschen lassen. Ich hätte lieber am Wagenplatz bleiben und mich gründlich ausschlafen sollen, das wäre gescheiter gewesen. Ja, gut, mich haben sie getäuscht, aber was ist mit diesen vielen Leuten? Wie kann das sein? He, und wenn sie den wirklich erdrosselt haben? Ich sollte jemanden fragen. Ach nein, man wird mich auslachen. Wer weiß. Die Leute sind alle so fröhlich gelaunt, gehen hin und schwatzen vergnügt! Wenn sie nun wirklich einen erhängt hätten? Die sind doch

* Armenischer Priester.

** Feuriger kaukasischer Männertanz, auch *Lesginka* genannt.

nicht aus Stein, die Verfluchten, die hätten doch wenigstens eine Träne zerdrückt, immerhin ist das ein Geschöpf Gottes, ein Mensch und keine Katze. Aber dass hier so viel Frauenvolk zusammengekommen ist …

In Petres Innern mehrten sich die Zweifel. Fortan beschäftigte ihn nur die eine Sorge, *worin* er sich hatte täuschen lassen – war dies nun etwas Vorgegaukeltes gewesen, eine falsche Exekution, oder hatte man tatsächlich einen Menschen erhängt? Um ehrlich zu sein, sich in Ersterem getäuscht zu sehen, empfand er als die größere Kränkung, denn wie konnte ein alter Mann darauf hereinfallen, Lüge für Wahrheit zu nehmen? Wenn sich aber Wahres als Lüge erwies, war das weniger schlimm, damit wollte sich unser Petre leichter abfinden. Trotzdem hätte er zu gern gewusst, was denn nun stimmte.

Es reizte ihn, jemanden einzuholen und nachzufragen, aber sooft er schon drauf und dran war, dies zu tun, scheute er zurück – nein, mein Bester, sagte er sich, die lachen mich aus, lieber will ich nach eigenem Gutdünken …

In seine Grübeleien versunken, taumelte unser Petre in Richtung des Standplatzes ihrer Karawane im Viertel Awlabar. Am Wege bemerkte er ein Gasthaus. Lebhaftes Stimmengewirr drang von dort nach draußen. Da gehe ich mal hinein, dachte sich Petre, so werde ich sehen, was die Leute über die heutige Begebenheit reden. Auch werde ich gleich einen Bissen zu mir nehmen, hab ja seit dem Morgen nichts im Magen. Also ging er hinein, verlangte einen halben Krug Wein, ließ sich ein Stück gedörrten Störrücken abschneiden, nahm in einer Ecke Platz und genoss sein Mahl. Kaum dass er dort saß, trat, ihm gleichsam auf dem Fuße folgend, ein in einen Filzumhang gehüllter Jüngling ein. Der erbat sich vom Wirt Feder und Papier, und auf den Schanktisch gestützt, begann er etwas zu schreiben. Petre betrachtete den neuen Gast ein wenig genauer. Den Burschen hab ich doch schon mal gesehen, nur wo?, rief er im Innern aus. Der Bursche stand da, den Kopf gesenkt, und schrieb. So verging einige Zeit. Petre beachtete nicht, dass er sich verspäten könnte, er starrte den Burschen an und kaute so langsam an seinem Mahl, dass er Gefahr lief, bis zum Abend damit nicht fertig zu werden. Verzweifelt grübelte er nach, woher er den Burschen wohl kennen mochte. Die Sonne sank tiefer und tiefer, Petre indessen, verstört, weil er nicht herausfinden konnte, wer der Bursche war, rührte sich nicht von der Stelle. Schließlich, als er nicht mehr länger säumen durfte, erhob sich Petre unverrichteter Dinge, ging zum Schanktisch, zahlte dem Wirt, warf einen letzten Blick auf jenen Burschen und trippelte eilig davon nach Awlabar. Bis zum Wagenstandplatz war es noch ein ganzes Stück Weges, als ihm plötzlich jemand von hinten die Hand auf die Schulter legte. Petre drehte sich um und erblickte erneut jenen in den Filzumhang gehüllten hochgewachsenen jungen Burschen mit der tief über die Augen gedrückten Papacha.

„Hier, nimm dieses Schreiben“, sagte der junge Bursche und schob Petre ein Papier in die Hand. „Solltest du nicht lesen können, lass es dir vorlesen und höre genau hin. So wird dir verständlich, was heute hier geschehen ist.“

Mit diesen Worten machte der Jüngling kehrt und schritt so rasch davon, dass unser Petre, sogar wenn er gerannt wäre, ihn nicht eingeholt hätte. Verblüfft rief er dem Davoneilenden nur noch nach: „He, Junge, wer bist du? Sag mir, wer du bist!"

„Steht alles in dem Schreiben!", rief der zurück und blickte sich nicht mehr um.

Erst jetzt besann sich Petre darauf, dass am Vormittag, dort am Galgen, wohin er auch ging, stets ein Bursche im Filzumhang in seiner Nähe umhergeschlichen war.

Da hab ich schon gleich geahnt, dass hier etwas nicht stimmt, sagte sich Petre. Wie eine Glucke um ihre Küken, so war er immer um mich herum. Im Filzumhang, und wie jener Junge hatte er die hohe Pelzmütze über die Augen gezogen, genau wie jener Junge, darauf wette ich.

Wer weiß, mit wem er da wetten wollte, gewiss ist, dass er immer wieder jenes Schreiben zur Hand nahm, es drehte und wendete und mit einem Seufzer zurück in die Tasche schob:

„Ach, könnte ich lesen! Dieses Schreiben würde mir alles heute Geschehene erklären, hat er gesagt. Vielleicht ist das Schwindel, aber warum sollte es? Wär doch nur Selbstbetrug, was tut es mir? Er ist auf und davon, wird mich Alten schon nicht verspotten."

IV

Immer schneller eilte Petre jetzt zum Wagenstandplatz in Awlabar. Es drängte ihn zu erfahren, was in jenem Schreiben stand. Sein Sohn konnte gut lesen, der Priester hatte es ihm beigebracht. Petre lief beinahe, sein Sinne aber stürmten ihm dennoch voraus.

Wie lang dieser verdammte Rückweg ist, stöhnte er im Stillen, ich gehe und gehe und bin immer noch nicht da.

Dann endlich war es geschafft. Vor Erschöpfung vermochte er kaum zu sich zu kommen, der Schweiß lief in Strömen. Er schaute sich auf dem Standplatz um, sah, dass niemand da war, die Fuhrmänner hatten sich verstreut, waren wohl zum Basar gegangen, um dies und das für zu Hause einzukaufen. Petre war das Recht, umso mehr, als sein Sohn hier irgendwo allein stecken musste, denn in der Stadt hatte er nichts zu besorgen. Und tatsächlich fand er den Sohn an einem kühlen Ort - auf der schattigen Galerie eines Hauses lag er ausgestreckt und schlief. Petre weckte ihn.

„Steh mal auf und lies mir dieses Schreiben vor", sagte Petre und reichte ihm das Blatt Papier.

Der Sohn rieb sich die Augen, räkelte sich und nahm das Schreiben.

„Wo hast du das gefunden, Vater?", fragte er.

„Was heißt – gefunden? Jemand hat es mir, als ich ging, in die Hand gedrückt", erwiderte Petre. Mehr dazu zu sagen, hielt er für überflüssig.

Der Sohn faltete das Blatt auseinander, und Geldscheine fielen heraus. Vater und Sohn waren höchlichst erstaunt – was bedeutete das? Der Sohn schickte sich an, das Geld zu zählen, aber der Vater geriet in Zorn und schrie beinahe, die Geduld verlierend:

„Wozu das! Lies mir lieber vor, was da drin steht! Mir springt das Herz aus dem Leib, ich halte das nicht mehr aus!"

Der Sohn begann zu lesen:

„Der junge Mann, den sie heute gehenkt haben, war mein Bruder ..."

„Was, wie?!" Petre schrie entsetzt auf, er war auf einmal kreidebleich. „Gehenkt! Also ist die Geschichte wirklich passiert! Und die vielen Menschen, die hinterher so fröhlich waren?! Lies weiter, lies. Oh, hätte ich das lieber nicht mit angesehen!"

„Was ist, Vater?", fragte der Sohn verwundert. „Was bringt dich so aus der Fassung, was redest du da Unverständliches?"

„Lies, sage ich, ich weiß, was ich rede", verlangte Petre ärgerlich und erregt. Der arme Alte zitterte am ganzen Leib wie im Fieber.

Der Sohn schüttelte den Kopf, beunruhigt, was wohl mit dem Vater sein könne, und fuhr fort zu lesen:

„Unser Vater war ein verarmter Adliger. Als er starb, waren wir Brüder noch klein. Unsere Mutter heiratete bald wieder, irgend so einen Adligen, der in der Stadt angestellt war. Alles, was uns als elterliches Stammgut geblieben war – nichts Großes, doch immerhin stets ausreichend für einen guten Bissen – hat uns der Stiefvater weggenommen, hat es verkauft, eingetauscht, so dass wir mit nichts dastanden. Solange wir klein waren, hat man uns ohne alle Obhut im Dorf gelassen, während die Mutter und der Stiefvater in der Stadt lebten. Und wenn die beiden mal kamen, haben sie uns Kinder immer nur blutig geprügelt. Halbverhungert und abgerissen streunten wir durchs Dorf. Jeder, der nur konnte, der Stiefvater, ein Hausbediensteter, alle um uns herum verabreichten uns Schläge. Viele Leute freilich dauerten die armen Waisenkinder, aber beigestanden und geholfen hat uns niemand. Als wir dann etwas größer geworden waren, hat sich uns der Stiefvater vom Hals geschafft und uns in eine Soldatenschule in Tukurmischa gesteckt. So gerieten wir vom Regen in die Traufe. Dort verpesteten sie uns die Seele mit russischen Beschimpfungen und Schmähungen und quälten uns mit Schlägen halb zu Tode. Wir versuchten es zu ertragen, aber es ging nicht. Da machten wir uns auf und liefen weg. Gingen in unser Dorf, wollten in unser altes Haus, aber man warf uns hinaus, nicht mal eine Nacht durften wir bleiben. Da waren wir beiden Waisen allein auf der weiten Welt, ohne Brot, ohne Geld, ohne Obdach, ohne Trost, ohne Familie. Wer sollte sich unser erbarmen? Für alle waren wir Fremde, und alle waren Fremde für uns. Also machten wir uns auf in die Stadt, erbittert, auf die ganze Welt böse. Verfeindet mit der ungerechten Welt, mit allen – dem Stiefvater, der Mutter, mit Gut und mit Böse, mit uns selbst und jedem sonst. Wir waren doch noch Kinder, jeder sah, dass man uns am helllichten Tag ausraubte, aber niemand trat für uns ein, niemand half uns, niemand erhob die Stimme und stand uns bei. An unserem Unglück trägt jedermann Schuld. Nicht allein unser Stiefvater, nein, ihr alle habt uns ausgeraubt, ihr alle habt uns zugrunde gerichtet. Solange ich lebe, werde ich es jedermann heimzahlen, und wenn es so weit ist, werde ich mich dort im Jenseits vor dem Herrgott verantworten. Dahin kommen wir alle und werden von Angesicht zu Angesicht vor ihm stehen. Dann werden wir sehen, wer der Gerechte ist und wer der Ungerechte. Der Herrgott prüft die Herzen mehr denn die Taten. Sein Urteil ist unumstößlich.

Erinnerst du dich, wie ihr vor vier Jahren am Eingang der Schlucht von Lotschina die Wagen abgestellt hattet? Und wie damals zwei junge Burschen zu euch kamen? Das waren wir, und wir hatten zwei Tage lang nichts gegessen. Mein armer Bruder – ich nannte ihn Beschan – hat damals viel Unsinn geredet. Mich ärgerte das, ich fand es demütigend, aber ich konnte nichts dagegen tun. Mein armer Bruder war eigensinnig, dickköpfig und noch dazu kleinherzig. Oh, hätte nur der Herrgott dieser einzigen mir nahestehenden Seele vergeben, meinem einzigen Bruder, Blut von meinem Blute und Fleisch von meinem Fleische, diesem einzigen Menschen, der mir wohlwollte, der liebevoll war, ergeben und treu. Heute habe ich mit eigenen Augen zusehen müssen, wie sie ihn erwürgt haben wie eine Katze. Als ob ich, solange ich mich einen Mann nenne, solange ich am Leben bin und atme, das der Welt verzeihen könnte!

Du hast damals herzensgut für uns gesorgt. Deine Güte hat so etwas wie einen lichten Strahl der Dankbarkeit in unsere düsteren Herzen gesenkt, sie hat mich ganz gefangen genommen. Die ganze Nacht lag ich wach, der Schlaf wollte nicht kommen, dabei war ich doch so müde gewesen. Als mein Bruder aufstand und dir die Taschen leerraubte, drückte es mir das Herz ab, alles in mir sträubte sich, die Haare standen mir zu Berge. Und doch habe ich keinen Mucks von mir gegeben, habe ihn nicht gehindert. Mag geschehen, was will, dachte ich bei mir, der Alte ist genauso ein Räuber, denn wäre er ein Mensch, würde er nicht zulassen, dass andere uns berauben.

Wir haben dich also bestohlen und uns zur Stadt aufgemacht. In der Stadt haben Sünde wie Guttat freie Bahn, hier geht es ungezwungen zu. Es verging kein Tag, ohne dass wir jemanden beraubt hätten. Wir holten uns zurück, was wir verloren hatten. So verschafften wir uns unseren Lebensunterhalt und unserer verletzten und erbosten Seele Erleichterung. Die Seele aber war nicht zu besänftigen, sie dürstete nach etwas, strebte wer weiß hin. Wir vermochten sie nicht zu sättigen und zu befrieden …

Vor zwei Jahren geschah es, da führte uns gleichsam das Schicksal selbst zum Haus unseres Stiefvaters. Unsere Mutter war nicht daheim, ihr Mann hatte sie ins Dorf gebracht. In der Nacht brachen wir beide bei ihm ein, töteten den Stiefvater, schickten uns an, alles ringsum zu verwüsten, schafften es jedoch nicht mehr. Man bemerkte uns, die Polizei kam. Ich konnte entwischen, aber meinen armen Bruder haben sie geschnappt und festgenommen. Das Ende kennst du: Heute musste ich mit eigenen Augen zusehen, wie sie meinen einzigen Bruder, den einzigen Menschen, der mir wohlwollte, erwürgt haben wie eine Katze. Ihr alle habt dagestanden und das Schauspiel genossen, indessen ich wie im Feuer brannte … O nein, das verzeihe ich nicht! Ihr alle sollt mir für den Verlust aufkommen. Solange ich lebe, werde ich meines Bruders Blut rächen. Ich hasse diese Welt und noch mehr die Menschen. Die Brücke zwischen uns habe ich endgültig zerstört: Hier an diesem Ufer stehe ich allein, und ihr alle seid drüben auf der anderen Seite. Der Tag des Jüngsten Gerichts wird zeigen, wo die Gerechten sind und wo die Ungerechten. Der Herrgott sieht uns

Menschen in die Herzen, bevor er unser Tun wägt. Ich halte meinen Weg für den gerechten. Ob es so ist, ich weiß es nicht. Ich weiß nur, dass eine winzige Faser, die noch in meinem Herzen war, heute am Galgen gerissen ist, und so bin ich für immer von der Welt losgetrennt, wie ein gebrochener Zweig, der eben noch an einem letzten Faden hing. Leb wohl! Solltest du irgendwann den Wunsch verspüren, mich wiederzusehen, dann komm zum Galgen, dort wirst du mich enden sehen wie meinen armen Bruder. So wie sein Ende wird auch meines sein.

Ich weiß nicht, wieso, aber mein Inneres strebte danach, mich dir gegenüber zu öffnen. Das habe ich getan, und mir ist ein schwerer Stein von der Seele gefallen.

Deine dreieinhalb Rubel gebe ich dir zehnfach zurück. Deine Herzensgüte damals hat mir eine süße Wehmut ins Herz gepflanzt, die schwer bezwingbar ist, sie glimmt darin bis heute wie Kohlenglut unter der Asche. Doch auch sie wird verlöschen, dessen bin ich gewiss. Denn bist du nicht auch meines Stiefvaters Kamerad? Hast nicht auch du mir meinen einzigen Bruder erhängt? Ihn zu diesem Galgen geführt?!"

Der Sohn betrachtete verwundert den von kaltem Schweiß überlaufenen Vater.

„Ja, was habe denn ich damit zu tun!", stöhnte Petre auf, schlotternd am ganzen Leib.

Wahrhaftig, wie sollte unser alter Petre mit alledem etwas zu tun haben?

1879

Die Witwe Otaraant

I

Was sollen mir freundliche Worte?

In dem großen Dorf, wollen wir es Zabliani nennen, kannte jedermann die Witwe Otaraant. Frage einer bloß den Gehilfen des Dorfschulzen – zum Gehöft der Witwe Otaraant hatte außer der Sonne und dem Regen niemand gegen ihren Willen Zutritt!

Welch gewichtige Angelegenheit der Dorfschulzengehilfe oder der Polizeibeamte auch zu besorgen hatten – den Hof der Witwe Otaraant scheuten sie sich zu betreten, und falls sie es dennoch wagten, empfing sie ein solcher Spektakel, dass sie sich selbst verwünschten. Vornehmlich der Dorfschulzengehilfe entsann sich eines Males, wovon alsbald das ganze Dorf erfuhr: Der Landrichter sei zu Besuch gekommen, für ihn müsse er Hühner eintreiben, erklärte er und packte ein Stück Federvieh – aber was für ein Spuk ging da los! Die Witwe Otaraant marschierte gar bis zum Gouverneur, und für das eine Huhn musste der dreiste Dorfschulzengehilfe am Ende siebenfach zahlen. Die Witwe Otaraant kosteten die Beschwerdegänge gleichfalls gehörig, aber was ist schon Geld – Dreck auf der Hand, sonst nichts, und seien es zehn Rubel. Dass sie den Zorn nicht geschluckt und sich gegen die Untat behauptet hatte, dies allein zählte, von nun an wüssten die Leute, wer die Witwe Otaraant war, und merkten es sich!

Und ob sie es sich merkten. Sobald die Bauern, wenn sie in Grüppchen zusammenstanden – vor allem, wenn sie einen der Dorfbeamten umringten –, die Witwe Otaraant kommen sahen, zerstoben sie wie eine Schar Küken, auf die der Turmfalke herabschießt.

Schwer zu sagen, ob die Leute im Dorf die Witwe Otaraant liebten oder hassten, sicher ist, dass ein jeder sie fürchtete. Man bedenke nur, dass aufgebrachte Mütter ihre quengelnden Bälger mit der strengen Frau schreckten: Die würde sogleich kommen, wenn sie nicht aufhörten zu greinen!

Die Witwe Otaraant kümmerte es nicht, dass die Leute sie fürchteten. Das sind feige Herzen, sagte sie sich, weshalb wäre ich wohl zu fürchten? Was für ein Ungeheuer sehen die in mir? Ich bin eben so, ich lasse mir nichts gefallen, von niemandem. Wenn nötig, ziehe ich mir eiserne Sandalen an die Füße, nehme einen Eisenstab und marschiere bis zum Zaren!

Die Leute im Dorf wussten, dass die Witwe Otaraant nicht lange fackeln und ihre Drohung wahrmachen würde. Was sie sagte, das galt.

„Ein wackeres Weibsbild, weiß Gott“, sagte einer der Bauern. „Die langt nicht nach fremder Habe, aber selbst lässt sie sich auch nichts wegnehmen. Seht sie euch an – den ganzen Tag von früh bis spät dreht sie sich wie eine Honigschleuder, gönnt sich keine Ruhe in Haus und Hof.“

Der größte Schrecken aber war die Witwe Otaraant für die Frauen des Dorfes. Wehe, wenn sie so eine beim Müßiggang ertappte, die putzte sie herunter, die stutzte sie zurecht:

„He, Schmarotzerin! Dein Mann könnte sich viel leichter selbst ernähren, als dich umsonst durchzufüttern. Was hältst du die Hände faul im Schoß – dass sie dir verdorren mögen! Soll dir das herzlose Herz stehenbleiben! Herrgott, pack endlich an, ein Bissen mehr wird deinem Mann nicht schaden. Ach, zu Staub zerfallen sollst du, Beste!“

An der Witwe Otaraant kam keiner vorbei, ohne von ihr bekrittelt zu werden, falls es etwas zu bekritteln gab. Selten nur hörte jemand von ihr ein freundliches Wort.

„Was sollen mir freundliche Worte!“, wehrte die Witwe Otaraant ab. „Freundliche Worte wären das einzig Freundliche in diesem harten Erdenleben. Freundliche Worte sind Heuchelei, sonst nichts. Sie sind nur Trost und Schein, kraulen dem Menschen das Herz. Als ob das nottut. Auch der räudige Köter kratzt sich. Besser wär's, das Herz nicht krätzekrank werden zu lassen, da braucht man's auch nicht zu kraulen. Worte sind schließlich kein Pferdestriegel, sondern spitze Zinken, die sich ins Herz haken und es hin und her zerren, damit es nicht Schimmel ansetzt wie in der Lade vergessenes Brot. Das Herz braucht Bewegung, wenn man dem Menschen wohl will. Tröstendes Herzkraulen taugt zu nichts, das ist was für Müßiggänger. Die Fürsten, die lassen sich die Fußsohlen kraulen, zum besseren Einschlafen, genauso ist es mit dem Herzkraulen: es schläfert ein. Die Menschen aber wissen nicht: wenn sie nur einmal die Lider schließen und die Welt aus dem Auge lassen, walkt diese Welt sie platt wie der Lesgier* seinen Filzumhang.“

So hieß es im Dorf: Die Witwe Otaraant habe kein Herz in der Brust, sondern einen Stein.

II

Die Wohltat mit der Bitterwürze

Ob dies tatsächlich so war, danach frage man eine andere Witwe, jene, die am anderen Ende des Dorfes wohnte, mit einem wahren Kindersegen im Hause. Diese war ein unbeholfenes, linkisches Weib, noch dazu allem Fleiß abhold, weshalb die Kin-

* Angehöriger eines Volksstammes in Dagestan.

derschar nicht selten Hunger leiden musste. Sonntag für Sonntag lud sich darum die Witwe Otaraant ein Dutzend Tone*-Brote und eine Schüssel Grütze mit Walnüssen auf den Arm und trug beides zu der anderen Witwe hin.

„Da, iss, bis du platzt", sagte sie, während sie ihre Gaben darreichte. „Was sperrst du das Maul auf – mit schwarzer Erde sollte man's dir stopfen, Elende, dein Leben lang gierst du wie ein Köter nach einem hingeworfenen Knochen. Verwünschte du, wozu hat dir der Herrgott die schenkeldicken Arme gegeben! Seht es euch an, das Unglückskind von Unglückseltern, wie ein rundes Ferkel, das der Wolf sich gerne holte, sielt sie sich im Dreck, weiß aber nicht, wie ihr täglich Brot erwerben. Deine armen Kinder, was haben die von dir, was lernen die Vernünftiges nach deinem Beispiel? Wenigstens die sollten dich dauern, du Jammergeburt!"

Die Frau, derlei Geschimpf gewohnt, sagte trotz allem danke schön.

„Behalte dein Dankeschön für dich, wickle es dir ein, damit du es nicht verlierst. Dein mageres Dankeschön ist vielleicht ein Schatz für die Witwe Otaraant, weiß Gott! Wie großzügig von dir, dass doch der Blitz dich treffe! Danke schön! Wie gut und wie billig, denn müsstest du das Dankeschön in Mühe und Fleiß entrichten, du brächtest es wohl nie zuwege. Zerfetz dein Dankeschön oder steck es dir wohin, ganz wie du willst."

Ebenso ging nie ein Bettler, der bei der Witwe Otaraant anklopfte, ohne eine milde Gabe davon, jedoch ließ sie auch ihn nicht ohne Zurechtweisungen ziehen.

„Oho, mein Lieber", zeterte sie, „du hast solche törichten Frauen wie mich bloß zum Besten, lockst ihnen noch den Bissen aus dem Mund. Soll der Blitz dich räudigen Gauner erschlagen, was strolchst du bettelnd umher, hast du kein Gewissen? Als ob auf dieser Erde einer zu viel zu beißen hätte, um dir was abzugeben. Siehst du nicht, du Bejammernswerter, dass die Leute sich schier umbringen fürs liebe täglich Brot, wer soll da noch dich durchfüttern, na? Dass du dich nicht schämst, du Scheusal, wer ist denn die Witwe Otaraant für dich – etwa Vater, Mutter oder gar deine Schuldnerin, dass sie dich ernähren soll? Von wegen! Dass dir Arme und Beine verdorren, wozu hast du die Glieder an deinem plumpen Körper, wenn sie zu nichts nütze sind? Plagt sich darum alle Welt im Schweiße ihres Angesichts, um auch noch dich Dummkopf zu päppeln? Was fällt dir ein!"

Stand bei der Witwe Otaraant ein besonders kläglicher und erschöpfter Bettler vor der Tür, überhäufte sie ihn mit dem üblichen Wortschwall und schloss dann so: „Komm jetzt in den Marani**, ich gebe dir Wein zu trinken. Denk aber nicht, dass ich dir was Gutes tue. Nie im Leben würde die Witwe Otaraant für dich Opfer bringen. Sieh da, im Kwewri*** ist bloß noch ein trüber Bodensatz, den könnte ich sonst nur wegschütten, also sollst du ihn haben."

Die Witwe Otaraant gönnte dem Ärmsten ein paar Krüge guten Weins und führte ihn danach mit ihren üblichen Lobsprüchen wieder hinaus.

---

* Der Tone ist ein tief in die Erde eingelassener Ofen, an dessen heißen Wänden das Fladenbrot gart.

** Ebenerdiges Gebäude zur Aufbewahrung von Wein.

*** Amphorenähnliches irdenes Gefäß für Wein, das in die Erde eingegraben wird.

Einmal, als erneut ein Bettler erschien, brachte ihm die Witwe Otaraant ein langes Tone-Brot als Almosen, und natürlich würzte sie die Gabe mit ihren scharfen Reden und schimpfte, was das Zeug hielt. Als der Bettler schon von dannen zog, bemerkte sie dessen vom Barfußgehen aufgeplatzte Füße.

„Wart mal, du Tunichtgut!“, rief sie.

Der Bettler blieb stehen, die Witwe Otaraant lief ins Haus, kam alsbald mit sechs Broten unter dem Arm wieder und sagte barsch: „Komm mit, du früher oder später zu Begrabender!“

Der verdutzte Bettler folgte der Witwe Otaraant, und sie gingen zum Dorfbasar. Dort ließ sich die Witwe Otaraant von einem Händler einen Streifen Sandalenleder zeigen, sie reichte die sechs Brote hin, ergriff das Leder und schleuderte es dem Bettler mit solcher Wucht an den Kopf, dass der Ärmste sich nur noch schützend die Hände vor die Augen halten konnte.

„Da, Halunke, forme und raffe dir daraus Sandalen, aber wer weiß, vielleicht verstehst du Elendsvogel nicht mal das.“

„He, Witwe Otaraant, hast du nicht Schulden bei mir, oder wie ist das?“, fragte der wie ein Mastschwein dicke Krämer.

„Schon, gewiss, aber dieses Brot habe ich mir vom Munde abgespart und gebe es bloß her, damit der Kerl Sandalen an die Füße kriegt“, wand sich die Witwe Otaraant aus der Affäre.

III

Fünf Geldsäckchen

Die Witwe Otaraant bewohnte am Rande des Dorfes ein ansehnliches Holzhaus. Den dazugehörigen, für ein Bauerngehöft recht weiträumigen Hof umgab ein Flechtzaun, der Hof war schmuck und sauber gehalten und von der Eingangsgalerie des Hauses bis hin zur Toreinfahrt in voller Länge und Breite von leuchtendgrünem Gras bewachsen. Vor der Eingangsgalerie, in einem Abstand von zwanzig Schritten, stand ein mächtiger Walnussbaum, dessen herabhängende Zweige eine gerundete Form bildeten, als sei der Baum eigens so beschnitten.

Der Anblick des Hofes erfreute das Auge. Das trutzige Holzhaus hatte nur an der Nordseite keinerlei Öffnungen, an den übrigen drei Außenwänden gab es je eine Tür, die Wände waren von etlichen Schießscharten gemustert. Man ahnt, in welchen Schreckenszeiten das Haus einst erbaut worden war.

Rechts vom Haus stand der mit Rebenreisig gedeckte, nach allen Seiten hin offene, luftig durchwehte Marani. Hinter dem Haus befanden sich Tenne und Kornspeicher sowie unter dem Kornspeicher der Viehstall. Links vom Haus lag ein eigens umzäunter kleiner Gemüsegarten.

Hier zog die Witwe Otaraant jegliches Gemüse für Sommer und Winter. Sie grub, hackte, jätete, säte und erntete mit eigener Hand und brachte sich damit bei den Dorfleuten in Verruf: Wer hatte je gehört, dass eine Frau solche Arbeiten verrichtete! Aber Die Witwe Otaraant scherte sich wenig um Reden solcher Art.

„Wer's noch nicht gehört hat, der hört es jetzt", erwiderte sie darauf. „Bin ich vielleicht schlechter dran als der mickrige Gogia? Wenn's ihm ansteht, Spaten und Hacke zu nehmen, wieso wäre ich vom Herrgott benachteiligt? Was tut es, dass er Mann ist und ich Frau bin, was hat er mir voraus? Zwei Arme, zwei Beine – die habe ich auch. Und wenn er die Glieder rührt und schafft, warum sollte ich nicht? Wieso meint ihr, ich wäre siech oder verkrüppelt?"

Die Witwe Otaraant liebte ihre Gartenarbeit so sehr, dass sie keinen anderen dazuließ. Durch den Garten verlief ein schmaler, vom Dorfkanal abgezweigter Bewässerungsgraben, und so sprudelte und plätscherte es hier unaufhörlich. Das Dorf verfügte über reichlich Wasser, es hätte für drei Mühlen genügt. In Zeiten großer Dürre gruben sich die Dorfbewohner gegenseitig das Wasser ab und lenkten es auf ihre Gemüsebeete, vor allem aber in ihre Weingärten. Der Witwe Otaraant jedoch getraute sich niemand das Wasser wegzunehmen - wehe, wenn es dennoch einer tat! Dann konnte man sie sehen, wie sie mit der Hacke auf der Schulter, gleich dem Müller in Person, den Kanal aufwärts schritt. Die Bauern, die die Witwe Otaraant so sahen, raunten: „Da kommt der Blitz, und wehe dem, bei dem er einschlägt!"

Wenn man das Holzhaus betrat, fiel einem sogleich die Reinlichkeit ringsum ins Auge. Quer über die gesamte Nordwand lief ein Bord, darauf aufgereiht war lauter blankes Geschirr aus farbigem, glasiertem Steingut. Töpfe, Pfannen, Schöpfkellen und Schaumlöffel blinkten einen in munterer Sauberkeit von oben herunter an, wie zum Lob ihrer selbst und dem der sorgsamen Hausfrau.

Zu beiden Seiten des Herdes stand jeweils eine mit einem bunten Teppich bedeckte Liege. Die Teppiche schienen betagt, jedoch waren sie bestens gepflegt und gehütet. Die Kopfenden der Liegen zierte schönes Schnitzwerk. In einer Ecke stand eine große Truhe, ein altes Möbelstück offenbar, denn seine Front war mit allerlei altertümlichen, verschlungenen und gewundenen Schnitzornamenten geschmückt. In einer anderen Ecke stand gleichfalls eine große Lade, deren einstmals offenbar blauer Farbanstrich mit der Zeit arg verschossen war. Auf dieser Lade türmte sich, sorgsam zusammengelegt und von einer blauen Decke verhüllt, das Bettzeug.

Wer dieses Haus – oder, wie die Witwe Otaraant es nannte: den Saal – in Augenschein nahm, der hielt die Hausherrin gewisslich für tüchtig und wohlhabend. Und er irrte darin nicht: Im Dorf gab es manch einen, der die Witwe Otaraant beneiden konnte. Ihr verstorbener Mann hatte ihr ein halbes Pfluggespann hinterlassen, zwei Büffelkühe, drei Kühe, außerdem einen zwei Morgen großen, bestens gedeihenden Weingarten und etwa zwanzig Morgen Ackerland.

Um den Weingarten kümmerte sich die Witwe Otaraant mit besonderer Sorgfalt, und er dankte es ihr mit reichen Erträgen. Selbst wenn die Ernte einmal kärglich ausfiel, so sagten die Leute, dass die Witwe Otaraant noch jährlich mindestens ihre hundert Krüge Wein verkaufte und dabei dem Vernehmen nach bis zu dreihundert

Rubel einnahm. Für den häuslichen Verbrauch behielt sie an Wein noch mehr als genügend zurück. Jahr für Jahr beackerte sie jeweils die Hälfte ihres Landes, dazu dingte sie sich entweder einen Arbeiter, oder sie nahm nachbarliche Hilfe in Anspruch, oder aber sie ging selbst hinter dem Pflug – die zehn Morgen jedenfalls wurden gepflügt und bebaut.

Den Erlös aus dem Verkauf des Weines und des überschüssigen Getreides teilte die Witwe Otaraant sogleich in fünf Teile, und sie verwahrte diese fünf Teile Geldes in fünf verschiedenen, aus bunten Flicken genähten Säckchen. Deren erstes nannte sie „Erntesäckchen", und es enthielt jenes Geld, das für die Mahd, das Einfahren sowie für das Dreschen von Weizen und Gerste vonnöten war. Das zweite Säckchen hieß „Wackere-Kerls-Säckchen", und die Witwe Otaraant hütete darin die Aufwendungen für Arbeiten im Weingarten. Das dritte, das „Zum-Teufel-damit-Säckchen" enthielt das Geld für Postsendungen und Steuern oder auch für Lasten, die einem das Dorf auferlegte. Im vierten Säckchen verwahrte sie den Lohn für den Knecht, und es hieß „Gib-und-dir-werde-gegeben". Das fünfte Säckchen war für häusliche Zwecke und für Gaben an die Armen bestimmt, und die Witwe Otaraant nannte es bald „Parsighas Karawanserei", da hier wie dort niemals langer Verbleib war, und bald „Schios Weinkeller", womit sie auf jenen einst berühmten Schenkenwirt anspielte, den seine Freigebigkeit sehr bald ruiniert hatte.

Die Witwe Otaraant war keine Meisterin im Rechnen, und in schwierigeren Fällen musste sie gar Steinchen als Hilfsmittel verwenden, dennoch irrte sie sich nur selten. Das, was sie in die ersten vier Säckchen hineintat, reichte stets für das Vorgesehene, und was dabei übrigblieb, wurde ungezählt ins fünfte Säckchen geschüttet und großzügig aufgezehrt und verteilt.

IV

Schatz und Vermächtnis

Wer weiß, womöglich urteilte manch einer anders – als den kostbarsten Schatz aber aus der Hinterlassenschaft ihres Mannes erachtete die Witwe Otaraant seine Jagdwaffen. Ihr Mann war nicht nur ein fleißiger und tüchtiger Bauersmann gewesen, sondern überdies ein berühmter Jäger. Wer das Haus betrat, dessen Blick fiel sogleich auf die Wand über jener Liege, die dem Herd zur Rechten stand: dort hingen im Futteral ein langläufiges Gewehr, ein Säbel samt einem mit Silberschnallen verzierten Schultergehenk, ein Dolch, eine Pistole, Patronentasche und Pulverhorn.

Allwöchentlich nahm die Witwe Otaraant die Waffen von der Wand und putzte sie hingegeben. Es war, als verrichtete sie ein Gebet, so inbrünstig und ehrfürchtig widmete sie sich dieser Beschäftigung. Seit dem Tode ihres Mannes pflegte sie dieses Ritual, und selbst noch als Sterbende würde sie davon nicht lassen, würde einmal jede Woche die Waffen herunternehmen, sie auf Hochglanz polieren, mit Hammelfett einreiben und wieder an ihren Platz hängen. Bei jedem Waffenputzen indessen füllten sich ihre Augen mit Tränen, presste es ihr das Herz ab.

„Weh mir Unglücklichen“, klagte sie, dass es klang wie ein Klagelied für einen soeben Verstorbenen, und schlug die Hände gegen die Brust. „Ihr Waffen eines Mannes – in Weiberhände seid ihr jetzt geraten. Der gute Herr ist euch gestorben, ihr Ärmsten! Weh mir, denn nicht nur ihr habt ihn verloren, auch ich vermisse ihn, auch ich! Die schwarze Erde hat mir meinen Tewdore genommen … Der Stützpfeiler des Hauses ist eingestürzt, zu Staub zerfallen. Ihr, Gewehr und Säbel – trauert um den, der euch so behände gebrauchte … Das gemeinsame Joch, in das man uns für dieses Dasein gespannt, ist zerbrochen, Witwe Otaraant, dein Gatte, der Stärkere, der neben dir ging, ist nicht mehr, du bist jetzt allein … Weh mir, wie soll ich ohne ihn sein … Zur Brunftzeit, da hat er mir auf dem Ochsenkarren stets einen erlegten Hirsch gebracht! Sobald ich seine klangvolle Stimme hörte, klopfte mein Herz vor Glück. Leid und Freud nahm er frohgemut hin, oh, was für ein Mann war er – gesegnet sei sein Schatten! Wer ihn bei der Arbeit sah, der meinte ein Fest zu erleben. Sogar einen Stein wusste er zum Leben zu erwecken und zum Mittun zu bewegen. Gerühmt sei sein Name! Als er im Sterben lag, ergab er sich nicht der Trübsal, er rief mich und sagte ermunternd: ‚Was weinst du, Frau! Denkst du denn, du lebst ewig auf der Welt? Alles hat ein Ende, und mit einem aus dem Weinen geborenen Lachen soll der Mensch scheiden. Ich war Gast auf Erden, nun gehe ich heim. Lass, weine nicht.‘

‚Was soll ich ohne dich tun?‘, klagte ich.

‚Was du tun sollst? Müh dich und schaffe für deinen Unterhalt. Meinst du, mir ist das Fett einfach so von den Fingern getropft? In Schweiß und Mühsal habe ich mein täglich Brot erworben. Keine Angst, die Welt steht fest, lass du dich nur nicht unterkriegen, ergib dich nicht … Und sorge für meinen kleinen Giorgi, erhalte ihm, was wir besitzen, dass er mir nicht verarmt, dass keiner ihn unterjocht und dass er nicht Fremdes begehrt. Er soll nur heranwachsen, dann wird er sich selbst zu helfen wissen. Aus eigener Kraft, durch seiner Hände Arbeit soll er zum Manne werden. Hüte für ihn das väterliche Jagdgewehr, es wird ihm zustattenkommen … Es ist ein Steinschlossgewehr – er soll vorsichtig damit umgehen, denn der Rückstoß ist stark. Das Gewehr schießt gut auf eine weite Distanz, er muss nur ein wenig höher zielen … Ach, was gäbe ich dafür, könnte ich seine Kugel schwirren hören! Ach, diese Welt, sie hat mir wenig Zeit gegeben … Du, meine Frau, tust mir leid, aber den kleinen, hilflosen Kerl bedaure ich noch mehr. Könnte ich ihn doch als erwachsenen Mann sehen – dann sollte mich meinetwegen der Ochsenkarren überfahren … Aber was tun … Pass auf, dass mein Sohn nicht dem Teufel zum Fraß gerät, und wenn ich tot bin, sorge für ein würdiges Begräbnis und beachte die Totengedenktage.‘

Kaum dass er dies gesagt hatte, drehte er sich zur Wand, seufzte auf mit einem letzten ‚ich gehe‘ und befahl dem Herrgott seine rechtschaffene Seele. Weh mir, die ich meinen guten Tewdore verlieren musste!“

Alles dies rief sich die Witwe Otaraant jedes Mal in Erinnerung, und mit dem Rocksaum wischte sie sich die Tränen aus den Augen, und bis die Waffen ihres verstorbenen Mannes nicht zu blitzen anfingen, ließ sie weder vom Putzen noch vom Weinen ab. Natürlich durfte niemand ihre Tränen sehen, und auch dem Sohn Giorgi hütete sie sich, sie zu zeigen.

Das Vermächtnis ihres Mannes erfüllte sie getreulich, sie erhielt Haus und Hof, und wenn sie den Familienbesitz nicht mehrte, so verminderte sie ihn auch nicht. Sie pflegte das Gewehr und kam ihren Pflichten gegenüber dem Verstorbenen nach, kochte allsonntäglich Grütze zu seiner Seligwerdung und ließ für ihn alljährlich vom Priester eine Messe lesen.

Der Fürsorge für den Sohn widmete die Witwe Otaraant all ihre jungen Frauenjahre. Sie war knapp vierundzwanzig gewesen, als sie verwitwete und mit dem einjährigen Sohn alleinblieb. Seit jenem Tage trug sie nichts als ein blaues Baumwollhemd auf dem Körper, darüber ein schwarzes Kleid und um den Kopf geschlungen einen schwarzen Schleier. In all den zwanzig Jahren, die seitdem vergangen waren, wollte sie von froheren Farben nichts wissen. Obwohl es etliche Männer gab, die ihr Anträge machten – eine Einheirat in ihr Anwesen war ja verlockend! –, lehnte sie eine neue Heirat entschieden ab.

„Wie sollte ich wohl nachher im Jenseits meinem Mann gegenübertreten?“, sagte sie dazu. „Eher soll der Witwe Otaraant das Augenlicht erlöschen, als dass sie dem kleinen Giorgi einen Stiefvater ins Haus holt, gesegnet sei seine ungetrübte Kindheit! Wie, deinen Vater sollte ich verraten und dich preisgeben?“, wandte sie sich an ihren Sohn. „Lieber mag die Erde mich verschlingen. Wachse heran, mein Augapfel, und mache hier auf Erden deiner Mutter und dort im Himmel deinem Vater Freude. Alle deine Sorgen will deine unglückliche Mutter auf sich nehmen.“

Mit solchen Worten drückte sie ihren kleinen Pausback an die Brust.

V

Mutter und Sohn

Zu der Zeit, da unsere Erzählung beginnt, war Giorgi, der Sohn der Witwe Otaraant, einundzwanzig Jahre alt und zu einem stämmigen, kernigen und sehr ansehnlichen Burschen geworden. Schwarzhaar und ein dichter Schnurrbart ergänzten das dunkle, schön geschnittene Gesicht, und das Äußere des jungen Mannes wäre noch anziehender gewesen, hätten seine großen Augen mit dem Habichtsblick einen weniger finsteren Ausdruck gehabt. Deren Düsterkeit wurde überdies durch die über der Nasenwurzel beinahe zusammengewachsenen Brauen verstärkt. Viele Menschen störte diese Düsterkeit, und so kam es, dass manch einer ungewollt den Blick abwandte, wenn er Giorgis Augen erstmals begegnete. Betrachtete man aber dieses Gesicht und diese Augen länger, ließ sich daran umso inniger Gefallen finden. Giorgi lächelte nur selten, und wenn es doch einmal geschah, war dieses Lächeln so sehr gewinnend, dass man sich daran kaum sattsehen konnte.

Giorgis stattliche Erscheinung kam dank seiner Liebe zu schmucker, reinlicher Kleidung erst recht zur Geltung. Wer seine bortenverzierten Gamaschen, die bunten Strümpfe und die hübsch sitzenden Ledersandalen sah, musste einsehen, dass unsere bäuerliche Beinbekleidung ihren Reiz und Schick hat.

Wenn Giorgi auf dem Basar erschien, sagten die Leute: „Fehlt bloß noch, dass er die Arme in die Hüften stemmt, dann sähe er ganz aus wie ein Fürstensohn!"

Viele junge Bräute hatten sich in Giorgi verguckt und träumten heimlich von ihm, Giorgi jedoch schenkte den Mädchen keine Beachtung. Ebenso wenig schloss er sich den gleichaltrigen Burschen an, gesellte er sich aber doch einmal zu ihnen, räumten sie ihm überall die Vorrangstellung ein.

Was die Tüchtigkeit anging, so hatte Giorgi im Dorf nicht seinesgleichen: Ein Sensenhieb von ihm, schon kann er eine Garbe binden, und wo er den Spaten einsticht, dünkt es einen, als spalte er die Erde bis in ihren Kern. Ganz allein lädt er einen Ochsenkarren voll Getreide und bringt das Fuder heim. Wo er anpackt, tut er's mit aller Kraft und legt sich ins Zeug, bis das Werk vollbracht ist ... So sprachen die Leute im Dorf über ihn, kurz, er hatte den Ruf eines tüchtigen Bauern.

„Ja, der Junge hat eine geschickte Hand, und er ist sehr fleißig", lobte ihn auch seine Mutter. „Bloß fehlt ihm dazu das heitere, frohe Wesen des Vaters. Wenn der Vater sich so bei der Arbeit ereiferte, war es, als sitze er bei einem fröhlichen Gelage. Der Junge ist wie er unermüdlich und zuverlässig, aber kaum, dass sich sein Gesicht mal aufhellt und er lacht. Immer macht er eine mürrische Miene, als ob er unzufrieden ist."

Dennoch war Giorgi ein gehorsamer Sohn, er fügte sich der Mutter voller Respekt und unternahm nichts gegen ihren Willen. Zwar war er jetzt ein erwachsener Mann, aber die Führung der Wirtschaft machte er der Mutter nicht streitig. Wohl auch hätte die Mutter, obgleich sie den Sohn abgöttisch liebte, die Zügel nicht aus der Hand gegeben. Wozu? Kein Mann hätte besser gewirtschaftet als sie, die Witwe Otaraant, dies tat.

Viele beneideten Mutter und Sohn um ihr gutes Einvernehmen. Auch die Witwe Otaraant freute sich an ihrem Sohn und war stolz auf ihn. Den Sohn anzusehen und für ihn da zu sein, war für sie die größte Freude auf der Welt. Ich bin für dich da, ich sterbe für dich, und ich würde mir deinetwegen sogar das Messer in die Brust stoßen – so dachte die Mutter bisweilen im Stillen, wenn sie ihren Sohn von der Arbeit heimkommen sah.

Ihre abgöttische Liebe allerdings verbarg die Mutter vor den Leuten und auch vor ihrem Sohn. Sie ließ dieselbe allein in der liebevollen Art erkennen, in der sie mit ihm sprach, und darin, dass sie nie ein böses Wort gebrauchte oder mit ihm schimpfte. Wenn sie ihn tadelte, was häufig vorkam, nahm der Sohn, dem kein Vogel unerlaubt über den Kopf dahinflog und an dem keine Ameise gegen seinen Willen vorbeikrabbelte, ihren Tadel widerspruchslos hin, ganz gleich, von welcher Härte dieser war.

Mutter hat recht, sagte sich Giorgi nach einigem Nachdenken, und er sah seinen Fehler ein. Immerhin erinnerte er sich keines Falles, da die Mutter ihn ohne Grund zurechtgewiesen hätte. Von klein auf an Wahrheit und Gerechtigkeit gewöhnt, liebte auch er diese Tugenden. Jegliche Niedertracht brachte ihn in Harnisch, und mitunter mischte er sich sogar tätlich ein. Giorgi entsann sich noch eines Ereignisses aus seiner Kindheit – damals hatte er von seiner Mutter Schelte erwartet, aber stattdessen billigte sie sein Verhalten …

Giorgi mochte zehn oder zwölf Jahre alt gewesen sein, als er Zeuge wurde, wie ein großer Junge, Tedo mit Namen, dem kleinen Gola die Metallscheiben vom Gürtel abluchste. Der Hintergangene erhob ein Mordsgeheul, aber Tedo dachte nicht im Traum daran, die Beute zurückzugeben. Giorgi, welcher zusammen mit anderen Kindern in der Nähe spielte, hörte Golas herzzerreißendes Geheul, erkannte den Grund dafür, und sein kleines Herz erbebte vor Zorn. Er ließ die Kameraden stehen, stürzte zu dem großen Übeltäter und brüllte ihn an: „Gib das zurück, lass den Kleinen in Frieden!“ Tedo holte aus, und Giorgi lag am Boden. Giorgi aber sprang wieder auf die Füße und bewarf seinen Gegner mit einem Stein. Da streckte der große Lümmel Giorgi erneut zu Boden und prügelte noch auf ihn ein. Die Kameraden eilten Giorgi zu Hilfe, gemeinsam überwältigten sie den Tunichtgut, nahmen ihm die Metallscheiben weg und verdroschen ihn gehörig. Gola bekam seine Gürtelscheiben zurück, aber Giorgi war schlimm zugerichtet: Aus der aufgeschlagenen Nase lief das Blut, und der rote Hemdkragen hing in Fetzen.

So kam er nach Hause gerannt, wo seine Mutter entsetzt ausrief: „O Gott, mein Kind, zeig her, was ist passiert!“

Giorgi berichtete, was geschehen war.

„Und, habt ihr es ihm weggenommen?“, fragte darauf die Mutter.

„Ja, Gola hat alles wiedergekriegt.“

Die Mutter schmunzelte. „Keine Angst, Junge“, sagte sie. „Das hier an der Nase ist nur eine Schramme. Bis du groß bist, ist alles vergessen.“

„Das vergesse ich nie!“, rief Giorgi leidenschaftlich. „Wenn ich groß bin, werd ich's dem zeigen, wie man einen verprügelt!“

Die Mutter drückte ihren Jungen ans Herz.

Ganz der selige Vater!, dachte sie glücklich. Oh, sei gesegnet, du mein Stolz und mein Ruhm! Laut indessen äußerte sie derlei nicht, sie wusch ihrem Sohn nur das Gesicht, zog ihm ein heiles Hemd an und sagte: „So, mein Lieber, jetzt siehst du gleich hübscher aus. Geh wieder nach draußen zum Spielen, es wird dir guttun. Gola hat also geheult?“

„Und wie!“

„Hat er sich dann über die Gürtelscheiben gefreut?“

„Er war gleich still und hat nicht mehr geheult.“

Der kleine Giorgi verschwand zu seinen Spielkameraden. Ihm nachblickend dachte die Mutter: Weiß Gott, er hat einen guten Vater gehabt. Und er, der Sohn, wird nicht schlechter werden.

VI

Ist der bei Troste?

Der Charakter, den der kleine Giorgi offenbart hatte, prägte sich mit den Jahren mehr und mehr aus. Wie die Mutter, so tadelte auch der Sohn jeglichen Missstand, egal, wo er ihm begegnete. Das fand im Dorf nicht jedermanns Gefallen, und so musste sich Giorgi des Öfteren Vorwürfe anhören, weil er sich in Dinge mischte, die ihn nach Meinung der Leute nichts angingen. Seine Art bescherte ihm mancherlei Unannehmlichkeiten, aber er beharrte auf dem Seinen, und auch die Mutter versuchte nicht, ihren Sohn zu ändern. Erst unlängst – es mochte wohl zwei Wochen her sein – hätte das Dorfgericht Giorgi beinahe in den Viehstall gesperrt, denn wieder einmal war Unglaubliches passiert.

Giorgi war in den Wald gegangen, um Rebstecken zu schneiden, und dort auf Omaraschwilis Knecht getroffen. Der Knecht war mit dem Uremi* Holz holen gefahren, aber nun lag er im Schatten auf der faulen Haut und schnarchte sich eins. Das allein wäre noch nicht so schlimm gewesen, aber er hatte die Büffel nicht vom Karren losgebunden, und die armen Tiere lehnten erschöpft an den großen Karrenrädern und kauten träge wieder.

Mit einem Fußtritt versuchte Giorgi, den Knecht zu wecken.

„Steh auf, Bester, und binde die Büffel los. Die armen Viecher."

Omaraschwilis Knecht schlug die Augen auf und brummte: „He, was willst du von mir?"

„Ich will gar nichts, aber guck dir die armen Büffel an."

„Und, was schert's dich?"

„Es schert mich, dass du deinen Lohn umsonst kriegst. Wenn du deinen Herrn betrügst, na schön, aber hast du denn kein Mitleid mit dem Vieh, bist du kein Christenmensch, dass dich die Sünde nicht brennt, Mann! Die Tiere so kurz anzubinden, dass ihnen vor Hunger schon die Flanken einfallen …"

„Soll ich sie mir vielleicht auf den Kopf setzen?"

„Weiß ich, ob sie da was zum Weiden fänden? Aber sieh hin – das Gras hier im Wald steht kniehoch. Lass die Tiere laufen, sollen sie sich was rupfen."

„Von wegen – lass die Tiere laufen, nachher kann ich mir die Beine wundrennen, um sie wieder einzufangen."

„Ach, du Gewissenloser! Denkst wohl, hier sieht dich keiner, da kannst du Gewissen Gewissen sein lassen, das Gewissen ist einen Dreck wert, wie? Ein Büffel ist ja bloß ein Stück Vieh, das braucht kein Erbarmen, und mein Vieh ist es auch nicht, sollen andere sich drum kümmern!"

„Was willst du eigentlich, es geht dich doch nichts an. Als ob ich dein Knecht wäre."

---

* Ein mit Ochsen oder Büffeln bespannter zweiräderiger Bauernkarren.

„Verdammt sollte ich sein, wenn ich mich auf einen wie dich einließe! So einen würde ich nicht mal für trocken Brot bei mir behalten."

„Geh, lass mich in Frieden. Was hat dich gepackt, hier solchen Radau zu schlagen. Dir juckt wohl das Fell, aber ich sag dir, hau lieber ab."

„Als ob mir einer was anhaben kann. Steh auf, und wenn du's nicht den Tieren zuliebe machst, hier – siehst du die Rebstecken?"

Giorgi versetzte dem Knecht noch einen Fußtritt. Der sprang wütend auf, pflanzte sich vor Giorgi hin und reckte die Brust, als wollte er sagen: Guck mich an, wer bist du schon dagegen? Schlag zu, wenn du dich traust.

Giorgi missfiel nicht einmal die Verwegenheit des Knechts, aber wofür gebrauchte er sie? Wenn er tatsächlich ein Kerl war, durfte er nicht so fahrlässig handeln und musste mit den Tieren Mitleid haben, war er aber kein Kerl, warum gebärdete er sich so kühn und stellte sich vor ihn hin wie ein Baum?

„Brauchst mich bloß anzurühren, Mann, und du wirst dein blaues Wunder erleben", drohte der Knecht.

Die Drohung saß. Giorgi, voller Wut, trat dem Knecht gegen das Schienbein, der aber konnte den Sturz noch abfangen, indem er den Arm gegen den Erdboden stemmte. Flink war er wieder auf den Beinen, und nun stieß er seinerseits Giorgi die Faust in die Brust. Giorgi taumelte zurück.

„He, Junge, du machst keinen Spaß!", rief er aus, warf seine Rebstecken hin, und der Kampf entbrannte ernstlich.

Giorgi fackelte nicht lange, er packte seinen Gegner, schleuderte ihn über die Schulter und klatschte ihn auf die Erde wie den Brotteig an die Wand des Tone-Backofens. Den Liegenden rührte er nicht an. Der Knecht, außerstande, die Schmach hinzunehmen, sprang wieder auf die Füße und verabreichte Giorgi unvermutet eine kräftige Ohrfeige. Giorgi, fuchsteufelswild, stürzte sich jetzt auf seinen Beleidiger und verprügelte ihn dermaßen, dass der Knecht schließlich um Erbarmen flehte.

„Verschwinde", sagte Giorgi. „Und solltest du irgendwo das Maul aufreißen und von dir reden, dann vergiss nicht, auch von mir zu sprechen. Für das, was du den Tieren angetan hast, ist dir Gottes Strafe sicher."

Natürlich ging der erboste Knecht zu seinem Herrn, um sich zu beschweren.

„Weshalb hat er dich geschlagen?", fragte Omaraschwili.

„Er hat geschimpft, dass ich den Karren zu voll lade. Ich sollte auf die Tiere Rücksicht nehmen und auf mich. Wenn einer so rackert, sagte er, wird man von anderen Knechten auch mehr verlangen. Immer wieder fing er davon an und schlug mit den Rebstecken auf mich ein. Sogar deine Eltern im Grab hat er schlechtgemacht. Und er hat gesagt, auch wenn einer Lohn kriegt, ob er sich da zu Tode schinden muss."

„Aber der Karren war doch gar nicht vollgeladen."

„Das ist es ja, was ich nicht verstehe. Was der verflixte Kerl bloß von mir wollte! Mich so zuzurichten!"

Omaraschwili, ein einflussreicher Mann im Dorf, nahm es nicht einfach hin, dass sein Knecht von einem solchen Grünschnabel verdroschen wurde. Er nahm den

Knecht mit zum Dorfgericht und erhob Klage. Natürlich stellte er sich hinter seinen Knecht.

„Gibt es Zeugen?“, wurde der Knecht gefragt.

„Wieso braucht Giorgi Otaraant Zeugen? Als ob der falsch aussagen würde“, warf einer der Richter ein, und ein anderer pflichtete ihm bei – nein, Giorgi würde nicht schwindeln, auf sein Wort war Verlass.

Am Sonntag wurde Giorgi vor Gericht geladen. Auf die Frage, ob er den Knecht geschlagen habe, antwortete er wahrheitsgemäß: „Ja, das habe ich getan.“

„Weshalb hast du es getan?“

Giorgi berichtete, was vorgefallen war, und schloss: „Solche gewissenlosen Halunken richten die Welt zugrunde. Wie soll da noch einer dem andern trauen? Der bringt alle ordentlichen Knechte in Verruf – faulenzt und schnarcht, und die armen Büffel stehen da, nicht ausgespannt. Das konnte ich nicht mit ansehen.“

Wer wünschte seinem Feind die vertrackte Lage, in der sich jetzt die Richter befanden? Wie gern hätten sie es Omaraschwili recht getan, hofften sie doch auf eine gute Bewirtung, zum andern aber fürchteten sie die Witwe Otaraant, denn die marschierte womöglich wieder zum Gouverneur! Überdies waren die Richter mit dem Herzen Giorgi zugeneigt, vor der Prügelei jedoch konnten sie auch nicht die Augen verschließen. Die armen Richter wussten wahrlich nicht ein noch aus.

Omaraschwili selbst befreite sie aus ihren Nöten: „Ich für mein Teil habe Giorgi verziehen“, sagte er. „Aber die Richter sollen selbst entscheiden. Bravo, Junge, Giorgi, du hast recht gehandelt.“

„Verziehen!“, schnaubte der Knecht. „Die Verzeihung steckt mir in Fleisch und Knochen! Vielleicht guckt sich einer meine blauen Flecken an.“

„Wozu, du Nichtsnutz. Wenn’s nach mir ginge, hättest du noch mehr Prügel verdient“, erwiderte Omaraschwili.

„Bei Gott, das ist wahr gesagt“, stimmten die Richter ihm zu und erlaubten dem freigesprochenen Giorgi, nach Hause zu gehen.

„Der Junge ist entweder nicht bei Troste oder aber ein von Gott Gesandter“, bemerkte einer der Anwesenden zu einem anderen, als sich die Versammlung auflöste und alle aufbrachen. „Wer hat so einen schon gesehen!“

„Wahrhaftig, in dem steckt entweder Gottes Segen oder das eigene Unheil“, pflichtete der andere bei.

„Das ist genauso wie damals – weißt du noch, wie Beschanaschwilis Knecht das Mehl auf dem Uremi von der Mühle nach Hause brachte? Der Faulpelz hatte den Karren falsch beladen, vorn zu leicht und hinten zu schwer, so dass die Büffel röchelten, weil die Zugseile sie würgten. Zum Glück kam Giorgi vorüber und sah, was los war. Er sprang auf den Karren, rückte die Säcke hin und her, bis alles im Gleichgewicht war, darauf verpasste er dem Faulpelz eine kräftige Ohrfeige und schimpfte: ‚Bist du blind, Mensch, siehst du denn nicht, dass du die Büffel erdrosselst? Wie zeigst du dich damit deinem Herrn?‘“

„Schön und gut, aber warum steckt er überall seine Nase hinein?“

„Das ist es ja, ich verstehe es auch nicht. Darum sage ich dir – der Junge ist entweder nicht bei Troste oder vom Herrgott gezeichnet."

„Die Mutter ist genauso wie er eine Tollkühne. Und der Vater, ehrlich gesagt, war auch ein Mensch, der keine Ruhe gab. Der hätte es nicht anders getan."

„Tja, nicht umsonst heißt es, der Apfel fällt nicht weit vom Baum. Solche Leute tragen entweder großes Unheil in sich, oder sie sind von Gott gesegnet."

Als Giorgi heimkam, erzählte er der Mutter, wie die Gerichtsverhandlung verlaufen war, und die Witwe Otaraant stellte staunend fest: „Sieh einer an, diese Ratten fällen bisweilen doch auch ein gerechtes Urteil."

VII

Muttersorgen

Giorgi war, wie schon gesagt, ein junger Mann von einundzwanzig Jahren, aber er dachte noch keineswegs ans Heiraten. Die Witwe Otaraant betrübte das sehr, doch was tun? Heiratsangelegenheiten wurden im Himmel geregelt, und anscheinend wünschte es der Herrgott noch nicht. Die Zeit aber nahm ihren Lauf, und andere junge Männer in Giorgis Alter hatten bereits Kinder. Oh, könnte die Witwe Otaraant einmal solch ein Enkelkind auf dem Schoß halten, dann dürfte man ihr auch gleich die Hände über der Brust falten und sie lebendig ins Grab senken!

In diesen Kummer der Witwe Otaraant aber sollte sich bald eine neue Sorge mengen. In letzter Zeit nämlich beobachtete sie eine Verstimmung bei ihrem Sohn – auch sonst nicht eben eine Frohnatur, war er jetzt noch düsterer als sonst und verschloss sich ihr gegenüber gänzlich. Es war, als bedrücke ihn etwas, worüber zu sprechen sich ihm verbot.

Giorgi kam immer erst spät in der Dunkelheit von der Feldarbeit nach Hause, und wenn die Nacht mondhell war, streckte er sich draußen auf dem Hof ins Gras, schob die Arme unter den Kopf und lag über Stunden regungslos da. Er starrte zum Himmel, und es war, als zähle er zu seinem Zeitvertreib die Sterne oder blicke einfach den ziehenden Wolken nach. Was ihren Sohn nur befallen hatte und was ihm das Herz schwermachte – die Mutter konnte es nicht erkunden.

„Komm ins Haus, Junge, du musst doch müde sein von der Arbeit. Da draußen holst du dir noch was", sagte sie einmal.

„Ach wo, es schadet mir nichts, Mutter. Ich möchte noch hierbleiben", erwiderte Giorgi.

„Aber es ist Zeit, schlafen zu gehen, Junge. Bald wird es wieder hell ..."

„Ach, Mutter, manchmal ist Schlaf gar kein Schlaf."

„Wie meinst du das, Kind?“ Die Mutter trat auf ihren Sohn zu und fragte: „Giorgi, Junge, willst du mir nicht sagen, was mit dir ist? Dich bedrückt doch ein Kummer, kannst du mit deiner Mutter nicht darüber sprechen?“

Giorgi stützte sich auf.

„Nein, Mutter! Ich liege einfach gern so im Mondlicht.“

„Aber es sind jetzt schon zwei Jahre, seit du dir das angewöhnt hast. Früher war es nicht so.“

„Der Mensch ändert seine Gewohnheiten, Mutter. Früher war eben früher, und jetzt bin ich anders. Als Kleinkind habe ich an der Brust gesaugt, und später begann ich gebackenes Brot zu essen. Was willst du damit sagen?“

„Denkst du auch manchmal daran, mein Junge, wie mir im Herzen zumute ist?“

„Aber ja, Mutter, und ich weiß, dass in deinem Herzen nur ich bin.“

„Davon rede ich nicht. Wenn es bloß nicht so etwas ist wie damals, weißt du noch? Du warst zum Graben im Weingarten, und ich brachte dir das Essen hinaus. Ich fand dich zwischen den Rebstöcken – du standest auf den Spatenstiel gestützt da und starrtest wie entgeistert auf die Erde. Was war mit dir? Ich hab dich damals nicht danach gefragt, aber es hat sich mir hier tief eingekerbt.“ Die Witwe Otaraant wies auf ihre Brust.

„Schab die Kerbe weg, Mutter, du quälst dich unnütz. Was sollte gewesen sein? Ich war ermüdet und ließ mich vom Wind befächeln“, erwiderte der Sohn.

„Aber wo warst du mit den Gedanken? Du hast mich nicht kommen hören, bist völlig geistesabwesend gewesen. Ich habe das schon einige Male an dir beobachtet - mitten bei der Arbeit erstarrst du plötzlich. Oder beim Essen – du nimmst einen Bissen in den Mund, aber deine Kiefer bewegen sich nicht, du atmest nicht mehr, es ist, als hätte dich etwas weit weggeholt und auf einen Felsen gestellt, um dich in die Tiefe zu stürzen.“

„Das bringt die Zeit mit sich, Mutter!“

„Ist es nur das, nichts anderes?“

„Vielleicht ist es auch was anderes ...“

„Vielleicht hält dich ein Zauber gefangen, mein Kind.“

Die letzten Worte der Mutter trafen Giorgi zutiefst und machten ihn wütend. Ein Verdacht regte sich: Wieso sprach die Mutter von einem Zauber? Ahnte sie denn ... Nein! Giorgi, erschrocken, wagte es nicht, weiterzudenken. Ihm war plötzlich, als habe man ihm das Schloss vom Herzen gerissen und in dessen geheimste Winkel geblickt. Unwillig schüttelte er den Kopf, stand auf, fasste die Mutter am Arm und sagte: „Komm, lass uns hineingehen, es ist wirklich Schlafenszeit. Außerdem: ‚Angst und Sorge sind schlechte Ratgeber.‘ Den Spruch kenne ich von dir, Mutter.“

„‚Wo er nichts Bessres weiß, soll der gute Mann nachgeben.‘ Das ist ein Spruch deines Vaters, auch den solltest du dir merken, mein Lieber“, entgegnete die Mutter.

Wie kommt sie nur allem so nahe? überlegte Giorgi. Weiß sie etwas, oder tastet sie auf gut Glück? Oder macht mein Verdacht mich hellhörig? Nachgeben! Das sagt sich leicht!

In dieser Nacht fand die Witwe Otaraant keinen Schlaf. Nach dem Gespräch, das sie am Abend mit dem Sohn geführt hatte, wirbelten die Gedanken in ihrem Kopf umher wie Späne in einem Wasserstrudel.

Vielleicht hab ich's, das Fadenende, das zum Knäuel hinführt! dachte sie schließlich. Ja, womöglich war sie auf der richtigen Spur! Die Zeit war heran, der Augenblick gekommen … Aber warum verriet Giorgi ihr nicht, wer das Mädchen war? Nun quälte sie, die Mutter, diese neue Sorge … Wird schon alles in Ordnung sein, tröstete sie sich, wenn er mich braucht, wird er's sagen.

Die Witwe Otaraant schloss die Augen, aber der Schlaf wollte nicht kommen. Ruhlos wälzte sie sich hin und her. Die Nacht ging dahin, und neue Zweifel stellten sich ein – hatte sie es richtig erraten, täuschten sie ihre Vermutungen nicht? Woher sollte sie es wissen? Man sieht einem Menschen nicht ins Herz. Wer weiß, vielleicht war mit ihrem Giorgi etwas ganz anderes los? Aber was? So quälte sich die Witwe Otaraant, ohne eine Antwort auf ihre Fragen zu finden.

Unterdessen war Mitternacht längst vorüber, alles war still, nur in der Ecke am Brotkasten scharrte eine Maus. Hellwach lag die Witwe Otaraant da und bekümmerte sich um ihren Sohn. Am meisten schmerzte es sie, dass er sich ihr nicht anvertraute. Wenn er sich verliebt hatte, warum verbarg er es? Verheimlichte es vor der Mutter? Wenn ihm nun aber etwas anderes zugestoßen war? Allmächtiger, daran wollte sie nicht denken!

Vor Schreck schlug die Witwe Otaraant dreimal das Kreuz, als müsse sie ein Gespenst vertreiben.

Der volle Mond hatte einen Berggipfel erklommen und schickte sich an, dahinter zu versinken. Die Nacht ging dem Ende zu, mit dem schwindenden Mondlicht wurde es dunkler ringsum, eine noch tiefere Stille trat ein, und nur in der Ecke am Brotkasten rumorte die Maus.

Die Witwe Otaraant entsann sich eines Vorfalls von vor zwei Jahren: Giorgi hatte sich das Gewehr des Vaters über die Schulter gehängt – oh, wie gut ihm das stand, diesem schmucken Jungen! – und war verschwunden. Erst nach drei Tagen kehrte er zurück. Wieso denn war ihr, der dummen Mutter, damals nichts aufgefallen? Erst jetzt gab es ihr einen Stich … Giorgi behauptete, er sei auf der Jagd gewesen, aber warum kam er mit leeren Händen heim? Es war doch Brunftzeit gewesen damals … Noch nie hatte die Mutter erlebt, dass Giorgi von der Jagd mit leeren Händen nach Hause gekommen war! Er stand dem verstorbenen Vater doch nicht nach, und wenn er kein besserer Jäger war als er, so war er keinesfalls ein schlechterer … Genau, damals hatte den Sohn diese Trauer befallen. Jetzt besann sie sich! Seitdem lastete auf seinem Herzen dieser Felsblock, von dem er sich nicht befreien konnte … Ob er gar einen Menschen … Allmächtiger, nur das nicht! Aber wer weiß, auf dieser weiten Welt gibt es so viel Unheil … Gott, bewahr uns! … Pfui Teufel, ksch, ksch …"

Die Witwe Otaraant spuckte aus, um den Teufel zu verjagen, und schlug dazu noch dreimal das Kreuz. Aber von ihren Gedanken konnte sie nicht loskommen, die bedrängten und schreckten sie wie Gespenster, und so manches Mal rief sie ein erschöpftes „Herrgott, erlöse mich!"

Der Morgen dämmerte schon, die Nacht klopfte beim Tag an die Tür, der Himmel färbte sich bläulich. Am Ende fiel die gequälte Frau in Schlummer, aber die Gedanken verfolgten sie bis in den Schlaf, so dass die Ärmste noch einige Male stöhnend den Herrgott um Erlösung anrief.

VIII

Auch harter Stein bricht

Aber noch bevor die Sonne richtig aufging, war die Witwe Otaraant bereits gewaschen und in den Kleidern. Die Sonne blinzelte eben mit ihrem einen goldglänzenden Auge über den Berggipfel hinweg in die Welt, und kaum berührten ihre Strahlen den Tau auf den Bergen, dampften die Hänge, als ob sie dem großen Feuerball ein Weihrauchopfer darbrächten.

Was war das nur mit mir letzte Nacht?, grübelte die Witwe Otaraant. Was hat mich so überwältigt, dass ich gar nicht wieder davon loskommen kann? Ich solle mich nicht vom Unglück unterkriegen lassen, hat mir mein seliger Tewdore ans Herz gelegt, aber wie das tun! Ein verborgenes Unglück macht alles viel schwerer. Kommt es offen auf dich zu, kannst du noch irgendwie dagegen angehen, aber was ist, wenn du das Unglück nicht kennst? Ich bin in tiefstem Herzen erschrocken. Was mit meinem Giorgi ist, liegt unter einer dunklen Decke verhüllt. Falls er sich verliebt hat, soll der Herrgott ihn glücklich werden lassen! Falls es aber etwas anderes ist, eine Untat, Blutvergießen … dann lass dich steinigen, Witwe Otaraant, ja, steinigen! Das soll auf ihm lasten wie ein Felsstein, auf dass er sich sein Lebtag nicht davon befreit. Sein Lebtag nicht!

Die Witwe Otaraant quälten noch immer die Grübeleien der Nacht. Abermals musste sie an Giorgis dreitägige Abwesenheit damals vor zwei Jahren denken. Der Gedanke war wie ein Schneebatzen, der, bergab rollend, größer und größer wird und, wenn nichts ihn aufhält, sich schließlich in eine bedrohliche, alles fortreißende Lawine verwandelt. Eben so erging es der Witwe Otaraant: Der Gedanke war der Schneebatzen, die Liebe zum Sohn gab den Anstoß, und so rollte er von dem hohen Berge, wo allein die wahre Mutterliebe wohnt, zu Tal. Wer oder was sollte die Lawine aufhalten!

Jegliche Art Liebe aber, ob nun die Mutterliebe oder eine andere, ist ängstlich und auf Vorsicht bedacht: Sie ahnt eher Schlimmes denn Freudvolles, wenn das Weh des Liebsten verborgen und nicht enträtselbar ist.

Die Mutter glaubte, der Sohn schlafe noch, darum stahl sie sich auf Zehenspitzen aus dem dunklen Haus und nahm den Besen mit, um die Eingangsgalerie zu fegen. Wie aber staunte sie, als sie Giorgi unter dem Walnussbaum liegen sah. Seiner Gewohnheit gemäß hatte er beide Hände unter den Kopf geschoben, und die Beine langgestreckt, starrte er nach oben in das hohe Gezweig des Baumes. Weiße, flaumige Wölkchen zogen hier und da geruhsam, ohne Eile über den blanken Himmel, als suchten sie nach Gespielinnen, um sie bei der Hand zu fassen und sich mit ihnen zu vergnügen. Das schimmernde Lasurblau des Morgenhimmels breitete wunderschön seine Fittiche über die dahinschwebenden kleinen Gäste, es war, wie wenn eine Mutter ihre soeben erwachten Kinderchen ruft, damit sie auf ihrem Schoß umhertollen. Zu anderer Zeit hätte ein solcher Morgenhimmel der Witwe Otaraant das strenge Gesicht aufgehellt, heute aber wichen Kummer und Sorge nicht daraus.

„Du bist schon aufgestanden, Kind!“, rief sie. „Ich dachte, du seist noch im Bett, und war ganz leise, um dich nicht zu wecken.“

„Ich konnte nicht schlafen. Ich hab’s versucht, aber es ist nicht gelungen. Da war ich froh, als es anfing, hell zu werden, und bin nach draußen gegangen.“

Die Mutter trat zu ihrem Sohn, setzte sich neben ihn und strich ihm über die Stirn.

„Giorgi, warum bist du so eigensinnig …“

„Was willst du, Mutter!“

„Dich bedrückt doch ein Kummer, mein Sohn. Ich musste die ganze Nacht daran denken und fand keinen Schlaf.“

„Du hast sogar im Schlaf gesprochen“, sagte Giorgi statt einer Antwort. „‚Herrgott, erlöse mich! Herrgott, erlöse mich!‘, hast du immerzu gerufen.“

„Ich sollte das getan haben?“

„Aber ja, du.“

„Ich spreche doch sonst nicht im Schlaf.“

„Aber heute Nacht war es so.“

„Mir ist es schon im Wachen zuwider, unnütz zu faseln.“

„Den Herrgott anflehen nennst du unnütz faseln?“

„Aber wenn es doch zur Unzeit ist. Denkst du, der Herrgott hätte nicht andere Sorgen als mich? Gesegnet sei sein Name …“

„Was meinst du damit, Mutter?“

„Ich meine, mein Lieber, dass der Herrgott, als er den Menschen schuf, ihm befohlen hat: ‚Geh hin und sorge selbst für dich in deinem kurzen Erdenleben. Doch was dir immer geschieht, du wirst dafür einstehen müssen, gib nicht mir die Schuld. Und wenn du dann hier zu mir heraufkommst, werde ich dir über das Meer aus siedendem Pech eine Haarbrücke legen, und falls du ein Rechtschaffener gewesen bist, wirst du die Brücke glücklich überschreiten, deine Guttaten werden dich stützen und dir herüberhelfen, bei einem guten Menschen nämlich bricht die Brücke nicht ein.‘“

„Guttaten wiegen wohl leicht, Sünden dagegen schwer?“, fragte Giorgi, erfreut, die Gedanken der Mutter recht weit fortlenken zu können und sich so vor ihren Fragen zu schützen. Dabei ahnte er nicht, dass die Erwähnung der Sünde der Mutter Entsetzen bereitete. Warum hakte ihr Sohn bei der Sünde ein?! Die abscheulich aufdringlichen Gedanken der Nacht ereilten die Witwe Otaraant erneut und peinigten sie.

„Wie könnte es anders sein, Kind", erwiderte sie schweren Herzens. „Dieses Erdenleben ist doch nur ein Kampf zwischen Gut und Böse, nichts sonst. Der eine lädt sich Sünde auf und ist schwer wie Blei, und der andere tut Gutes und ist leicht wie Flaum. Aber was hat die Sünde mit dir zu schaffen!" Die Mutter hielt jäh inne und starrte den Sohn an, gespannt, was er nun sagen würde. Einem auf sein Todesurteil wartenden Verbrecher bebt das Herz gewiss nicht weniger, als jetzt der Mutter, die auf die Antwort ihres Sohnes wartete.

„Wer ist schon ohne Sünden?", sagte Giorgi. „Vor Schlimmerem möge mich der Herrgott behüten."

Die Mutter fühlte sich ein wenig erleichtert.

„Warum aber bist du so hartnäckig verschlossen? Kind, ich bin doch deine Mutter und keine Fremde. Dein Kummer nagt an mir wie ein Wurm. Ich bitte dich, hab Mitleid mit mir!"

Giorgi schnellte empor, als habe ihn etwas verbrannt. Es war das erste Mal, dass seine standhafte Mutter jemanden um Mitleid bat. Derartiges hatte die Witwe Otaraant stets als unter ihrer Würde erachtet. Nun aber hatte ihr Herz, hatte die allmächtige Liebe zu ihrem Kind ihr strenges Wesen besiegt.

Giorgi sah die Mutter an: der Witwe Otaraant standen Tränen in den Augen! Noch nie hatte Giorgi seine Mutter weinen sehen, wenigstens entsann er sich dessen nicht – Giorgi war verwirrt und verblüfft. Hätte ihm jemand gesagt, dass Eisen in der warmen Hand schmilzt – er hätte es eher geglaubt, als dass er in den Augen seiner Mutter Tränen sehen würde.

Giorgi, verstört, überlegte, ob es nicht an der Zeit sei, sich zu erklären.

„Mutter", sagte er schließlich laut. „Ich will's dir sagen, aber zürne mir nicht. Ich möchte etwas tun, was du nicht gutheißen wirst. Aus Scheu vor dir habe ich lange geschwiegen, mein Verlangen aber konnte ich nicht bezwingen, obgleich ich heftig mit mir gerungen habe."

„Was ist es, Giorgi?", fragte die Witwe Otaraant und wischte sich eilends die Tränen weg. Sofort war sie bei der Sache, war wieder die beherrschte Frau, als die sie jeder kannte.

„Ich will mich als Knecht verdingen. Es hält mich nicht mehr zu Hause."

„Was sagst du da, mein Sohn! Du, deines Vaters Sohn, und ein Habenichts von Knecht? Was fällt dir bloß ein! Dein Vater würde sich vor Scham im Grabe umdrehen."

„Eben das habe ich befürchtet, Mutter, dass du dich aufregen würdest. Aber denk auch an mich, ich bin ein Mensch."

„Wie kommt dir so was in den Sinn?"

Giorgi senkte den Kopf, er antwortete nichts. Die Mutter durchfuhr ein Gedanke.

„Bei wem willst du dich verdingen?", fragte sie.

„Es gibt nur ein Haus. Entweder dort oder nirgends."

„Welches Haus meinst du? Ist es ein Bauer oder ein Fürst?"

„Ein Fürst."

„Hier bei uns?"

„Ja, ich will mich bei Artschil verdingen."

Die Witwe Otaraant biss sich auf die Lippe. Fast glaubte sie, etwas zu ahnen. Sie erwiderte nichts auf die Nachricht, und auch Giorgi drängte die Mutter zu keiner Antwort. Er schien von tiefen Gedanken beansprucht, die ihn die Anwesenheit der Mutter überhaupt vergessen ließen.

IX

Ein sonderbarer Knoten

Artschil war unlängst aus Russland wiedergekommen, wo er studiert hatte. Bei seiner Heimkehr fand er weder Vater noch Mutter vor, beide Eltern waren inzwischen verstorben, und nur seine Schwester, ein Fräulein im heiratsfähigen Alter, lebte auf dem ansehnlichen elterlichen Gut, auf dem sich nun auch Artschil niederließ.

Das Dorf verdankte dem Geschwisterpaar vieles. Jedermann, den man fragte, sprach nur gut von den beiden, und auch die Witwe Otaraant hatte von Artschil und seiner Schwester Beistand erfahren. Die Geschwister ihrerseits wussten so allerlei von der Witwe Otaraant und hatten manches Mal billigend und von Herzen über die charaktervolle Bäuerin gelacht.

„Wahrhaftig, eine verehrungswürdige Frau", pflegten Bruder und Schwester zu sagen, und bei keiner Begegnung mit der Witwe vergaßen sie, sie freundlich zu begrüßen und nach dem Befinden zu fragen.

Ob die fürstlichen Höflichkeiten der Bäuerin zusagten, lässt sich schwer beurteilen, sobald jedoch irgendwo einer ein gutes Wort über die adligen Geschwister verlor, fügte sie von sich aus hinzu: „Gescheite Leute, wie sollte es da anders sein."

Desgleichen hatten Artschil und seine Schwester über Giorgi manche Geschichte gehört und sich dabei jedes Mal höchlichst darüber verwundert, wieso sich in einer Bauernfamilie ein solcher Charakter heranbilden konnte.

„‚Es gibt mehr Ding' im Himmel und auf Erden, als Eure Schulweisheit sich träumt, Horatio", zitierte Artschil dann gewöhnlich seiner Schwester Hamlets Worte, und so endete ihr Gespräch über Giorgi, dieses für sie unlösbare Rätsel.

Eines Abends, als Artschil auf der Liege lag und seiner Schwester lauschte, die aus einem Buch vorlas, erschien eine Bedienstete in der Tür: „Draußen ist Giorgi."

„Welcher Giorgi?", fragte Artschil.

„Der Sohn der Witwe Otaraant."

„Er soll hereinkommen."

Giorgi trat ein, blieb aber an der Tür stehen, nahm die Mütze ab und sagte: „Guten Abend."

„Oh, guten Abend, mein lieber Giorgi", antwortete Artschil gutgelaunt. „Was gibt's? Wie geht's dir? Und wie geht es deiner verehrten Mutter?"

„Danke. Mit des Herrgotts Hilfe geht es uns gut."

„Was für Neuigkeiten bringst du, was führt dich zu uns?"

„Bitte wundern Sie sich nicht, ich möchte hier arbeiten."

„Als ob mich das nicht wundern müsste! Weshalb denn, wie?"

„Wie Sie es wünschen: entweder als Knecht oder auch umsonst. Mir macht es keinen Unterschied."

„Was du nicht sagst!" Artschil konnte sich kaum fassen. „Ein Mann, der Haus und Hof hat, will als Knecht gehen? Nicht zu glauben! Entweder, du weißt nicht, was du da willst, oder ich begreife nicht, was du sagst."

„Ich weiß genau, was ich sage. Wenn Sie mir nur den Gefallen tun. Ich mag nicht mehr zu Hause bleiben, die Einsamkeit bringt mich schier um."

„Aber deine Mutter, was ist mit ihr?", fragte Artschils Schwester und richtete ihre bezaubernden Augen auf Giorgi.

„Meine Mutter … Meine Mutter wird es verärgern, Fräulein, aber ich bin nicht mehr umzustimmen."

„Nun, mein lieber Giorgi, deine Mutter möchten wir nicht kränken. Dazu achten wir sie zu sehr", versetzte Artschil.

„Sagen Sie mir nur, ob Sie mich aufnehmen. Mit meiner Mutter rede ich, sie wird sich mir nicht in den Weg stellen, wo ich ihr Einziger bin."

„Natürlich nehmen wir dich auf, mit offenen Armen, mit Vergnügen! Wo finde ich einen zweiten solchen Mann wie dich … Es ist nur, ich sorge mich um deine Mutter."

„Vielen Dank. Auf Wiedersehen. Ich komme in den nächsten Tagen."

„Und der Lohn?"

„Ich arbeite für Lohn oder auch ohne. Wie gesagt, es macht keinen Unterschied."

„Das gibt es nicht, damit bin ich nicht einverstanden. Sag, was du haben willst.

„Das, was Sie geben."

„Ich sage doch, so geht es nicht."

„Geben Sie mir, was ich verdiene."

„Du appellierst wohl an mein Gewissen, wie?"

„Das wär doch nicht schlecht!"

„Und wenn mein Gewissen deine guten Dienste nicht ausreichend belohnt?"

„Das schadet nichts. Was dran fehlt, wohl bekomm's Ihnen, es macht mich nicht traurig. Auf Wiedersehen." Giorgi nickte den Geschwistern zu und ging fort.

Artschil und seine Schwester sahen einander an.

„Was hat das zu bedeuten?", fragte Artschil.

„Wer weiß? Bei Gott, ich kann mich nur wundern", antwortete die Schwester.

„Ohne Zweifel brauchen sie Geld."

„Aber er verlangt doch keines!"

„Das ist wiederum wahr. Was für ein Glück für uns, einen solchen Mann zu bekommen! Nur, was machen wir mit der Witwe Otaraant?"

„Gegen ihren Willen sollten wir's nicht tun, sie ist eine so verehrungswürdige Frau, wir dürfen sie nicht kränken."

„Auf gar keinen Fall. Ohne das Einverständnis der Mutter nehme ich Giorgi nicht auf, obwohl er ein vortrefflicher Mann für uns ist."

Bruder und Schwester versanken jeder für sich in Nachsinnen, aber sie konnten das Fadenende nicht finden, um den Knoten zu entwirren.

X

Anschuldigung oder Dreistigkeit?

Nach Giorgis Besuch vergingen keine zwei Tage, bis die Witwe Otaraant bei Artschil erschien.

„Oh, Gevatterin, Gevatterin! Tritt ein!", rief Artschil schon von weitem, als er die Witwe kommen sah. Die Geschwister saßen eben im Hof unter dem großen Maulbeerbaum beim Morgentee.

„Guten Morgen wünsche ich", grüßte die Witwe Otaraant, als sie näher herankam.

Artschil sprang auf und bot ihr seinen Stuhl an: „Bitte, setz dich, nimm Platz. Kesso, schenk der Gevatterin Tee ein!" Diese Aufforderung richtete er an seine Schwester.

„Wozu brauche ich Tee, trinkt ihr nur, ich komme auch ohne Tee aus. Wie geht es dir, Fräulein, doch gut?" Die Witwe Otaraant setzte sich höflich nur auf die Kante des Stuhls.

„Gut, dank deiner Gebete für uns und …"

„Ich bete nicht mal für mich, um dem Herrgott nicht lästig zu fallen, wie werde ich da für euch beten!", fiel die Witwe Otaraant dem Fräulein barsch ins Wort.

„Sachte, ich bitte dich, nicht gleich wieder so heftig", beschwichtigte das Fräulein lächelnd die Bäuerin, und als wäre diese eine vertraute Freundin, beugte sie sich anmutig zu ihr hinüber und strich ihr übers Knie.

Die Witwe Otaraant runzelte die Brauen: Was für eine vertrauliche Geste erlaubte sich das junge Ding! Sie verstand aber auch, dass Kesso sie zur Behutsamkeit ermahnen wollte, ohne sie zu verletzen.

„Ich rede eben, wie mir ums Herz ist", antwortete sie dem Fräulein gereizt. „Wozu sich drum herum schlängeln oder etwas schönfärben."

„Du hast eine schroffe Art zu reden, dabei bist du eine so gute Frau."

„Wenn du meine Tage erlebt und all das durchgemacht hättest, würdest du genauso reden. Warum sollte ich anders reden? Schmerz und Kummer bringen einen Menschen zum Sprechen. Gäb's kein Leid auf der Welt, hätte der Mensch die Sprache gar nicht erst erfunden, die wäre doch bloß unnütze Last. Und Freude, was braucht die zu reden? Ein Hund, der sich freut, wedelt mit dem Schwanz."

„Nana, haltet ein, bald werdet ihr euch noch mit Steinen bewerfen!", schaltete sich Artschil ein. „Die Gevatterin ist eine Frau der Tat, ihr wird nicht nach Plaudern zumute sein, stimmt's?"

„Wieso? Manchmal ist es gut zu plaudern."

„Aber deshalb wärst du nicht zu uns gekommen, sicherlich hast du etwas auf dem Herzen", drängte Artschil erneut.

„Es ist wahr, ich bin nicht ohne Grund hier."

„Sprich, ich bin auf alles gefasst."

„Mein Giorgi will bei euch in Dienst treten."

„Das ist uns bekannt, und wir wüssten gern deine Meinung dazu. Gegen deinen Willen soll daraus nichts werden."

„Mein Sohn hat zuerst mich gefragt, und ich habe mein Einverständnis gegeben. Es ärgert und betrübt mich, aber ich kann ihn nicht hindern. Beschämend ist es, ein Junge aus guter Familie, Sohn eines solchen Vaters – ja, es kränkt mich, aber wozu noch klagen: ihn umzustimmen, liegt nicht in meiner Macht. Was also geschehen soll, geschehe."

„Wenn es so ist, bin ich dagegen", sagte Artschil. „Der Sohn einer solchen Mutter, wie du es bist, sollte sich fügen."

„Nein, nein, schlag es ihm nicht ab. Eine Mutter hat ihr Leben gelebt, der Sohn hat das Künftige erst vor sich. Ich bin im Weggehen, er ist im Kommen. Seine Tage liegen vor ihm wie ein weites Feld, ich habe meine Strecke hinter mir. Ich stehe am Ende, er am Anfang. Ich stelle mich ihm nicht in den Weg."

„Was zwingt ihn, wo du selbst es gar nicht willst?", fragte Kesso.

„Wieso? Nichts zwingt ihn. Es ist sein Wunsch und Wille, der Lauf seines Schicksals. Giorgi ist noch gärender Jungwein. Wenn man den zudeckt, sprengt er das Gefäß. Ach, soll's nach ihm gehen, ich werde ihn nicht hindern."

„Wenn es so ist, will ich deinen Sohn so behüten, dass der Feind ihn beneidet", versprach Artschil.

„Das ist nicht nötig. Er kann selbst sehr wohl auf sich aufpassen, er ist nicht irgendwer", entgegnete die Witwe Otaraant. „Trotzdem, besser wär's gewesen, sich nicht bei anderen Leuten zu verdingen, aber was ist, lässt sich nun mal nicht ändern."

„So bleibst du jetzt ganz allein?", fragte Kesso.

„Wieso bleibe ich allein? Soll mir nur einer ins Herz hineinsehen, der findet darin das Nest voller Vogeljungen – die teilen mit mir Kummer und Freude."

„Ich denke, die Gevatterin liebt kein Drumherumreden? Sprichst du nicht gern geradeheraus? Ich jedenfalls verstehe deine Äußerung nicht", sagte Artschil und sah seine Schwester an, als gelte die Frage ihr.

„Wieso rede ich drum herum?", verwahrte sich die Witwe Otaraant. „Solange einem die Glieder noch gehorchen, ist man nicht allein auf der Welt, die Arbeit ist der Kamerad des Einsamen. Wem lassen die Mühen dieser Welt Zeit zum Einsamsein? Nur solchen wie euch, ihr seid einsam …"

„Das hast du's klar und unumwunden", sagte Kesso zum Bruder und lächelte mild.

„Bei der Gevatterin wird jedes Wort zum Stachel", versuchte Artschil zu scherzen, doch es glückte ihm nicht so recht.

Artschil stand auf, reckte sich, als spanne etwas seine Muskeln, dann schob er die Hände in die Taschen und begann auf und ab zu schreiten. Schließlich stellte er sich vor Kesso hin und fragte sie auf Russisch: „Was glaubst du, ist das eine bewusste Anschuldigung oder eine unbedachte Dreistigkeit?"

Kesso anrwortete gleichfalls russisch: „Das eine verlangt Verstand und ist verzeihlich, das andere wäre eine Dreistigkeit, die kränkend ist. Ich denke, du hast mit ersterem Recht."

Ob Kesso nun den Bruder überzeugt hatte oder nicht, nach dieser Antwort jedenfalls ging Artschil heiteren Gesichts auf die Witwe Otaraant zu und sagte aufrichtig: „Du bist eine weise Frau, Gevatterin, weiß Gott, eine weise Frau!"

Zu anderer Zeit hätte die Witwe Otaraant solches Lob wohl mit einer ihrer schroffen Erwiderungen quittiert, doch diesmal blieb sie stumm, und sie begriff selbst nicht, was ihr die Zunge am Gaumen festhielt.

XI

Zwei Augen

An dem Tage, an welchem sich Giorgi anschickte, zu Artschil als Knecht überzusiedeln, hatte er ein solch frohes Gesicht, dass die Mutter erfreut bemerkte: „So habe ich dich lange nicht mehr gesehen."

War es aber tatsächlich Freude, was sie empfand? Ja und auch nein, die Freude hatte Licht und Schatten – das Licht war die Freude über des Sohnes Heiterkeit, und der Schatten war das Weh im Mutterherzen – wie konnte es den Sohn freuen, von ihr fort und zu fremden Leuten zu gehen! Licht und Schatten, Kummer und Freude waren ineinander verwoben.

Die Mutter packte für den Sohn ein großes Paket: einmal Bettzeug, Leibwäsche, eine Tschocha* und eine Hose aus gutem lesgischem Wollstoff, einen seidenen Achaluch**, zwei Paar selbstgestrickte bunte Socken, neugekaufte kordelbesetzte Gamaschen, auf dem Basar eigens angefertigte Ledersandalen mit Kordelband. Alles dies schlug die Mutter in eine gute, schöne Decke und danach in einen Teppich ein, worauf sie das Ganze wohl verschnürte.

---

* Wollener Oberrock der kaukasischen Männertracht, wird über dem Achaluch getragen.

** Halbrock der kaukasischen Männertracht.

„Aber Mutter, was tust du!“, rief Giorgi lachend angesichts solcher Vorbereitungen. „Ich reise doch nicht ans Ende der Welt, dass du mir so viele Habseligkeiten mit auf den Weg gibst.“

„Ohne diese Dinge lasse ich dich nicht gehen. Sollen sie dort wissen, dass du kein dahergelaufener Habenichts bist, sondern aus einer wohlhabenden Familie kommst.“

„Als ob sie das nicht wüssten!“

„Gesehenes geht über Gehörtes. Was sie mit den Ohren gehört haben, lass sie getrost mit den Augen überprüfen.“

„Aber wenn mich die Leute mit diesem Gepäck sehen, wird mich das ganze Dorf auslachen.“

„An Gespött ist noch keiner gestorben. Wo käme einer hin, wollte er sich nach losen Mäulern richten?“

„Mutter, ich bitte dich, das ist zu viel! Du gibst doch keine Tochter aus dem Haus.“

„Eine Tochter ließe ich nicht so leicht meinen Händen entfleuchen.“

„Aber eine Tochter ist nicht dazu da, dass sie ewig bei Vater und Mutter bleibt. Eine Tochter geht und baut sich woanders ihr Nest.“

„Das ist wahr, aber bevor eine Tochter heiratet, sitzt sie wie ein flügges Vogeljunges unter den Fittichen der Mutter.“

„Was denn, du hättest mich wie Sauergemüse gehalten?“

„Das sage ich nicht. Ein Mädchen erwartet das Glück zu Hause, ein Mann sucht sein Glück draußen.“

Giorgi setzte eine düstere Miene auf und verstummte. Er wandte sich ab und hantierte geschäftig in der Ecke, als suche er etwas. Die Witwe Otaraant tat, als bemerke sie den jähen Abbruch des Gesprächs nicht. Er scheut sich, es fortzusetzen, dachte sie bei sich.

Nach einer Weile drehte sich Giorgi wieder zur Mutter herum, ergriff das geschnürte Paket, und unter dessen Gewicht zur Seite geneigt, sagte er: „Es sei, wie du willst, Mutter, ich nehme das Bündel und gehe.“

Mit diesen Worten warf er sich das Gepäck fröhlich auf den Rücken und brach auf. Lange, oh, lange schaute ihm die Witwe Otaraant von der Galerie aus nach, und ein stummes Flehen, dass er sich wenigstens einmal umsehen möge, schickte sie dem Sohn hinterher.

Giorgi aber schritt aus und warf keinen einzigen Blick zurück. Der Mutter krampfte sich das Herz zusammen, sie stöhnte laut: „Wie kann er sich nicht umsehen! Er geht von mir weg, als gäbe es nicht das feinste Fädchen, das uns verbindet, und er geht hin wie an einem Strick gezogen.“

Die Witwe Otaraant stand da und ließ den Kopf so tief hängen, dass ihr das Kinn auf die Brust fiel. „Da geht er von mir, und kein bisschen Wehmut bringt ihn dazu, sich auch nur einmal umzuschauen“, seufzte sie abermals aus tiefster Seele. „Als ob er hier nichts, aber auch gar nichts zurückgelassen hätte! Er geht woanders hin, und vor Freude blickt er nur nach vorn. Als wäre alles nur dort, alles, alles!“

Die Witwe Otaraant streifte die aufgeschlagenen Ärmel ihres Kleides herunter, und mit dem gespannten Ärmel wischte sie sich die Augen. Die Geste war gänzlich unbewusst, die Hand kam dem Herzen zuvor, noch ehe es in Tränen ausbrach – ja, die Tränen blieben überhaupt aus, die Witwe Otaraant vermochte nicht zu weinen! Ja, kann ein brennendes Herz Tränen haben?

Die Witwe Otaraant setzte sich auf eine Stufe der Galerie. Ihr Kopf hing noch immer tief herab, und sie stützte beide Ellenbogen auf die Knie. So saß sie da, in Nachdenken versunken.

Wie trennt eine Mutter das, was ihr lieb ist, von dem, was ihrem Kind lieb ist?, fragte sie sich. Wieso betrachtet eine Mutter alles mit zweierlei Augen? Hätte eine Mutter doch wenigstens nicht zwei Augen wie andere Menschen. So aber blickt sie mit diesen zwei Augen in die Welt und sieht dieselbe zugleich aus ihrer Sicht wie auch aus der Sicht ihres Kindes. Oh, warum erblindet das eine Auge nicht, während das andere schaut? Wer ist für wen da, wem gebührt der Vorrang – das ist die Frage, das ewige Ringen des Mutterherzens!

Lange noch wirbelten Herz und Verstand der Witwe Otaraant in diesem Strudel der Gedanken, dann aber fand sie gleichsam einen rettenden Steg, der sie wieder auf festen Boden führte – sie stand auf und sprach laut: „Nein, mein Sohn! Du sollst dich freuen, du! Ich jedoch … ich … werde mir dasjenige Auge, welches wie ich schaut, verbinden, um nur noch mit dem anderen, wie du schauenden Auge weiterzuleben.“

XII

Ein unverhoffter Rüffel

Giorgi hatte sich als Knecht verdingt, und gleich am ersten Tag führte Artschil ihn in seinen Weingarten, den er soeben neu anlegte, und zwar sollte die Fläche des Bodens einem Schachbrett ähnlich aufgeteilt und in Reih und Glied bepflanzt werden. Zwei Abschnitte waren bereits fertig, hier standen schon einjährige Reben. Artschil selbst fand großen Gefallen an seinem Werk, und während er Giorgi seine frische Pflanzung zeigte, sagte er stolz: „Wie gefällt dir das? Sieh es dir an – von hier und von dort, alles steht hübsch in Reih und Glied.“

„Eine solche Anordnung der Reben ist gut – Sonne und Wind kommen überall gleichmäßig heran. Vor zwei oder drei Jahren glaube ich, war’s, da hörte ich, dass in Kachetien ein Fürst seinen Weingarten so angelegt habe. Es ließ mir keine Ruhe, ich musste hingehen und mir das ansehen. Es gefiel mir sehr. Ein solcher Weingarten ist gut zu bearbeiten.“

„Endlich finde ich in diesem Dorf jemanden, dem zusagt, was ich mache.“

„Trotzdem, so geht das hier nicht.“

„Wieso nicht, Mann!“ Artschil, jäh verärgert, lief rot an.

„Dieser Weingarten hier liegt am Hang …"

„Herrgott noch mal!", fiel ihm Artschil hitzig ins Wort. „Was du nicht alles weißt, mein lieber Giorgi. Der Weingarten liegt nicht nur am Hang, sondern an einem Hang mit praller Sonne."

„Das an sich bemängele ich nicht, ein Südhang ist für einen Weingarten das allerbeste."

„Was gibt es dann auszusetzen?"

„Wir hier in unserer Gegend haben weniger Niederschläge als in Kachetien, unser Boden ist trocken. Der Weinbauer muss seine Reben bewässern, auch bei einem guten Standort muss er das wenigstens einmal im Jahr gründlich tun, sonst kriegt er die Reben nicht durch. In der ersten Zeit brauchen die Pflanzen viel Wasser, bis sie gut anwachsen und treiben."

„Was willst du damit sagen?"

„Was ich sagen will, ist … Wenn die Reben in waagerechter Reihe über den Hang laufen, kommt das Wasser nicht an die Pflanzen heran. Das Wasser fließt ja nicht nach oben."

„Du meinst also, die Reihen sollten senkrecht verlaufen, damit das Wasser von oben nach unten fließen und alle Pflanzen erreichen kann?"

„In dem Fall könnte das Wasser zwar gut fließen, aber es würde auch Schaden anrichten. Das Wasser, von oben aus dem Bewässerungsbach abgeleitet, würde das Erdreich abtragen und die Wurzeln freispülen."

„Wie sollte man es dann deiner Meinung nach machen?"

„Tja, die Reihen müssten leicht schräg bergab verlaufen, so, dass das Wasser ein ausreichendes Gefälle hat, dass es aber auch nicht zu schnell fließt und das Erdreich wegschwemmt. Sehen Sie sich den Bewässerungsbach an, der stößt auch schräg an den Weingarten. So muss man es fortsetzen, nur das wäre für die Pflanzen verträglich."

Artschil betrachtete die Angelegenheit von allen Seiten, ging hierhin und dorthin, prüfte Giorgis Vorschlag auf das gründlichste und fand daran nichts auszusetzen.

Giorgi, Artschils Zögern bemerkend, sagte: „Es wäre keine Mühe, Herr, ich könnte gleich mal Wasser auf das Land leiten, und wir würden sehen, wie es fließt."

„Nicht nötig, Giorgi, du hast schon recht", erwiderte Artschil. „Noch gut, dass ich es dir rechtzeitig gezeigt habe, jetzt wo erst zwei Reihen bepflanzt sind und alles leicht zu berichtigen ist. Allmächtiger, wie hätten mich die Bauern hier ausgelacht, von den zusätzlichen Kosten ganz zu schweigen."

Als Artschil nach Hause kam, berichtete er von allem seiner Schwester. Kesso lachte von Herzen über den Bruder, weil der so unvermutet einen Rüffel abbekommen hatte.

„Wie konnte dir das nur passieren, hahaha!", rief sie aus, aber ihr Lachen war so fröhlich und gutmütig, dass Artschil sich nicht gekränkt fühlte.

„Ach, Schwesterchen", sagte er, „einem selbstgefälligen Ignoranten kann das jederzeit passieren. Wir lesen in unseren Büchern und meinen, das sei der Weisheit letzter Schluss. Dabei gibt es so vieles auf der Welt, das man eben nicht aus Büchern lernt und das zu wissen wichtig wäre. Wir aber haben keinen Blick dafür – wenn wir ein Buch in der Hand halten, dünkt uns alles darin der Verstand der Welt, und das, was nicht in den Büchern steht, ist für uns schlicht nicht vorhanden."

„Ausgerechnet du sprichst so abfällig von Büchern?"

„Nicht von den Büchern, sondern von mir: Ganz ohne Bücher zu leben ist nicht gut, aber ebenso wenig taugt es, die Nase nur in Bücher zu stecken und die Welt nach ihnen zu beurteilen. Ohne Bücher bleibt der Gesichtskreis eng, aber Bücher allein weiten ihn auch nicht genügend. Wir finden es unschicklich, unter dem Bauernpelz Verstand zu vermuten, in unserer Überheblichkeit aber sehen wir nicht, dass jeder gescheite Mensch uns mindestens so viel geben kann wie ein Buch. Jeder verständige Mensch, auch wenn er keine Bücher liest, kann einem Buchgelehrten durchaus noch etwas beibringen. Unser Dünkel ist völlig falsch "

„Er entspringt einer falsch verstandenen Weisheit", warf Kesso schmunzelnd ein.

„Und dem Hochmut der Ignoranz!", schloss Artschil.

XIII

Neue Besen kehren gut

Artschil hatte kaum zu Ende gesprochen, als lautes Gebrüll und Geschrei ins Haus hereindrang. Artschil stürzte auf die Galerie hinaus und rief seine Leute an, die eben aus ihrer Strohhütte gerannt kamen:

„Was ist los?"

„Wir wissen es auch nicht. Das Geschrei kommt aus dem Pferdestall", antwortete jemand vom Gesinde.

„Lauft hin und seht nach!", rief Artschil, aber es kam schon der Pferdeknecht aus dem Stall heraus. Sich halb nach rückwärts wendend, fuchtelte er, jemandem drohend, mit der Faust und stieß böse Flüche aus.

„Wer ist diese Gottesplage, Herr?", schrie er dem oben am Geländer stehenden Artschil zu. „Hat mich grün und blau geprügelt, der verflixte Kerl!"

„Welcher verflixte Kerl?", erkundigte sich Artschil.

„Na, der neue Knecht."

„Giorgi?"

„Weiß der Teufel, wie der Nichtsnutz heißt."

„Was gab es denn?"

„Gar nichts gab's. Als Sie vom Weingarten zurückgekommen sind, hab ich Ihr Pferd abgesattelt und im Stall angebunden. Der Kerl kam gleich nach Ihnen, guckte in den Stall und machte Krakeel. Er hat mich beschimpft und mich dann noch derart verbimst, dass keine Rippe heilgeblieben ist."

„Ruft mir mal Giorgi her", verlangte Artschil.

Während einer der Männer verschwand, um Giorgi zu rufen, erschien auch Kesso auf der Galerie, stellte sich neben den Bruder hin und fragte nach dem Vorgefallenen.

„Ach, irgendein Streit", antwortete Artschil.

„Und wer streitet sich?"

„Giorgi mit dem Pferdeknecht."

„Worum geht es?"

„Gleich kommt Giorgi, dann werden wir es erfahren."

Giorgi erschien, sein Achaluch war an der Achsel zerrissen, und er versuchte die Stelle mit der Hand zu verdecken. Unterdessen waren draußen alle Leute aus Haus und Hof versammelt.

„Du hattest Streit?", fragte Artschil Giorgi.

„Nein, was hätte ich mit dem da zu streiten?"

„Aber er beklagt sich, dass du ihn verprügelt hättest."

„Verprügelt hab ich ihn, das stimmt."

„Das ist ja noch schlimmer als Streit. Weshalb denn?"

„Dein Pferd war ganz geschwitzt, und er hat es so, wie es war, angebunden. Als ich in den Stall kam, lag er wohlig auf der Pritsche und rauchte seine Pfeife. ‚Wie kannst du ein verschwitztes Pferd anbinden', sag ich zu ihm, ‚hättest es wenigstens ein bisschen herumführen und ihm den Rücken trockenwischen können. So geht das Pferd ganz zuschanden – entweder es erkältet sich oder es kriegt Gliedersteife.' Antwortet er mir seelenruhig: ‚Kommt der Bote ungefragt, wird er verhauen und verjagt' und schmaucht seine Pfeife. Sage ich wieder: ‚Das denkst du dir so, von wegen', und gehe, um das Pferd loszubinden. Ich wollte es ein wenig herumführen und ihm den schweißigen Rücken abwischen und trockenreiben. ‚Hau bloß ab, du Dahergelaufener!', ruft er da und schmäht auch noch meine Mutter. Na, da kam die Wut in mir hoch, und ich hab zugeschlagen. Das hätte nicht mal mein Vater gedurft, so gemein von meiner Mutter zu reden."

„Sag, war es wirklich so?", fragte Kesso und sah Giorgi an.

„Wieso würde ich mir erlauben zu schwindeln!"

„Es war so, genau so! Ich war dabei!", rief da ein Junge, der Kälberhirte. Wie sich herausstellte, war er zufällig im Pferdestall gewesen und Zeuge der Auseinandersetzung geworden.

„Kesso, sieh doch mal im Rechnungsbuch nach, was er noch zu kriegen hat, und bring das Geld heraus", bat Artschil. Kesso verstand sofort, wer gemeint war, sie verschwand im Haus, kehrte bald darauf wieder und sagte: „Hier, fünfundzwanzig Rubel hat er zu bekommen."

Artschil nahm das Geld und warf es übers Geländer dem Pferdeknecht zu: „Da hast du, Freundchen, gehabe dich wohl. Auf meinem Hof bist du die längste Zeit gewesen."

„Was denn, erst werde ich verprügelt, und dann sind Sie mir auch noch böse?", rief der Pferdeknecht.

„Eines solltest du draus lernen, mein Bester: Wenn du schon ein elender Nichtsnutz bist, dann schmähe wenigstens nicht andere, weil sie sich wie ordentliche Menschen benehmen."

Danach gingen Artschil und seine Schwester Kesso wieder ins Haus, und auch die Leute auf dem Hof verstreuten sich.

„Neue Besen kehren gut!", spottete jemand über den neuen Knecht, und ein anderer erwiderte ihm: „Warte nur, der wetzt sich auch ab, und du musst im Dreck waten."

Ganz die Mutter, nicht umsonst ist er der Sohn der Witwe Otaraant! So dachte still für sich nur ein einziger, der Müller der fürstlichen Mühle. Über den alten Müller, diesen verschlossenen, in sich gekehrten Mann, machte sich jedermann gern ein wenig lustig. Niemand wusste, was für einer er war, woher es ihn in diese Gegend verschlagen und wann er in der Mühle Zuflucht gefunden hatte. Er war hier altgeworden, ohne Frau, ohne Nachkommen, ohne eigenen Stamm. Irgendwann, irgendwo war sein Stern einsam aufgegangen, um nun ebenso einsam, still und sanft unterzugehen.

XIV

Hat er es denn nicht selbst gewusst?

„Was hältst du von der Angelegenheit?", fragte Artschil seine Schwester, als sie wieder im Hause waren.

„Ein Starrkopf ist er", antwortete Kesso, wohl weil sie so rasch keine bessere Erwiderung wusste.

„Oh, das genügt nicht. Er ist ein Mann mit Gewissen! Mit einem Gewissen, das sich um fremdes Gut wie um eigenes sorgt."

„Du solltest das alles nicht zu hoch bewerten."

„Da denke ich anders. Gutes muss auch gebührend bewertet werden, Gutes steht von sich aus hoch. Sieh ihn dir an – er ist ein ungebildeter Mensch, und nicht der Verstand leitet sein Gewissen, sondern dieses Gewissen wird vom Herzen genährt, ganz allein vom Herzen. Ich finde das einfach großartig, solch ein Gewissen ist ein ureigenes Bedürfnis des ganzen Menschen, von Leib und Seele, ähnlich wie es einen Frierenden nach Wärme verlangt, einen in der Gluthitze Schmachtenden nach Kühlung, einen Hungernden nach Brot. Noch bevor der Verstand rät, weiß das Herz schon, was zu tun ist. Ja, das ist wahrhaftig großartig."

„Wie denn, er ist doch einfach in Wut geraten, weil man seine Mutter beleidigt hat", wandte Kesso ein.

„Ja, später, aber begonnen hatte es anders. Giorgi konnte nicht mit ansehen, dass das Pferd unversorgt war und der Knecht auf der faulen Haut lag. Sein rechtschaffenes Herz erlaubte ihm das nicht. Schließlich gehört ihm weder das Pferd, noch steht der Knecht in seinen Diensten. Weshalb also hat er sich eingemischt – doch nicht, um uns gefällig zu sein? Wäre es nicht zur Prügelei gekommen, hätten wir von der Sache gar nichts erfahren. Hatte er vielleicht mit dem Pferdeknecht alte Rechnungen zu begleichen und suchte darum nach einem Vorwand? Aber er und der Pferdeknecht sind sich früher nie begegnet. Nein, Giorgi konnte einfach nicht dulden, wie hier unausweichlich Schaden entstand. Was du auch sagen magst, für mich ist das ein Merkmal hoher Menschlichkeit … Genau, das ist es. Jetzt verstehe ich auch jenen Vorfall, den mir früher der Müller berichtete: Giorgi kam eines Tages vom Feld heim. Unterwegs schnappte er sich Burkiaschwilis Büffel, zerrte die Tiere vor Kachuaschwilis Tor und wies auf den Sünder: ‚Hier, die zertrampeln deine Saat!' Mir war ja schon das eine und andere über Giorgi zu Ohren gekommen, trotzdem, um ehrlich zu sein, glaubte ich fest, dass er Burkiaschwili eins auswischen wollte. Heute bedaure ich, damals von Giorgi schlecht gedacht und das hohe Gewissen dieses Redlichen verunglimpft zu haben."

„Du könntest ihn um Verzeihung bitten", sagte Kesso in warmem, herzlichem Ton, denn sie folgte den Worten des Bruders mit allem Ernst.

„Ich werde ihn um Verzeihung bitten, indem ich bei ihm in die Lehre gehe, jawohl, ich werde bei ihm lernen. Was wissen wir denn im Vergleich zu ihm! Soll er unsereinen doch mal so richtig schulen."

Artschil schritt sinnend im Zimmer auf und ab. Auch Kesso versank in Gedanken. Für das Geschwisterpaar, nicht anders als für den Verfasser, stelle Giorgi ein rechtes Rätsel dar.

„Kesso, weißt du was?" Artschil blieb jäh vor der Schwester stehen. „Du willst doch vor dem Haus einen Blumengarten anlegen, nicht wahr? Lass dich dabei von Giorgi beraten. Ich denke, wenn wir diesem Trunkenbold von Gärtner den Laufpass gäben und statt seiner Giorgi mit der Aufgabe betrauten, wäre es nicht schlecht. Giorgi ist ein verständiger Bursche, wenn du ihm sagst, was du vorhast, hoffe ich doch, dass er rasch begreift, was zu tun ist und wie. Alles andere mögen die Tagelöhner besorgen, wenn Giorgi nur die Aufsicht über sie hat. Zwar ist es eine Sünde, diesen guten Mann für den Blumengarten zu vergeuden, aber soll er sich zuerst damit befassen, später werden wir etwas Geeignetes für ihn finden."

„Sehr gut", stimmte Kesso dem Bruder zu. „Bloß, ich habe vorerst alles auf dem Papier skizziert. Ob er das verstehen wird? Ich kann es ihm ja zeigen, und wir werden sehen."

Am nächsten Morgen in der Frühe machte sich Artschil auf, um seinen neuen Weingarten zu besuchen. Als das Pferd lostrabte, drehte er sich zu Giorgi um und rief: „Geh heute nicht vom Hof, Kesso hat etwas für dich zu tun!"

„Kesso?", rief Giorgi erstaunt, und das Herz klopfte ihm sonderbar.

Kesso war gleichfalls schon früh auf den Beinen, aber es dauerte noch eine Weile, bis sie das Zimmer aufgeräumt und sich angekleidet hatte. Endlich rief sie Giorgi.

Als Giorgi sich mit Kesso allein sah, erfasste ihn gleichsam Furcht. Seine Verschüchterung brauchte indessen nicht zu verwundern: Noch nie war er mit einer fremden Frau allein gewesen!

Kesso hatte auf der Liege ein mit verschiedenen Farben bemaltes Blatt Papier ausgebreitet. Dies war der Entwurf für die Gartenanlage – den hatte sie einem Buch entnommen, und gemeinsam mit dem Bruder hatte sie, eigenen Wünschen gemäß, Veränderungen darin eingetragen.

„Komm her, Giorgi, ich will dir den Plan zeigen", ermunterte Kesso den scheu an der Tür verharrenden Giorgi.

Giorgi vermochte keinen Fuß voranzusetzen. Verdammt, weshalb wurden ihm die Knie auf einmal weich!

„Was zierst du dich wie eine Braut? Komm näher heran, keine Angst, ich fresse dich nicht", sagte Kesso.

Giorgi machte ein paar Schritte nach vorn und blieb stehen, noch immer in scheuem Abstand zu Kesso und zu dem Papier. Mühsam unterdrückte er ein Zittern.

„Was ist los mit dir, Mensch! Komm her, komm dicht heran!" Kesso wurde beinahe böse.

Dicht – bisweilen erscheint einem ein kurzes Wort schrecklich lang …

Giorgi rührte sich nicht vom Fleck. Nur ungeschickt den Hals vorreckend, äugte er schräg auf das Papier.

„Hörst du nicht, Mann? Ich kann hier aus der Nähe kaum etwas erkennen, wie willst du's dann sehen? Steh nicht da wie ein junger Hahn mit langgerecktem Hals, sondern komm endlich!", verlangte Kesso abermals.

Giorgi stand da wie festgewurzelt. Was war das nur für eine Scheu? Bannte ihn ein Zauber oder hinderte ihn die heilige Ikone am Vorwärtsgehen?

Kesso ließ Giorgi keine Zeit zum Nachdenken, sie fasste ihn am Ärmel und zog ihn zu sich heran. Giorgi wankte plötzlich, als habe neben ihm der Blitz eingeschlagen.

„Was ist denn?", fragte Kesso.

„Ach, nichts. Ich bin wohl gestolpert", antwortete Giorgi. Was war bloß mit den verflixten Füßen, sie wollten ihm einfach nicht gehorchen. Als hätte einer die Muskeln zerschnitten!

„Sieh mal, hier." Als Giorgi endlich neben ihr stand, zeigte Kesso auf das Papier. „Du kennst doch bestimmt das von dem Staketenzaun umgebene Stück Land vor unserem Haus – das ist dieses hier. Auf dem Stück Land, mein lieber Giorgi, wollen wir jetzt solche gewundenen Wege anlegen, die sollen dann mit zermahlenem rotem Ziegel bestreut werden. Zwischen den Wegen will ich Rabatten haben, so wie sie hier eingezeichnet sind, Beete mit allerlei verschiedenfarbigen Blumen. Und hier, in der Mitte, siehst du das? Von hier aus …"

„Ich sehe nichts, gar nichts! Bitte, lassen Sie mich gehen, rufen Sie mich ein andermal", flehte Giorgi in kläglichem Ton und trat scheu ein wenig zurück. „Mich hat irgendwas Übles befallen, mir ist schwarz vor Augen und ganz schwindlig. Ich sehe nichts und verstehe nichts. Lassen Sie mich gehen, um Himmels willen."

Kesso sah Giorgis totenblasses Gesicht, und während sie ihm zu gehen erlaubte, überlegte sie, was wohl mit ihm sei, ob er womöglich etwas mit dem Herzen habe?

Giorgi selbst konnte es sich nicht erklären, was mit ihm war.

XV

Ein jeder möge nach seiner Fasson selig werden

So geschah es zu Beginn des März. Der März ging hin, es verflossen der schöne April und der holde Mai, und als der Juni anbrach, der Heumonat*, erblühte Kessos Blumengarten zu voller Pracht. Die Anlage mit den gewundenen roten Wegen, den grünen Rasenflecken und den farbenfrohen Blumenrabatten war etwas so Wunderbares, dass das Auge sich einfach nicht daran sattsehen konnte. Die kraftvolle Natur und die fleißige Menschenhand schienen miteinander zu wetteifern, um den Garten immer noch reicher zu schmücken und noch üppiger gedeihen zu lassen. Natur und Mensch verschütteten freigebig ihre Kraft und ihre Gaben.

Kesso jauchzte vor Freude, weil ihr lange gehegter Wunschtraum so strahlend in Erfüllung ging. Noch bevor die Sonne hinter den Bergen hervorlugte und die Schneegipfel in goldenen Glanz tauchte, sah man Kesso bereits in ihrem Garten, und erst in der Dämmerung besann sie sich darauf, dass es vielleicht an der Zeit sei, ins Haus zu gehen. Den lieben langen Tag trippelte sie zwischen den bunten Blumenbeeten und den grünen Wiesenflecken umher und begrüßte freudig wie den Herzallerliebsten jede Blume, jeden sprießenden Trieb, jede schwellende Knospe. Wenn niemand außer ihr im Garten war, begann sie gleichsam „aus übervollem Herzen heraus“ mit den sich soeben lächelnd entfaltenden Blüten ein zärtliches Gespräch, zwitscherte ihnen etwas zu wie eine Schwalbenmutter ihren Nestlingen.

Indessen kam es nur höchst selten vor, dass außer ihr niemand im Garten war: Fast immer hielt sich Giorgi hier auf! Wie früh am Morgen Kesso ihren Garten betrat, Giorgi war bereits am Werke – mit der Hacke, mit dem Spaten oder auch mit dem Gartenmesser in der Hand.

Giorgi war der Garten, den er nach Kessos und Artschils Vorstellungen angelegt hatte, zur Pflege überantwortet worden, und er umsorgte und hütete ihn, wie er seinen Augapfel nicht gehütet hätte. Nicht nur, dass er jedes Hälmchen Unkraut und jedes welke Blättchen entfernte – er ließ ebenso kein Stäubchen, wo es war.

Artschil und Kesso gedachten Giorgis voll Dankbarkeit und stellten mehr als einmal fest, dass Giorgi für drei arbeitete.

Giorgi seinerseits beklagte keineswegs sein Los, ganz im Gegenteil, er war froh und glücklich. Mehr will ich doch nicht, sagte er sich dann und wann im Stillen, sobald er über sich nachdachte, und da setzen sie mir noch wegen des Lohnes zu, was brauche ich obendrein noch Lohn! Ist es mir doch mehr als genug, wenn ich jeden Tag, den Gott werden lässt, die Sonne sehen kann!

Was Giorgi damit sagen wollte, ist schwer zu erraten. Nur so viel lässt sich erklären, dass, wenn er im Garten arbeitete und recht in frohe Laune geriet wie von einem guten Wein, er wieder und wieder ein und dasselbe Liedchen vor sich hin summte:

* *Tibatwe*, dt. „Heumonat“, ist der alte georgische Name für den Juni.

„Dieses Dorf, ich will es drum, dich zu sehen, meine Sonne". Als ob ihm nichts anderes einfiel, als ob er gar nichts sonst auf dieser Erde ersehnte und begehrte.

Wie wahr heißt es doch, dass ein jeder nach seiner Fasson selig werden möge!

XVI

Womöglich

Weitere Tage und Monate gingen ins Land. Es kam der Herbst mit seiner Fülle. Im Dorf wurden die Kwewri, die irdenen Weingefäße, gespült, die Kelter gekittet und gesäubert. Bersteingelbe pralle Trauben und brombeerschwarzer Wein riefen die Winzer zur Ernte – beeilt euch, sonst gären wir und sind hinüber! Der Wein wurde gelesen, die Trauben wurden gepresst, bald brodelte allerorten der Jungwein. Im Dorf verklang der laute Gesang der Männer, die, einander um die Schulter fassend, in den großen Trögen mit ihren Füßen die Trauben stampften. Bald endete auch die fröhliche Zeit des Jungweinverkostens, erschöpfte sich gleichsam und wurde still.

Der Herbst überschritt seinen Höhepunkt. Durch die Gassen des Dorfes wankten schwerbeladene Heufuder. Nach den Arbeiten im Weingarten eilte das Dorf, Heu als Winterfutter für das Vieh einzubringen, denn was würde sein, wenn plötzlich der erste Schnee fiele?

Bei Artschil waren vier Gespanne unterwegs, um das Heu einzufahren. Auf dem Hof, nahe dem Stall, stand der Heuspeicher – auf hohen Pfählen, damit das Vieh nicht heranreichte und etwa Schaden anrichten konnte.

Die Sonne zögerte, hinter den Bergen zu versinken. Als fiele ihr der Abschied von der schönen Erde schwer, verharrte sie noch auf den Gipfeln. Der friedvolle Herbstabend mit dem warmen, trockenen Lüftchen und dem wolkenlosen Himmel hätte sogar einen Lahmen dazu gebracht, den Fuß vor das Haus zu setzen, und so nutzten denn auch Artschil und Kesso die schöne Abendstunde, um noch draußen zu verweilen. Sie saßen nahe dem Heuspeicher auf einem großen Holzklotz und schauten zu, wie das Heu gestapelt wurde. Artschil liebte es ohnehin, sich bei den Leuten aufzuhalten, mit ihnen zu schwatzen, und er hatte Kesso sogar des Öfteren eingestanden, hier aus der Lebensweisheit und der Sprache des Volkes geschöpft zu haben.

Die vier Wagen standen von vier Seiten um den Heuschober. Drei Wagen waren bereits leer, der vierte wurde entladen. Die Mittelstange des Schobers ragte noch etwa zwei Meter heraus, nach oben hin verschmälerte sich der Haufen.

Zu dieser Zeit kam Giorgi auf den Hof, die Hacke über der Schulter.

„He, Petre!", rief er von weitem dem alten Mann zu, der das Heu schichtete. „Der Haufen ist schief, er geht zum Garten hin, das wird nichts, das musst du geraderücken."

„Das ist doch Giorgi, der da ruft“, wunderte sich Artschil, denn sehen konnte er ihn nicht, einer der Heuwagen versperrte die Sicht. Ebenso sah auch Giorgi die Geschwister erst, als er näher herankam. Er wünschte den beiden einen guten Abend, und Artschil fragte: „Was tust du denn mit der Hacke?“

„Im kleinen Garten ist das Wasser aus dem Mühlbach durchgebrochen, ich musste die Stelle abdichten.“

„Und was hast du hier eben gerufen?“

„Ach, nichts. Der Heuschober ist ein bisschen schief geneigt, wenn's regnet, staut sich Nässe, und das Heu fault. Darum habe ich Petre zugerufen, er soll ihn geraderücken.“

„Zeig es mir.“ Artschil stand auf, und Giorgi führte ihn zur anderen Seite.

„Du hast recht“, bestätigte Artschil. „Petre! Es stimmt, der Schober steht nicht gut.“

Petre fasste den an der Mittelstange befestigten Stab, und sich daran festhaltend, kletterte er oben um den Schober herum und besah ihn sich von allen Seiten.

„Dass mir der Herrgott nicht zürne!“, rief er dann aus. „Ja, das muss ich geraderücken. Komm herauf, Giorgi, sei so gut und hilf mir dabei, allein schaffe ich's heute nicht mehr, und auf morgen verschiebe ich's nicht gern.“

„Was denkst du, wie sollen wir zwei da Platz haben!“, wandte Giorgi ein.

„Sei nicht faul, tu mir um Gottes willen den Gefallen. Komm du nach oben, und ich gehe hinunter. Mir sind schon die Arme taub vor Müdigkeit, du hast noch frische Kräfte, wirst es bald schaffen. Sei ein guter Junge, tue ein gutes Werk.“

„Weißt du denn, wie man das macht?“, fragte Kesso, die soeben herzukam, Giorgi. „Mir scheint, das ist nicht so leicht.“

„Als ob ich so was nicht schon gemacht hätte“, erwiderte Giorgi schmunzelnd. „Schließlich bin ich auf dem Dorf großgeworden.“

„Dann los!“, rief Artschil. „An die Arbeit!“

Petre fasste abermals den an der Mittelstange befestigten Stab und ließ sich abwärts gleiten. Mit Mühe reichte sein Fuß an das eine hohe Rad des Uremi, und dort aufsetzend, gelangte er schließlich auf den Boden. Er ging zu Giorgi, klopfte ihm auf die Schulter und sagte herzlich: „Nichts für ungut mein Lieber, ich nehme alles auf mich. Das vergesse ich dir nicht. Nach den Jahren könnte ich immerhin dein Vater sein. Tja, wenn einer alt wird, soll er Pfeil und Bogen niederlegen.“

„Warum das?“, fragte Giorgi.

„Darum, mein Guter, weil einen alten Mann das Auge trügt und die Hand im Stich lässt. Er hat nicht mehr den Schwung wie ein Junger. In deinen Jahren wäre ich vor Schande gestorben, wenn mir so was passiert wäre.“

„Nimm's nicht so schwer, ein Alter macht noch immer einem Jungen was vor.“

„Ach, mein Gott, du verstehst nicht nur zu arbeiten, sondern auch zu reden.“

Petres letzte Worte hörte Giorgi nicht mehr, er stieg schon auf einen der Wagen, angelte sich mit der Heugabel jenen oben an der Mittelstange befestigten Stab, packte ihn und schwang sich in einem Satz hinauf auf den Schober. Zunächst schichtete er das Heu hin und her, um die Lage auszugleichen, dann warf er einen Teil des Heus nach unten, so dass der Schober niedriger wurde, und als er sah, dass er von jetzt an würde senkrecht schichten können, packte er erneut Heubündel auf. Noch bevor die Dunkelheit einbrach, hatte Giorgi das Werk vollbracht.

„Ein Prachtkerl ist der Junge, ein Prachtkerl!", sagte Petre voll gutherziger Begeisterung zu Artschil.

„Das hat er gut gemacht", bestätigte dieser.

„Wieso gut – keiner im Dorf kann es so wie er!", erlaubte Petre sich zu ereifern.

Unterdessen rief Giorgi von oben: „He, Petre, geh mal um den Schober herum und sieh nach, ob alles richtig abgerundet ist!"

Petre erfüllte die Bitte, ging um den Schober herum, dann verkündete er: „Alles ist in bester Ordnung. Komm jetzt runter, mehr gibt's nicht zu tun."

Giorgi ergriff jenen an der Stangenspitze hängenden Stab, zog daran, wie um dessen Festigkeit zu prüfen, stemmte dann die Füße gegen die Heuwand und kletterte hinunter. Und auf halber Höhe geschah das Unglück – jäh brach der Stab, und Giorgi sauste rücklings durch die Luft und schlug auf den Wagenkasten auf. Zwar gab das Brett bei dem Aufprall nach und zerbarst, aber auch Giorgis Rückgrat war zermalmt.

Entsetzt stürzten Artschil, Kesso und die Leute hinzu – Giorgi lag wie tot auf dem Boden, und ein Strahl Blut ergoss sich aus seinem Körper.

Artschil kniete sofort vor Giorgi nieder und bemühte sich, die Wunde zu verbinden. Mehrere Leute halfen ihm dabei, und endlich gelang es auch, den Blutfluss zu verringern. Dann wurden der halbtote Giorgi und auch die inzwischen ohnmächtig zusammengebrochene Kesso ins Haus getragen.

„Oh, Gottes Zorn über mich! Womit habe ich mich versündigt, dass ich an solchem Unglück schuldig werde!", rief Petre laut und brach in Schluchzen aus.

„Das Schicksal hat ihm aufgelauert", tröstete ihn jemand. „So war's ihm vorbestimmt. Wie solltest du schuldig sein?"

XVII

Trauer

Artschil ließ Giorgi in sein Zimmer bringen und auf sein Bett legen. Sofort schickte er jemanden in die nahegelegene Stadt, um den Arzt zu holen, sowie mehrere Leute in die benachbarten Dörfer, damit sie von dort Heilkundige riefen, solche, die Artschil bekannt waren, und solche, die seine Leute ihm nannten.

Im Dorf Zabliani selbst gab es einen berühmten Heilkundigen, Demetre Opopaant – auch nach ihm lief man, und es verging keine halbe Stunde, da war er zur Stelle.

Er untersuchte Giorgi sorgfältig, schüttelte immer wieder den Kopf und sagte schließlich: „Nein, Herr, da kann ich nichts mehr tun. Der ist nicht mehr von dieser Welt. Das Schicksal will es wohl so."

„Versuche es, ich bitte dich, tu etwas. Verlange von mir dafür, was du willst, aber lass diese Sünde nicht über mein Haus kommen!“, flehte Artschil, der seit dem Unglück nicht mehr von Giorgis Seite gewichen war. Er kniete vor dem Bett, hielt die kalte Hand des Sterbenden und hätte selbst nicht sagen können, warum er diese Hand noch immer streichelte.

„Der Ärmste müsste nur unnötige Qualen leiden. Soll ihm das lieber erspart bleiben“, erwiderte Demetre. „Er wird schwerlich den Morgen erleben, in seinem Körper ist alles zertrümmert.“

„Ja, ist es denn nicht Sünde, dass ein solcher Mann sterben soll!“, rief Artschil verzweifelt aus und ließ düster den Kopf hängen.

„Sünde, oh, was für Sünde!“, schluchzte irgendwo jemand.

Alle blickten sich um, und in einem fast dunklen hinteren Winkel des Zimmers bemerkten sie den Müller des Fürsten, Sossia. Der Alte war, als er von dem Unglück erfahren hatte, sofort herbeigelaufen und heimlich ins Haus geschlüpft, und nun weinte er vor sich hin, darum bemüht, dass nur keiner ihn hörte.

„Hab Mitleid mit uns, mein lieber Sossia, mit diesem Unglück, das über unser Haus gekommen ist“, wandte sich Artschil klagend an den Müller, sah er doch, dass hier jemand seinen Schmerz teilte, und er versprach sich selbst davon Linderung.

„Und wie, Herr, und wie!“ Der Müller schluchzte inzwischen laut, außerstande, sich länger zu beherrschen. „Oh, die arme, arme Mutter!“

Erst bei diesen Worten entsann sich Artschil der Witwe Otaraant. In all dem Schrecken und Durcheinander hatte niemand daran gedacht, Giorgis Mutter über das Unglück zu benachrichtigen. Die Witwe Otaraant wusste noch von allem nichts!

Artschil befand sich in größter Not – wie sollte er es der Mutter beibringen? Während er noch angestrengt überlegte, stürzte Kesso, die aus ihrer Ohnmacht wieder zu sich gekommen war, schreckensbleich ins Zimmer.

„Wie steht es um ihn, Artschil, sag, wie steht es um ihn?“, fragte sie atemlos den Bruder und eilte auch schon an das Bett, auf welchem Giorgi lag.

„Deinem Feind wünsche ich nicht dergleichen“, konnte Artschil nur murmeln.

Kesso schaute auf Giorgi nieder. Man hatte ihn auf die Seite gelegt, darum war sein Gesicht Kesso zugewendet. Kesso sah, dass in diesem eben noch stattlichen, kraftvollen jungen Mann kaum noch Leben war, und schmerzlich runzelte sie die Stirn, sie schlug die Hände vors Gesicht, und wie um die aufsteigenden Tränen zurückzudrängen, rieb sie sich mit aller Kraft die Augen und presste die Hände gegen die Lider.

„Kesso, müssten wir nicht die Mutter benachrichtigen?“, fragte Artschil.

„Was fragst du? Wir haben ihren Sohn umgebracht und geben ihr nicht einmal Bescheid, damit sie noch zur Zeit kommen und in der Todesstunde bei ihm sein kann“, stieß Kesso schluchzend hervor.

„Ach, ich bin dermaßen verwirrt“, entgegnete Artschil schuldbewusst. „Das Unglück raubt mir völlig den Verstand, ich kann nichts denken und nichts tun.“

Endlich schickten sie einen Boten zur Witwe Otaraant. Es dauerte nicht lange, bis sie kam, und obwohl sie schleunigen Schrittes gegangen war, trat sie doch gelassen ein, als messe sie der Nachricht, die man ihr soeben überbracht hatte, beileibe keine Bedeutung bei – was sollte schon passiert sein! Allein ihr Gesicht war gelb und welk, und auf ihrer Stirn furchten sich zwei tiefe Falten.

Der Junge, den man zu ihr geschickt hatte, erzählte flüsternd seinen Altersgefährten, dass diese beherzte, kräftige Frau, als er ihr die Nachricht mitteilte, fast ohnmächtig zusammengebrochen wäre.

„Was weinst du, meine Gute", sagte die Witwe Otaraant zu Kesso, während sie auf das Bett zuging. „Ja, gibt es hier was zu weinen!"

Scheu und Ehrfurcht verboten es den Umstehenden, der Witwe etwas zu erwidern. Oh, dieser große Kummer!

Die Witwe trat an das Bett, als sie aber ihren Sohn sah, der kaum noch dieser Welt gehörte, schlug sie sich verzweifelt die Fäuste an den Kopf und sank in die Knie.

Im Zimmer herrschte tiefe Stille. Kein Laut war ringsum, niemand wagte es, auch nur eine Silbe zu äußern. Einzig am Kopfende des Bettes flackerte eine Kerze, alle Lebenden waren gleichsam verstummt und erstarrt. Alles hielt den Atem an, und nur das Unglück der Mutter tönte mit erhabener Glocke – lautlos und stumm. Dieses Wehklagen war allein mit dem Herzen zu hören, der unsägliche Kummer allein mit dem Herzen zu sehen – körperliches Sehen und Hören versagten hier.

XVIII

Die letzte Offenbarung

„Den Priester, um Gottes willen, holt den Priester!", stöhnte wenig später, nachdem sie sich ein wenig gefasst hatte und wieder zur Besinnung kam, Giorgis Mutter.

Der Priester wurde geholt, und Giorgi empfing die Sterbesakramente.

Die Witwe Otaraant kam gleichsam ein wenig zu Kräften. Nachdem ihr anfangs das Herz zu zerbrechen drohte, gelang es ihr nun, das Herz zu bezwingen. Wie ein Mann, der von einer Kugel getroffen wurde, wehrte sie sich trotzig gegen das Schicksal, widersetzte sie sich dem Schmerz und der Qual.

Die Witwe Otaraant, noch immer vor dem Bett knieend, streckte die Hand aus, schlug die Bettdecke zurück und strich ihrem stumm und mit geschlossenen Augen daliegenden Sohn über die Brust. Das allwissende Mutterherz sagte ihr sogleich, dass es hier keine Hilfe mehr gab, dass der Tod ihr den Sohn entreißen würde. Da brauchte sie nichts mehr zu erfragen, nichts zu erforschen. Jeglicher Hoffnung beraubt, war sie nur noch darauf bedacht, den Sohn, bevor er starb, ein letztes Mal zum Sprechen zu bewegen.

„Kind, Giorgi! Sieh mich an, deine Mutter! Was ist dir zugestoßen! Was hat dich so überwältigt, dass du nicht die Augen öffnest, um deine Mutter anzusehen!", rief sie aus.

Ob der Sohn nun die Hand der Mutter auf seiner Brust spürte, oder ob es vielmehr die Stimme der Mutter war, die ihn zu sich brachte – jedenfalls schlug Giorgi die Augen auf und schaute blicklos um sich. Dann blinzelte er, seine Augen fielen erneut zu, aber er bewegte die Lippen.

„Er will etwas sagen, aber ihm fehlt die Kraft", stöhnte die Mutter. Währenddessen rollten zwei dicke Tränen aus ihren Augen und hinterließen auf den bleichen Wangen sengende Spuren wie von heißen Kugeln. Das Gesicht indessen weinte nicht, o nein! Hartnäckig wehrte sich die Mutter, um nicht den Kummer ihres Herzens im Gesicht zu offenbaren. Die gewaltsam zu Eis verhärteten Tränen hatte das brennende Herz zum Schmelzen gebracht, aber in dem Gesicht, von all ihrem Willen beherrscht, zuckte keine Faser. Der Frost der Hoffnungslosigkeit hielt die Frau wieder in eisigem Bann.

„Wass …", röchelte Giorgi, ohne das Wort zu Ende sprechen zu können.

„Wasser, bringt Wasser!", verlangten mehrere Stimmen zugleich.

Demetre, der Heilkundige, riet dazu, Wein zu verabreichen, der habe kräftigende Wirkung.

„Mein Sohn, du mein Einziger, du deines Vaters Waise! Sprich noch einmal zu mir, sieh mich noch einmal an!", stöhnte die Witwe Otaraant, während sie Giorgi eine Trinkschale mit Wein an die Lippen hielt.

Giorgi nippte ein paar Tropfen und belebte sich gleichsam, er öffnete wieder die Augen, blickte langsam umher und sah dann unverwandt auf einen Punkt.

Die Mutter folgte seinem Blick und traf auf die weinende Kesso.

„Mutter, siehst du … dort … jenen Engel?", brachte Giorgi mühsam hervor.

„Ich sehe, mein Sohn."

„Mutter! … Wein …"

Die Mutter hielt ihm erneut die Schale an die Lippen.

„Sie war mein Schicksal … Ich habe nichts zu bereuen", beendete Giorgi seinen unterbrochenen Satz.

Artschil sah voll Erstaunen zu seiner Schwester. Kesso schien tief erschüttert zu sein, sie war bleich und starr. Die Mutter hingegen schien in keiner Weise verwundert.

Weder Artschil noch Kesso und auch niemand sonst wagte es, in diesem furchtbaren Augenblick die Stimme zu erheben. Alle lauschten nur.

„Oh, könnte ich nur einmal den Saum deines Kleides küssen, dann will ich sterben", sprach Giorgi sehnsüchtig, und seine auf Kesso gerichteten Augen drückten ein noch inständigeres Flehen aus, als es Sprache und Stimme vermocht hätten.

Weinend, mit tränennassen Augen, stürzte Kesso herbei und küsste Giorgi auf die Stirn. Als sie den Kopf wieder hob, löste sich eine Träne und fiel dem Sterbenden auf die Brust. Der unverhoffte Tränentropfen erregte Giorgi und belebte ihn gleichsam für eine Weile. Die kleine Träne netzte Giorgi wie der Quell der Unsterblichkeit, sie tat wohl und weckte Freude und Lebensgeister, als könnte sie das hingehende Leben zur Rückkehr wenden.

Freude und Glück zu solcher Zeit sind ebenfalls Leben, nur eben kurzes, schnell vergängliches Leben.

„Siehst du, Mutter! Als Lebender wäre ich dieses Lächelns nicht würdig gewesen, aber jetzt im Sterben fällt ihre Träne auf mich. Es genügt mir ganz und gar, diese wenige Freude mit mir zu nehmen … Nein, ich habe nichts zu bereuen! Ich gehe und habe die von ihrer Träne erfrischte Freude bei mir. Dort drüben will ich davon zehren … Sorge dich nicht, Mutter. Es ist doch deine Weisheit: Wo man nichts ausrichten kann, soll man von lassen … Artschil, sei mir nicht böse, bitte. Und auch du nicht, Kesso. Ich habe doch immer gewusst, wer du bist und wer ich bin. Wie hätte ich nach einem Stern langen können … Mit dem Herzen, ja, da konnte ich heranreichen, aber mit der Hand niemals. Ich habe dich wie eine Ikone angebetet, wie eine Sonne hast du auf mich herabgeschienen. Du wusstest nicht, wen du wärmst, wen du erfreust, wen du belebst! Solange ich am Leben war, konnte ich dir's nicht eingestehen, aus lauter Scheu und Furcht. Jetzt, wo ich sterbe, sage ich es dir … Was kann man einem Toten schon anhaben? Der Tod macht alle Menschen gleich."

Giorgis Kopf sank kraftlos auf die Kissen, die Augen fielen zu, der Atem wurde röchelnd. Nur Giorgis Hand tastete noch matt umher, als suche sie dringend nach jemandem.

Wenig später war Giorgi nicht mehr.

„Er ist tot!", schrie die Mutter auf und warf sich weinend über ihren Sohn. Sie presste das Gesicht an seine Brust und verharrte stumm und ohne jede Regung, so dass es den Anschein hatte, als habe die Mutter an des toten Sohnes Brust ihre Seele ausgehaucht.

Eine Weile warteten die Umstehenden und ließen der Frau Zeit, zu sich zu kommen. Als sie sich aber gar nicht mehr rührte und auch keinen Laut von sich gab, fürchteten sie, es könne mit ihr etwas geschehen sein.

Kesso trat zu ihr und versuchte sie aufzurichten, aber da meldete sich die Witwe Otaraant mit lauter, klarer Stimme zu Wort: „Ich bitte euch", sagte sie, „lasst mich hier mit meinem toten Kind allein. Mit mir ist alles in Ordnung. Ich bin eben unter einem solchen Stern geboren – eine Unglückselige, die alles ertragen kann. Weh mir Ärmsten!"

Artschil machte den im Zimmer versammelten Bediensteten ein Zeichen, und alle verschwanden. Auch Artschil und seine Schwester gingen leise hinaus, sie beließen jedoch eine Hauszugehörige im Nebenraum, die auf die Witwe Otaraant ein Auge haben sollte.

Im leeren Zimmer, jetzt, da sie sich allein glaubte, schlug sich die Witwe Otaraant mit den Fäusten aufs Haupt und erhob in dumpfem Ton die Totenklage: „Mein Giorgi ist nicht mehr! Ich, die Mutter, ich bin nach ihm geblieben, Giorgi aber ist nicht mehr! Mein Sohn, du bist von mir gegangen, bist mir gestorben! Ach, du bist von mir gegangen und kommst niemals mehr wieder … Mein Sohn, wo doch du mich dereinst hättest begraben sollen, muss nun ich dich begraben! Du hättest mich beweinen müssen, doch nun beweine ich dich. Diese Hände hier haben dich aufgezogen, und nun sollen diese Hände Erde auf dich werfen?! Deine Hände sollten mir dereinst die Arme über der Brust kreuzen, jetzt aber muss ich dies an dir tun! Wehe der Mutter, die das erlebt!"

Abermals presste die Witwe Otaraant das Gesicht an die erkaltende Brust ihres Kindes, doch hörte man von ihr kein Weinen, sondern allein dieses geschluchzte Klagelied.

Plötzlich war irgendwo im Zimmer ein Heulen zu hören. Die Witwe Otaraant hob den Kopf und blickte sich erstaunt und ärgerlich um. Die einzige Kerze beleuchtete den Raum nur spärlich, und in einem dunklen Winkel endlich gewahrte die Trauernde einen Mann. Dessen unerwünschte Gegenwart verwandelte die eben noch weichherzige trauernde Mutter sofort wieder in die schroffe Witwe Otaraant.

„Was drängst du dich hier auf, Vorwitziger!“, schrie sie wütend.

„Ich kann dein Unglück nicht ertragen, ich wollte ja gar nicht weinen, aber es stieg mir so in die Kehle, und, verflixt, da musste ich losheulen.“

„Was suchst du hier?“

„Du tatest mir so leid, bist ganz allein im fremden Haus. Ich dachte, vielleicht könnte ich dir Wasser bringen.“

„Wer bist du?“

„Sossia.“

„Was für ein Sossia?“

„Falls du dich an mich erinnerst, ist es gut, falls nicht, soll dich der Herrgott trotzdem erfreuen, so dich nach dem Tode deines Sohnes auf dieser Welt noch etwas freuen kann.“

„Wozu? Auf den Tod zu warten ist ja wohl keine Freude.“

Sossia, der alte Müller, stand immer noch in jenem dunklen Winkel, in den er sich, als alle anderen das Zimmer verließen, heimlich gekauert hatte.

„Geh, hier hast du nichts zu suchen“, gebot die Witwe Otaraant. „Ich will allein sein.“

„Wie du möchtest. Ich gehe, aber ich werde mich wie ein Hund vor die Tür legen. Wenn du etwas brauchst, rufe mich.“

„Ja, gut. Mach jetzt, dass du hinauskommst.“

XIX

Die eingestürzte Brücke

Artschil ließ Giorgi mit großem Pomp beerdigen. Er lud sämtliche Geistliche aus der Umgebung sowie alle Bewohner der benachbarten Dörfer ein, damit sie dem Verstorbenen „die letzte Ehre erwiesen“, und er scheute dafür keine Ausgaben. Er richtete für Giorgi ein Begräbnis aus, als sei der ein naher Verwandter oder gar ein Mitglied der engeren Familie gewesen.

Vom Haus bis zur Kirche und danach von der Kirche bis zum Friedhof trug Artschil gemeinsam mit den Bauern den Sarg und erlaubte niemanden, ihn abzulösen.

Kesso, wie eine Leidtragende tief in Schwarz gehüllt, folgte mit trauernd gesenktem Kopf und auf der Brust gekreuzten Armen dem Verstorbenen zum Friedhof. Als der Sarg in die Erde gelassen wurde, kniete sie nieder, bekreuzigte sich und betete ein stummes Gebet. Schließlich warf sie eine Handvoll Erde in die Grube, dann stand sie jäh auf und wandte sich um, wie von etwas erschreckt.

„Da, sieh doch, sie weint!“, flüsterte eine in der Nähe stehende Frau.

„Ist ja nicht so leicht mit der Liebe“, bemerkte eine andere. „Hast du gehört? Die beiden sollen einander geliebt haben.“

„Die Ärmste versteckt die Tränen, als ob sie sich schämt.“

„Was gibt's da zu schämen“, schaltete sich eine dritte Frau ein. „War das etwa nicht ein großartiger Bursche? Ein hübsches Mädchen und ein hübscher Junge – was braucht es mehr für die Liebe.“

Unter der Bauernschaft gab es die einen, die es billigten, dass sich das fürstliche Geschwisterpaar so schlicht und ehrerbietig verhielt, andere hingegen meinten: „Da haben sie einen Menschen zugrundegerichtet und versuchen der Welt jetzt Sand in die Augen zu streuen.“

Ob an letzterem nicht auch ein Körnchen Wahrheit war – wer weiß, wer kann schon einem anderen ins Herz sehen.

Allerdings - zufällig einmal kam Artschil eine solche Äußerung zu Ohren, und als schließlich auch Kesso von derlei Gerede erfuhr und ärgerlich aufbrauste – was ihnen die Leute da zur Last legten! -, versetzte Artschil: „Ach, wundere dich nicht.“

„Warum soll ich mich nicht wundern? Wir haben reinen Herzens unsere Pflicht erfüllt, aber die Menschen verunglimpfen uns.“

„Verwunderlich wäre es, wenn sie nicht so redeten“, entgegnete Artschil. „Von ihrer Warte aus gesehen haben sie ja Recht. Zwischen uns ist die Brücke lange eingestürzt – sie, die Bauern, sind drüben am anderen Ufer geblieben, und wir befinden uns diesseits des Wassers. Die weite Entfernung macht es, dass wir einander nicht sehen können, nicht mit dem wahrhaft, untrüglich erkennenden Auge. Was Wunder, wenn sich bei dieser Distanz der Mensch als Zaunpfahl ausnimmt und sein nach Gottes Ebenbild geschaffenes Gesicht als verschwommener Fleck? So vieles, was doch weiß ist, sieht das bloße, unbewehrte Auge des Bauern über eine solche Distanz als schwarz an. Wir, der Adel, wir sind wenigstens im Besitz optischer Hilfsmittel – unser Feldstecher, das sind unsere Bildung und unser Wissen, die Bauern verfügen nicht einmal darüber.“

„Demnach sollte von ihnen Gutes nicht mehr als Gutes erkannt werden?“

„Sie glauben nicht mehr daran, dass wir ihnen Gutes tun wollen, das ist vorbei. Eine solche Absicht erstaunt sie und kommt ihnen befremdlich vor. Wozu brauchen die das?, fragen sie. Bloß um des Guten willen? Wozu tut mir der Fürst was Gutes?, fragt der Bauer, und zu Recht. Ja, wozu? Zwischen Bauern und Fürsten klaffen Abgründe, wir leben in verschiedenen Welten, jeder kennt nur noch sein eigen Freud und Leid. Da gibt es kein Mitempfinden mehr mit dem anderen, und wen wundert es, wenn wir uns nicht mehr verstehen? Sag mir doch: Wer könnte heute zwischen uns vermitteln? Einzig die platte Sprache des Buchgelehrten – und ich bezeichne unsereinen als solchen -, einzig diese platte Sprache und die gierige Hand des Unersättlichen. Solcherlei Apostel dürften uns kaum helfen."

„Dann hat also der Mensch auf der Welt kein Herz mehr, es ist tot und leer …"

„Das Herz … Ja, das Herz, welches Zunge und Hände in Bewegung versetzt, das gibt es fürwahr nicht mehr, oder aber es gibt es, und es ist stumm und taub geworden, als wäre es den Bauern und auch uns abgestorben, und wenn nicht vollends, dann doch halb. Und mit der verbliebenen Hälfte leben wir und beurteilen einander – mit halber Sinneskraft, einäugig und einohrig. Wer sollte da nicht irren, wo eben jenes Auge geschlossen und jenes Ohr versperrt ist, welches tauglich wäre, den anderen zu sehen und zu verstehen. Was ist das Herz? Gäbe es denn nur einen einzigen Menschen auf der Welt, gäbe es auch kein Herz. Das Herz, das ist Güte und Wohltätigkeit, aber es kann nur zwischen zwei Menschen wirken. Es bedarf zumindest dieser zwei, damit Güte und Wohltätigkeit geschehen können, es bedarf des einen, der opfert, und zugleich des anderen, der das Opfer annimmt. Sind diese zwei nicht vorhanden, kann es Güte und Wohltätigkeit nicht geben und folglich auch kein Herz. Wenn diese zwei nicht da sind, wozu dann sollte das Herz Zunge, Auge und Ohr als Vermittler ausschicken, wohin? Für sich selbst braucht das Herz keinen Vermittler, den braucht es nur im Umgang mit einem Zweiten. Ohne diesen Zweiten ist das Herz des einen nur ein hohler Beutel, der den Blutaustausch im Körper besorgt. Wo aber steht jener Zweite? Drüben am jenseitigen Ufer, weit weg … Was also wundert es uns, wenn uns der Bauer von dort drüben nicht sieht, wenn er uns nicht vertraut … Worauf sollte sich sein Vertrauen gründen, wo er uns nicht sehen kann? Nein, es darf uns nicht wundern."

„Aber, mein Lieber, das ist die alte Geschichte, neu aufgewärmt: der Bauer, der ist stets der Gerechte."

„Weshalb bezichtigst du mich solcher Torheit, meine Beste? Ich betrachte den Bauern keineswegs voll Entzücken wie einen unausgegorenen Lümmel und preise ihn einen Engel, vielmehr versuche ich ihn zu ergründen. Wie ein Trauernder, der zur Besinnung kommt, so beweine ich mit aller Klarheit des Geistes meine verlorene Hälfte. Wir haben einander gegenseitig verloren, und mich barmt das Verlorene, ich trauere darum, ohne es indessen zu rechtfertigen. Beim Bauern ist nicht immer nur der Schafpelz dreckig, sondern manchmal auch das Herz. Ich weiß das wohl, aber sind wir besser? Haben wir mehr unter unserem von jedem Stäubchen freien, makellos reinen Hemd? Sie, die Bauern, tun mir leid, sie dauern mich, aber ich selbst bin mir zuwider, ich finde mich abscheulich. Nein, als halber Mensch mit halbem Herzen zu leben, das bedeutet Tod und Sterben …"

„Sterben ist Verwesung, und Verwesung einzig Schmutz und Gestank. Das wolltest du wohl sagen."

„Ja, und du bist mir zuvorgekommen. Das alles geschieht zwiefach, nämlich auch mit unserer toten Hälfte, und es darf dich nicht wundern, dass wir, sobald wir aufeinandertreffen, ohne Schmutz und Gestank einander nicht entrinnen. Sobald wir Gutes tun, stochern wir uns mit der toten Hälfte gegenseitig im Herzen. Darum scheint uns ein jeder, der Gutes tut, mag er nun ein Bauer sein oder uns zugehörig, ein Törichter oder aber ein Täuscher, denn es hat unsereins der Argwohn beschlichen und hält uns gepackt."

„Wenn es wahrhaftig so ist, wäre wohl für die Menschen alles verloren?", meinte Kesso.

„Wer sagt das? Für uns – ja, vielleicht, für die Bauern jedoch nicht, nein."

„Das verstehe ich nicht. Beide sind wir doch – die Bauern ebenso wie wir – tot, nach deinen Worten."

„Das stimmt", fuhr Artschil in seinen Erläuterungen fort. „Jedoch vergisst du jene lebendige Hälfte, die uns beiden geblieben ist. Hier liegt der Unterschied. Wir, der Adel, wir sind gezüchtet, sie, die Bauern, hingegen sind gewachsen. Wir sind lose geheftet, die Bauern sind mit Steppnähten genäht, mit Stichen, wie nur die Natur sie kennt – und du weißt, wie meisterlich die Natur zu Werke geht. Sie, die Bauern, sind zur Festigkeit mit Lehm und Kalk bestrichen, wir dagegen sind schlapp und weichlich. Und wenn du dir ihren Gesang anhörst: ein endloses Stöhnen ist das, dennoch nennen sie es Gesang. Unser Singen ist zwar kein Stöhnen, aber als Jubellied wirst du es auch nicht bezeichnen. Weißt du noch, was Paata uns damals geantwortet hat, als er in dem fürchterlichen Schneeregen zu uns in die Stadt gerannt kam, um drei Rubel zu erbitten, und ich scherzte: ‚Junge, was läufst du wegen drei Rubeln so weit, und noch bei dem Wetter!' Weißt du noch, was er sagte? ‚Ach, Herr, wenn Sie wüssten … Wenn ich von hier nach Hause komme, zerschlagen und müde und klitschnass vom Schneematsch, und mich schlotternd in meine Lumpendecke wickle und aufs Bett sinke – was meinen Sie, wie süß ich schlafe, so haben Sie Ihr Lebtag nicht geschlafen.' Er sagte das in aller Einfalt, ohne mich kränken zu wollen! Für den Bauern bedeutet der Schlaf in der Tat Erholung, eine Erneuerung der verausgabten Kräfte, für uns dagegen ist er Verhätschelung, unser Schlaf macht uns drall und schwer wie die Wassersucht, darum, weil auch unser Wachsein nichts als Schlummer ist. Des Bauern lebende Hälfte werkt noch recht und schlecht, indessen die unsere dem Müßiggang frönt. Werken, das ist Leben. Dies ist das Gute am Bauern, dies hat er uns voraus."

„Als ob nicht auch das Wild von früh bis spät umherstreift auf der Suche nach Nahrung. Der Hunger ist es, der den Bauern treibt, Arme und Beine zu rühren, soll ich ihn dafür rühmen? Nein, ich will am Menschen Menschlichkeit erkennen, solche Menschlichkeit erst wäre für mich Grund, ihn zu loben und zu preisen."

„Wie meinst du das, Kesso?"

„Ich meine, dass sie schlechtere Menschen sind als wir. Wo erlebt man so viel Gier, Treulosigkeit, Unbarmherzigkeit und Undank wie bei den Bauern? Anstatt seinesgleichen beizustehen, fällt der Bauer noch über den Bauern her, meuchelt ihn und macht ihn nieder, von unsereinem gar nicht zu reden."

„Ich glaube dir ja, einige solcher Burschen sind mir auch schon begegnet, gewiss. Dennoch, das Leben ist in ihnen, den Bauern: In ihren Adern brodelt das Blut, nur da schlägt der wahre Puls des Lebens. Das, wovon du sprichst, ist der an die Oberfläche geschleuderte schmutzige Abschaum des brodelnden Lebens, der Grund jedoch ist rein. Was sonst brächte einen solchen Gerechten hervor, wie Giorgi einer war, oder eine Frau wie die Witwe Otaraant? Solches Brot wird ganz allein im bäuerlichen Tone-Ofen gebacken, in unserem Ofen fallen die Teiglaibe von der Backwand aufs Feuer, sind, noch nicht ausgebacken, schon verbrannt. Bis heute ist mir nicht klar, wen wir in Giorgis Gestalt vor uns hatten. Uns selbst fehlt die Gabe des Sehens und Hörens, dort aber, auf der anderen Seite, ist so viel Schöpferkraft … Giorgi."

„Bitte, lass das. Ich gerate jedes Mal völlig außer mir, wenn ich an den Unglückseligen erinnert werde."

XX

Der Beginn der Morgendämmerung

Artschil verstummte und begann im Zimmer auf und ab zu gehen. Ob er nun auf Kesso Rücksicht nahm oder ob er selbst ermüdet war und eine Atempause suchte, wer weiß. Wenig später aber fuhr er mitten im Gehen jäh herum und sagte: „Nein, liebste Schwester! Sei mir nicht böse, so leicht können wir die Geschichte mit Giorgi nicht abtun. Erinnerst du dich an Grigol Orbeliani und daran, wie uns seine Verse begeisterten?"

‚Freie Bahn gönnt dem Begabten,
nur Verdienste schätzt und würdigt,
Gott schenkt dem Menschen das Talent,
und nicht dem, der hoch gebürtig.'"

„Was soll uns das hier?", fragte Kesso.

Artschil wurde nachdenklich: Wieso verstand seine Schwester nicht?

„Deine Frage erstaunt mich, Kesso!", sagte er schließlich.

„Was wäre daran Erstaunliches?", erwiderte Kesso und senkte den Kopf, als schäme sie sich selbst ihrer unernsten Erwiderung.

„Hättest du Giorgi geheiratet?", fragte Artschil plötzlich ohne alle Umschweife.

Kesso schwieg eine Weile, die unverblümte Frage hatte sie wohl betroffen gemacht. Artschil ließ ihr Zeit, und während er auf die Antwort wartete, klopfte sein Herz vor Erregung. Er schien selbst nicht zu wissen, was er sich erwünschte – ein Ja oder ein Nein.

Bald wiederholte er seine Frage: „Sag, hättest du ihn geheiratet?"

„Nein."

„Ich hätte mich ebenso verhalten. Da zeigt es sich doch – wenn einer nicht von Adel ist …"

„Sei still!", schrie Kesso und rollte wütend mit den Augen.

„Lass den Zorn, Kesso. Der Wahrheit furchtlos ins Auge zu sehen, kann nur segensreich sein."

„Ich habe ihn nicht geliebt, darum."

„Genau das ist unser Unglück. Anscheinend sind für uns die Lektüre und das eigene Tun zwei verschiedene Dinge. Du hast ihn aus demselben Grund nicht geliebt, aus dem du ihn nicht geheiratet hättest: weil er ein Bauer war. Wo ist hier jene „Würdigung der Verdienste" geblieben, die uns im Buch so gefiel? Im Buche ja, im Leben nein, man hat es auf der Zunge, doch nicht im Herzen. Hätten wir Giorgis Geschichte in einem Buch gelesen, oh, welche schwülstigen Worte hätten wir beide verschwendet, und wie hätten wir alle diejenigen gebrandmarkt, die zum Maß des Menschen seine Herkunft nehmen! Aber lassen wir die ‚Würdigung der Verdienste', du hast ja nicht einmal gespürt, dass er dich liebte, dabei ist er voller Hingabe nur um dich gekreist, für ihn gab es nichts anderes auf dieser Welt. Da siehst du es, welch eine hohe Mauer zwischen uns und den Bauern steht, eine Mauer aus unserem Fleisch und Blut. Fragte uns einer, behaupteten wir doch, die dicke Mauer sei längst eingerissen. Ja – mit Worten! Allein mit der vom Bücherlesen feingeschliffenen Sprache. Mit Worten reißen wir die Mauer ein, das Herz aber klammert sich daran und baut sie neu. Wir sind halbe Menschen, und zu unserem Elend ist uns die bessere Hälfte abgetrennt."

„Lass, Artschil, es ist mehr als genug."

„Wenn ich grob und ohne alle Schönfärbung spreche, so zeihe mich bitte nicht der Gefühllosigkeit, liebe Kesso. Nicht oft im Leben begegnet uns etwas, das uns Verstand lehrt und uns die Augen öffnet. Wir wären ja des Untergangs würdig, wenn wir die Kraft nicht hätten, den Schmerz zu ertragen, welcher das Öffnen der Augen begleitet."

„Dann sprich also weiter. Den Schmerz, den du bereitest, linderst du zugleich durch die Wohltat des Darüberredens."

„Weißt du, was Giorgi ist? Giorgi ist ein ganzes Buch für sich, ein Buch, geschrieben jenseits der eingestürzten Brücke. Er ist ein Buch des Lebens, gedruckt indessen in einer fremden Schrift. Man hat dieses Buch vor uns aufgeschlagen, aber es war für uns unlesbar. Was lesen wir nicht alles, du und ich und so viele unseresgleichen. Wer von uns brüstet sich heute nicht mit seiner Bildung und Belesenheit, jenes Alphabet jedoch ist uns verschlossen. Giorgi ist ein lebendes Sinnbild würdiger Verdienste. ‚Die Unsterblichkeit selbst wohnt in der wunderbaren Seele' – wie oft haben wir uns an diesem Dichterwort ergötzt, und wie gut und wahr ist es gesprochen. Im Buch haben wir zur Erkenntnis gefunden, noch und noch haben wir sie auf die Zunge genommen, als uns aber das Leben sie in fleischlicher Gestalt hinstellte, hat unser Auge sie nicht wahrgenommen. Du wolltest ihn nicht heiraten! Die ‚wunderbare Seele' nicht! Wer war es, den du nicht lieben konntest? Die ‚würdigen Verdienste'. Du liebtest ihn nicht, dessen Seele der Strahl des Himmels morgenschön erstrahlen ließ'."

„Der Liebe kann niemand befehlen", warf Kesso ein.

„Als ob die Sonne der Rose befehlen könnte, zu erblühen! Nein, das muss von selbst kommen, sonst scheint sie, mit Verlaub, auf ein blindes, vom Dünkel der Vornehmheit mit neun Schlössern verschlossenes Herz. Wäre Giorgi deines Standes gewesen, und, wer weiß, hätte es des Herrgotts Fügung so gewollt, hättest du wohl wenigstens seine Liebe bemerkt, sogar dann, wenn er nur ein Hundertstel seiner guten Gaben besessen hätte. So aber verhinderte der Dünkel, dass sich die Tür des Herzens öffnete, der reine Schein der wunderbaren Seele fiel mit seinem Glanz vergebens auf die kalte Mauer. Du hast ihn nicht erkannt, du konntest nicht! Er wusste darum und nahm es klaglos hin. ‚Ich habe nichts zu bereuen', diese unschuldigen Worte warf er uns sterbend zu, sie sind das Urteil über uns."

„Erbarme dich, hör auf, es genügt!", bat Kesso, in Tränen ausbrechend.

Voller Mitleid ging Artschil zu ihr und küsste sie auf die Stirn.

„Diese Tränen sind heilig", sagte er. „Darum werde ich sie dir nicht fortwischen. Diese Tränen habt ihr Frauen uns, den Männern, voraus."

„Weil wir die Tränen, ob gewollt oder auch nicht, bei jeder Gelegenheit vergießen wie Wasser, ja? Du brauchst nicht zu spotten, ich leide genug."

„Oh, meine Beste, manchmal ist die Träne ‚fruchtbringend wie leiser Regen'. Tränen sind durchaus nicht immer schlicht Wasser, Tränen sind bisweilen ein Schild, und ein zur rechten Zeit gebrauchter Schild kann ein Schwert sein, hat mal jemand gesagt."

„Was meinst du damit?"

„Dein Weinen freut mich. Ich würde genauso weinen, wenn ich nur zurückblickte, so wie du es jetzt tust. Dort hinter uns ist finstere Nacht "

„Und die Brücke ist eingestürzt!", rief Kesso schmerzvoll aus.

„Ich möchte, dass wir alle sehen, ich möchte, dass wir alle wissen. Du, du siehst jetzt, du weißt."

„Ich weiß, und ich weine "

„Eben darum freut mich dein Weinen."

„Sag, Artschil, was ist denn vor uns, vor uns!", stieß Kesso verzweifelt hervor und rang die Hände.

„Dieses durch Tränen gewonnene Wissen verbrennt das Zurückliegende zu Asche, und es benetzt das vor uns Befindliche und bringt es zum Grünen. Wenn dieser frische Tau sich mehrt, wird er zu fließendem Wasser, welches das Floß bewegt, so dass die eingestürzte Brücke wiederersteht und beide Ufer neu verbindet. Dieses durch Tränen gewonnene Wissen oder auch diese wissenden Tränen des Zurückliegenden sind der Schimmer des Kommenden, und dieser Schimmer …"

„… ist der Beginn der Morgendämmerung, nicht wahr, mein Lieber?"

„Ja, so ist es."

Vor Freude über die gewonnene Erkenntnis umarmten die Geschwister einander.

XXI

Des Sohnes Ruf

Der Herbst, in seiner vollen Mitte angelangt, wandte nun endgültig dem Sommer den Rücken und schritt auf den Winter zu. Der schöne Herbst, der bald warm war, bald kühl, bald trocken und bald feucht, der Herbst mit seinem blassblauen Himmel, bei uns zulande so wonnig und mild, er alterte und zeigte Grauhaar. Des Herbstes Grauhaar, das ist der Raureif.

Berge und Täler, Wälder und Felder waren allmorgendlich von Raureif bedeckt, und nur um Mittag herum, wenn die Sonne geradenwegs herabschien, wurde der Raureif, zu Wasser verwandelt, hier von der durstigen Erde eingesogen und dort vom Himmel als Dampf heraufgeholt und als flaumige Wolken über seine unabsehbaren Weiten getragen.

Dann kam der Winter und brachte Schnee. Eben am Weihnachtsabend fiel er in großen Mengen und breitete über die Wege des Dorfes gleichsam ein makelloses weißes Tischtuch. Auf die Bauernhäuser, mit Stroh, bisweilen auch mit Ziegeln gedeckt, legte sich gewichtig der Schnee und putzte die schmutzigen Häupter mit gleichsam übereifrig reingewaschenen Frauenschleiern. Die Nussbäume in den Höfen und Gärten schmückten ihre kahlen, schwarzen Kronen und Äste mit weißem Flaum. Die Flechtzäune schienen mit Schneedecken beschlagen.

Nach dem Schnee ließ auch der Frost nicht mehr lange auf sich warten. Die in den Altschnee eindringende Tageswärme machte das Wasser aus dem Schnee tropfen. Der Frost aber hielt das Wasser fest, und der Schneesaft, erneut gefroren, hing wie Tschurtschchela* von den Zweigen der Bäume, von den Zaunrändern und rings um die Dächer der Eingangsgalerien.

Die Nacht war nicht dunkel, von Zeit zu Zeit lugte leuchtend der Mond aus den Wolken, um alsbald wieder von den Wolken verhüllt zu werden, gleichsam als rängen Wolkendunkel und Mondlicht miteinander und als gewänne bald das eine, bald das andere die Oberhand.

Längst schlief das Dorf jenen tiefen Schlaf, welcher wahrlich erholsam ist und nicht allein Verhätschelung. Verklungen waren der Tageslärm, die Stimmen und die Schritte der Menschen. Auf dem Neuschnee, der in den Bann des Frostes geschlagen, war nirgends die Spur eines Menschenfußes. Das Dorf lag verstummt, und nur hier und da schlug ein übermäßig wachsamer Hund an.

Alles schlief, außer ihr, der einen Frau. Das Haus, in dem sie wachte, war dunkel, von keiner Kerze erleuchtet, und nur im Herd brannte ein dicker Holzkloben einseitig und lustlos räuchernd. Wenn doch einmal von der brennenden Seite eine Flamme emporzüngelte, erhellte für kurze Zeit ein schwacher Schein einen Teil des Raumes.

* Eine Süßigkeit: auf einen Faden aufgezogene und in eingedicktem Traubensaft kandierte Wal- oder Haselnüsse.

An der Herdstelle, nahe dem Feuer, lag ein Hund. In einen Haufen noch warmer Asche geschmiegt, schlief er, wohlig zusammengerollt und das buschige Schwanzende über Augen und Schnauze gedeckt. In einiger Entfernung von dem Tier, jedoch ebenso zum Feuer hin, ruhte friedlich schlummernd auf Bettzeug, welches auf den Boden gebreitet war, eine alte Frau aus der Nachbarschaft. Neben der Alten, auf einer Liege, lag jene Einzige, die in dieser Nacht kein Auge zutat – abgezehrt und hinfällig, zu Tode geschwächt lag sie auf ihrem Lager.

„Wer ruft mich da, wer!", sagte sie vor sich hin, dabei war ringsum kein Laut zu hören. „‚Geh, geh!', so ruft er. Warum zieht's mich dorthin?"

Unruhig warf sich die Kranke auf dem Bett hin und her.

„Schaffe ich's denn bis hin?", fragte sie sich dann. „Ich bin ja zu schwach, um die Beine zu setzen. Ich falle noch um unterwegs und gebe den Geist auf, und die Hunde haben mich zum Fraß … Ach, warum ruft er mich, warum?"

Plötzlich schrie die Kranke auf, stöhnend und schmerzvoll, sofort aber schaute sie zu der Alten, ob sie die nicht geweckt habe.

Der Hund reckte den Kopf und knurrte dumpf, nachdem er sich aber vergewissert hatte, dass außer der Herrin kein anderer da war, schob er die Schnauze wieder unter den Schwanz und gab sich genüsslich dem Schlaf anheim.

Die Alte hingegen schlief unerschütterlich.

„Sie schläft", sprach die Kranke erneut leise. „Auch ich werde bald einschlafen. Der Todesengel klopft an meine Tür. Ich werde einschlafen und, Gott sei's gedankt, nie wieder erwachen … Genug "

Die Kranke verstummte, als hätten ihr die letzten Gedanken Linderung gebracht.

„Da! Wieder! Er ruft!", stöhnte sie dann abermals. „Heute ist sein Geburtstag … Ich komme! Ich komme!"

Mühsam setzte sich die Kranke auf und tastete nach ihrer neben dem Kopfende liegenden Kleidung. Sie zog die dicken Socken an die Füße, zog an den Leib einen warmen Achaluch, darüber ein Kleid, wickelte den schwarzen Schal um den Kopf und quälte sich aus dem Bett. Als sie die Füße in die Pantoffeln schob, überfiel Schwäche sie, keinen Schritt vermochte sie zu tun, sie taumelte und griff mit einer Hand nach hinten und stützte sich auf das Bett, um nicht zu fallen.

Eine Weile verharrte sie so, und als sie ein wenig zu sich gekommen war, langte sie nach dem an das Bett gelehnten Stock und verließ leise das Haus. Gegen die Schwäche ankämpfend, mit beiden Händen auf den Stock gestützt, durchquerte sie den Hof. Vom Tor aus fiel ihr Blick auf den Weg draußen, und als sie den frisch gefallenen, noch unberührten Schnee gewahrte, sagte sie: „Noch hat keines Menschen Fuß den jungfräulichen Schnee verunreinigt … Da, wieder! Er ruft … Ich komme!"

Dem wachsamen Hund war nicht entgangen, dass seine Herrin das Haus verlassen hatte. Er erhob sich, schüttelte die Asche aus dem Fell, reckte sich und streckte sich, gähnte von Herzen und folgte dann träge seiner Herrin nach. Draußen auf der Galerie jedoch sah er sie nirgends. Er sprang hinunter in den Hof, erschnüffelte die frische Spur im Schnee und trottete ihr ohne Eile hinterdrein.

Die alte Nachbarin im Hause schlief tief und fest, das Verschwinden der Kranken hatte sie nicht bemerkt. Wie wenig glichen einander doch die Schlafende und die Fortgehenden! Wie wahr heißt es: Der eine ist dieses Erdenlebens Kind, der andere sein Stiefkind.

XXII

Die verflixte Frage

Der Morgen des ersten Weihnachtsfeiertages zog herauf. Es war noch nicht recht hell geworden, als zwei Tuschenhirten* von den Winterställen der Schafweiden aufbrachen und ein Dutzend Hammel und Jungschafe dem Dorf zutrieben – die Fastenzeit war zu Ende, und jetzt zu den Feiertagen erhofften sie sich einen günstigen Verkauf. Im strengen Frost trippelten die Schafe, mit wackelndem Fettschwanz, den verschneiten Weg entlang. Die Hirten hielten frierend die Arme über der Brust verschränkt und wärmten die klammen Hände am Körper. Ihre Knüppel, unter die Achsel geklemmt, stachen nach vorn in die Luft.

Der Weg führte zunächst zum Friedhof und bog danach ins Dorf ein. Als die Tuschenhirten den Friedhof erreichten, hörten sie von dort ein Heulen.

„Was ist das?“, fragte der eine von ihnen.

„Vielleicht eine Hyäne, die ein Grab aufwühlt. Wir werden sie verscheuchen, das ist eine gute Tat“, sagte der andere, zog eine Pistole aus dem Gürtel und schoss in die Luft.

Das Heulen verstummte für kurze Zeit, dann aber begann es von neuem, nunmehr vermischt mit Hundegekläff.

„Lass mich nachsehen“, sagte wiederum der erste und ging auf das seltsame Geräusch zu. Als er das Friedhofsgelände betrat, sah er auf einem Grabhügel einen Hund sitzen. Den Kopf emporgereckt und zum Dorf hin gewendet, war er es, der so erbarmungswürdig heulte und kläffte.

Der Hirte, verwundert, ging näher hinzu und erschauerte: Im Rücken des Hundes lag quer über das Grab gebreitet eine tote Frau – lag da, als wollte sie das Grab mitsamt dem Stein und dem unter der Erde Ruhenden in die Arme nehmen und an ihr Herz pressen.

Bestürzt rief der Tusche seinen Kameraden herbei. Der jedoch war bereits ins Dorf vorgegangen und hörte das Rufen nicht. Während der Tusche ihm nacheilte, sann er darüber nach, was wohl diese Frau hinaus in den Frost getrieben haben mochte und wodurch sie zu Tode gekommen war. Als er seinen Kameraden eingeholt hatte, berichtete er von dem Gesehenen.

---

* Die Tuschen sind ein georgisches Bergvolk, das in Tuschetien in Ostgeorgien lebt.

„Sieh an“, bemerkte der andere Tuschenhirte. „Ein Hund weicht nicht von seinem Herrn, tüchtig!“ Ein Hirte und vor allem ein Tusche weiß eben den Wert dieses treuen und wahrhaft Lob verdienenden Vierbeiners zu schätzen.

Die beiden Tuschen alarmierten das Dorf, und obwohl man Weihnachten feierte, kam alles, ob klein, ob groß, ob Mann, ob Frau, aus den Häusern gelaufen und strömte zum Friedhof.

Natürlich erkannten sie alle in der Toten die Witwe Otaraant, sie erkannten Giorgis Grabhügel und auch den Hund – doch wen scherte jetzt das Tier?

Lärm hob an, ein jeder hatte etwas zu sagen, und über aller Erörterung des Ereignisses vergaßen die Leute, sich um die Tote zu kümmern. Alle waren nur darauf begierig, zu hören, was hier und da in den beieinanderstehenden Gruppen gesprochen wurde, sowie ihr eigenes Urteil beizusteuern.

„Nun hat es auch diese eiserne Frau zerbrochen, sogar diesen Baum mit den festen Wurzeln hat es gefällt“, hieß es hier und da.

„Eine Mutter kann es eben nicht verwinden, ihren einzigen Sohn zu verlieren – noch dazu, was für einen Sohn!“, riefen die Frauen aus. „Der Schmerz hat nun auch sie, diese Unerschütterliche, zugrundegerichtet.“

Viele der Dorfleute bedauerten aufrichtig die Witwe Otaraant und ihr unseliges Ende. Niemand war da, der sie beweinte. Wie schwer ist es, so aus dem Erdenleben zu scheiden. Jedoch – wer stirbt, wird nur von sich selbst vermisst, sagen die Bauern. Wie wahr!

Doch nein, nicht immer trifft dies zu. Es gab einen Menschen, der die Witwe Otaraant betrauerte! Den Müller Sossia, nämlich seit fast drei Jahrzehnten war er in diese Frau verliebt. In ihrer Jungmädchenzeit hatte er sogar um ihre Hand angehalten, aber einen Korb bekommen. Keine andere hatte er später nehmen wollen, an keiner anderen Gefallen gefunden. Als die Witwe Otaraant ihren Mann verlor, hatte Sossia erneut an eine Heirat gedacht, aber den Gedanken sofort als unziemlich verworfen – er konnte dem Verstorbenen ja nicht das Wasser reichen, wie hätte er es wagen dürfen! So hielt er sich scheu von der Witwe Otaraant fern und trat ihr nicht unter die Augen.

Jetzt fiel der Müller Sossia vor der toten Witwe Otaraant auf die Knie, fasste ihre leblose Hand und schluchzte leise.

„Steh auf, was jaulst du hier wie ein herrenloser Hund!“, höhnte ein junger Bauernbursche, um seine Kameraden zu erheitern. „Was mischst du dich da rein, wer war die für dich?“

„Solltest so nicht reden, mein Guter“, erwiderte der alte Sossia wie gewohnt zaghaft und mild. „Wer weiß schon immer, wie es um den anderen steht.“

Womöglich hätte Sossia noch mehr offenbart, aber ein paar Männer brachten eine eilig gefertigte Bahre, und als sie die Tote hochheben und darauflegen wollten, stolperte einer von ihnen über des alten Sossias Bein und schimpfte: „Wer lungert denn hier herum!“ Vor Ärger verpasste er dem Alten auch noch einen Fußtritt und knurrte: „Hau ab, mach dich fort.“

Sossia fiel in den Schnee und hatte Mühe, wieder auf die Füße zu gelangen. Er klopfte den Schnee von seinem Schafpelz ab und klagte: „An der Lebenden hab ich mich nicht freuen dürfen, und die Tote zu beweinen ist mir auch nicht vergönnt. Weh mir, welch ein Jammer!“

Wahrhaftig, welch ein Jammer, ja, und wäre nicht manch einer so zu bedauern? Dies ist sie, eine der brennenden, verflixten Fragen auf unserer ungeordneten, schlecht eingerichteten Welt.

6. Dezember 1887

Ilia Tschawtschawadse – unser Zeitgenosse

Historisches Nachwort von Leonhard Kossuth

Als seien Jahrzehnte vergangen, seit ich in Georgien an den Feierlichkeiten zum 150. Geburtstag von Ilia Tschawtschawadse teilgenommen habe – so scheint es mir angesichts der jetzigen Umwälzungen. Doch zugleich sensibilisiert sich das Zeitgefühl – was sind schon 10, was sind 150 Jahre vor der Geschichte! In der Erinnerung an 1987 wird mir Ilia, durch dessen Werk die Stürme seiner Zeit tosen, fast zum Zeitgenossen.

Einige Gäste dort, beim Jubiläum, brachten ja auch noch eine ganz unmittelbare, persönliche Beziehung zum Dichter und seiner Zeit ein. Unter ihnen Erica Garibaldi aus Italien, Direktorin der Internationalen Guiseppe-Garibaldi-Universität. Als Student hatte Ilia Tschawtschawadse davon geträumt, sich dem „Zug der Tausend“ ihres Großvaters Guiseppe, dessen Kampf um einen unabhängigen, bürgerlichen Nationalstaat anzuschließen, hatte er der Botschaft von „Ketten, die man sprengt“ sogar ein Gedicht gewidmet. Aus England war Andrew Wardrop gekommen. Gut neunzig Jahre davor hatte sein Vater Oliver zusammen mit Schwester Marjory Wardrop Ilia aufgesucht – so nennt man den Dichter in Georgien –; ihre später in London publizierte englische Nachdichtung des Poems „Der Eremit“ erschien nun in Tbilissi als Jubiläums-Nachdruck. – Durch keinen „Enkel“ vertreten, wenn wir nicht die heutige Tschawtschawadse-Übersetzerin Kristiane Lichtenfeld dazu ernennen wollen, aber immer wieder genannt wurde der Schriftsteller Arthur Leist aus Deutschland (1852–1927). Auf Einladung Ilias war er 1884 zum ersten Mal nach Georgien gekommen, 1892 wurde er in Tbilissi seßhaft, und dort schuf er die ersten deutschen Ilia-Tschawtschawadse-Nachdichtungen, schrieb er mehrere bis heute lesbare Bücher über Georgien.

Insgesamt waren über hundert ausländische Gäste gekommen, Gäste aus dreißig Ländern – inländische „Nachbarn“ nicht mitgerechnet. Mit welch eleganter Akribie analysierte der venezianische Professor Luigi Magarotto auf einer wissenschaftlichen Konferenz Ilia Tschawtschawadses Poem „Der Eremit“, die darin enthaltene zeitenüberdauernde Lebensphilosophie! (1883 entstanden, handelt das Poem von der Versuchung des Eremiten durch ein Hirtenmädchen und von dem tödlichen Ausgang des Zwiespaltes, in den er stürzt.) Mit welcher Leidenschaft argumentierte der malinesische Schriftsteller Albakaye Ousmane Kounta die Aktualität von Ilias Erzählung „Ist das ein Mensch?“, bezogen auf seinen afrikanischen Erlebnisbereich. Von seiner als Gastgeschenk mitgebrachten Tschawtschawadse-Ausgabe berichtete der japanische Verleger Komiyama Ryohei in georgischer Sprache, mochte sich das vom Tonfall her auch etwas japanisch anhören. Und „glücklich, endlich den Mtazminda – den Heiligen Berg von Tbilissi – betreten und eine Nelke auf Ilias Grab legen zu können", nannte sich Dr. Kim Braithwaite, Lehrer für georgische Sprache und Geschichte an der Universität von Arizona in den USA; natürlich hatte auch er, wie so viele unter den Jubiläumsgästen, Tschawtschawadse übersetzt.

Ein Kolloquium fand in Kwareli statt, einer Weingegend hundert Kilometer östlich von Tbilissi. Dort wurde Ilia am 27. Oktober 1837 geboren, in einer turmähnlichen Burg neben dem Wohnhaus der Fürsten Tschawtschawadse, da das Dorf an ebenjenem Tag von Lesghiern überfallen wurde; das war sechsunddreißig Jahre nach der Eingliederung Georgiens in das russische Imperium, im selben Jahr, da Puschkin im Duell getötet wurde, und siebenundzwanzig Jahre vor der Aufhebung der Leibeigenschaft in Georgien (1864/71, also später als in Rußland). Eine weitere Exkursion galt Saguramo, nördlich von Tbilissi gelegen, noch hinter der alten georgischen Hauptstadt Mzcheta. Das dortige Landgut war ein Erbteil von Olga, der Frau des Dichters, die dieser – wie im biographischen Roman „Ilia" von Alexander Kalandadse nachzulesen – wegen des Widerstandes der Familie gegen einen mittellosen und in öffentliche Auseinandersetzungen verstrickten Bewerber wie ihn zur Eheschließung faktisch entführt hatte. Für Ilia war dieser Ort eine Stätte der Entspannung und des literarischen Schaffens. Jetzt waren überall Tische gedeckt, als begrüße der Dichter – wie alljährlich zu Lebzeiten – selbst seine Geburtstagsgäste. Doch die meisten Jubiläumsveranstaltungen wurden in der Hauptstadt Tbilissi abgehalten, der wichtigsten Station in Tschawtschawadses Biographie.

In Tbilissi besuchte er das Gymnasium, von hier aus reiste er 1857 zum Jurastudium nach Sankt Petersburg – für vier Jahre, in denen er nicht nur besonderes Interesse für politische und ökonomische Fächer an den Tag legte, sondern auch die Werke von Belinski, Tschernyschewski und anderen revolutionären Demokraten studierte, sich neben der Geschichte und Literatur Georgiens die russische Literatur zu eigen machte. Und schon seine frühen Poeme, Gedichte, Erzählungen, Aufsätze, die er zur Veröffentlichung nach Tbilissi schickte, provozierten hier durch ihre Auflehnung gegen Stagnation, gegen den Provinzialismus in gesellschaftlichen Strukturen und in der Literatur sowohl leidenschaftliche Zustimmung als auch erbitterte Verurteilung.

Vorzeitig nach Tbilissi zurückgekehrt, um Repressalien wegen seiner Teilnahme an Studentenunruhen zu entgehen, wurde Ilia Tschawtschawadse bald geistig und organisatorisch zu einem Führer im Kampf um gesellschaftliche Erneuerung und nationale Souveränität. Eine wichtige Rolle spielten dabei von ihm gegründete und geleitete Zeitschriften. In seine vielseitige Arbeit flossen auch Erfahrungen ein, die er als Schiedsrichter im Zusammenhang mit der Aufhebung der Leibeigenschaft und später als Friedensrichter sammeln sollte. Unter Ilias Vorsitz unterstützte die Adelskreditanstalt so wichtige kulturelle Einrichtungen wie die „Gesellschaft zur Alphabetisierung der Georgier", das georgische Theater und das georgische Gymnasium. Der Dichter war sowohl Vizepräsident der „Kaiserlichen wirtschaftlichen Gesellschaft" als auch Vorsitzender der „Georgischen dramatischen Gesellschaft". Herausragende Bedeutung gewann die von ihm 1886 gegründete Tageszeitung „Iveria"; sie nahm ihn so in Anspruch, daß er sogar im Redaktionsgebäude wohnte, bis er 1902 in ein nahegelegenes eigenes Haus zog. 1906 wurde er auch Mitglied des Staatsrates in Sankt Petersburg als Abgesandter des georgischen Adels, aber mit dem erklärten Ziel, dort „die Interessen ganz Georgiens und aller Georgier" zu verteidigen.

Als Patriot und „Separatist" trotz Bekenntnis zur staatlichen Einheit mit Rußland von der zaristischen Geheimpolizei seit langem observiert, wegen seiner sozialen, auf gesamtgesellschaftliche Interessen orientierten Haltung vor allem von konservativen Teilen des georgischen Adels angefeindet, stieß er auch bei den aufkommenden Sozialdemokraten auf Ablehnung: Sie, die „Jungen", warfen ihm vor, als Bankier, Gutsbesitzer und Nationalist dem Klassenkampf im Wege zu stehen. „Die Sozialisten", so heißt es in dem bereits erwähnten Roman von Kalandadse, „sahen in Ilia Tschawtschawadse einen Feudalen, die Feudalen einen Sozialisten". Ein bis heute nicht voll aufgeklärtes Komplott führte am 30. August 1907 zu Ilias Ermordung; die Mörder hatten ihm auf seinem Heimweg von Tbilissi nach Saguramo aufgelauert.

Nun, achtzig Jahre nach seinem Tod, wurde nicht nur in den ehemaligen Redaktionsräumen der „Iveria" eine große Fotodokumentation seines Lebensweges eröffnet, sondern vor internationalem Forum sein Werk neu gesichtet. Als deutscher Konferenzteilnehmer konnte ich in meinem Beitrag nicht an einem Gedicht vorbeigehen, in dem er sich – selbst ein Verehrer, zum Teil auch Nachdichter Lessings, Schillers, Goethes, Heines – von Goethes Ballade „Der Sänger" abstieß. Nicht „dem Vogel gleich" singe er, bekennt er programmatisch, sondern: „Gott befrag ich, die Zukunft schon / meinem Volke vorzudenken." („Der Dichter", 1860.) Vor allem stellte sich mir natürlich die Frage, was Ilia über die paar neuen Nachdichtungen in einer deutschen Anthologie georgischer Poesie hinaus dem deutschen Leser heute noch zu sagen hätte.

Schon in seinem ersten großen Poem „Vision", 1859 in Sankt Petersburg geschrieben (Endfassung 1872), läßt Tschawtschawadse einen aus dem schneebedeckten Kasbek als Erscheinung hervortretenden „geheimnisvollen Alten" brennende soziale Fragen wie die Leibeigenschaft oder den Verlust der nationalen Souveränität Georgiens nicht nur in historische nationale Dimensionen stellen, sondern sie an höchsten Menschheitsidealen messen. So macht er gerade die eigene Bezauberung durch die Naturschönheiten seines Landes, den eigenen Nationalstolz zur Quelle einer kompromißlosen Kritik an den georgischen Zuständen und an seinen georgischen Zeitgenossen. Die Verkündigungen des „Alten", der sich als Georgiens „unsterblicher Geist", als sein „beteiligter Weggefährte" bezeichnet, gelten, zu aphoristischen Verallgemeinerungen tendierend, einer in ihrem steten Wandel begriffenen Wirklichkeit, bewegen den Leser gerade damit über Zeit und Ländergrenzen hinweg. – Dem Genre des Poems blieb der Dichter auch weiterhin treu, wobei sein letztes Poem „Der Eremit" zu einem neuen Höhepunkt wurde.

Über die ersten Prosawerke Ilia Tschawtschawadses – etwa zugleich mit den frühen Poemen entstanden – schrieb der Zeitzeuge Arthur Leist unter Verwendung der deutschen Namensform für Ilia: „Erst Elias Tschawtschawadse ... legte mit seinem ›Kazia adamiani?‹ (Ist das ein Mensch?) die eigentliche Grundlage zur georgischen Erzählungskunst. Dieses zu Anfang der sechziger Jahre erschienene Werk klang wie ein

Weckruf zu einem neuen Leben und rüttelte die in ihren feudalherrlichen, mittelalterlichen Schlummer versunkenen Landsleute des Dichters zu einem bitteren Erwachen auf." Insgesamt sind – neben „Notizen eines Reisenden" (1861/71), „Am Galgen" (1879) – vor allem drei große Erzählungen hervorzuheben.

Die „Erzählung eines Bettlers" (1859), eine der beiden frühen, ist als Lebensbeichte des Leibeigenen Gabriel angelegt, der zum Räuber geworden ist, nachdem sein Gutsherr, Recht durch Willkür ersetzend, seine Braut geschändet und dazu weitere Unmenschlichkeiten begangen hat. Ein solches Sujet – hier erwächst es aus den Traditionen eines stolzen Bergvolkes, heute würden wir es auf ausweglosen individuellen Terror zurückführen – muß dem Autor sehr am Herzen gelegen haben; einem ähnlichen widmete er ein Jahr später auch sein Poem über den edlen Räuber Kako. Aber seine eigentlichen Dimensionen bezieht die Erzählung aus der Rolle, die für den Bettler – auch im Rückblick auf sein ganzes Leben – ein seiner Mission verpflichteter Geistlicher spielt; sie beeindruckt durch eine humanistische Sicht auf menschliche Beziehungen und Werte, die soziale Veränderungen geradezu fordert. – Auch in der Erzählung „Die Witwe Otaraant" (1887), die knapp dreißig Jahre später entstand, löst tragische Liebe den eigentlichen Konflikt aus. Der Unfall-Tod des Bauernsohns Giorgi, der den Hof seiner unabhängigen und stolzen Mutter verlassen hat, um als Knecht des Fürsten Artschil dessen Schwester Kesso nahe zu sein, ohne daß diese seine Gefühle auch nur ahnte oder ernst nehmen könnte, gibt seinem durchaus intelligenten fürstlichen Herrn Anstöße zu Erkenntnissen: Für sie und ihresgleichen sei die „Brücke" zu den Bauern und deren von Arbeit erfülltem Leben längst eingestürzt, und ein weiter Weg aus „Tränen und Qualen" stünde ihnen bevor, ehe aus den Trümmern eine neue Brücke entstehen könne. Die Brücken-Metapher, Ausdruck eines wichtigen Elements seiner Gesellschaftskonzeption, findet sich auch in anderen Werken von Ilia Tschawtschawadse.

„Keine Liebestollheit, keinen Meuchelmord ..." gibt es in der vorliegenden Erzählung (1858/63), so heißt es da schon zu Beginn. Als meisterliches Frühwerk des Autors – und als seine einzige Groteske – entstand sie in der Endzeit der Leibeigenschaft in Georgien. Mit welchem Einfallsreichtum, welcher ironischen Bewunderung und Wärme gestaltet Ilia Tschawtschawadse die in ihrer Anmaßung und Dummheit komischen Selbstwertäußerungen von Fürst Luarsab Tatkaridse und Fürstin Daredschan! Die in der Originalüberschrift gestellte Frage „Ist das ein Mensch?" beantwortet sich da, wo jeder Dialog zum Scheindialog wird, jede Handlung, sogar Brautwerbung und Hochzeit zum Schwank geraten, von selbst. Einen I-Punkt auf den Ausdruck sozialer Überlebtheit der Noch-Leibeigenenherren setzen die nachsichtig-spöttischen Repliken der Noch-Leibeigenen, als Luarsab und Daredschan die „Hellsicht" der Wahrsagerin bestaunen.

Dennoch ging es Ilia Tschawtschawadse nicht um sonderbare Ausnahmeerscheinungen in der Gesellschaft. „Unverkennbar ein Georgier", spitzt er immer wieder satirisch zu. Vergleiche des von ihm geschaffenen Typs mit anderen – etwa Gogols „Altväterlichen Gutsbesitzern" oder, neunzig Jahre darauf Micheïl Dschawachischwilis „Die Gefangenen Dschakos" –, Vergleiche auch der Umstände, die einen solchen

Typ entstehen lassen, bieten sich an. Der Autor selbst diagnostiziert in der Erzählung: „Zufriedenheit ist die tödliche Krankheit des Menschen." Damals verwendete man dafür noch nicht den Begriff „Stagnation". Wie sehr Tschawtschawadses Sensibilität über alle Grenzen hinweg einer als Prozeß verstandenen Geschichte galt, sollte wenig später seine poetische Reaktion auf den Sturz der Pariser Kommune 1871 bezeugen: „Wieder hält das Alte … den Weltenlauf an …"

Zu Ilias Jubiläum gab es auch eine seinem Leben und Werk gewidmete Kunstausstellung. Inmitten der politischen Kämpfe stehend, war er schon zu Lebzeiten mit Karikaturen bedacht worden, zum Beispiel von dem Georgiendeutschen Oskar Schmerling. Die erste Sammelausgabe seiner Werke 1914 hatte der Georgienpole Henryk Hryniewski künstlerisch gestaltet, und sie zählt bis heute zu den schönsten. Mittlerweile gibt es Illustrationen sehr vieler georgischer Künstler, zu besichtigen in mehreren Museen von Tbilissi, in Saguramo, in Kwareli. Besonders zahlreich sind die Grafiken zu „Ist das ein Mensch?", und ich hatte das Glück, die Arbeiten von Dimitri Eristawi in dessen Atelier besichtigen zu können. 1931 in Tbilissi geboren, hat Eristawi die dortige Staatliche Kunstakademie absolviert, lehrt jetzt selbst an deren Fakultät für Grafik und hat sich als Maler, Buchillustrator, Filmbildner über die Grenzen seines Landes hinaus einen Namen gemacht. Eigens für diese Edition hat er seine Bildserie um einige Grafiken erweitert.

Schlendert man den breiten, einige Kilometer langen Ilia-Tschawtschawadse-Prospekt entlang, so kommt man, wie vielerorts in Tbilissi, an sehr eigenwilligen, ausdrucksstarken Denkmälern vorbei. Etwa auf halbem Weg von einem gerade in seiner Schlichtheit Selbstbewußtsein verkörpernden Standbild für den Dichter Dawit Guramischwili (1705–1792), den „ersten großen Europäer" in der georgischen Poesie vor Ilia, zu einem anderen, das, hoch aufragend, als ein Furioso in Stein dem Symbolisten Galaktion Tabidse (1892–1959) gewidmet ist, findet man ein überraschendes Bildnis von Ilia Tschawtschawadse: Sein Kopf vor einem golden strahlenden Medaillon, so daß es aussieht, als habe er einen Heiligenschein. Und tatsächlich, dieses zum 150. Geburtstag des Dichters enthüllte Denkmal spielt darauf an, daß ihn die georgische Nationalkirche heiliggesprochen hat. Indessen läßt sich schon von Ilias Frühwerk ein Bogen zu diesem Bildnis schlagen – war doch der Bettler, nach dem die erste Erzählung benannt ist, bereits jenem Geistlichen begegnet, der ihm nicht nur „das Antlitz einer Ikone" zu haben schien, sondern dann zum Leitbild fürs Leben werden sollte! Seinem dort postulierten und durchaus irdischen Ideal ist Ilia Tschawtschawadse, seit langem als „Vater der Nation" verehrt, selbst gefolgt.

Welche Stellung würde Tschawtschawadse in der Welt von heute beziehen? Welche Zukunft würde er – Gott befragend – heute seinem Volk vordenken? Aus dem Georgischen übersetzt, bietet „Die vertauschte Braut" (so der deutsche Titel für die erste, Leipziger Ausgabe von: „Ist das ein Mensch?") dem deutschen Leser die Möglichkeit, auch unter dieser Sicht einen Blick in Ilias geistige Welt zu werfen.

Leonhard Kossuth
Berlin, 1990/1995

Schwerpunkt Georgien

Songbook Georgia.
Georgia's World Cultural Heritage |
Liederbuch Georgien.
Georgiens Weltkulturerbe

Mit 66 Liedern und vielen Farbabbildungen.
Lieder: georgisch – deutsch – englisch
Texte: englisch – deutsch
Inkl. Audio-CD.

Hg. von Tamar Buadze und Imke McMurtrie
8°. 192 S., zahlreiche Farbabb., kart.
29,90 EUR (978-3-95490-301-6)

Georgiens Lieder sind Unesco Weltkulturerbe. Das Georgische Liederbuch mit Schwerpunkt auf dem traditionellen Frauenlied-Repertoire entstand aus der langjährigen Zusammenarbeit der beiden Sängerinnen und Musikethnologinnen Tamar Buadze (Georgien) und Imke McMurtrie (Deutschland). Es verbindet ein fundiertes Erfahrungswissen über die georgische Gesangskultur mit eigenen Aufzeichnungen der Lieder und zeigt auf, welchen Platz dieses Liedgut mit einzigartigem mehrstimmigen Gesangsstil und besonderer Harmonik sowohl in der Chorarbeit mit Weltmusik als auch in der Musiktherapie und der Musikpädagogik einnehmen kann. Das Anliegen des Buches ist nicht nur, die einzelnen Lieder möglichst authentisch vorzustellen, sondern auch, ihre Entstehungsgeschichte und ihre Bedeutung im Rahmen gemeinschaftlichen Singens so zu vermitteln, dass die Wurzeln erhalten bleiben, damit die Lieder auch in der heutigen Zeit lebendige Anwendung finden.

Tamar Buadze studierte Chorleitung und Gesang in Tbilisi. 2003 lernte sie die lasische Sängerin Nazi Memeshishi kennen, von der sie viele lasische Volkslieder lernte, denen sie mit neuen Arrangements ihre ursprüngliche Dreistimmigkeit zurückgab.
2004 gründete Tamar Buadze in Rustavi den Frauenchor Tutarchela (Mondlicht) und ein Jahr später erreichte die Gruppe durch Ruth Olshans Dokumentarfilm „Wie Luft zum Atmen“ internationale Aufmerksamkeit.
2008 wurde sie mit Preisen für hervorragende Chorleitung und für ihre musikalischen Arrangements ausgezeichnet. Weitere Chorgründungen und zahlreiche Konzertreisen und Seminare zum georgischen Gesang im In- und Ausland folgten. 2012 Georgische Ehrenmedaille für ihre kulturellen Aktivitäten in Georgien und Europa. 2013 Ehrenbürgerin der Stadt Rustavi.

Georgien. Tbilisi. Rustaweli-Boulevard

Von Guram Odischaria
Übersetzt von Luka Kamarauli
Hg. von Manana Tandaschwili
8°. 104 S., geb.
9,90 EUR (978-3-95490-324-5)

Guram Odischarias literarisch-dokumentarische Texte analysieren die historischen Umbrüche des unabhängigen Georgiens (von den 1990er Jahren bis zur Gegenwart), deren Zeitzeuge und Teilhaber der Autor selbst war: Der georgische Bürgerkrieg (1991–1992), die bewaffneten Konflikte in Abchasien und Südossetien, die Gründe für deren Ausbruch und Entwicklung; der gegenwärtige Zustand der georgisch-abchasischen, georgisch-ossetischen Beziehungen; die Versuche, mit Hilfe von Kunst und Kultur die kaukasischen Konflikte zu regulieren; die Geschichte der ersten drei Präsidenten Georgiens. Besonders im Fokus steht dabei der Rustaweli-Boulevard in der georgischen Hauptstadt Tbilisi (Tiflis), auf dem sich viele bedeutende Ereignisse der jüngeren Geschichte Georgiens abgespielt haben.

Das christliche Swanetien
Beiträge zur Geschichte und Kunst der byzantinischen „Peripherie“ zwischen Jerusalem und Konstantinopel (Byzanz – Kaukasus – Georgien)

Von Brigitta Schrade
8°. ca. 192 S., mit zahlreichen Farb- und s/w-Abb., geb.
39,90 EUR (978-3-95490-325-2), vorr. Ersch. Ende 2018

Swanetien, eine historische Provinz Georgiens, gilt als „Schatzkammer“ des Landes, in der sich ältestes und nicht selten einmaliges Kulturgut erhalten hat, darunter viele Kirchen, Wandmalereien, Ikonen, Kreuze und Handschriften aus dem christlichen Mittelalter. Der vorliegende Sammelband mit seinen Beiträgen zur Erforschung, Geschichte und Kunst dieser wohl einmaligen Kulturlandschaft im Hochkaukasus zeigt auf, wie sich in einem scheinbar entlegenen Randgebiet des byzantinischen Kulturraumes auf der Grundlage tradierter sozial-politischer Strukturen eine den eigenen Bedürfnissen entsprechende, weit vernetzte christliche Kultur und Kunst entwickeln konnte.

Georgische Handschriften

Hg. von Jost Gippert
8°. 176 S., 235 Farbabb. geb.
39,90 EUR (978-3-95490-322-1)

Nur wenige Sprachen auf der Welt können auf eine mehr als 1500-jährige Geschichte ununterbrochener schriftlicher Tradition zurückblicken – das Georgische, die Sprache des christlichen Landes südlich des Kaukasus, ist eine davon. Seit ihrer Christianisierung im vierten Jahrhundert haben Georgier im stetigen Austausch mit benachbarten Völkern einen ungeheuren Reichtum an literarischem Kulturgut geschaffen, das sich in unzähligen handschriftlichen Büchern niederschlug. Diesen Schatz dem interessierten deutschsprachigen Publikum zu erschließen, soll das vorliegende Buch dienen, das in enger Zusammenarbeit mit dem Nationalen K.-Kekelidze-Handschriftenzentrum Tbilisi entstanden ist und in das Beiträge zahlreicher Autoren eingeflossen sind. Zu nennen ist seitens des Handschriftenzentrums zuvörderst das Team von Maia Karanadze, Lela Shatirishvili, Nestan Chkhikvadze und Tamar Abuladze, dessen im Jahre 2010 in elektronischer Form und 2012 im Druck erschienenes Album „Das georgische handschriftliche Buch vom 5. bis 19. Jahrhundert" (Kartuli xelnaçeri çigni. V–XIX ss. / Georgian Manuscript Book. 5th–19th centuries) mit den darin enthaltenen reichhaltigen Abbildungen den Grundstock für das vorliegende Werk dwarstellt. Darüber hinaus wurden seitens des Handschriftenzentrums und seines Direktors, Zaza Abashidze, wertvolle Textbeiträge zur Verfügung gestellt, insbesondere eine ausführliche Darstellung der georgischen Schriften von Elene Machavariani und eine umfassende Abhandlung über die Entwicklung der georgischen Schriftlichkeit von Zurab Chumburidze. Im weiteren sind vor allem die auf das Georgische bezogenen Beiträge in dem Handbuch Comparative Oriental Manuscript Studies (Hamburg 2015) eingearbeitet worden, für die Bernard Outtier, Tamara Pataridze und der Herausgeber verantwortlich zeichnen. Nicht eigens genannt werden können die Beiträge der zahlreichen Wissenschaftlerinnen und Wissenschaftler, die sich über Jahrzehnte am Handschrifteninstitut in Georgien oder außerhalb um die Katalogisierung des georgischen Manuskriptbestandes bemüht haben; ohne ihre mühevolle Vorarbeit wäre die Publikation dieses Buches umöglich gewesen.

Der Pass der Flüchtlinge

Von Guram Odischaria
Übersetzt von Luka Kamarauli
Hg. von Jost Gippert und Manana Tandaschwili
8°. 64 S., 1 Farbabb., kart.
12,90 EUR (978-3-95490-133-3)

Als Ende der 1980er Jahre die Sowjetunion auseinanderfiel und sich aus den ehemaligen Sowjetrepubliken neue, unabhängige Staaten zu formen begannen, entbrannten an verschiedenen Orten bewaffnete Auseinandersetzungen, die sich um Identität, Ethnizität, Religionszugehörigkeit, politisches Machtkalkül und anderes bis dahin durch den totalitären Staatsapparat im Zaum gehaltenes Konfliktpotenzial rankten. Ganz besonders betraf dies die drei neuen Staaten südlich des Kaukasus, Armenien, Aserbaidschan und Georgien, deren multiethnische, multilinguale und multireligiöse Bevölkerungsstruktur teils im Inneren, teils im wechselseitigen Verhältnis Kriege hervorrief, die bis heute nicht friedlich beigelegt sind.
Guram Odischarias Buch „Der Pass der Flüchtlinge“ handelt von einer dieser Katastrophen: dem Abchasien-Krieg. Als Augenzeuge beschreibt er, fast wie in einem Tagebuch, die Ereignisse zwischen dem 24. September und dem 5. Oktober 1993, als die georgischen Regierungstruppen die Gewalt über die abchasische Hauptstadt Suchumi verloren und Soldaten wie Zivilisten ihr Heil in der Flucht suchten.
In seinem Buch zeichnet der Schriftsteller, der selbst aus Abchasien stammt, die sich über eine Woche hinziehende Flucht der georgischen Bevölkerung aus Abchasien nach, die über den mehr als 2600m hohen Pass nach Swanetien führte; ein ungeheuer strapazenreicher Weg, der viele Flüchtlinge das Leben kostete, und ein Ereignis, das sich für immer in das historische Gedächtnis beider Ethnien, Georgier und Abchasen, eingeprägt hat und aus dem die gesamte Menschheit ihre Lehren ziehen sollte.